中國古代物質文化史

水利

谭徐明 著

开明出版社

出版说明

在人类历史长河中，我们的民族创造出光辉灿烂的中华文明，虽历经坎坷而连绵不绝，成为我们这个星球上唯一从远古走来，中途不曾断裂的最完整的一脉文化体系，留下了博大丰厚的文化遗产，对人类文明进步作出了独特而巨大的贡献。完整而丰富的地上、地下物质文化遗存就是中华文明传承与发展的最好佐证。然而遗憾的是，到目前为止，尽管我们的物质遗存如此丰赡，却没有一部全面系统基于实体的物质资料而构建和叙写的中国古代文化史。我们这个出版项目的主旨，就是尝试弥补这个巨大缺憾和学术空白。

以往我们看到的中国历史著作，大都是基于传统文献资料，来进行政治、经济、军事、文化等各个领域的书写和诠释。当我们开始有意识地利用考古资料、地上文物遗存资料，并借助人类学、民族学、社会学等研究方法和手段来观察历史时，我们的研究空间和视域顿时更加广阔，某些隐藏至深的信息得以深入发掘，原有的历史认识进一步丰富而立体。这是因为历史本身的复杂性，决定了我们发掘历史信息的方法和途径也应该是多方面的。而随着近几十年考古发掘工作的不断推进，地下考古发现越来越丰富，地上文物遗存越来越受关注，同时学界的相关研究也越来越多，这些地下、地上文物遗存所展示给我们的信息就越来越系统，这些信息所构成的历史文化空间就越来越恢宏。最终使得我们不仅有必要而且也有可能不再拘泥于传统的历史记述与研究的路数，另辟蹊径，书写一部基于物质的中国古代文化史，即首先立足于地下、地上文物遗存，同时充分参考文献资料来诠释这些文物遗存的文化内涵与外延而构建的中国古代物质文化史。

这样的一部中国古代物质文化史，必然是一部能够让我们从物质实体出发来认识博大精深的中国古代文化的历史，一部广阔而深邃、客观而生动、系统而完整的历史，既能反映政治、经济、军事、文化、法制、科技、社会各方面情况，又能反映人们的生产、生活、信仰以及思想观念、审美理念、价值取向、生活情趣等。从中我们可以感受到历史发展的脉搏，探索历史最生动的层面，还原历史本来面貌。

从某种意义上来说，编纂这样一部系统科学的物质文化史不但势在必行，而且极具创新价值、学术价值和开拓意义。这样的工作，对于彰显中华民族的伟大创造力、诠释中华民族优秀的历史文化、使我们更好地认识源远流长的中华文明有着极为重要的意义。同时这种注重物质的客观性和系统关联性的学术视角，也必然会在学术领域产生积极的影响，对于推动历史学、人类学、考古学等学科的深入研究具有积极意义。此外，我们也希望这部书能够进一步唤起我们珍视历史、热爱文物、保护文物的意识。一个爱护文物、爱护历史文化遗产、尊重历史的民族，才是一个有未来的民族。

我们的中国古代物质文化史项目从策划到最终立项经过了数年时间的酝酿，从立项到陆续开始出版又经历了数年。我们计划全套书共出70卷，除索引卷外，分为通史和专题两个系列，以纵、横的脉络建立历史时空坐标。纵的是通史系列，分为史前、商周、秦汉、魏晋南北朝、隋唐五代、宋元明清六个阶段，按中国历史的时间顺序，遵循物质文化变化节奏和规律，在历史大背景下宏观阐述中国古代物质文化史的发展进程，使读者对文化遗存在中国历史洪流中有个整体、全局性的把握。横的是专题系列，按照材质、用途和功能、艺术表现形式等的不同分为石器、陶器、瓷器、玉器、青铜、金银器、漆器、兵器、乐器、家具、纺织、货币、天文历法、水利、建筑、墓葬、雕塑、绘画、书法篆刻等类。内容丰富的类别再做进一步的细致分类，并分册出版，如绘画类包括壁画（寺观壁画、墓室壁画、石窟寺壁画）、卷轴画等；雕塑类包括石窟寺雕塑、墓葬雕塑和其他雕塑等。各专题或以时间为轴或以类别为序，展现各个物质形态继承与发展、沿袭与嬗变的过程，通过点线面结合，揭示物质遗存所特有的发展曲线和深层次的历史内涵。每卷随文附图200幅左右，以体现内容和版面的活泼生动，强调实证效果，增强视觉感知及可读性。对于某些卷册，如龟兹、敦煌等，由于涉及大量译名，还会附加名词索引。

经过编委、各位作者和编辑人员的共同努力，如今这套书终于要依次与读者见面。个中滋味，甘苦各半。回顾起来，我们不得不说，这样大规模高难度的项目，在当今要集合如此众多的专家学者，进行如此大量的资料、图片的收集与整理工作，其难度远超我们的预期；尤其是若没有足够的资金支持，仅凭一家出版社的力量，几乎是不可能开展也不可能完成的。对此，国家出版基金会给我们提供了最大限度的支持，不仅是资金方面，还有精神方面，使得我们有决心、有信心也有力量把这个项目逐步完成。也正因为这样，这套书才能有幸与读者见面。在此，我们对国家出版基金会表示由衷的感谢。此外，参与主编策划和书稿撰写的各位专家、学者也付出了异常艰辛的努力，他们每个人本身的工作都很忙，可为了这套书的构思策划，为了每一卷书稿的高质量完成，还是付出了大量的时间和精力，做了最严谨而细致的工作，在此也对他们表示诚挚的谢意。

项目编辑组

总序：中国历史和文化的物质表征

《中国古代物质文化史》经过参与该书策划、撰写和编辑的诸多学者的共同努力，现在终于问世了。这个总序本来应该由项目的主编、前国家文物局局长、北京大学兼职教授张文彬先生来写，以阐述项目成果即本套书的编写宗旨、设计体例、内容特点，并介绍每分卷的写作情况等。由于张文彬先生在主持项目过程中遇身体不适，我这个后来被指定的执行主编只有勉为其难，代张文彬先生撰写这个《中国古代物质文化史》的总序了。鉴于这套书的编写宗旨、内容特点及框架体例等在出版说明中已有介绍，每分卷的写作情况在每本书的后记中也多有述及，无须我在这里重复。下面，我拟从中国物质文化史的概念定义、发展历程、专项分类三个方面，谈谈自己对中国古代物质文化史以及编写这套书的粗浅认识。

一、中国物质文化史的含义

人们通常这样认为，"物质文化，是指为了满足人类生存和发展需要所创造的物质产品及其所表现的文化"。物质文化既然是文化的一种呈现形态，那么，与"物质文化"相对应的另一种文化呈现形态就应是"非物质文化"，它们之间的关系是怎样的呢？要弄清这个问题，还需要从"文化"这个最基本的概念说起。

关于文化的定义很多，20世纪50年代有人作过统计，据说那时就有164种之多。文化人类学的鼻祖英国学者爱德华·伯内特·泰勒（Edward Burnett Tylor, 1832—1917）是第一个从学术的角度对文化进行定义的学者。他认为，文化是复杂的整体，它包括知识、信仰、艺术、道德、法律、风俗，以及其他作为社会成员所习得的任何才能与习惯的综合体，是人类为使自己适应其环境和改善其生活方式的努力的总成绩[1]。泰勒关于"文化"的定义，尽管还存在不全面等问题（如泰勒没有提及需要后天习得的文化要素"语言"），却已给后人奠定了很好的解释基础，以后的学者又不断有补充和发展。英国功能主义人类学家A. R. 拉德克利夫-布朗（Alfred Radcliffe-Brown, 1881—1955）认为，文化是一定的社会群体或社会阶级与他人的接触交往中习得的思想、感觉和活动的方式，是人们在相互交往中获得知识、技能、体验、观念、信仰和情

1 [英]爱德华·泰勒著，连树声译：《原始文化》，上海文艺出版社，1992年。

操的过程，文化只有在社会结构发挥功能时才能显现出来，如果离开社会结构体系就观察不到文化。美国学者阿尔弗雷德·克鲁伯（A.L Kroeber）和克莱德·克拉克洪（Clyde Kluekhohn）在1951年出版的著述中，对西方164种文化的定义进行了评析后，提出了他们新的定义，即“文化存在于各种内隐的和外显的模式之中，借助符号的运用得以学习与传播，并构成人类群体的特殊成就，这些成就包括他们制造物品的各种具体式样，文化的基本要素是传统（通过历史衍生和由选择得到的）思想观念和价值，其中尤以价值观最为重要”[1]。以后，还有一些学者对文化下过定义，如美国学者罗伯特·F.墨菲（Robert F. Murphy）这样定义文化：“文化是意义、价值和行为标准的整合系统，社会的人们据此生活并通过社会化将其在代际传递。”文化具有这样一些特点：“文化定义关键部分就是，它意指行为的规则和确定方式，而不是指行为的本身”“文化是我们在这个世界上的行为导引和对这个世界经验的符号表达”“文化也是所有知识、信念和生存技能的百科全书”“行为的不同习惯方式，以及某些特定的物质制品或艺术风格，可以使文化具有典型特征”[2]。根据以上学者对文化这一概念的解释，我们可以将文化理解为：

文化是人类社会在长期发展过程中凝固下来并在代际传承的价值观念、社会机制和行为规则，社会的人们据此思维、交流和行为，并且产生和创造具有特征的物质制品或艺术风格。

上述对文化的解释，包括了三个层面：其核心层面是人们的社会性，其中间层面是人们基于这种社会性的思维和行为，其外表层面则是人们思维和行为的产物。文化从表至里的三个不同的层面，其他两个层面都蕴含在表层的物质层面之下，故文化的三个层面又可以归结为两个不同的范畴（或两种不同的存在状态）——无固定形态的非物质的范畴就是所谓“非物质文化”（无形文化），有固定形态的物质范畴就是通常所说的“物质文化”（有形文化），这两种文化范畴构成了完整的文化形态。作为前人的完成了代际传承，经历了时间的筛选的两种文化的存在形态，已经成为我们需要加以关注、保护和传承的遗产。按照通行的解释，“非物质文化遗产”是人类创造这些物质文化的过程以及人类各社群为了满足自己精神生活需要的具有社会性、凝固性和典型性的行为，它是被各地区和社群视为其文化传统的表现形式、知识和技能，包括了口头传说、表演艺术、社会风俗、礼仪节庆、传统工艺等；而“物质文化遗产”，则是人类这些思维和行为的创造物，是有固定形态的可以被视觉感知的人类创造、制作和使用的人工遗留物。

说到文化的物质层面，就不得不提到考古学的一个核心概念“考古学文化”。我的专业是考古学，我们考古学家天天都在与考古学的文化打交道，不少考古学家还强调我们的考古学文化与别的学科的文化如何的不一样。翻开《中国大百科全书·考古卷》，该书对考古学文化的解释代表了目前中国考古界的主流认识：“文化一词有着不同的含义，一般是指人类社会在科学、技术、艺术、教育、精神生活以及其他方面所达到的总成就，如中国文化、文化遗产等。考古学中所讲的文化，有其特定的含义，专门指考古发现中可供人们观察到的属于同一时代、分布于共同地区、并且具有

1 A.L.Kroeber & Clyde Kluckhohn, Culture:A Critical Review of Concepts and Definition, Random House, New York, 1952.

2 [美]罗伯特·F.墨菲：《文化与社会人类学引论》，商务印书馆，2009年。

共同的特征的一群遗存。”[1]从这个定义中也可以看出，所谓具有独特性的考古学文化，与其他学科的文化概念并没有什么不同。文化的物质表层要素——即可以观察到的一定时期、一定区域的一群经常共存的具有共同特征的遗迹和遗物——就是考古学的文化；获取并研究这些文化的物质表征，透过现象去发现本质，揭示隐藏在物质表层之下的创造和使用这些遗存的人们的行为及其社会关系，即这些物质遗存所蕴含的非物质的东西，就构成了考古学这一学科的基本内涵。

考古学在包括中国在内的不少国家和地区的学科分类中，是历史学的分支，是以物质材料为主要研究对象去探究人类历史的一门学问。这里，我们有必要再谈谈物质文化史与考古学的联系与区别。考古学是通过调查和发掘地下古代物质遗存、并通过这些遗存提供的信息来理解和复原古代社会历史的学科，物质文化研究也是通过古人的物质文化遗存来重构古代社会历史，从研究目的上来看，二者并没有什么不同。正是由于这样的原因，苏联的全国性考古研究机构曾经被命名为“物质文化史科学院”或“物质文化研究所”[2]，以后才改为“考古学研究所”。仅从研究机构名称上来说，物质文化研究与考古学之间无疑具有密切的关系。不过，物质文化研究与考古学尽管内涵大致相同，其外延（主要是研究对象、研究内容等）也还存在差异。考古学研究的主要是埋藏在地下的古代物质遗存，物质文化研究的对象则包括了地下、地上和传世的古代文化遗存，后者比前者的研究范围要宽；考古学不仅研究古人遗留下来的物质遗存所包含的历史文化信息，还要研究获取这些物质遗存并提取其包含信息的技术和方法，后一方面的研究已经不是物质文化史研究所关注的问题。就中国的考古学科而言，其构成包括了考古学理论与方法、中国考古学、外国考古学、专门考古学等，如何开展田野考古和如何更多地提取遗存的历史信息，已经包含在考古学方法和专门考古学的分支中。可以这样说，中国考古学是基于考古获取的物质资料和考古学的研究方法所构建的中国物质文化史；而中国物质文化史，则是通过考古发现和现存于世的实物资料所构架的能够反映历史发展主线的中国古代史。

英国学者鲁惟一（Michael Loewe）和美国学者夏含夷（Edward Louis Shaughnessy）在《剑桥中国古代史》的序言中，将研究中国古代史的材料分为“文献资料”和“物质资料”两类，前者包括了出土文献和传世文献，后者也就是通过考古调查和发掘获取的实物资料。他们指出：“一个不注意考古证据的历史学家会感到他无法去顺应当代的学术潮流；同样，一位不熟悉传统文献的考古学家会难以把握相当一部分的中国文化之精髓。”正是基于这种考虑，这两位学者在主编《剑桥中国古代史》时，组织了历史学家和考古学家两个领域学者，各自基于不同类型资料来分别撰写同一个时期同一个区域的历史[3]。《剑桥中国古代史》的先秦卷面对的是文献资料并不丰富的“原史时代”，所以他们采取了历史学家和考古学家各自表述而不加整合的编写方式。即使在文献资料逐渐丰富的汉唐时代，甚至文献资料已经非常丰富

---

1 中国大百科全书总编辑委员会《考古学》编辑委员会：《中国大百科全书·考古学》，中国大百科全书出版社，1986年。

2 王伯洪、王仲殊：《苏联考古工作访问记（一）》，《考古》1959年第2期，第101—104页。

3 The Cambridge History of Ancient China: From the Origins of Civilization to 221B.C., Edited by Michael Loewe and Edward L. Shaughnessy. Cambridge University Press, 1999.

的宋元明清时代，主要基于通过物质的资料来编写一套中国古代的历史，与主要采用文献资料编写的中国古代历史并行于世，这对于全面认识和理解中国的古代文化和古代社会，仍然会有很大的帮助。

二、中国古代物质文化发展的历程

我们这套"中国古代物质文化史"是由纵、横两部分组成。最前面的是"中国物质文化史综述"，这是按中国历史的纵向时间顺序来概述中国古代物质文化史的发展进程。中国古代漫长的物质文化发展进程从来不是匀速前进，波澜不惊的，发展中会有大小不同的转折，高低不同的峰谷。根据物质文化面貌变化节奏的不同和撰写史书详略的不同，一套多卷本的中国古代物质文化史也有不同的分卷方式。如果编写比较简明的中国古代物质文化史，我个人倾向于以魏晋之际将其划分为两个阶段，也就是一套两卷本的书系。如果编写稍微详细的中国古代物质文化史，我希望划分为四卷，四卷本除了以魏晋之际作为一个分界外，另两个分界可定在龙山时代与二里头文化时代之间、五代十国与北宋之间。如果要编写更为详细的中国古代物质文化史，也就是类似本书系的规模，我们可将其细分为史前中国、商周、秦汉、魏晋南北朝、隋唐五代、宋元明清六个阶段即六卷，这样分卷主要基于这样一些理由。

我们知道，最能导致物质文化发生大变化的因素，是重大技术发明带来的产业革命。这些发明或本土自身产生，或域外传播而来。正是基于这些重大发明，才导致了中国古代社会的巨大变化，才引起中国物质文化的多次明显转折。在这些创造性的发明中，首先应该提到的是谷物栽培和动物驯化。谷物中的人工粟等人工栽培作物大约在距今一万年前后出现在中国北方的黄河流域，以后向周边传布，甚至远布至青藏高原地区，形成了范围广大的北方旱地粟作农业区。而稻等人工栽培作物，更远在一万多年前就出现在中国南方长江中游地区，以后更传播至东北至朝鲜半岛，东南至东南亚等广阔的温暖湿润的区域，形成了广大的南方水田稻作农业区。农业的发生和推广，使得人类的生活资源趋于稳定，从而脱离了栖居山洞和追猎迁徙的不稳定生活，开始走出山洞步入旷野，在平川形成了定居的聚落，产生了钻孔、磨制和制陶等新的工艺，促使社会逐渐复杂化和多样化，奠定了中国万年农业文明的基础。大约在距今4000年前后，大麦、小麦和青稞等作物传入中国，这种适应性强的谷物丰富了旱地农业的种类，除了在低海拔地区普遍种植外，青稞这类作物还经过了高原严酷的自然选择，成为青藏高原的单一谷物。至于工业的技术革命，从先前的手工业发展成为近代化的大工业，在中国开始较晚，直到清代晚期的鸦片战争后才逐渐引入西方工业革命的成果，从而从某种程度上推动了社会的变革。因此，以农业革命的发生和工业革命的引入为标志，将中国的物质文化史划分为三个大的时代，也就是猎取时代、农业时代和工业时代（相当于以生产工具为标准划分社会发展史的旧石器时代，新石器、青铜、铁器的时代，以及机器的时代），应该是比较恰当的。只是中国的工业时代已经属于近代，古代的物质文化史不宜包括工业革命时代；而旧石器时代的人类物质文化遗存较少，如果把它作为书系中的一本就显得单薄，故将其与新石器时代合并称为"中国史前物质文化史"，只是在这个"史前时代"

中，也明确划分出这两个时代而已。换句话说，这套中国古代物质文化史去掉了工业时代，弱化了猎取的时代，强调的是建立在农业革命基础上的石器、铜器、铁器三个时代。物质文化材料的年代越早，保存至今的也就越少，因而石器时代和青铜时代只能各自作为一卷，而物质文化材料丰富的铁器时代却被划分为四卷，可能会给人以前轻后重之感，尽管历史时代考古学的重要性已不如更早的时代。

说到史前时代，这就不可避免地会涉及介于史前与历史时代之间的"原史时代"。学术界一般认为，原史时代是一个过渡性质的时期，这一时期无论是属于本社群文字还是他社群文字的文献记录都相当有限，仅据这些零星和片段的文字和文献资料无法复原该社群历史的主要梗概，要认识一时期该社群的历史需要综合考古学、人类学、文字学、历史学及自然科学的知识体系和研究手段[1]。原史时代可有广狭二义：严格的原史时代不包括传说时代，而是以成熟文字体系的出现为开始，以这种文字体系撰写的史书出现为结束。具体到中国古代史来说，也就是商代晚期至西周时期，其开端以殷墟甲骨文的出现为标志，结束以中国最早的编年体史书《春秋》开始的年代为标志，二者间的年代跨度很小[2]。宽泛的原史时代以中国古史传说时代为开始，以文字产生后出现史书为结束，具体到中国古代史来说，其开端可以上推到传说中的夏代甚至龙山时代，而其下限则与狭义的原史时代相同。不过，就物质文化这个层面来看，无论是技术上还是艺术上，大约相当于夏代后期的二里头文化与先前的龙山时代诸文化都发生了许多变化，而这种变化在战国中期又一次出现。这之间的时间幅度约略相当于中国考古学界的夏商周时代或史学界的先秦时代，也约略相当于西方汉学界所说的"从文明起源到秦统一"的阶段[3]。在这个时代里，青铜既是一种制作工具、武器和礼仪用器的最重要材料，制造青铜器又是当时技术含量最高的工艺，青铜器具这类作品还是当时艺术的集中体现，如果史前时代是以石器制作为标志的石器时代，这个时代就是以青铜为标志的青铜时代。尽管关于中国青铜时代开始和结束的时间，学术界还有一些不同的说法。

按照我个人的见解，中国的原史时代应当定位在二里头文化中期至战国前期，这是基于这样几个考虑。首先，从二里头文化兴盛开始，具有中国金属铸造的特色的泥范铸造技术开始出现，并完成了从红铜时代（或称铜石并用时代）向青铜时代的转变；而人工铁器尽管早在两周之际就已引入中国，却也是在战国前期偏晚才与青铜冶铸技术相结合，使得大量冶炼铁和普遍使用铁器成为可能，才真正进入了铁器时代。其次，也是从二里头文化兴盛期起，青铜鼎等礼器、青铜戈等兵器，以及兽面纹等动物纹样才出现并流行，独特的中国艺术传统才开始形成；而到了战国前期以后，先前流行的礼器种类和装饰纹样已经趋于消失，来自北方草原地区的艺术风格已经占据主导地位。其三，从中国的史学传统来看，中国古人向来有将秦以前的历史划分为五帝时代和三王时代的传统，现代的史学家也还将先秦史单独出来，并将夏以前的传说时代与夏商周三代区分开来。因此，我们将夏、商、周三代作为中国物质文化

1 Glyn Daniel,A Short History of Archaeology. London: Thames and Hudson, 1981.

2 李学勤先生就这样说，这样一个原史时代与中国古代历史时代的对应关系，学者们认识也不尽相同，李学勤先生认为，商与西周时期属于原史时代，而不同于商和西周的东周已脱离了原史时代而跨入真正意义的历史时代了。参看李学勤《东周与秦代文明》，文物出版社，1984年。

3 鲁惟一、夏含夷主编的《剑桥中国古代史》，其副标题就是"从文明起源到秦统一"，由此可见一斑。

发展历程中的第二个时期，也就是这套书通史系列的第二卷。

中国中心地区在战国后期就已出现了统一的趋势，东齐西秦是当时最有可能推进统一事业进行的大国，在齐国当时就有一批学者聚集在一起，开始构拟大一统后的政治构架，勾画新王朝的理想图景。秦国结束了战国时期诸侯割据的局面，建立了中央集权的大一统王朝，开创了中国历史的一个全新的时代。从此广泛推行的郡县制代替了传统的封建制，由中央政府控制的官营手工业作坊遍及全国各地，各地间的商业往来也较过去更为频繁。在这种背景下，秦汉王朝直接统治范围内物质文化产品，无论是工艺、种类，还是形制、纹饰，都逐渐呈现高度一致的状况，中国大部分地区的延续了千百年的区域文化差异从此逐渐减弱甚至消失。尽管从战国后期到西汉前期，这一时期物质文化的总体面貌还处在从商周旧制向秦汉新制的转变过程中；尽管在三国至两晋时期，中国的物质文化的发展进程发生了从"早期中国"到"晚期中国"的大转变；但如果模糊这个具体的分界，将秦汉时期这个中国古代文化发展的高峰期作为中国物质文化史的一个时期，单独设置秦汉卷作为这套书通史系列的第三卷，这应该是恰当的。

从三国鼎立局面形成一直到隋代，除了西晋短暂的统一外，中国出现了长达三百余年的分裂局面。北方古族在这期间纷纷进入中原，出现了空前的民族大融合。在这种历史背景下，各地区在文化面貌上的差异也进一步缩小，但由于从西晋以后长期的南北对峙，以及僻处一隅的某些由少数民族建立的国家保留了比较多的自身文化传统，这一时期文化除了存在着比较明显的南北差别外，在北方还存在一些更小的地区之间的差异。隋王朝结束了自西晋以后长期的分裂混乱局面和南北对峙的政治文化格局，中国遭受长期战乱破坏的社会经济得以恢复和发展。唐王朝继承了隋王朝的统一基业，实行了一系列重要的政治、经济和军事的改革措施，将中国古代社会推向了秦汉王朝以来又一个空前鼎盛的发展阶段。盛唐气象强大而持久，流风余韵，一直延续至五代十国间。基于这种考虑，虽然两晋南北朝和隋唐都是宗教热情极度高涨的时期，但两晋南北朝与隋唐五代的物质文化仍然存在比较大的差异。因此，我们将两晋南北朝与隋唐五代各自作为中国物质文化史的一个时期，各自单独作为一卷。

至于宋元明清时期，这个时期文献资料已经非常丰富，考古学家讲历史时期考古一般都只讲到元，北京大学过去的中国考古学教材最后一卷就是《宋元考古》，就反映了这个问题。我们认为，尽管在中国历史的重要性中，明清时期的物质遗存的确不如早先时期，但作为中国物质文化史应该是一个完整的过程。因此，我们这套中国古代物质文化史通史系列的最后一卷，从宋代一直写到清代，希望这些年代较晚的物质文化资料有助于丰富对这段时期历史的认识。

三、中国古代物质文化的种类

如同历史著述有通史和专门史一样，按照中国物质文化发展阶段编写的历史，只是基于物质文化遗存透露的历史文化信息，按照时间发展顺序和物质文化表征的变化程度连缀而成的中国物质文化的"通史"，"通史"中不同时段的物质文化史则相当于"断代史"。就整个中国物质文化史来说，有了这个"通史"系列，虽然可以从纵向认识整个中国古代物质文化发展的概貌，却难以从横向全面展示中国古代物质文化的方方面面。因此，还需要根据中国古代物质文化遗存的分类，按“类”来叙述某类物质文化遗存的分述系列，这个系列就是中国物质文化的“专门史”。

物质文化具有可视性，不同的物质文化具有不同的面貌特征，因而可以根据这些特征展开分类。物质文化是一个笼统的概念，我们所面对的古代物质文化是过去人们行为创造的物质遗留，也就是人们通常所称的“物质文化遗产”或“文物”。物质文化遗产的体量有大有小，大的文化遗产如建筑、壁画、纪念碑等，当初选址、设计、创造时就考虑了永固性等因素，没有考虑其位置变换，今天我们采取保护措施时也不便于将其移至他处，只能在原地保存（从保留关联信息的角度，也只能在原地保存）；小的文化遗产如家具、陈设、用具等，当初设计制作时就考虑了方便移动的使用功能，今天我们对其进行保护时，可以将其搬移到博物馆等具有更好保存环境的空间去保存。因此，物质文化遗产即文物首先可以划分为不可移动文物和可移动文物两大类，这两大类文物各自可以作为中国古代物质文化史“专门史”中的一个系列。

不可移动文物包括了大到历史城镇、传统村落、古代遗址等综合性的文物，也包括了宫殿衙署、寺观祠庙、陵园坟墓、石刻造像等专门性的文物，这些文物有三类不同的保存状态：第一类文物在历史上就已经废弃，成为历史的陈迹，呈现在人们面前的只是残缺不全的局部，有的还全部或大多掩埋在地下。历史上城镇村落的废墟、曾经一度兴旺的工矿作坊场所、废弃并垮塌殆尽的寺观祠庙、地面建筑甚至封树都已经不存的帝陵坟墓，乃至于一座房屋或一座塔幢的废址等，都属于这类文物。第二类文物虽然失去了它在历史上的作用，却仍然屹立在地表，被作为其他用途或作为历史名胜而存在。已经没有皇室官员使用的宫殿衙署、中断了宗教活动的寺观祠庙、原有功能已经退化或消失的石窟碑刻、已经弃置或被改做他用的城堡等，都属于这类文物。 第三类恐怕已不能简单地称之为文物，而是具有“物”和“非物”的综合体。至今还基本保持着原来的功能和文化传统，并随着时代的推移，继续在发生着变化，古今重叠且文化延续的城镇和村落，至今还有人居住的古村落民居，仍在使用传统工艺进行生产的作坊、农庄、牧场等，都可归属此类。

可移动文物，包括历史上各时代的重要工具、武器、礼仪用器、生活用器、艺术品、文书、档案、图书等，这些文物的材料和材质大致有两大类：第一类采用曾经具有生命的物质制作而成，也就是被称为“有机质文物”的一类，如竹木漆器、骨牙角器、纤维制品等。这类文物的存在周期相对较短，对保存条件要求也较高。第二类采用没有生命的物质制作而成，也就是被称为“无机质文物”一类，包括地球自然演化形成的天然材料和人工合成的金属材料，如玉石制品、金属制品等。这类文物的存在周期相对较长，对保存条件的要求也相对较低。

上述对于物质文化遗产即文物的分类方式，是以文物的保存状态和保存条件作为分类标准，这对于文物的保护研究来说，无疑是最恰当的分类方式。不过，这种分类没有考虑这些文物的用途和功能，而文物这方面的属性恰好是从文物这一文化的表层物质现象通向创造和使用这些文物的人、人的行为及其社会关系的桥梁，是将物质资料变为物质文化史的重要途径。因此，我们这部中国古代物质文化史的“专门史”不采取上述分类方式来分卷，而是按照材质和功能对不可移动文物进行分类。

中国文物管理部门对于不可移动文物的分类，以全国重点文物保护单位的分类最具代表性。该文物分类体系将不可移动文物分划为古遗址、古墓葬、古建筑、石窟寺及石刻、近现代重要史迹及代表性建筑等类。这些类型的不可移动文物，除了古遗址是以文物的保存状态为分类标准，近现代重要史迹及代表性建筑是以时代为分类标准，其类型与以功能作为分类标准的类型有所不同外，其他诸类都可以作为中国物质文化专门史的不可移动分系列。由于遗址大多都在中国物质文化通史系列中曾经引述，且通史系列的物质材料主要就是遗址加上遗址和墓葬等出土的各类可移动文物，专门史系列可以不必再列出遗址作为一卷；由于中国物质文化史只是有关古代中国，不涉及近代中国，故本丛书也没有近现代重要史迹及代表性建筑的内容。

中国文物管理部门对于可移动文物的分类，以全国首次可移动文物普查的分类标准最为详细。该分类标准"根据文物的异同，即构成每件文物基本物质的自然属性和社会属性之差异性、同一性"，将可移动文物划分为金/银器、铜器、铁器、陶/泥器、瓷器、砖瓦、宝/玉石器、石器石刻、漆/竹器、绘画、书法、拓片、珐琅器、玻璃器、骨/牙/角器、纺织/绣品、皮革、玺印、文具/乐器/法器、货币、雕塑/造像、古人类遗体遗骸、文献图书、徽章/证件、邮品、票据、音响制品、交通/运输工具、度量衡器、武器装备/航天装备、古脊椎动物化石和古人类化石、其他共32类[1]。正如该分类系统的分类标准有文物的自然属性和社会属性两个一样，可移动文物实际上可以划分为两个小系列：一个系列是按照文物的自然属性即材料和材质划分的系列，如玉石器、金银器、铜器、铁器、陶器、瓷器、玻璃器、骨牙角器等；一个系列是按照文物的社会属性即功能用途等划分的系列，如纺织品、货币、雕塑、武器、度量衡器等。我们编写的这套中国物质文化史的可移动文物部分基本就按照这个体系进行划分，只是一些偏小的文物类型和产生年代较晚的文物类型难以单独成册，我们这套古代物质文化史只能暂且舍弃了。

在艺术史学界，尤其是西方关于中国艺术史的研究，往往综合考虑其时代、功能和形式等方面的因素，将能够基于视觉观察的物质文化领域的中国艺术品划分为四大类。第一大类是主要兴盛于商周时期的青铜艺术；第二大类是主要存在于两汉时期的汉画艺术；第三大类是风行于晋唐时期的佛教艺术；第四大类则是从宋代以后大盛的以卷轴画为主体的绘画艺术。青铜艺术比较单纯，其物质材料就是青铜器。绘画艺术也不复杂，主要是卷轴画，此外就是壁画。汉画艺术的涉及面较广，包括了汉代画像砖、画像石、独立雕塑和建筑雕刻等诸多类型的文物。佛教艺术就更为广泛，与佛教相关的石窟、雕像、壁画、供器等，乃至于佛教寺庙建筑等都可归属于佛教艺术。以上四大类，只是中国艺术门类的主流，其他如产生于中国本土且长期与佛教艺术并存的道教艺术，在东亚地区具有广泛影响的建筑艺术（尤其是园林建筑），具有中国特色的玉器、漆器、瓷器等艺术类型，也从不同的方面丰富和补充着中国艺术史和中国物质文化史。

正是基于以上诸方面的考虑，我们主编的这套中国物质文化史的专门史划分为了不可移动文物和可移动文物两大系列，前者又包括了古建筑、石窟寺、古陵墓、古水利、古天文等不同的功能类型，后者更包括了玉器、铜器、铁器、瓷器、金银、玻璃

1 国家文物局编：《第一次全国可移动文物普查工作手册》，文物出版社，2013年。

等不同的材料材质类型，雕塑、绘画等不同艺术表现形式的类型，以及兵器、货币、纺织品等不同社会功能的类型。每个类型作为一卷，有的类型因文物丰富再细分为若干册。这种最终分卷的分类标准的不一致，我想读者应该是能够理解的。

四、另类的中国物质文化史

编写一套系统的中国古代物质文化史，是主编张文彬教授提出的构想。张文彬教授早年就读于北京大学历史系考古专业，以后曾在郑州大学历史系任教，对中国古代物质文化史自然非常熟悉；他又曾担任国家文物局局长和中国博物馆学会会长，熟悉全国的文物状况和博物馆藏品情况，是主编中国古代物质文化史的最好人选。在已经拟定了基于文物分类的物质文化史编写纲要，这套书各卷刚启动编写不久，张文彬教授就因病卧床，不能继续主持编写工作。还在张文彬教授患病之前，我就受他之命协助联络作者；张文彬教授患病后，我受参与编写工作的朋友的推举，担任这套书的“执行主编”。我基于自己对中国古代物质文化史的理解，增强了这套书的纵向通史系列，其他基本上按照张文彬教授原先拟定的编写体例来组织。现在大部分分卷已经定稿，回过头来看当时全书的设计框架，总觉得还有一些不尽如人意之处。这些主要表现在以下两个方面：

首先，一套完整的古代物质文化史通史不仅要有以时间为纲的通史主干，还应该有相应的纵向旁支。就如同北宋司马光主持编写《资治通鉴》（下简称《通鉴》），他首先按照年代编出汇集史料的“长编”，以此为基础才编写《通鉴》这部翔实的编年体通史。与此同时，为了说明自己对史料异同的取舍，还编写了《资治通鉴考异》作为附属，以驳斥相反意见并客观保存异说。由于皇帝日理万机，没有那么多时间来翻阅294卷的《通鉴》，他们还编写了简写本30卷的《通鉴目录》，以满足特定读者的需要。除此之外，为了弥补《通鉴》覆盖时间跨度上的不足，司马光等还编写了20卷的《稽古录》这样的简录，时间上溯至传说中的伏羲，下延至宋英宗末年。可见司马光等人编写《通鉴》，原本有一整套完整周密的构想，即便都是编年体的史书，也有主有从，有繁有简，有纲有目，所以《通鉴》才显得与众不同，为史家所重。作为一套体例完整的中国物质文化史，在通史部分也需要像《通鉴》那样，除了需补充强化史前的旧石器时代卷和新增近现代卷，编写与中国古代物质文化史相关的资料和研究汇集外，还需要考虑简化本的中国古代物质文化史。

简化本的中国古代物质文化史以上下两卷最为恰当，这是因为基于可视的物质文化形态和面貌，在公元3—4世纪间，也就是三国至两晋间，以佛教传入并流行中国为标志，中国的主流物质文化发生了重大变化——在佛教传布开来之前，中国的城市和乡村的标志性建筑和景观是统治者的宫殿、衙署、宗庙、神祠，人们崇奉的是祖先以及社稷、山川、天地诸神祇，并且这些神祇都不采用造像的形式来表现；而在佛教流行中国后，中国城市的标志性建筑和人文景观除了宫殿和衙署外，佛教寺庙（包括仿效佛寺而建的道教宫观）成为城乡最引人瞩目的标志性建筑和人文景观，大量佛教造像和少许道教造像占据了人们精神世界，成为最广泛的崇奉对象。因此，西方汉学界往往都是以佛教传入并流行中国作为中国历史和艺术的最重要的转折标志，这以前的中国为“早期中国”，这以后的中国是“中晚期的中国”。早期中国的文化主流是传统的自然发展过程，尽管不断会有来自周边，尤其是来自北方草原地区文化的影响，但这种影响的程度是有限的，没有造成传统的变异、转移或中断。晚期的中国，由于外来佛教的强力介入，使原先中国的主流文化发生了变异，佛教深深地浸入到社会生活的各个方面。原先不事偶像崇拜的中国社会，开始将大量财富用于制作顶礼膜拜的佛教像设和象征物，用于营建覆盖这些像设和象征物的殿堂楼塔，从而导致国家财政来源的分流，带来相应的经济和社会问题。宗教的驱动力量往往巨大且持久，以佛教传入中国且在中国流传为标志，将中国物质文化史划分为早晚两个大的时期，我想应该比较恰当。佛教传入中国的年代，尽管可以追溯到两汉之际前后[1]，但在整个东汉时期，佛教都是混杂在中国传统的神仙方士中流传，还没有得到人们的广泛认知。佛教成为一种专门的宗教为人们所接受，不会早于三国两晋时期。三国两晋时期正是中国制度、思想和文化的大变革时期，文学上有所谓“魏晋风骨”，反映在物质文化上，这时期的城市、陵墓、器用、书画等也都出现了一系列新的气象。据此，以三国两晋之际作为首要转折点，将中国古代物质文化史的通史部分划分为两个大的时期，编写一套两卷本的中国古代物质文化史简本，这一定是很有意义的。

其次，我们这套中国古代物质文化史虽配有大量的图片，但基本体例还是以文字为主，图片配合文字出现。而物质文化的视觉感知非常重要，故以文物的图像为基础而加以文字解说和诠释，对于形象地认知和理解中国古代物质文化非常必要。中国国家博物馆（原中国历史博物馆）研究员孙机先生，曾编写了一本《汉代物质文化资料图说》。这是孙机先生基于多年对汉代文物研究的心得，在数十篇论文的基础上完成的图文并茂的著作[2]。这种以图说的方式叙述一个朝代的物质文化史，既是中国“左图右史”史学传统的延续，又是博物馆陈列必要的基础研究和公众获取知识的良好途径，应当大力推广。只是这种以图说史的著述，另有一套独特的编写体系，需做大量资料整理的工作，还需有系统的研究积累，编写难度很大，故迄今未见以图说的形式撰写的其他时代的中国物质文化史的著作。续写一套中国古代物质文化史图说，应当很有必要。

作为一套全方位的“中国古代物质文化史”，理所当然应有一个“中国古代物质文化史图说”系列。这套图说不宜按照中国的历史时代来述说，而应该以物质文化本身发展演变的阶段性来编写。如果按照我们前面所说的中国物质文化发展的进程，需要有史前、三代、秦汉三国、两晋南北朝、隋唐五代、两宋·辽金西夏·南诏大理、蒙元、明清诸时代。每个发展阶段则应该有都城市镇、宫殿衙署、坛壝社稷、神祠寺观、祭祀礼器、街坊住宅、园囿苑林、陵园坟墓、矿场作坊、生产工具、钱币量具、路河邮驿、衣冠服饰、家具陈设、生活用器等名目，每个名目下再细分为若干种类来展开图文的叙述。这样一部图说的中国古代物质文化史，可以弥补目前这套书的不足，

1 关于佛教传入中国的时间，有两种说法：一种是西汉末期汉哀帝元寿年间，大月氏使者伊存向博士弟子景庐口授《浮屠经》之说，见《三国志》卷三〇裴松之注引曹魏鱼豢《魏略·西戎传》；一种是东汉明帝永明年间，蔡愔出使大月氏，与僧人摄摩腾和竺法兰一起用白马驮回佛经和佛像至洛阳之说。二说的年代相差不多，且都与大月氏有关。

2 孙机：《汉代物质文化资料图说（增订本）》，文物出版社，2008年。

能够从更具体和更微观的层面展现中国古代物质文化的面貌。

我希望，今后如果能够有比较充裕的时间，组织相关专家编写一套这样的中国古代物质文化图说，对于更加深入地理解古代中国，普及传统文化知识，推进博物馆教育，将是一件很有意义的事情。

编写中国古代物质文化史是一项长期的工作，要有相当长时间的资料积累和研究积累。北京大学的考古学科，自1952年以来先后编写过多个版本的《中国考古学》征求意见稿，如1960年、1972年版的《中国考古学》铅印本等，并有“多卷本中国考古学”这样的重大科研项目来推动，但迄今为止，这套多卷本《中国考古学》仍然没有问世。这其中既有新的考古资料不断涌现所带来的认识的更新，也有老一辈学者与新一辈学者认识上的差异，当然也还有这样和那样的原因。不过，仅从这一事例就可以看出，要编写一套优秀的学术著作是多么的不容易。《中国考古学》从某种意义上来说，与《中国古代物质文化史》有许多共通之处，要编写这样一套书需要投入较长的时间和相当的人力和精力。这部《中国古代物质文化史》作为一项国家出版项目，有出版的时间限定，我这个慌忙上阵的执行主编，只能尽可能召集一些长期从事中国考古学教学和科研，手头有比较现成的研究成果或讲稿，经过补充、整理、强化就可以成书的研究者，来承担中国古代物质文化史的通史系列各卷的撰写任务[1]。由于撰写时间的限制使得一些作者在完成初稿后，可能没有更多的时间来广泛征求意见和做细致的加工完善。可安慰的是，这套《中国古代物质文化史》本来就有为今后编写《中国考古学》和修订补充各专门物质文化史征求意见的意图。如果读者发现这套《中国古代物质文化史》存在着这样或那样的不足，就尽管提出批评和建议，我们一定虚心听取，以便在今后编写《中国考古学》系列时能够做得更好些。

孙 华

1 考虑到我所在的北京大学考古文博学院，也在考虑重启多卷本《中国考古学》的编写，为了使二者不发生重合，保持《中国古代物质文化史》通史系列自身的特色，我主要邀请了北京大学以外的高校考古专业的专家和教师来承担各卷的编写任务。

目录

序

水利文化属于文化的一种，但如何界定“文化”首先是个问题。“据不完全统计，截至现今，关于文化的定义几近两百”，将其归纳分类，竟有十类之多，这是文化学者的工作。常见的界定分歧在于文化是否专指精神领域成果，抑或包含人类的物质创造。梁启超说：“文化是包含人类物质、文化两面的业种业果而言。”把物质的和精神的、传统的和现代的人类创造物都理解为文化的范畴。

与文化类似也常被提及的概念还有文明。如果我们同时界定文化与文明两个概念，可能有助于问题的分析。例如，世界文明史将尼罗河的古埃及文明、两河流域的巴比伦文明、恒河的印度文明以及黄河、长江的中华文明，公认为四大文明。随着考古发现，也有人认为中南美洲的玛雅文明是并列于以上区域文明的第五大古代文明。它们都被称作文明而非文化。区分在哪里？文明的概念中包含着人类物质创造在内，此点盖无疑义。如果文化不完全等同于文明，那么它们之间的区别或是文化中并不包括人类物质生产的部分？虽然物质生产其间也有着人类智慧的注入。那么，“文明礼貌”语句中的文明呢？那是一般性的提法，非关这里所说的以社会整体发展为指征的文明概念。所以梁漱溟又认为：“文化与文明有别。……生活中呆实的制作品算是文明，生活上抽象的样法是文化。”

考古学中的文化概念则是广义的，其间既包括人类精神的创造也包括物质的创造，例如黄河流域的龙山文化、仰韶文化，附属于长江流域的金沙文化和河姆渡文化等。可见，考古学当中的物质创造和生产力水平，由于时代久久远，这些远逝的物质成果和精神创造一起都已演化成为一种文化符号。可见，文化概念又是和历史传统密切相关，一如长城、大运河、都江堰已被列作世界文化遗产，它们是文化的物质载体也是历史文化见证。对于文化的物质与精神的大体区分为的是有助于确定工作的重点，尤其对于并非专业研究文化学的大众，并不必要做非此即彼、孰是孰非的截然切割，而着重关注文化在人们的生活方式上，在社会进步中的重要和不可替代的价值。

文化的沿袭也比其他社会要素（诸如生产力、生产关系、上层建筑、经济基础等）更加稳定、延绵不绝、渗透至伦理道德和有深刻影响力。尤其是当今社会存在着的历史虚无主义和道德的功利主义，告诫我们需要深刻理解文化究竟为何物，文化有怎样重要的价值。历史经验告诉我们，看起来最柔软最无用的文化建设，恰恰是一种支撑人类社会发展的原动力。因此，我们在现代化过程中，到底应该保留什么，扬弃什么，应当传承什么，追求什么，这是时代前行不可回避的问题。

水本身是自然物质，但当水与人类生活发生关系，生产的水、灾害的水、审美的水、宗教的水等等就和文化有了联系，水文化成为一门学问。以往中国水利界的水利史研究对文化的关注相对于对技术的关注是薄弱的，例如对水利与社会之间关联的研究就比较欠缺。熟悉中国水利史研究进展的日本大阪市立大学名誉教授森田明先生就注意到这点。他在《中国水利史研究的近况及新动向》一文中指出，肇始于1936年的中国水利水电科学研究院水利史研究所是中国的水利史专业研究机构，以往的研究内容基本上是将古代治水和水利工程中的技术性问题作为重点课题，并引证中国的水利史学科创建者姚汉源先生1986年在《中国水利史纲要》自序中所说的“本书比较注重工程之兴废，似工程技术史而又不完全是；稍及政治经济与水利之互相制约，互相影响，为社会发展的一部分，但远远不够”为证，并认为“从姚氏的言辞中可以窥见其对当时水利史研究的弱点与偏重的些许自省”。当然，20世纪60年代到80年代日本学者集中对中国古代水利组织与村落和国家之间的关系，以及水权归属的研究，提出区域水利共同体和区域社会的概念，成果颇丰。继而中国的水利史研究在水利如何影响社会方面也做了许多切实的工作，例如90年代末中法两国开始研究机构间的合作，在山西、陕西村镇发现了丰富的小流域水利管理文书，进而通过水利管理研究基层社会组织，被认为在方法论与研究资料方面处于领先地位；接着以山西大学中国社会史研究中心为代表，对华北缺水地区所形成以水为中心的水利社会，从人口、资源、环境对该区域水利与社会结构变迁进行的细致的分析，取得了新的进展。类似的研究从地域范围也扩展至江南和华南。以上各家研究的重点都是以水利为媒介，找出蕴藏在水利工程建设、维护、管理史料中的社会关系，探讨作为社会发展内在动力的水利要素对社会经济、生态环境、农村基层组织的变迁的影响，即由水利到社会的视角。

水文化研究还有更多的方面。2009年在土耳其伊斯坦布尔世界水论坛会上，经各国专家讨论，发布了对水文化含义的阐释：“水文化是人民的文化，是人对水的自然和社会属性认知的知识体系。水文化是在人类社会起源及文明发展中，在社会各种矛盾冲突中，在水旱灾害造成的悲剧中，在意识形态扮演的角色中，也体现在水的宗教崇拜、神话传说以及祭祀仪式中”，丰富了对水文化内涵的理解。基于这一认识，本书将水利发展与社会政治、经济、文化的相互影响，按历史进程划分为五个阶段详加论述，对历史上的水利物质文化作了全面系统的概括，并着重论述了水行政与河工行政管理体系、水资源法规与管理制度、治水思想和规划理念、乡村社会建设与水管理，以及水神祭祀及其文化精神等，都是水利物质文化史和水利社会史重要的组成部分。笔者在此基础上又阐发出许多新的观点，所提出的“水利工程的可持续不仅是技术赋予的，更是文化的后果”等观点颇有见地，令人耳目一新。本书的写作丰富了过往水利文化史的研究，开启了水利与社会相互关系系统研究的新视界。

近年来人文科学的一些学科显示出衰退的迹象。2016年《文汇报》介绍美国人文与科学院发布的报告称，2012—2014年拿到人文学科本科学位的毕业生减少8.7%，与20世纪50年代至2010年间人文学科的增长态势形成反差，尤其是英语语言文学（以及非英语专业）、历史学、语言学、古典学、哲学学科。究其原因，主要在于“在经济大衰退的背景下，高校被功利的眼光看作是就业前的演习场……面对方向尚不确定的就业市场，学生们担心人文学科不能给自己带来直接而实际的竞争力，因此愿意学习哲学和历史的人少了很多”。中国的情况相类似。当然，我们不应当迷失于功利主义，也不会把人类的终极目标完全寄托在以发展生产力为导向的观点之上，文化的研究是不可或缺的。森田明教授也对中国的水利史研究专注于工程技术的方面提出了意见：“20世纪70年代末以降中国实施积极的经济发展政策，基于该政策，水利史研究作为水资源的开发与保护等现实课题的一环，是以技术史展开的。……姚氏的期望仅止步于萌芽，其期望的明确仍需等待若干时日。”表达出由于服务于解决现实水利问题而对水利历史本身研究不足的遗憾，当然历史的研究本身有着无可替代的重要价值。然而历史研究在解决现实问题上并非一无所长，可有可无。

历史研究为现实服务是中国历史研究的优良传统。司马迁就曾在《史记·高祖功臣侯年表》序文中阐发治史的功用说：“居今之世，志古之道，所以自镜也，未必尽同。帝王者各殊礼而异务，要以成功为统纪，岂可绲乎！”表明著述历史不仅是记述历史事实，也是总结经验，给后世提供借鉴。历史研究并非主张后世依照历史旧轨去照搬照套，一概而论。梁启超也认为：“现在人很喜欢倡‘为学问而学问’的高调，其实‘学以致用’四字也不能看轻。为什么要看历史？希望自己得点东西。为什么要做历史？希望读者得点益处。学是拿来致用的，不单是为学问而学问已。”那么，水利史研究能为现实水利做点什么？中国是个多水旱灾害的国家，历代都有治理江河湖泊繁重的任务，中国学者关注自己国家的治水问题是自身的使命，其中也包括历史传统的研究与继承。

古往今来，水利史学科相沿不断，即使在近百年水利科学技术突飞猛进时代，历史的研究仍不失其光辉，其实质正在于可以通过历史研究寻求借鉴。因为水利问题绝不仅仅局限于对水流与建筑物的研究，它必然与人类社会和自然环境的演变密切联系，即治水离不开自然，也离不开社会。从20世纪80年代末期开始，以水利史研究所为代表，中国的水利史研究在以往着重水利工程和水利技术及其历史溯源研究的基础上，又开辟了水利与社会相互影响的另外一种研究路径。其着眼点由以往着重研究水利对社会的影响，转换为考察社会的政治、经济、文化、环境对水利的影响。在这个视角下面，除去引入相关自然科学学科，如水利和地理；引入相关社会科学学科，如哲学和经济，以及与此相关的研究途径与方法，形成社会科学与自然科学多学科的交叉研究，进而取得对现实的水利宏观问题有实际价值的成果，以至有广泛意义的哲学表达，即从社会到水利的视角。这种尝试取得了新的进步。在此举出以下三例加以说明：

例一，1990年我们在《古鉴湖的兴废及其历史教训》一文中，由水利史研究引申出人与自然关系的思考。鉴湖位于今天的浙江省绍兴市，兴建于公元140年，是一座著名的古代大型灌溉、防洪、水运、城市供水的综合性人工湖泊（水库），兴利长达一千年之久。然而北宋后期至南宋前期，鉴湖在人们大规模掠夺性围垦下迅速衰亡，但鉴湖的被围垦并非主要由于泥沙淤积的缘故。当时当地治安官员调查结果是"盖以岁月弥远，湖塘浸坏，斗门、堰闸、诸小沟固护不时，纵闭无节，湖水尽入江海，而濒湖之民始得增高益卑，而盗以为田"。可见维护不力，致使堤防、斗门等水利设施损坏，导致湖水位下降，是鉴湖被围垦的主要原因。鉴湖围垦后得到了湖区的土地，但却失去了调蓄水资源的湖泊，破坏了生态环境。围垦后的一百多年比围垦前的一百多年，本区水旱灾害分别增加4倍和11倍，所失远大于所得。在鉴湖边居住七十年之久的陆游作诗云："甲申畏雨古亦然，湖之未废常丰年；小人哪知古来事，不怨豪家惟怨天。"也就是说，鉴湖废毁后水旱灾害增加并不能怪罪于天气，而应归罪于废毁鉴湖水利设施的地主豪绅。即非天灾，而是人祸。可见鉴湖的围垦是人们追求眼前利益的一种短见行为，是违背自然规律并遭到自然报复的一个例证。并由此提出"人类克服不利的生存环境所做的种种努力是积极的必要的，但同时也应审慎地保护和顺应自然，深刻理解和正确运用自然规律，以谋求与自然的和谐，并在和谐中求得共同的发展"。

时任水利部部长汪恕诚自1999年以来多次强调人与自然和谐的重要性，2004年又在《再谈人与自然和谐相处》一文中指出："总结这些年治水理论的创新和实践的探索，可以清楚地看出，人与自然和谐相处是可持续发展最核心的问题。因此今后要坚持把人与自然和谐相处的理念作为指导各项水利工作的核心理念。"历史的理论创新得到现实的响应。可见，历史发展到今天，科学仍旧能在融入文化血脉中得到提升。在与人文精神结合的过程中，科学可以从中汲取精辟而广博的思想营养，可以拓展现代学人的视野和丰富自己的内涵。

例二，1991年淮河大水灾后提出了"灾害的双重属性"概念。古往今来，灾害始终伴随着人类社会的发展。以往将洪水灾害定义为自然灾害，强调洪水是超常量降雨所致，是自然现象。以为兴建工程控制住洪水就可以消弭水灾。然而，近代以来各主要洪水国家控制洪水的工程能力大幅攀升，而洪水灾害发生概率非但没有降低，水灾损失反而不断增长，显然无法只从自然变异来解释。问题在哪里？为此，我们收集了大量的古代治水思想的资料，探究中国古代对灾害的认识。例如汉代贾让提出了治河上、中、下三策，开宗明义地指出："古者，立国居民，疆理土地，必遗川泽之分，度水势所不及……"元代延祐元年（1314年）的治河文书指出："黄河涸露旧水泊汙地，多为势家所据。忽遇泛滥，水无所归，遂致为害。由此观之，非河犯人，人自犯之。"古代许多类似的论述都指出，灾害与人类社会的过度开发有关，减少灾害及其损失的途径不能只着重兴建工程制约洪水，而必须抑制人类对土地开发的贪欲，避免过度侵占水体。由此提出灾害既具有自然属性，又具有社会属性的"灾害双重属性"概念。明确指出在加强工程防洪能力的同时，必须合理规划经济发展和国土资源开发以适应洪水，双管齐下才是减轻洪水灾害及其损失的必由之路，而不只是以战胜和控制为目的，与洪水斗狠。灾害的双重属性概念，是向两千年前的贾让“治河三策”等古代智慧学习并进而使认识得到深化的一个例子，是抽取了这许多历史经验中的思想精髓作出的科学归纳和演绎，从而使人们的认识变得更为清晰。

20世纪50年代以来，国内外也有学者认为，社会不明智地发展与灾害损失增长之间有直接联系，但并未引起足够重视，至少在中国，依然沉迷于“人定胜天”、“严防死守”。“灾害双重属性”简约而生动的哲学表达，至1998年长江、淮河大水灾后遂被政府主管部门重视和采纳。2003年汪恕诚部长撰文称：“洪水灾害具有自然和社会双重属性，二者都是灾害的本质属性，缺一不成其为灾害。正因为如此，给洪水以出路，不仅要体现在抗洪期间，而且要把它作为整个防洪工作的指导思想。”大道至简的哲学表达促使了观念的转变。自然科学与人文科学的交叉研究实践证实，以往我们水利工作的误区之一是以为单凭自然科学技术就可以治水，从而将科学技术孤立了起来，疏远和冷落了文化，局限了我们的视野和洞察力。以大自然为背景的水利方针和规划需要引进历史与哲学以及相关的自然科学学科，其根本原因就在于水利不仅仅是一个单纯的科学技术问题，它必然深度涉及人文领域和其他多种自然科学学科，因此，要深入认识水利问题，尤其是宏观问题，既需要借助于科学，也需要借助于人文。反过来说，当今一些人文学科显现颓势，若走出象牙塔，主动与自然科学联姻，或许是扭转颓势的一个途径。

例三，1995年我们完成的“川东地区农业经济发展潜力的历史研究”项目，目标是从环境容量来检验三峡移民安置方针。要取得库区移民方针这样水利政策性问题的解答，必须研究库区社会情况和区域自然地理环境及其历史演进。课题组分别从当地地貌特点、社会状况、生产措施、森林植被、农业政策、移民和人口数量、土地垦殖率、农业技术、作物品种、粮食及其他物产等方面，将秦代以后两千多年直到20世纪80年代，共分作秦汉至南北朝时期、隋唐至南宋时期、元明时期、清代、民国时期以及1949年以后时期等六期作了统计分析。得到了与当时所拟订的“就地后靠”的移民政策全然不同的移民方案。指出本区高程较高的大于25度的坡耕地只占总耕地面积的四分之一，未来三峡库区淹没的耕地，大都是条件较好的高产平坝区；本区农业经济脆弱，资源匮乏，大力发展第二、三产业不仅经济上不合理，现实不可行，而且存在潜在的危机；占三峡工程总概算三分之一的移民经费与库区开发建设脱贫所需的经费相比，不足十分之一，移民经费不足将影响库区人民生活和社会稳定。总之，采用“就地后靠”的移民安置方案不符合库区实际。反之，“把淹没数量大的县份的居民分批外迁到环境容量相对宽裕的地区，是实施开发性移民方针，促进安置区经济发展的有效途径”。本报告于1995年完成并上报国务院三峡工程建设委员会办公室。

1999年5月20日朱镕基总理在三峡工程移民安置工作会议上指出：三峡库区山高坡陡，环境容量十分有限，移民就地后靠安置做法势必严重破坏当地生态环境，贻害无穷，并提出要鼓励和引导更多农民外迁安置的政策，带来了三峡移民方针的根本性改变。

以上三例是我们“学以致用”的部分成果，是从社会到水利的多学科综合研究的新探索。当然，理论进展也只有经过社会实践检验，才能得以确认。

不必讳言，在近代水利科学技术迅猛发展的今天，对水流、建筑物的内部机理的研究日益深入，数学的物理的研究手段被广泛应用到水利研究的许多方面，特别是微观研究方面；新材料和新技术的使用也愈加广泛。比起现代技术来说，传统水利技术大多已经陈旧。但是，随着水利的深入发展，人们也愈来愈清楚地看到，水利事业并不限于建坝修堤等工程建设，而是越来越普遍地与社会的、经济的、资源的、环境的影响联系在一起。水利建设的成败得失，不仅取决于认识水的运动和建筑物安全的种种因素，也直接受到社会、经济、环境、资源等条件的制约。离开这样广阔的、深刻的人文边界条件来孤立地就水利谈水利，将产生偏颇而难以给出符合实际的答案。甚至可以认为，如上举例的一些水利问题的解答，只求助于自然科学是无能为力的。因此，对于环境演变的历史趋势、治水思想、政策法规与管理体制、减灾方针与对策等宏观的前瞻性的问题上，历史研究有着自己独到的优势。

那么，我们何以深信古代圣贤的思想能对今人有所启迪？在高科技时代为什么还能从传统历史与哲学思想中寻求借鉴？难道是把古人格言硬塞到现实中来哗众取宠？还是从古今事实对照中发现了这种客观存在的联系呢？

恩格斯在《自然辩证法》中曾举出古今相通的事实。他认为：繁荣于公元前6世纪到公元前5世纪的古希腊哲学，“由于对自然现象的总的联系还没有被从细节上加以证明，这种联系对希腊人来说是天才的直观的结果。……在希腊哲学的多种多样的形式中，几乎可以发现以后的所有观点的胚胎、萌芽。因此，理论自然科学要想追溯它的今天的各种一般原理的形成史和发展史，也不得不回到希腊人那里去。这种见解已经越来越被接受。”这是什么原因？古代生产力低下，自然力对人类社会处于支配地位，人们不得不怀着谦恭的心情，更多地关心和记录自然变异对人类社会的影响，注重天文、地理与人事之间的综合思考。2200年前《吕氏春秋·审时》说：“夫稼，为之者人也，生之者地也，养之者天也”，把天、地、人、生物视之为一个整体联系的自组织系统。虽然前人对自然科学各学科规律的理解不及今人深刻，但这种整体、综合、辩证的朴素自然观虽然忽略了一些非本质的“复杂”因素，反而清晰地表现出对人与自然关系的最本质的理解，显现出古今相通的事实。这对于纷繁复杂现实世界的人们来说，往往有着醍醐灌顶的效果。

可见，水利与社会的政治、经济、文化的研究既具有基础研究价值，也可以因应现实社会解决水利开发疑难问题的需要，是社会科学融入自然科学领域，以解决自然科学问题的一种途径。这类研究既关注社会，也关注自然，多学科交叉研究的跨界整合，将有助于提出解决现实水利问题的新的创造性成果。此外，联系现实水利问题的历史研究，尤其强调要以现实效应作为验证，摒弃一厢情愿。强调以实际作为验证，更加促使研究的深化。实践证明，水利要繁荣，是离不开注入文化血液以提升自己的。此点正是近三十多年来从社会到自然的水利史综合研究的新探索，从史学史角度来看，是水利与社会相互联系研究的新进展。

《中国古代物质文化史·水利》这部通论性著作，既是对水利文化史系统全面的概括，同时也将有助于文化与水利的历史研究与沟通，而更加具有深远意义。是为序。

周魁一

2016 年 6 月于北京燕园

绪 论

“水利”一词出自西汉司马迁《史记·沟洫志》。这部两千多年前的著述，以大禹治水肇始，及近则是他亲历的武帝瓠子黄河堵口。司马迁著《史记·沟洫志》之前曾经登庐山观九江，至姑苏望五湖；过钱塘至会稽；西瞻蜀之离堆，北过龙门达于朔方，足迹所过江、河、淮、泗、济诸水。他称自己是悲汉武帝瓠子堵口而著《沟洫志》，并在这部著述中留下了“甚哉，水之为利害也”的千古名言。

司马迁对水利的贡献主要体现在技术的文化层面。他第一次阐释了水利的定义：通过坝、堰、堤防、渠道等工程，而产生的漕运、灌溉、防洪等诸多效益者是为“水利”。大禹治水是中国第一个王朝夏的奠基。自汉代起不因朝代更迭而世代沿袭的漕运制度贯穿了其后的中国历史。以漕运为使命的运河开凿与经营，表达了水利服务于国家利益的特质。在土地私有的古代，水利的公共性迫使地方政府较多地参与水的管理中，并往往主导着区域水利工程的兴建和延续。水利工程的管理及水的分配将政府的职权延伸至社会阶层的末端，从而深刻影响各阶层民众及其地域文化。中国历史演变的文化基因，从水利史的脉络中可以清晰明辨。

在司马迁生活的西汉时期，当今水利工程的类型彼时大都具备，水管理的行政和社会形态的轮廓也有诸多印迹可循。水利工程的兴建和延续见证了特定区域自然与人文史的演变进程。诚然水利的起源、发展或衰落，取决于相应时期的政治和经济环境，但是水利工程的创造与传承、水管理的实现与延续，深层次的因素是文化，犹如人生命为血脉所系，文化决定了水资源利用的价值观、决定了治水的思路与技术的走向。从文化视野来审视水利，或许可以从更多层面理解水利的历史地位，水利与政治、经济相互推动亦相互约束的关系，从不同视角认知水利的技术价值和工程的生态效益，以及所造就的景观。

一、水利与文明起源

距今约五千年从黄土高原走向黄河中下游平原的炎黄部族，在黄土地上定居并开始农耕，逐渐形成了自给自足的农业生产体系，成为中原“诸夏”与“蛮夷”[1]最大的一族。发生在距今三千年左右的大洪水和治水活动终结了中华大地华夏与蛮夷杂处共存，不同氏族及其文明逐渐走向融合，开启了华夏文明的第一页[2]。

1 诸夏，即上古史夏、商、姬、姜四族的统称，诸夏之外为蛮夷。诸夏主要分布在黄河流域中下游平原。

2 徐旭生指出，参与治水的主要是诸夏和东夷（主要分布在淮河流域）两大集团，而南方苗蛮集团没有参与。参见徐旭生：《中国古史的传说时代》，科学出版社，1960年，第161—162页。

自战国至秦汉，禹逐渐被塑造为华夏民族先帝，与大洪水的抗争及其疆土开拓造就了两个具有宗教意义的偶像：黄帝和禹。前者是氏族的（华夏族），后者是疆域的（九州），这是使中国人之所以为中国人的文化基因。两千余年来，中国的民族和疆域之所以没有发生太大变化皆归因于此，而行政区划肇始的可寻历史印迹就是治水活动。20世纪20年代有学者对禹和大洪水的真实性提出了质疑。随着20世纪40年代以后河南二里头、四川广汉三星堆、成都金沙堆、浙江余姚河姆渡、余杭良渚等夏商周时期文化遗址的考古发现，证实了大约距今四千年左右世纪大洪水的真实性。这些代表黄河流域华夏、长江上游蜀、东南古越的文化遗存都无一例外毁于洪水。炎黄部族是大洪水后幸存的部族，他们在领袖的带领下走出灾害，他们的重生之地就是华夏文明的诞生之地。大禹之后的夏朝有四百多年历史，其间将洪水后幸存的其他部落先后融合，于是治水成为共同的记忆，演化为华夏民族创世纪的篇章。几乎同一时期大洪水的记载也出现在伊斯兰教的《古兰经》、基督教的《圣经·创世纪》中。大禹治水和诺亚方舟传说是远古时期不同民族在文明的起源期的历史记忆，而大洪水以后不同地域及部族文明的走向却大不相同，于西方是两大宗教起源，而东方则是导向集权国家的文化基石。

大禹治水以后中国文明进程逐渐清晰。夏商周三朝开启了中国地理的大发现时代：以九州而有最早的行政区划，以江淮河济开江河命名之始。传说中的江河治水大多有大禹的影子，被记录在战国时期成书的《山海经》和《尚书·禹贡》中[1]。大禹治水为中国其后的历史打上了文化的印迹：治水是国家职能，以国家利益主导与水相关的公共事业，也被西方称之东方专制的滥觞。至春秋战国时期，大规模的灌溉工程是一个诸侯国走向富强，兼并弱国的资本。这样的工程只能威权之下强征民力方能完成。周定王（公元前606—前586年）时，据有相当于今天湖北、湖南、河南、安徽诸省疆域的楚国，先是临长江建都郢（今湖北江陵界内），后迁都寿春（今安徽寿县），在淮河支流淠河建芍陂，治水并治田，在沼泽洼地上形成了大型蓄水工程。楚国因水利而成为农业强国，拥有了与中原诸侯抗衡的实力，直到最后为秦所兼并，而芍陂却沿用至今。战国末年，秦国吞并蜀国后在岷江上修都江堰，在关中修引泾工程——郑国渠，水利作为富国强兵之举，为秦国最后统一天下奠定了经济基础。大禹治水不仅代表了中国文明起源时期的治水活动，更是治水作为国家职能的开始。秦建郡县制后，政府将水利纳入国家职能范围，其后一脉相传贯穿于中国历史的始终。

二、水利的类型与时空特点

中国属于东亚季风气候区，大部分地区年际气候冷热、雨量变化与植物生长同期，具有农业生产的天然优势。但是，区域所处的地理位置不同，降水分布有极大差异。从西北内陆年平均降水量200毫米左右，到东南沿海可以达到1600毫米。而

1 顾颉刚在《古史辨自序》“战国秦汉间人的造伪与辨伪”部分分析禹神话的原因指出：“禹在古代的传说中，本是平地成天的一个神人。到了这时（秦汉），既由始皇统一的反映，逼得古帝王的土地必须和他一样广。于是禹的偶像遂重新唤起，而有《禹贡》一篇的著作，把当时的境域分做九州，硬叫禹担此分州的责任。”顾颉刚：《古史辨自序》，商务印书馆，1915年，第136页。

同一区域年际降水量也有较大起伏，海河流域年际丰枯降雨可以有30%上下的变动。在山地、丘陵、平原不同地形条件下，局部水资源同样分布不均。幸运的是，中国适宜发展稻作农业的区域有密布的江河湖泊，在半干旱地区气候和水资源条件也能满足旱作农业的基本需求，即使在缺水的西北内陆也有高山融雪形成的地下水源。共同点是不同的自然环境下，灌溉都是不可缺少的，是农耕社会产生和发展不可或缺的支撑。在水资源条件制约下，产生了区域间不同的水利工程类型，不同的社会形态和规模，不同的约束机制。

区域环境必然制约水资源利用方式，进而影响水利工程技术的发生和发展。以多年平均降水量划分，在200—400毫米、500—1000毫米、1000毫米以上的三个区间内，大致可以分出不同水资源利用模式及其相应的类型的水利工程。降水量200—400毫米的西北内陆河流域，以利用地下水源见长。新疆吐鲁番盆地的坎儿井是内陆沙漠地区的典型灌溉工程，因此而造就了沙漠绿洲农业。坎儿井一说源于西域，由中东古波斯传入，一说是本土的创造。在降水量500毫米左右的山陕之间平原区及华北平原，井泉灌溉工程至迟在战国时期已经出现，随着14世纪以后人口增加，以地下水为水源的井灌工程支撑了这一区域旱作农业的发展。季节性的雨洪是黄河和海河流域主要灌溉水源，兴建于战国时期的关中引泾工程郑国渠、魏国引漳工程漳水十二渠都是在北方多沙河流上引洪水淤灌的工程。利用汛期洪水可以实现农作物的一年两灌。

在多年降水量500毫米至1000毫米且区间径流发育的地区是稻作兼旱作农业适应区，是中国灌溉农业产生最早，也是多类型水利工程分布的区域。公元前605年，淮河流域中游地区楚国令孙叔敖兴建芍陂，利用淮河中游平原洼地，引当地径流入塘，是中国最早的平原水库。汉代淮河上游的南阳灌区也是这类蓄水陂塘灌溉工程，为多个陂塘串联的，后人所称的“长藤结瓜”灌溉工程体系，使水资源在更大的空间和时间内实现调度。9世纪以后随着人口增加，蓄水陂塘出现在淮河以南的丘陵区，甚至是亚高山区，成为稻作农业的支撑。沿江河的引水工程产生于战国末年至秦汉时期，传统水利的主要工程技术在这时也已经大致具备，拦河筑堰（或称坝、埭）壅水或顺流引水入渠，使更大的区域获得灌溉效益。在降水量1000毫米以上地区，北起长江中下游平原、南至珠江三角洲平原，10世纪以来围田水利大行其道，以筑塔防洪，开水道排水为主。通过疏浚、筑堤、建闸，在河网密布的地区整理出可通输水或排水的溇港、被堤环绕的农田，具有灌溉、排水、水运功能的水利工程体系。

水利按照效益，大致可以分为灌溉工程、江河防洪工程、运河工程、城市水利工程（或称供排水工程）等。就效益而言，难以将每一工程归于特定的类型。因为很多水利工程可以获得多方面的效益。以京杭运河北京段通惠河为例，13世纪建设的昆明湖—长河水源工程，由蓄水和输水工程构成了北京城市河湖水系，不仅对北京宫城、街区架构有重要影响，更使北京城市的生态和景观环境因此获益。都江堰以灌溉工程著名，灌区几乎涵盖成都平原，但它又是成都平原的行洪水道，具有防洪排涝的效益，也是成都城乡供水生活用水的主要水源，历史时期成都平原的河道大多有舟楫之利，且一直延续到20世纪60年代。

与宫殿、寺庙、民居等历史建筑不同，一处水利工程传承至今，多数经历了历史时期的持续演进，不能简单归于某一时期的水工建筑。自战国时期开始，传统水利工程主要以木桩、块石或卵石作为建筑材料，竹笼工或木桩工便成为水工或河工的主要建筑构件，这类水工构件延续至20世纪70年代。10世纪以来，大体量砌石重力结构陆续应用于堤防、泄洪闸、拦河坝工程中。著名的淮河中游洪泽湖大堤、钱塘江石工海塘（或称鱼鳞大石塘）、运河会通河引汶济运戴村坝、浙东运河三江闸、福建莆田拒咸蓄淡闸坝工程木兰陂，都是这类重力结构工程，代表了中国水利在同时代领先世界的技术。对古代水利工程价值的认知，不应局限于工程技术或建筑结构。技术永远是日新月异的，而先贤治水的理念和付诸工程实践的科学规划，才是超越时代的。

三、古代水管理体制架构

自秦汉郡县制开始初具自上而下的水行政管理体系，至唐宋得到完善，在政府机构层级中成为相对独立的体系。至明清因确保漕运的需要，河道管理体系得到强化。漕运制度运用时间超过两千年，是涉及粮赋征收、运输、储备的国家行为，唐代建立了从中央到地方形成组织严密的管理体系。而支撑漕运的是同样庞大的自上而下的河工行政组织系统。通过粮赋征收、漕运制度，中央王朝将统治延伸到农业社会的底层。10世纪前中国主要粮食产区分布在黄河下游流域今河南东北部、河北中部、山东西南广大的平原。西汉开漕渠，粮食通过黄河和漕渠的转运源源不断供给长安。漕运管理体系连接户部、工部、刑部、军部等机构。隋朝炀帝开大运河，将黄河、淮河、长江联系起来，为此后唐宋王朝提供了横贯东西南北的水道。唐朝末年随着淮河以南的逐渐开发，江南运河、浙东运河的不断完善，长江流域及东南沿海成为粮食、纺织品主要调出地。元明清建都北京，延续至今的京杭运河在14世纪全线贯通。由于12世纪黄河改道，使黄淮海关系发生改变，水道体系重构后的大运河不可避免受到黄河影响。黄河洪水泛滥所造成的决溢、改道是影响运河畅通的最大障碍，而它又同时是地跨黄淮海的会通河（山东运河段）的水源供给。元明清三朝在一切以保证运河畅通的前提下，对河工重视程度超过此前王朝。统治者更是控制了淮河以北的水资源调配，以确保漕运用水的需求。

公元前109年，汉武帝率群臣瓠子堵口，开皇帝治水的先河。清王朝康熙、乾隆皇帝下江南巡视河工，指画工程、罢免河道重臣。在皇权专制体制下，皇帝代表了治水的最高权威。自西汉建立起国家水利职官系统后，从中央到地方的水管理体制为此后历朝历代所继承，并在适应不同时期政治经济需求中不断变革和完善。及至明清时期，在确保漕运的目标下，更具集权特质的河工体系建立起来，实现了国家对关键区域水资源强有力的管理。在世界上各个历史时期，还没有一个国家有中国这样的持续两千多年严密而有效的水管理体制。

古代水管理体系大致可以分为如下三大类。

（一）国家水管理行政体系

自中央至县职官中的水官设置，分为行政和监管两大系统，主要针对公共性的水利工程。中央层级主要承担河工工程和特别大型灌溉工程等重大工程经费拨付以及地方工程用款的监管。如清代黄淮运河工、长江荆江大堤、浙江海宁海塘工程、都江堰等属于这类工程。府州县层级管水的官吏直接面对用水的利益相关群体。民间水利工程则多是宗族性质的管理，涉及多个族群时县级的水官负有协调工程建设和水资源分配的职责，他们往往是基层公共工程建设和管理的组织者。与现代不同的是古代政府的行政长官主要职责是水利工程建设与管理。监察御史则代表皇帝行使重要、特大经费的督察，河工官员的提升与弹劾。

国家水管理运作机制通过对水权的主张，实现了水管理的用水公益性和强制性。不同的时期，国家政治、经济需要不尽相同，水权主张也有所不同。最早的水权是在9世纪时唐王朝对京畿地区灌溉工程郑国渠的用水优先主张。其时国家水法《水部式》强制性规定了郑白渠（唐代的名称）用水必须灌溉优先，以此约束都城王公贵族霸占渠道和水源用于私家水磨坊、水碾坊。17—19世纪时明清王朝为确保漕运，使粮食安全运抵都城，对水源的强制性管理体现在淮河以北运河河段上。山东运河、南运河的水权主张被空前强化，在大明律和大清律中规定了卫河上游河南卫辉府百泉和山东济南府诸泉为济运水源，漕运期间不得用于灌溉。并规定凡是引取山东汶上界内水柜水源用于灌溉者，田产充公，军人充边，民人充军的处罚条款。

（二）河工管理体系

以确保漕运为目标的运河、黄河及其相关河道的河工工程是国家水利重点。河工主要职责是修守及岁修和大修，管理体系独立于地方政府，河工费用分为常例和另案，是国家财政支出的一部分。工料和劳动力的调度被授权于具有跨行政区划的重臣，如唐代的节度使、宋代的转运使，明清的河道总督。每个时代纳入国家河工管理体系的工程不尽相同，如唐宋时期有汴河、黄河，以及都城沟渠等，元明清时期是运河、黄河、淮河，而清代永定河河工、浙东海塘纳入这一管理体系中。以清代为例，其时河工的最高行政长官是河道总督，可以统领数省军队，且在数省的范围内征集劳役、调配工料。总督衙门以下沿河道或在重要水源地设置分司，沿线各级政府职官中分设管河通判、管河同知，在分司的统领下行使管理职责。武职分出卫、所、指挥、千户等层级，负责巡视河道及抢险和沿岸施工期间的治安等。

中央政府在河工管理中的主导地位体现在经费拨付和劳动力调配上。清乾隆朝河工常例年开支380万白银，占国家总支出的12%，但是用于堵口、临时动议的闸坝建设往往远远超过这个数量。乾隆四十五年（1780年）河南仪封黄河堵口耗银500万两。至光绪朝一项另案工程甚至超过1000万两，约占当年总支出的25%[1]。

（三）地方与民间自治水管理体系

在土地私有、水源公有的社会环境下，灌溉受益区尤其是超出宗族聚居村落而涉及多个行政区的地方往往是水事冲突最为激烈的地方，灌区拥有土地的士绅阶层往往认同政府对灌区事务的介入。官督民办是古代灌区管理常有的管理模式，即用水户自治管理为主，地方政府的干预为之提供制度保障。浙江丽水通济堰始建于5世纪，此后700年难见其灌溉的记载。灌区得到发展并持续下去是在12世纪时地方政府深度参与之后。南宋乾道年间（1165—1173年）范成大出任处州最高行政长官时通济堰已经失修多年，他不仅主持重修工程，更重要的是订立了通济堰堰规，这是包括关键工程维护、渠系疏浚、分水制度、经费来源及处罚的条例。堰规还特

---

1 陈桦：《清代的河工与财政》，《清史研究》2005年第3期。

别规定了“请官”即地方政府出面干预的原则。这一堰规的实施历经宋元明清八百多年，灌区也因此得以延续至今。官民的共同作为在灌溉秩序的维护中发挥着关键作用，在水资源短缺的北方尤其如此。元大德时（1297—1307年）山西曲沃温泉灌区，因为争水纠纷诉讼至中央，最终工部和礼部裁决参照相邻灌区制订《霍例水法》（参见本书第六章）。这部水法不仅刻石立碑，存于渠首和渠尾两处龙王庙，还刊印成册（当地人称“水册”），分由全灌区的二十一村持有并被世代相传。水册规定了一年三次轮灌的秩序和灌水的时间，还规定了灌区的渠长、沟长每年必须参与地方长官为主祭官的龙神祭祀、轮灌时的抬龙仪式。这些活动其实是一年一度对《水法》的重申。数百年的演变形成了温泉灌区独特的社会性态和习俗。类似通济堰、温泉灌区的制度订立与实施的前因后果并非个案，古代灌区都有本土行之有效的管理制度和维护它的社会基础。

四、水利可持续性的文化基因

水神崇拜根植于农业社会的原始宗教，由对水旱灾害的恐惧而产生。山川为神是古代农耕社会的信仰：祀之则五谷丰登，雷雨时至，贡物四至。先是远古氏族部落往往自然与祖先神两者结合，生成出为氏族所共同崇拜的图腾，即自然神与祖先神结合的单一崇拜。迄今约四千年的商代自然神和祖先神的崇拜已经分出界限。商后期中兴的武丁王时甲骨卜辞反映出殷商的天神、地神、人神三大神崇拜体系。商人在王国都城的郊野设坛祀天地之神，在王城设宗庙祭祖先神，是为郊祀和宗庙祀。这一传统为此后朝代所继承。商人山川江河祭祀是原始宗教的巫觋仪式，祭祀目的就是祈求风调雨顺，因此对天神的奉献不惜代价，以人（战俘、妇女或儿童）、牛羊为牺牲，施行燎（煨桑）、瘗（埋物）、玉器沉水等通达天地及河神的祭祀仪式。大约汉代才终结了以人血祭的祭祀方式，牺牲以牛羊、食物为主。

西周建立了王国和诸侯祭祀有等级而山川无主后的祭祀制度，是为贯穿其后中国历史的五岳四渎祭祀制度，即“天子祭天地，诸侯祭社稷，大夫祭五祀”[1]。五岳，即东岳泰山、南岳衡山、西岳华山、北岳恒山、中岳嵩山；四渎则江、淮、河、济。即周天子或宗庙祀礼，或巡天下名山大川；诸侯因其国而祀，如鲁人祭泰山，晋人祭黄河。至此山川敬仰也有威权宣示的政治特性[2]。

西汉中期以来尤其是王莽时，岳渎海镇祭祀经历了儒家礼制构建过程。东汉光武帝更是赋予了岳渎祭祀为国家宗教的地位，从此山川江河的祭祀崇拜成为皇权天授的政治合法性文化表达，历代王朝的祭祀基本是在儒家的原则基础上运行。唐代唐武则天时封洛水为显圣侯，祭祀规格与四渎同。这是首次给山川神加爵位。北宋时甚至在爵位后还增加了“帝”的封号。明太祖朱元璋以山川江河自然天成，本称即为神，加爵称帝不合礼制，废除了自唐宋以来岳镇四渎及所有江河的爵号、王及帝称谓。清朝控制的疆域与汉唐接近。自康熙朝开始对西北、东北诸河、诸湖封神立庙，至此中国山川江河的自然神体系完成。

---

1 《礼记正义》卷十二，《十三经注疏》，中华书局（影印），1979年，第1336页。

2 《礼记正义》卷十二，《十三经注疏》，中华书局（影印），1979年，第1336页。原文是：“天子祭天下名山大川，五岳视三公，四渎视诸侯。诸侯祭名山大川之在其地者。天子诸侯因国之在其地，而无主后者。”

东汉首创为御大灾者立祠，在皇族的宗庙祭祀之外，为治水的功臣封号立祠，设定祭祀的年节。秦蜀郡守李冰因四川都江堰兴建立祠岷江（今二王庙），汉会稽郡守马臻因治水鉴湖而得鉴湖边建专庙，对他们祭祀世代沿袭。唐代制订了完善的国家礼制条例，水神的自然神和人神祭祀列为地方祭祀体系中。唐先后在贞观、显庆、开元朝制订或修订礼制，最终形成的《大唐开元礼》集先代礼制大成，于开元二十年（732年）九月正式颁布实施，其后宋元明清基本照搬。《大唐开元礼》定祭祀为大祀、中祀、小祀。大祀为昊天上帝、五方帝、皇地祇、神州及宗庙，是皇帝祭祀。中祀为祭社稷、日月星辰、先代皇帝、岳镇海渎、帝社、先蚕、释奠，皇帝亲祭或委托礼部大臣。小祀司中、司命、风伯、雨师、诸星、山林川泽[1]。祭天的雩礼列于大、中、小祀中，视旱情轻重决定祭祀的规格。小祀在地方进行，由地方官主持。从此城隍庙、河神庙和堰祠成为州城、县治和水利工程的标准配置。官方祭祀在这个层级与民众靠近，明清将小祀改称“群祀”。群祀成为古代面临自然灾害、工程大修、灌溉秩序维护时，官方与民间共同参与的活动，演变为官民联系的纽带，成为水利工程延续的文化基础。

与水利工程管理关系密切的是水神的人神崇拜。战国时期已经建立了先贤祀典制度，水神的人神崇拜赋予了教化功能。《淮南子》：“乃借鬼神之威以声其教，所由来者远矣。”[2]大禹祭祀相传始于其子启，至迟在夏商已经开始[3]。司马迁记载了秦始皇帝由中原至越中会稽祭大禹的重要远行。始皇三十七年（公元前210年）秦始皇“浮江下，观籍柯，渡海渚。过丹阳，至钱唐。临浙江，水波恶，乃西百二十里从狭中渡。上会稽，祭大禹，望于南海，而立石刻颂秦德”[4]。这是最早见于记载的大禹国家祭祀。以后不仅在传说大禹治水的地方修禹庙作为地方祭祀的场所，在江河堤防的险工段、水利工程的渠首枢纽、江河津渡都有禹庙。唐以后几乎所有的水利工程都设置了自己的水神庙，既祀水利宗师大禹，还有本工程的创建者或守成者，甚至对工程运用中水事纠纷调解或制度制定者有重要贡献人也列为配神一并祭祀。水神衍生出一个沁润儒家文化，以治水业绩而留声名的优秀群体，多数得到当朝或后世皇帝的敕封。水神被世代封号，演化为一处水利工程受益区范围内民众的共同崇拜。

明清时期随着人口增加，更多土地被垦殖，规模不一的灌溉工程大量增加；水神崇拜在维护灌溉秩序、工程管理中发挥作用，往往水神祭祀的堰祠、庙是商议灌区管理事务的场所，是调解水事纠纷的场所。江河沿岸在防洪堤保护下，吸引更多人聚居或耕作，而江河堤防一旦溃决造成的洪水灾害更为严重。而在大江大河沿岸随着防洪工程系统逐渐完善，黄河、淮河和长江的河神崇拜建筑和祭祀活动大量增加。以长江为例，14—19世纪长江中游荆江段荆江大堤多次决口，水淹荆州城数月不退。明清两代不断耗用大量库银屡兴大工，或堵口或筑堤建闸。在屡屡出险或溃口的险工段，凡是大工之后便是皇帝敕建河神庙、镇水塔，或镇水铁牛。这些设施

1 《旧唐书·礼仪》卷24，中华书局，1975年。

2 《淮南子·氾论训》卷13，四部丛刊初编，上海商务印书馆（影印本），1936年，第101页。

3 《吴越春秋·越王无余外传》：祭禹始于其子启，“禹崩……启遂即天子之位，治国于夏。遵禹贡之美，悉九州之土以种五谷，累岁不绝。启始以岁时春秋而祭禹于越，立宗庙于南山之上”。

4 《史记·秦始皇本纪》卷6，中华书局，1962年，第260页。

是长江防洪工程起源和发展的见证。在黄淮运交汇的河段，水神建筑和镇水铁牛同样在明清时期显著增多。清口—洪泽湖枢纽的与惠济闸相邻的惠济祠明代供奉的是保佑漕船平安的妈祖，到了清康熙朝成了祭祀河神的专祠。康熙、乾隆二帝巡视河工召见河臣并祭河神官庙，无论是供奉水神还是建筑都更为壮观。

清人林则徐曰：“夫水之行于地也，焕然而成文，故水利之废兴，农田系焉，人文亦系焉。”[1]从对水的认知，到工程建设，再到水利工程的维系，由水利而及人文，古代水神崇拜生发其间，并深切地浸濡于受益区域文化中。由自然神崇拜，而对本区域水神塑造；由商周时期的卜辞祭天，到汉唐时或道或佛的渗透，祭祀仪式与宗教与民俗日益融合，也同时异化出水神崇拜民间和官方不同的走向：民间是喜庆的庙会，是祈福的地方，是民众承受繁重的工程岁修、水费征收之后的缓冲和释放的场所；而于官方则是统治的文化表达，从隆重而程序化的仪式中，向民众传递政府对水管理的权威性。数千年来，水神崇拜在以“水”为中心的制度层面，为农业社会提供了公共工程管理的文化基石。

五、现代水利应有的文化导向

2009年土耳其伊斯坦布尔世界水论坛上发布了经过各成员国专家讨论，对水文化权威性的阐释：“水文化是人民的文化。在人类社会起源及文明发展中，在各种矛盾冲突中，在水旱灾害惨痛悲剧中孕育而生的涉水宗教、神话以及祭祀仪式等都是水文化的历史表达。”[2]基于此解读水文化的内涵又是细微且与我们密切相关的。我们同样有属于当代的水文化，由水资源价值观、用水文明，乃至水利工程的美学考量等等都构成了水文化的时代创造。应该认识到水文化的本质是中性的，任何水的活动都会产生相应的文化影响。提升现代水利的文化品质，首先应是水利工作者自身文化素养的提升，而水利史厚重的内涵是今天文化养成的重要源泉。

不同的自然条件和历史环境，产生出型式各异的水利工程类型。水利工程同样深刻地影响着自然环境。水利工程产生的后继效应可以改善原有的自然环境，也可能带来负面的影响。江河湖泊被利用的过程，也是水利产生环境效应的过程。南宋以后在长江中下游——太湖流域、钱塘江流域的广大水网地区，兴起大范围围田，通过水利措施导致众多湖泊缩小甚至消失，随着区域洪水调蓄空间缩小洪涝灾害必然增加。明清以来由于长江流域洞庭湖萎缩，浙东地区以鉴湖为代表的众多湖泊围垦，出现区域性洪涝灾害记载显著增多。15世纪以来，随着鉴湖退缩，运河水道不断整治，逐渐将区域内自然河流整合而形成今天的运河水系，从山阴水道演变而来的浙东运河因此演进为具有多方面功能的水利工程体系。尤其是16世纪位于西小江与曹娥江汇合处的三江闸建成，构成了浙东运河—三江闸具有水资源调节功能的联动体系。大自然是制约水利走向和环境基本要素，如黄河，在南宋以后的近700多年

1 ［清］林则徐：《娄水文征》序，引自《云房山文钞原稿》卷四，浙江省图书馆藏。此文作于道光十六年（1836年）。

2 英文原文：Water culture is people culture.Water culture recalls role of water religions, myths and rites in the origin of human settlements and development of civilizations, in the conflicts around the planet, in the tragic consequences of floods and drought.

间，由于黄河南北改道，巨量泥沙沉积，使黄淮海平原发生巨大变化，经历了更多河流湖泊的消长。

在技术层面，现代水利科学技术可以较为容易阐释任何古代工程的工作机理，利弊得失。但是，在文化层面的认知却是多元的。每一区域或特定水利工程的兴建和维系是基于不同时代的政治经济需求而实现的。“人”对自然的干预，是水资源价值观的工程实践，而衍生的文化与工程维系相辅相成。水利工程的可持续不仅是技术赋予的，更是文化的后果。为着特定的目的兴建和管理的水利工程，在工程存续期间，水也可能是被工程强制性控制的，甚至对区域环境产生严重的负面效益。如为了战争的需要，给敌方制造灾害，在河流上筑坝，在坝上游形成淹没区，或决堤开坝形成洪泛区，即所谓用于水攻的工程在很多朝代出现过。运河也是效应多元的水利工程。两千年来集权意志下运河工程体系是以满足漕运用水为首要需求，事关生命的引水灌溉、江河防洪、区域渍涝排水都是次要的，甚至加剧灾害也在所不惜。不同区域、不同时代，水问题产生的根源各不相同，付诸实施的水利措施更是大相径庭。区域水利消长赋予我们有必要从历史，从文化层面、从环境效应方面评判水利的得失并对当代水问题追根溯源。

第一章 大洪水与水利起源（约公元前5000—前221年）

图1-0-1　距今约4000年两河流域苏美尔人记录大洪水的泥版

世界多数古文明与大洪水有密切的渊源（图1-0-1）[1]。约公元前4000—前3000年间，中国漫长古史进程因旷世大洪水发生而出现转折。面对洪水灾害，华夏部族选择了组织起来共同抗争。在禹的率领下，疏导水道，筑堤挡水，从洪水灾害中走出来，开启了农耕文明的新世代。紧随大禹治水这个历史事件的是第一个王朝——夏的开始和中华民族的地理发现时代，然后是治水思想最为活跃的春秋战国时期。春秋战国诸多著述记载了大禹治水及当时疆域的基本轮廓、山川江河的定名、行政区划产生的源流，并有对国土资源的最早评价。由于大禹治水的历史记忆，人们将这些源流归于传说时代的治水活动，将防御洪水、疏导渍涝的沟渠、堤堰以及井等水利工程的发明同样归于大禹及其追随者。传说时代大禹治水的历史印迹不仅对春秋战国的哲学、技术、道德影响至深，对后来中国文明的进程同样影响深远。

传说时代大洪水和治水活动区域，包括黄淮海平原、长江上游岷江流域以及浙东平原，这

1　与大洪水有关的创世纪传说主要见于《圣经》《古兰经》，其中以《圣经·创世纪》诺亚方舟的记载最为著名。美国学者马克·伯林德(Mark Blinder)在《大洪水：人类文明的毁灭与重建之谜》引考古和研究成果指出：发生在公元前4000—前3000年间的世界性大洪水中，人类逃生之地至少有50处，它们是不同部族少数人逃过劫难的重生之地，是新文明的发生地。

些区域是远古氏族社会时期部落民族的聚居区，同为中华文明的发祥地。后世将治水功绩最终归于大禹，最大可能性是大洪水是当时中国不同区域各部族的共同遭遇。以大禹为代表的华夏部族的治水活动成为文明进程中的催化剂，推进了氏族社会向王朝的演变，从而奠定了其后数千年国家政治的基础。

大禹治水活动的发生地几乎都是夏商周时（公元前21世纪—前771年）的政治、经济核心区，农业在这些区域已经成为社会经济支撑。春秋战国期（公元前770—前221年），统治中原的周王朝将疆域分封诸侯，各自为政的诸侯国日益强大，周王朝统治逐渐削弱，因此而造就了春秋后期至战国百家争鸣的时代，这也是传统水利的起源期，是水科学与技术的奠基时代，这是一个富有创造力的时代，从农田水利、水资源利用规划，到运河、灌溉、防洪、城市供排水等工程都肇始于这个时代。

第一节　大洪水发生与大禹治水传说

中国文明起源主要来自华夏、东夷、苗蛮三个部族，以及偏居东南越族和西南一隅的氐羌蜀族。华夏部族细分为黄帝和炎帝两大支，黄帝族发祥地在今甘肃西南和陕西北部黄土高原，活动范围后来扩展到今山西、河北。炎帝族发祥于陕西渭河上游，顺渭河、黄河而下，活动范围发展到河南及华北平原的西部。东夷（或称淮夷），少皞、蚩尤所属部族支系，地域范围大致包括今山东大部，南至安徽中部，东至海。苗蛮有三苗、女娲、伏羲等，其活动区域主要是湖北、湖南、江西及安徽南部。蜀族有蜀人和巴人两个分支，源自氐羌，而其中开明王朝统领的古蜀国存续的时间最长。中国古史是不同部族战争或共处，最后同化的历史。华夏、东夷、苗蛮三个部族的同化，形成了华夏文明，与长江流域上游的古蜀文明、东南沿海的古越文明构成了中国古史的尧舜禹时代。考古发现所揭示的新石器时期仰韶文化、河姆渡文化、大汶口文化、龙山文化、良渚文化、三星堆古蜀文化等印证了传说时代的历史印迹[1]。大禹治水以后的夏商周三代即考古学的青铜时代，随着文字逐渐在青铜器、甲骨、竹简上出现，中国自此的历史逐渐清晰。

公元前4000至前3000年后期的大洪水是当时中国各部族共同的遭遇。大禹治水的传说，最早见于成书于春秋战国时期的《山海经》《诗经》《尚书》《左传》《春秋》典籍，在汉代文献进一步勾画出大致的历史脉络。这一世纪性大灾害在《淮南子》的记载中最为生动："火焰炎而不灭，水浩洋而不息。""日月星辰移焉，地不满东南，故水潦尘埃归焉。"[2]简直就是天崩地裂的末日景象。

同时期其他地域部族同样留下了深刻的洪水文明印记。考古发现证实以今成都为中心的三星堆文化是与黄河流域同样辉煌的古文明。东汉文献中记载了有关蜀王

1 徐旭生：《中国古史的传说时代——我国古代部族三集团考》，中国文物出版社，1985年。本书初版于20世纪40年代，60年代新版根据考古发现作了增订。近30年考古新发现证实了岷江古蜀文明与古越文明同为新石器时期文明的重要组成，即在传说时代的部族三集团外，还应有蜀族、越族集团的存在。

2 《淮南子·览冥训》："往古之时，四极废，九州裂，天不兼覆，坠不周载，火焰炎而不灭，水浩洋而不息。猛兽食颛民，鸷鸟攫老弱。"《淮南子·天文训》："昔者共工与颛顼争为帝，怒而触不周之山，天柱折，地维绝。天倾西北，故日月星辰移焉，地不满东南，故水潦尘埃归焉。"《淮南子》著于汉景帝后期，建元二年（公元前139年）献于武帝刘彻，其后西汉许慎及东汉高诱等为之作注。

鳖灵、开明王的传说，反映出蜀国都城屡次遭遇洪水袭击，迁移动荡和王朝更迭的历史。先后消失于洪水的文明，还有钱塘江以东今浙江东部河姆渡文明和其后的良渚文明，当时部落民族都拥有基本的水利设施。井在河姆渡遗址中发现，时间比中原要早1000—3000年。在良渚遗址中出现了大体量的土石坝，这些文化遗存呈现出早期文明中水利的多个源流。

一、黄淮海流域：大洪水与禹疏九河

大洪水的传说贯穿华夏民族的尧、舜、禹三帝。大洪水的发生地和禹治水的区域位于今黄河、海河和淮河三大流域的交汇地带，是华北大平原核心区，即河北东南部、山东西部和河南中部区域，先秦时期冀州的范围。

海河流域南系在6世纪后才逐渐演进为独立流域，其时海河南系诸水都是黄河的支流。大禹治水区域主要在黄河下游流域和少部分淮河流域。华北平原地势平衍，在平原西部中部有局部丘陵分布其间。华北平原河流众多，土地肥沃，华夏部族由渭河上游东徙，从游牧走向农耕的过程中，在这里找到了最好的栖息地。

尧舜禹时期的大洪水发生在新石器时代后期，部落联盟时代末期。《尚书·尧典》：“汤汤洪水方割，荡荡怀山襄陵，浩浩滔天。”[1]被后世认为是发生在黄河和淮河流域内的大范围且持续经年的大洪水。禹之前有部落领袖共工和鲧的治水。禹是鲧的儿子，是他们治水的后继者。在先秦文献中，奉共工为水师，司水利之神[2]。共工和鲧治水失败，传说鲧治水九年不成而被放逐后，禹继父业，历经艰辛终于治水成功。禹被各部落拥为联盟共主，统领各部。后禹传位其子启，由此历史上第一个王朝——夏诞生。

图 1-1-1　嘉祥出土的汉大禹持锸图

淮河中游及黄河下游

1《尚书·尧典》卷2，十三经注疏本，中华书局（影印），1979年，第122页。

2《左传·昭公十七年》卷48：“共工氏以水纪，故为水师而水名。”十三经注疏本，中华书局（影印），1979年，第2083页。

图 1-1-2　描绘大禹生平的徐州汉画石（2013 年）

由左至右描绘的是禹出生、治水、涂山娶妻、封王，子启出生，启承帝位。

图 1-1-3　宁阳大汶河畔的禹王庙（2008 年）

山东济宁市、江苏徐州市是大禹画像石和祭祀地遗址保留最多的地方，图 1-1-3 左下方是明代成化十三年（1477 年）重建的禹王庙碑，柏树为汉柏。

平原是东夷族活动的区域，也是与华夏族最早融合的氏族部落。在这个区域中有多处传说的大禹治水的遗迹（图1-1-1、图1-1-2）。最著名的是安徽蚌埠西郊淮河东岸涂山，山南麓坐落着一个古老的村庄——禹会村，亦名禹墟，这是传说大禹在涂山会盟各族的地方，也是他娶妻涂山氏的地方（另浙江绍兴禹陵乡涂山村亦为禹娶妻地），这里有淮河流域迄今为止所发现的最大规模的龙山文化遗址。其地有汉代修建的禹王宫，大禹祭祀在这里有两千年的历史。同样是东夷属地的今山东省宁阳县界内大汶河左岸也有一处禹王庙（图1-1-3），传说大禹治水至此积劳成疾，死于汶水之滨，这座禹王庙就建在埋葬他的地方。庙内有11株树龄超过千年的古柏。禹王庙周边20公里范围内，发现同属龙山文化时期的古遗址10余处，在文化层中，发现了大量泥沙淤积和洪水冲刷的痕迹。

至迟到战国时期禹的形象逐渐被儒家学派塑造成了公而忘私具有优秀道德品质的领袖，汉代有大量对他行为的文字和形象的刻画，突出了治水中的大禹身先士卒，劳作于四野，奔走江河之间的形象。《庄子·天下》：“昔者禹之湮洪水，决江河而通四夷九州也，名川三百，支川三千，小者无数。禹亲自操稾耜而九杂天下之川。腓无胈胫无毛，沐甚雨，栉疾风，置万国. 禹大圣也而形劳天下也如此。”后世将大禹的行为神化，作为对政治人物的品德要求来传颂，由此开启了中国水神的人神崇拜。

附：《尚书·夏书》有关大禹治水的记载

禹抑洪水十三年，过家不入门。陆行载车，水行载舟，泥行蹈毳，山行即桥。以别九州，随山浚川，任土作贡。通九道，陂九泽，度九山。然河菑衍溢，害中国也尤甚。唯是为务。故道河自积石历龙门，南到华阴；东下砥柱，及孟津、雒汭，至于大邳。于是禹以为河所从来者高，水湍悍，难以行平地，数为败，乃厮二渠以引其河。北载之高地，过降水，至于大陆，播为九河，同为逆河，入于勃海。九川既疏，九泽既灑，诸夏艾安，功施于三代。

二、长江上游洪水传说与古蜀文明更替

古蜀人与氐羌同源。距今约五千年，氐羌部落活动范围集中在长江二级支流的岷江的上游，即今川西北、陕南、青海西南和甘肃东部地区，古蜀人以畜牧为主。约四千年前，古蜀人与氐羌分离向东南成都平原迁移[1]。汉《蜀王本纪》记载蜀先王有蚕丛、蒲卑、鱼凫三代，每代都有几百年。望帝杜宇是蒲卑时代的蜀王。杜宇时蜀人活动的中心在岷江流域的上游和中游，即今阿坝藏族羌族自治州至成都平原范围内。这期间蜀地发生了大洪水，与大禹治水类似，古蜀国鳖灵与洪水的传说，同样在蜀文明进程中具有里程碑意义。鳖灵是杜宇的丞相，因治水而受封开明王，开始了古蜀国的鱼凫时代。

古蜀国在望帝杜宇时进入了农耕文明时代，以郫邑（今四川郫县犀浦镇）为古蜀国都城，将古蜀国政治和经济中心从岷江上游的山区迁徙到成都平原。杜宇时古蜀国据有我国西南大部分地区，北秦岭为界，南至金沙江，西接岷山，东邻乌江，史载："以褒斜为前门，熊耳灵关为后户，玉垒、峨眉为城郭，江潜绵洛为池泽，以汶山为畜牧，南中为苑囿。"[2]古蜀国的中心区正当玉垒山、峨眉山之间的成都平原，四围有群山阻隔，其间有水源丰沛的江河，有畜牧的山原，古蜀国在这样的自然环境之中少有战争，数百年才有王朝的更迭。

约距今四千年左右鱼凫时代即开明王朝时期，古蜀国进入了相当于中原的夏商时期，即以广汉三星堆文化为代表的青铜时代，古蜀国活动的中心已经到达了成都平原中部。鱼凫时代约350年，直到公元前316年为秦国所灭。这是古蜀国最强盛的时期，势力北至汉中，东至嘉陵江，西接岷山，南以金沙江为界，都城也迁徙到了成都，其时古蜀国的人口在一百万左右。

望帝杜宇时发生在古蜀国的大洪水和治水活动，导致了蜀王更替，即开明王朝的出现。西汉人扬雄的《蜀王本纪》记载了鳖灵治水而取代望帝，建立开明王朝的传奇故事[3]。东汉人应劭的《风俗通义》、来敏的《本蜀论》都有这个传说的记载。

---

1 古蜀国历史的文字记载最早出现在战国时期成书的《山海经》中。汉代扬雄《蜀王本纪》和晋常璩的《华阳国志》保留的古蜀传说，勾画出古蜀国早期演进的轮廓。

2 ［晋］常璩：《华阳国志·蜀志》卷3，四部丛刊初编，商务印书馆缩印武英殿本，1936年，第16页；褒斜即褒斜道，沟通汉水和渭水南北向即汉中通往关中的战略要道。熊耳，即熊耳关岷江下游的一段峡谷，在四川青神县界内；灵关是青衣江上游的峡谷，在今四川芦山县界内。江潜绵洛依次为今岷江、嘉陵江、湔江和沱江。南中即今云南滇池以北及贵州东部。

3 ［西汉］扬雄：《蜀王本纪》，引自清严可均校辑《全上古三代秦汉三国六朝文·全汉文》卷53，中华书局，1958年，第414页。

后来晋代人常璩《华阳国志·蜀志》载此事时，治水活动的领导者不再是鳖灵而改为蜀相开明，"会有水灾，其相开明决玉垒山以除水害，（望）帝遂委以政事，法尧舜禅授之义，遂禅位于开明，帝升西山隐焉"[1]。传说望帝杜宇死后化为子鹃（杜鹃鸟），每到春二月子鹃鸟鸣，蜀人悲子鹃而祀杜宇（图1-1-4）。

图 1-1-4　郫县望帝陵[2]

从被考古界称作四川盆地青铜时代的古蜀国一系列古城遗址可以看出，古蜀国都城的迁移或消失与洪水灾害有关。今郫县的望（蚕）丛古城、温江鱼凫古城均位于岷江干流以东成都平原北部。而岷江干流以西的都江堰市及崇州市界内则分布了蒲卑时代的芒城、紫竹城；新津界内有宝墩城等遗址。相当于中原龙山文化时期的广汉三星堆遗址位于都江堰内江蒲阳河以北的二级台地上。这些遗址反映了蜀政治中心从成都平原边缘台地向平原腹地迁徙的过程（图1-1-5）。

考古发掘已经证明这些早期城市城墙是具有防洪功能的堤防，城市也有被洪水袭击的痕迹，如新津最大的宝墩古城，古城城垣长约1000米，宽660米，城内面积66万平方米。城垣为堆土拍打构成，城垣宽阔，但不高，边坡非常平缓，临近岷江干流或山溪河流的城市都有被洪水袭击的痕迹[3]。崇州芒城山溪河流从城北自西而东穿过，遗留的城垣同样明显有洪水冲过的痕迹。公元前16—前14世纪的三星堆遗址毁于洪水，其后公元前12—前7世纪的金沙遗址和公元前5世纪的成都十二桥遗址同样毁于洪水。这些遗址证实了古蜀国进入农耕文明时期后，持续不断向平原迁徙，既与河流依存又与洪水抗争的历史。古蜀国后期已经远离岷江，进入成都平原的中部，在既靠近水源，洪水威胁又较少的地方，进入了与中原文明融合的转折期。

今成都城南方池街（临近今人民公园）有成都战国早期的文化遗址。在古河道左岸靠城市一侧发现了用河卵石砌筑的堤防，"石埂剖面形状大致都呈椭圆形，部分石埂上部被破坏，但下部埂脚埋入地层，仍呈圆弧状，卵石紧紧相挤，体现了使用竹笼的特点"[4]。竹笼堤防工程反映出古蜀国的政治中心进入平原后，文明进程大大地加速，他们不仅适应了平原的自然环境，而且可以在有洪水的情形下仍然维持定居生活。考古认为广汉三星堆和成都十二桥是古蜀文化的中心区，它们可能是与中

1 ［晋］常璩：《华阳国志·蜀志》卷3，四部丛刊初编本，商务印书馆缩印武英殿本，1936年，第16页。

2 望帝祭祀地原在都江堰内江左岸，名望帝祠。南齐建武时（494—498年）时迁至郫县，望帝祠旧地建崇德庙祭祀李冰，即今二王庙。

3 王毅：《从考古材料看盆西平原治水的起源和发展》，《华西考古研究》，成都出版社，1991年。

4 ［晋］常璩：《华阳国志·蜀志》卷3，四部丛刊初编本，商务印书馆缩印武英殿本，1936年，第16页。

图 1-1-5　成都平原古蜀国遗址分布图

原殷商同时期的古蜀国的前后两个都城，人口至少都在24000人以上[1]。战国后期秦吞并蜀国之后，成都成为秦蜀郡治所在。

自外于中原占据西南一隅的蜀国，及至战国末年蜀与中原一直维持着若即若离和平共处的关系，类似殷商时（公元前16世纪）讨伐岷山氏羌部族的战争是极少的。战国末年秦惠文王后元六年（公元前316年）秦灭蜀置蜀郡后，禹为蜀人的传说始有流传。汉代人扬雄记："禹本汶山郡广柔县人也，生于石纽。"东汉以后，蜀地的大禹祭祀场所遍及各江河，长江流域各江河共有的水神。扬雄所记被后人附会，一说禹的出生地在岷江上游今甘孜羌藏自治州汶川县境内；一说在今北川县境内，汶川、北川的一些地名、景观亦被指为禹迹。如汶川刳儿坪、北川石纽山、北川禹里乡的禹穴、禹母石等。禹的传说反映秦汉以来蜀与中原文化逐渐融合的历史印迹。

附：西晋常璩《华阳国志·蜀志》有关古蜀国历史及治水活动的早期记载[2]

有蜀侯蚕丛，其目纵，始称王。死作石棺石椁，国人从之。故俗以石棺椁为纵目人

1 林向：《论古蜀文化区》，《三星堆与巴蜀文化》，巴蜀书社，1993年，第4页。
2 ［晋］常璩：《华阳国志·蜀志》，四部丛刊初编本，商务印书馆缩印武英殿本，1936年，第16页。

家也。次王曰柏濩，次王曰鱼凫。鱼凫王田于湔山，忽得仙道。蜀人思之为立祠。

后有王曰杜宇，教民务农。一号杜主，时朱提有梁氏女，利游江源，宇悦之，纳以为妃，移治郫邑，或治瞿上。七国称王，杜宇称帝，号曰望帝，更名蒲卑。自以功德高诸王，乃以褒斜为前门，熊耳灵关为后户，玉垒峨眉为城郭，江潜绵洛为池泽；以汶山为畜牧，南中为苑囿。会有水灾，其相开明，决玉垒山，以除水害。帝遂委以政事，法尧舜禅授之意。遂禅位于开明帝，升西山隐焉；时适二月，子鹃鸟鸣，故蜀人悲子鹃鸟鸣也。巴亦化其教而力农务，迄今巴蜀民农时先祀杜主君。

开明位号曰丛帝。丛帝生庐帝，庐帝攻秦至雍，生子帝。帝攻青衣滩张獠僰。九世有开明帝始立宗庙，以酒曰醴乐，曰荆人。尚赤帝，称王时，蜀有五丁力士，能移山举万钧。每王梦辄以大石，长三丈，重千钧为墓志，今石笋是也，号曰笋里，未有谥列，但以五色为主，故其庙称青赤黑黄白帝也。开明王自梦廓移，乃徙治成都。

三、海侵海退与古越文明的消长

距今7000年前生活在杭州湾以东滨海平原上的古越人已经拥有发达的稻作农业。浙江余姚河姆渡文化遗址发现，古越人的稻田是有田埂划分的地块。田埂与沟洫在建设时同时形成，它们的存在标志着河姆渡人种植水稻已经有田间早期的灌排设施[1]。在考古发掘中，发现了在完整的马尾松树干上凿挖而成的独木舟残骸，以及多处河姆渡人的木结构建筑遗迹。显然木材是河姆渡人常用的建筑材料。在河姆渡人聚居区内，房屋是干栏式的建筑，水井是用桩木衬砌的井壁。在没有铁工具的年代，木结构的房屋和水井，可以满足定居部落的基本需求。

河姆渡文明消失于距今四千年左右的大规模海侵。当海水吞噬平原上越族部落家园时，古越人向浙东西部和东部会稽山、虞山、四明山迁徙。海退后，幸存的越人通过艰苦卓绝的努力，重新开始了新的文明。因洪水而中断的历史，是一段舜、禹的传说时代，依稀勾画出越王勾践以前越人走出洪水困境，步入新的历史阶段的历程。

越国与中原诸侯国发生联系是在战国时越王勾践时代，此前的传说时代则充斥了许多舜、禹二帝的传说或神话的遗迹。据统计，今浙东地区分布着传说中的舜、禹遗迹不下27处，其中以大禹遗迹居多，并与他的治水传说一一相应[2]。在今绍兴市界内，柯桥区有禹会村，相传是大禹会诸侯之处。禹会诸侯于会稽，防风氏没有如约而至，禹诛防风氏以为戒鉴。绍兴市的型塘乡被认为是禹杀防风氏的地方。传说中的防风氏身长三丈，刑者不及其颈，筑高台以行刑，其地因名“刑塘”，后改称“型塘”。上虞市东北夏盖山麓有禹峰乡，是大禹治水的驻地。嵊州的禹溪村，传说是大禹治水的遗迹。这里原是沼泽，大禹在此开沟排水，“了溪”因而得名，后来这里形成村落，名“禹溪”。绍兴市越城区禹陵乡有涂山村，是禹娶妻涂山氏的地方。绍兴市东南的禹陵乡，是大禹死后的葬生之地，后以此山为神山，有神鸟春来为陵拔草，秋至啄去污秽，其地县官严禁百姓捕鸟，有敢违犯此规刑无赦[3]。

1 严文明：《稻作农业与东方文明》，所撰《农业发展与文明起源》，科学出版社，2000年，第48页。

2 邱志荣：《上善之水·绍兴水文化》，学林出版社，2012年，第27—28页。

3 《水经注疏》（下）卷四十记载：“有鸟来，为之耘，春拔草根，秋啄其秽，是以县官禁民，不得妄害此鸟，犯则刑无赦。”江苏古籍出版社，1989年，第3309页。

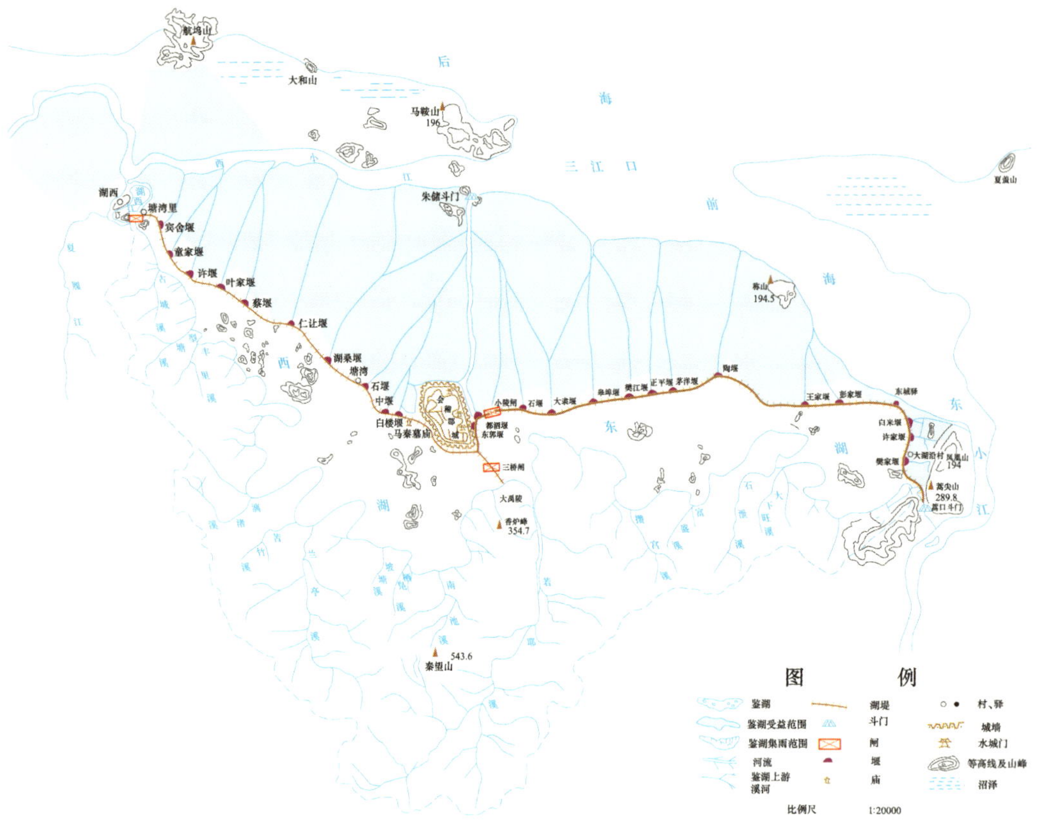

图 1-1-6　鉴湖及其水系（约2世纪）[1]

海退的时间发生在距今约三千年，与中原大禹治水的年代基本同期。黄淮海平原与浙东平原的治水活动正好契合了华夏部族与越人文明更替的进程。成书于东汉（公元25—220年）的《越绝书》记载了夏商至战国初期的古越历史上禹曾两次来越，会诸侯，爵封功臣，最后葬于茅山。茅山因大禹的行迹而更名会稽山[2]。有文字记载的越人部族兴修水利始于约2500年前的越王勾践。此前会稽山以北丘陵区有少数的越人耕种，兼逐禽鹿以给食。海退后的浙东平原在咸潮往返的濡沼之地上经过开沟排水，逐渐成为可以生长植物，进而适宜耕种的土地。此后越人或是来自中原的人将这一改变归为大禹治水而后才有的地平天成，遂将勾践附会为禹的后裔、夏后帝少康的庶子。西汉时司马迁将此传说写入《史记·夏本纪》和《史记·越王句践世家》。他这样记载禹的最后行至：“（夏）十年，帝禹东巡狩，至于会稽而崩。”[3]而于勾践，司马迁是这样记载的：“越王句践，其先禹之苗裔，而夏后帝少康之庶子也。封于会稽，以奉守禹之祀。”[4]两条史料合二为一，即是说大禹东巡至会

1 盛鸿郎：《古鉴湖新证》，所撰《鉴湖与绍兴水利》，中国书店，1991年，第13—32页。

2 《越绝书》卷八：“大越海滨之民，独以鸟田，小大有差，进退有行，莫将自使，其何故也？曰禹始也，忧民救水，到大越，上茅山，大会计，爵有德，封有功，更名茅山曰会稽。及其王也，巡狩大越，见耆老，纳诗书，审铨衡，平斗斛。因病亡死，葬会稽，苇椁桐棺，穿圹七尺；上无漏泄，下无积水；坛高三尺，土阶三等，延袤一亩。”丛书集成初编，商务印书馆，1937年，第39页。

3 《史记·夏本纪》卷2，中华书局，1962年，第89页。

4 《史记·越王句践世家》卷41，中华书局，1962年，第1739页。

稽驾崩，葬于会稽山。勾践受封会稽为越王，守陵并岁时祀禹。远古传说所披露的应是华夏部落对古越征服的历史，是东南地区早期文明与中原文明的融合进程。

公元前496年，勾践立国，春秋越国定都山阴（今浙江绍兴）。公元前490年营建山阴城，次年大城建成。在勾践的统治时期，越国水利建设成就卓著。浙东平原江河大多为南北流向，为了打通山阴东西向的交通，勾践开山阴水道以及吴塘、富中大塘、练塘等水利工程。这些大塘以堤为主，位于山原相接的山麓地带，拦截溪流，形成带状水域。大塘经过整治，构成了以山阴为中心的东西南北沟通的水路，是为后来浙东运河的前身（图1-1-6）。

越王勾践立国以来，大兴水利，发展农耕，使越国跻身诸侯强国之列。公元前474年越灭吴国，随即勾践迁都琅琊（今山东胶南县），企图问鼎中原。遗留在越国故土的越族部分南徙。公元前356年，越为楚所灭，浙东平原的开发自此沉寂了五百多年。东汉顺帝永和五年（140年），会稽（治今浙江绍兴）太守马臻修鉴湖发展水利，至此浙东平原水利进入了新的阶段。马臻在各大塘的基础上，通过筑长堤，建泄水堰和斗门，鉴湖成为具有蓄泄功能的人工湖。由于长堤对东西向的天然河流的拦截而形成的水域，形成了南北向的水路连通，东晋以后演变为浙东运河水系（详见本书第四章）。

第二节　地理发现与水利科学技术奠基

大禹治水以后，“四渎已修，万民乃有居”[1]，这是中国第一个王朝夏朝立世的基础。治水活动以后华夏文明进入了新的时期，从夏商至春秋战国两千多年，由部族蜕变为周天子封建下的诸侯列国，由刀耕火种的原始农业过渡到灌溉农业。其间两千年水利的历史意义不仅体现在水对农业的支撑，更重要的是华夏民族对疆域内山川江河的地理认知。治水活动以后即距今三千年前后是属于中华民族的地理发现的时代：行政区划——九州产生，江河湖泊定名。

春秋战国时期的百家争鸣，带来了水利科学技术辉煌的奠基。中国传说时代对疆域及其资源的认知，在春秋战国时期通过诸子百家著述得到厘清和归纳。同时期被记录下来的还有史前期黄淮海流域的自然环境，黄河下游河道基本情况。对水利最重要的贡献是战国时期区域水土资源的分类、水资源利用的技术策略，以及河流水力学理论的阐述，这些为后来水利技术的发展提供了丰厚的基础。

一、九州区划与江河命名

《尚书·夏书》称禹治水：“通九道，陂九泽，度九山。”这是先秦时对夏朝疆域的大致划定。夏朝还以“四渎”为其疆域东南西北的四至，“东为江，北为济，西为河，南为淮”[2]。济水发源河南济源市，其水道后为黄河所夺，流经今河南郑州、封

1　这是司马迁引商汤的话，原文：“古禹、皋陶久劳于外，其有功于民，民乃有安。东为江，北为济，西为河，南为淮。四渎已修，万民乃有居。”《史记·殷本纪》卷3，中华书局，1962年，第97页。

2　《史记·殷本纪》卷3，中华书局，1962年，第97页。

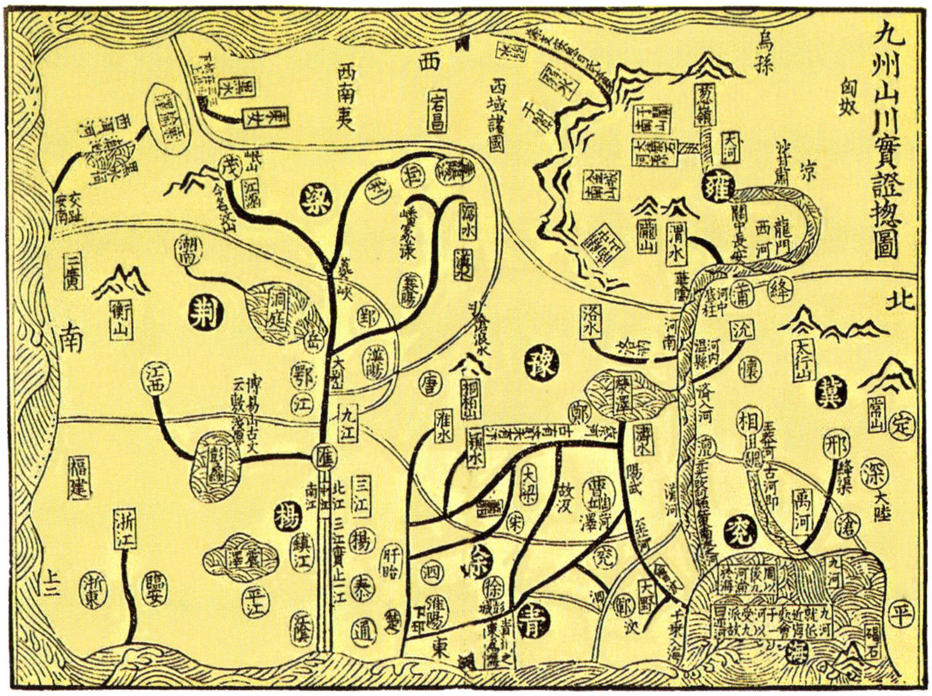

图 1-2-1　南宋《九州山川实证总图》中九州与九薮的分布[1]

丘，山东定陶、东平、济南，至博兴入海。其时黄河在河北沧州以北入海。这个范围正是分布在山西南部、河南中西部和山东西南即二里头夏文化遗址范围[2]。这一切与治水有密切相关。

先秦时期诸子阐释疆域往往以禹治水而后水落州分为起源，遂引申到最早的行政区划——州。以禹为首的华夏部落与不同区域不同氏族治水的行动，加速了各氏族间的融合，各部落认识了部落领地以外更大范围的山川江河，使江河成为政区最早划分的依据，并在后世多有沿袭。《山海经·海内经》："禹卒布土以定九州。"《禹贡》的九州为：冀、兖、青、徐、扬、荆、豫、梁、雍（图1-2-1）。同时期成书的《周礼·职方氏》则为冀、兖、青、扬、荆、豫、雍、幽、并九州。不同文献表述的九州略有不同。两者的出入是《禹贡》徐梁二州，而《周礼》为幽并二州，这一差异是因为《禹贡》与《周礼》成书时间不同，周天子封地有所不同，或反映了不同区域的开发程度和人口密度。《淮南子·修务训》："（禹）平治水土，定千八百国。"这是汉代人对治水与政区因果关系的阐释。

与九州同时被记载的湖泊和江河，是中国疆域最早获得命名的水体。到战国时人们将诸侯国领地与九州所在一一对应，"何谓九州？河汉之间为豫州，周也。两河之间为冀州，晋也。河济之间为兖州，卫也。东方为青州，齐也。泗上为徐州，鲁也。东南为扬州，越也。南方为荆州，楚也。西方为雍州，秦也。北方为幽州，燕也"[3]。

1 《九州山川实证总图》，成图于南宋淳熙四年（1177年），作者依据《禹贡》山、河、湖、海及九州疆域的记载绘制而成。图中的文字标注古今（夏与南宋）的沿革，凡宋代建置用阳文，地名套以黑圈，山河名加方框，河道变迁辅以说明。

2 严文明：《黄河流域文明的发祥与发展》，所撰《农业发生与文明起源》，科学出版社，2000年，第83—89页。

3 《吕氏春秋·有始览》，《诸子集成》六，中华书局，1957年，第125页。

九州与春秋战国诸侯国的疆界划分成为中国政区划分的基础（表1–1）。

表1–1 《周礼·职方氏》记载的九州范围及水资源分布情况表

州名	相当于今范围	主要江河湖泊分布
扬州	淮河中游以南到海，即今江苏南、上海、安徽东南、浙江东部	泽薮：具区（即今太湖） 川：三江，指长江下游及太湖一带的河道网 浸：五湖，泛指长江下游太湖平原诸湖
荆州	长江中游及汉水下游以南的地区，即湖南、湖北及江西部分地区	泽薮：云梦及今长江两岸沼泽 川：江水和汉水，指长江及汉江中游 浸：颍、湛指今长江中游涢水和沮漳河
豫州	大致相当于今河南省	泽薮：圃田，在今郑州、开封间，与黄河通，北宋以后为黄河泥沙湮没 川：荥、雒，即今颍河和洛河 浸：波溠，即今汝河和唐白河
青州	今江苏、安徽的淮北，河南东部，山东南部及半岛大部	泽薮：望诸，今豫东和鲁南一带的古湖泊，已湮没 川：淮水和泗水 浸：沭水和沂水
兖州	今山东西南及北部、河南北部、河北东南部	泽薮：大野，今山东巨野东北至东平一带古沼泽湖泊，已湮没 川：黄河和济水，已湮没 浸：卢维，指古漯水及汶水
雍州	今陕西、山西黄河以西地区	泽薮：弦蒲，在今陕西陇县以南，千水两岸的古沼泽地 川：泾水及支流油水 浸：渭水和北洛河
幽州	今河北东北部，辽宁南部及山东半岛东端	泽薮：貕养，今山东莱阳东的古沼泽地 川：河水和济水 浸：即淄水及其支流时水
冀州	今山西和河北省南部	泽薮：杨纡，西汉时称大陆泽和宁晋泊等 川：漳河 浸：汾水和潞水
并州	今河北省西北部，山西北部	泽薮：昭余，在今汾河东山西介休东北至祁县以东，已湮没 川：虖池、呕夷，即滹沱河及永定河 浸：涞水、易水

何谓“九河”？自战国时期至西汉著作《尚书》《山海经》《吕氏春秋》《周礼》《淮南子》大同小异，反映了相应时期江河流域的开发程度。西汉《淮南子·地形训》对江河水系的阐释最有代表性：“何谓九薮？曰越之具区，楚之云梦，秦之阳纡，晋之大陆，郑之圃田，宋之孟诸，齐之海隅，赵之钜鹿，燕之昭余。……何谓六水？曰河水、赤水、辽水、黑水、江水、淮水。”[1]六水中不含先秦四渎中的济水，西汉末年黄河屡屡决溢夺济水水道，时济水已经为鸿沟水系所取代。此外西汉对江河地理的认知从中原扩展至东北地区。12世纪时，南宋人将先秦记载的九州、九薮落实到当时的地图上（图1–2–1），一千多年的行政区沿革，河流湖泊演变，南宋人已经把握得非常清晰。

1 《淮南子·地形训》，《诸子集成》七，中华书局，1957年，第56页。

二、区域水资源阐释与规划

西周至战国时期按区域地对水土资源系统的归纳，无疑是中国水利最值得称道的贡献，它开启了基于水资源基本条件，规划灌溉、水运、农业的先河。

《尚书·禹贡》是基于西周疆域的水土资源规划[1]。《禹贡》对九州土壤作了分类，并以是否适合农作物生长定其高下。冀州土质为白壤，其“田中中”；兖州“黑坟”，其“田中下”；青州为“白坟”，其“田上下”；徐州为“赤埴坟”，属“田上中”；扬州、荆州系“涂泥”，为“田下下”或“田下中”；豫州的土壤属“壤”和“坟垆”，为“田中上”；梁州是“青黎”土，为“田下上”；雍州是“黄壤”，系“田上上”[2]。

《周礼·职方氏》是战国人论述夏属官“职方氏”职掌的专书，书中包括九州疆域、江河水系、畜牧家畜，农作物、人口情况等，是对中国区域水资源最早的系统阐述[3]。表达了西周以来“我理我疆”封建行政的理念，较之《禹贡》更为系统，针对性更强。

《职方氏》将九州水资源分为泽薮、川、浸三种类型。泽薮是人们从事水产和渔业的水域的湖泊；川是可以通水运的江河水道；浸特指有灌溉之利的塘泊或河流。《职方氏》一一列举各州的疆域及其水资源分布情况（表1-1）。

《职方氏》更对各州土壤适合种植的作物种类有全面的总结。称扬州、荆州宜稻，豫州宜种谷五种（即黍、稷、菽、麦、稻），青州宜稻、麦，兖州宜黍、稷、稻、麦四种，雍州宜黍、稷，幽州宜黍、稷、稻三种，冀州宜黍、稷，并州宜谷五种[4]。九州之内，除雍州，冀州，其余七州都宜种稻。稻作农业普及，反映出其时气候条件较为温暖，水利设施也有基本保证。

后于《尚书·禹贡》《周礼·职方氏》的典籍，还有战国末期的《管子》、西汉的《淮南子》等，对水土规划有更强的针对性。《管子·地员》针对土壤特性将土壤分为90种，并指出相应的适宜种植的农作物。各种土壤按肥力分上、中、下三等，上等按品质排次序，依次为：粟土、沃土、位土、隐土、壤土、浮土六等。每一种再细分为赤、青、白、黑、黄五类。每一等级的土有两类适宜植物，则九州之土共90类，适宜植物凡36种。《淮南子·地形训》则主要阐释不同河流灌溉水质与作物的关系：“汾水濛浊而宜麻，济水通和而宜麦，河水中浊而宜菽，洛水轻利而宜禾，渭水多力而宜黍，汉水重安而宜竹；江水肥仁而宜稻。”[5]

春秋末期楚国人蔿掩的税赋策略是一例区域水资源规划与应用的著名案例。鲁襄公二十五年(公元前548年)，在楚国任司马的蔿掩受命理清封国内税赋来源。他在楚地开展了对山林、湖泊、土地、农作物种植种类等的一系列调查，并据此制订陂塘、堤防建设以及土地整治的规划。蔿掩最后根据资源情况向令尹子木提出了楚

1 西汉人司马迁将《禹贡》列为夏书，19世纪末至20世纪中，有学者认为是西周人或战国时人所作。这里作者认同是以西周为背景的区域规划。有关《禹贡》的学术论争和科学内涵讨论见辛树帜《禹贡新解》，农业出版社，1964年。

2 《尚书·禹贡》卷6，十三经注疏本，中华书局（影印），1979年，第147—148页。

3 《周礼·职方氏》卷33，十三经注疏本，中华书局（影印），1979年，第861页。

4 《周礼·职方氏》卷33，十三经注疏本，中华书局（影印），1979年，第862—863页。

5 《淮南子·地形训》，《诸子集成》七，中华书局，1957年，第61页。

国量入收赋的策略，以及在封地内征收车、马、兵、甲的数量标准[1]。楚国对自己疆域内水土资源情况的把握，使得能够建立较为合理的税赋制度，有计划开展诸如水利、道路等公共工程的建设。

三、水文学与明渠水力学性态观察与阐释

距今四千年左右，进入农耕文明的殷商人，对降雨已经有细微的观察，并根据雨量强度对降雨进行分类。在出土的殷墟甲骨文中，有关雨的卜辞约占全部甲骨文的五分之一。这些卜辞将降雨分为大雨、小雨、幺雨（毛毛雨）、耳雨（似雾似雨的蒙蒙细雨）等；按降雨状况则有多雨、雨少、雨疾、从雨等；还有甲骨对降雨时间、方位的记录。

成书于公元前370年左右的《左传》提出降雨和降雪深度的划分标准：连降三日或三日以上的雨为“霖”，高于地面一尺的降雪为“大雪”[2]。同时期的《礼记·月令》则依据降雨时间对农业生产的影响将雨情分为“时雨”（正当农时的雨）、“苦雨”（洪涝致农作无收的雨）和“秋雨”（收获期久雨不晴的雨）三种[3]。

战国后期对江河的认知从地理学视角向水文、水资源的层面深化，出现了对江河水系分类、对河流性态描述的学术论著，其中最有代表性的首推《管子·度地》，它对江河水系的构成和分类，以及对河流（或明渠）水力学现象的阐释，在水文学和水力学领域中无疑是重要的学科建树[4]。

《管子·度地》对江河水系构成进行分类：“水有大小，又有远近。水之出于山而流入于海者，命曰经水；水别于他水，入于大水及海者，命曰枝水；山之沟。一有水、一毋水者，命曰谷水；水之出于他水，沟流于大水及海者，命曰川水；出地而不流者，命曰渊水。此五水者，因其利而往之，可也；因而扼之，可也。”[5]这段论述根据地表水水源、流经，划分了干流（经水）、支流（枝水和它水）、山溪（谷水）、人工河（川水）、湖泽（渊水）等类型，并提出了有针对性水资源利用的引水（因其利而往之）与挡水（因而扼之）两种技术策略，这是非常清晰而准确的江河水系分类方法，且有利于此后对水资源利用方式的讨论。

《管子·度地》对水流势能，以及引水、分水基本原理的论述：“水可扼而使东西南北及高乎？管仲对曰，可。夫水之性，以高走下，则疾，至于漂石，而下向高，即留而不行。故高其上，领瓴之。尺有十分之，三里满四十九者，水可走也。乃迂其道而远之，以势行之。”这段话的含义是水自高处向下流，通过河流的挡水建筑（坝或堰）和渠道，可以将河水引到用水的地方，是为“扼”水，而形成“领瓴之”的势能。类似的还有《孟子·告子上》，其说曰：“今夫水，搏而跃之，可使过颡；激而行之，可

---

1 《左传·襄公二十五年》卷36：“楚蒍掩为司马，子木使庀赋，数甲兵。甲午。蒍掩书土田，度山林，鸠薮泽，辨京陵，表淳卤，数疆潦，规偃潴，町原防，牧隰皋，井衍沃。量入修赋，赋车籍马，赋车兵、徒卒、甲楯之数。”十三经注疏本，中华书局（影印），1979年，第1986页。

2 《左传·隐公九年》卷3，十三经注疏本，中华书局（影印），1979年，第2210页。

3 《礼记·月令》卷15，十三经注疏本，中华书局（影印），1979年，第1264—1266页。

4 周魁一等：《中国水利史稿》上册第四节，水利电力出版社，1979年，第101—105页。

5 《管子·度地》，《诸子集成》五，中华书局，1957年，第303—304页。

使在山。”[1]所谓“激而行之”，指的是通过技术措施阻遏水势，改变水流方向，所谓引水上山是可以做到的。

《管子·度地》的这段文字中，还有水道的比降概念：“尺有十分之，三里满四十九者，水可走也。”[2]是说在水道长三里的距离内，渠底高度降四十九寸，水道便可行水。“三里满四十九”大约相当1‰的坡降。在水道上修筑挡水的坝或堰，将水位抬高，就为“引水东西南北及高”创造了水力条件；通过渠道比降的设计，可以控制水道中水流的流速和引水的远近，是以“迂其道而远之，以势行之”。上述对水流势能的阐释，将堰坝、渠道设计原理都包含其中了。战国时期的水科学认知水准直到宋代沈括《梦溪笔谈》问世才有突破。

第三节 水利工程起源

《吕氏春秋·勿躬》称“伯益作井”，伯益相传是跟随大禹治水的人[3]。殷商及至战国时人们将井、堤、濠等最早的水利工程都归于大禹和他的追随者的发明，20世纪60年代以来的考古证实，井在黄河流域出现的时间距今大约四千年，与大禹治水时间基本吻合。在淮河以南地区，井的问世要更早一些。浙江余姚河姆渡遗址中，发现了7000年—4000年前的井，后来河姆渡文明由于海侵而中断。而黄河流域华夏民族井的开凿刚刚开始，但是一经出现，便很快得到应用和普及。殷商初年遭遇七年大旱，大臣伊尹教民田头凿井以灌田[4]，商代井已经不只是用于生活用水，也作为灌溉水源广为普及。井灌在短时间内出水量比生活用水大，用于灌溉的井水应当在提水工具方面有相应的改进，或许这时已经产生了桔槔、辘轳一类的提水机具。

井的产生是生产力和生产方式大变革的标志，也是水利工程的先声。井的出现意味陶的使用进入日常生活范畴，人们可以用陶罐、木桶、竹筒之类的器具在距离河流较远的地方获得比河流更为稳定、干净的水源，由是部落的栖息地可以较长期地固定在一个区域内，定居地的农耕因此而发生、发展。战国时期井灌在秦、楚、鲁、齐等诸侯国开始普及，此后地下水作为灌溉水源在淮河流域以北的地区广泛使用，大约12世纪时传到南方，在地下水丰富且难以兴建堰坝引水工程的山区得到应用。

沟洫是在井之后产生或被广泛应用的早期水利工程。沟洫、河渠是春秋至宋以前水利的代名词，概念与现代渠系工程不尽相同。最早的水利工程应该是以排水为主要功能的沟洫或称“濠”，主要解决聚居区洪水或渍涝的排水问题。在考古发现和先秦文献中得到的证实，农田中出现灌溉渠道大约是西周时。战国时期各诸侯国将水利作为富国强兵的根本，开始兴建坝（堰）与渠道结合的水利工程，如楚国孙叔敖开的期思陂、芍陂，魏国西门豹兴建的漳水十二渠，才是与现代水利技术有相同概念的灌溉工程。

---

1 《孟子·告子上》，《诸子集成》一，中华书局，1957年，第434页。

2 《管子·度地》，《诸子集成》五，中华书局，1957年，第304页。

3 类似记载出现在《孟子》《史记》中。

4 伊尹（约公元前1630—前1550年），商汤大臣，助商灭夏后为商朝理政五十余年，历三王。

一、早期城邑的供排水设施

大约在公元前2600—前2100年间，即龙山文化时期，在黄河中下游平原出现了人口聚集的城邑，水井和濠沟是城邑形成的基本标志。水井可以为生活在城内的居民提供有保障的生活水源；濠沟环绕城的外围，具有排水或防护功能。具备这些基本设施的城邑，后世统称“城池”，是城市的代名词。龙山文化遗址中城邑保存较好的河南安阳后岗、登封王城岗、辉县的孟庄、淮阳县的平粮台等处都有这些市政设施存留。同时期长江流域的城邑也有类似的发现，其中以中游湖南澧县东溪乡城头山遗址和成都古蜀国遗址邦城保存较为完好[1]。

孟庄遗址位于今河南辉县孟庄镇东部的坡地上，城垣呈正方形，每边长约400米。城墙残高0.2—1.2米不等，部分地段高约2米。主墙顶宽5.5米，底宽8.5米，另在墙内外各加筑宽约10米的夯土。整个城墙用集束木棍夯筑，夯层厚8—15厘米。城墙外面有一周深约5.7米的护城河。平粮台城垣呈正方形，边长185米，城垣用土夯筑，有城门，城内房子均用土坯砌筑，公共区域有陶制排水管道。湖南澧县城头山遗址，城垣略呈不规则圆形，长约310米，四边有城门。城垣坡度内缓外陡，外有宽35—50米的护城河，认为是利用自然河道再加以拓展改建而成。这些早期的城邑，城墙并不陡直，必须与城濠结合才能起到防卫作用，与战国以来的古城是不一样的。四川成都平原相当于龙山时代的古蜀国城址有新津的龙马三城、温江的鱼凫城、郫县的三道堰古城、都江堰的芒城和崇州的环河古城。这些城的地面都还保存有很好的城垣，其夯筑方法同长江中游地区的城址几乎一样。

殷商时期至战国时期的古城遗址反映出这时的城市市政设施有较大的完善。在商都城殷墟(今河南安阳小屯)城池依河而建，陶制下水道将城内雨水外排，是很完善的市政设施[2]。到战国时期，在城市中陶制下水管道的应用更普遍，如河北易县的燕下都和秦都咸阳等都修建有系统的城市下水管道，这些设施的建设，能够为城市提供较好的生活环境。

二、沟洫与沟洫制

沟洫是水利中最早出现的工程之一，它最初应是为排水而开挖。当大禹及其追随者面对经年不消的滞涝时，开沟渠是最容易做到的消除积水、留下生存空间的技术手段。《淮南子·原道训》“禹之决渎也，因水以为师”[3]，寻找洪水通道最好的老师是洪水本身，这也是沟洫规划最早的依据。

相传夏禹治水时“左准绳，右规矩”，“行山表木，定高山大川”[4]，这是测量技术在沟洫规划与建设中被应用的最早记载。付诸于水利工程实践的测量应是始于

---

1 严文明：《东方文明的摇篮》，所撰《农业发生与文明起源》，科学出版社，2000年，第160—163页。

2 在殷墟考古发掘中，多处都出土有陶制下水管道，其形制基本相同。管道由若干节组成，每节长40—50厘米，直径约20厘米，壁厚约1.3厘米，管段间的联结方式有平口和插口两种，在两个不同方向的水道管路间还设有陶制三通衔接，该三通与现代三通极相似，可见殷代的管道技术已有较高水平。详见《殷墟出土的陶水管与石磬》，《考古》1976年第1期。

3 《淮南子·原道训》，《诸子集成》，中华书局，1957年，第5页。

4 《史记·夏本纪》卷2，中华书局，1973年，第51页。

西周。与西周的起源同步的是农业的发生。被后人称为缵禹之绪的后稷是西周始祖，他是洪水既平乃植菽麦的拓荒者[1]。后稷的曾孙公刘则是先秦文献中记载的农田灌溉的先驱者。在周族定居的泾河平原上，相传公刘"既溥既长，既景乃岗，相其阴阳，观其流泉，其军三单，度其隰原，彻田为粮"[2]，这段文字包括了水源勘查、沟洫规划与建设，这是灌溉工程最早的文字描述，证明了在周人的农田中已经有灌溉沟渠。

殷商时，具有沟洫的农田是富足的象征，只有王族或少数贵族才可能拥有稳定的灌溉水源和沟洫，因此他们的农田可以有稳定而高产的收获。《诗经》："滮池北流，浸彼稻田。"[3]这是西周时公侯稻田有灌溉设施的写照。滮池位于咸阳以南渭水支流滮水的上源，滮水自南向北注入渭水。滮池临西周的都城丰城和镐城（今陕西西安西南）。引滮池水"浸彼稻田"不是一般农户能够做到的。《诗经》还有对平整耕地，引水灌溉的描写："原隰既平，泉流既清"[4]，原是高地，隰是洼地，经过平整的耕地和有保证的灌溉水源，这是当时人们对美好生活追求的实际诉求。

公元前7世纪左右，西周统治阶层推行的田制——井田制，企望将诸侯封地内的人—土地—沟渠（或道路）作为整体来管理。沟洫原为井田的构成，战国时推崇西周政治的知识阶层，将沟洫提升到制度的层面来推行，随即产生了层级分明、功能明确的渠系规划，他们更在理论方面对堰流及明渠水流予以阐释，其概括之精准，后人少有能够超越。《周礼·遂人》对沟洫系统有最为系统的描述，可谓农田水利及其管理的最早阐释："遂人，掌邦之野。凡治野，夹间有遂，遂上有径；十夫有沟，沟上有畛，百夫有洫，洫上有涂；千夫有浍，浍上有道；万夫有川，川上有路，以达于畿。"[5]遂人，是西周时管理乡野的官人，遂人对治下的公共设施负有管理责任，遂人的属官有管沟和径的夫。夫分十夫、百夫、千夫、万夫，按照沟洫及道路的级别、数量设置。这段对沟和路分级的描述，实际是古代版的农田水利工程系统阐述。

同样是《周礼》，《稻人》篇所记述的则是更为详细的农田灌溉渠系的布置和管理："稻人，掌稼下地，以潴蓄水，以防止水，以沟荡水，以遂均水，以列舍水，以浍泄水。"稻人不是官人，而是渠道的管理人员。稻人管的沟、遂、列是渠系不同层级的渠道，类似于今天的干渠、支渠、斗渠、农渠、毛渠。《稻人》描述了灌溉工程的完整体系。"以潴蓄水，以防止水"，存水的陂塘为潴水，止水的防是指堤。而引和排的渠道则有级别或功能的划分："沟"以引水、输水，是为"荡"；"遂"是田间配水渠，用以分水，所谓"均"；"列"是停蓄水的田间沟或塘，即为"舍"；"浍"为排水沟。

1 《诗经·鲁颂》："赫赫姜嫄，其德不回。上帝是依，无灾无害。弥月不迟，是生后稷。降之百福。黍稷重穋，稙稚菽麦。奄有下国，俾民稼穑。有稷有黍，有稻有秬。奄有下土，缵禹之绪。后稷之孙，实维大王。居岐之阳，实始剪商。"《毛诗正义》卷20，十三经注疏本，上海古籍出版社，1990年，第614—615页。

2 《诗经·大雅·公刘》，《毛诗正义》卷17，十三经注疏本，上海古籍出版社，1990年，第540页。

3 《小雅·白华》，《毛诗正义》卷15，十三经注疏本，上海古籍出版社，1990年，第496页。

4 《小雅·黍苗》，《毛诗正义》卷15，十三经注疏本，上海古籍出版社，1990年，第495页。

5 《周礼注疏》，十三经注疏本，上海古籍出版社，1990年，第232页。《周礼》是战国时期的作品，这是比较通认的说法。不过《周礼》资料来源可能比较久远，是有"讲制度的书"（梁启超《古书真伪及其年代》，第125页）考证过的。即使是口口相传，由于时代相去不远，关于渠系的布置形式与西周的实际也不会有大的误差。不过《周礼》中关于生产力水平的论述则应慎重对待，看作战国时代的情况比较稳妥。

同一时期成书的《考工记·匠人》描述了沟洫形制：“匠人为沟洫，耜广五寸，二耜为耦，一耦之伐，广尺、深尺谓之甽。田首倍之，广二尺、深二尺谓之遂。九夫为井，井间广四尺、深四尺谓之沟。方十里为成，成间广八尺、深八尺谓之洫。方百里为同，同间广二寻、深二仞谓之浍，专达于川。”[1]后世论及沟洫制，多有人认为《考工记·匠人》所指的沟洫是排水渠系[2]。这些沟洫工程体系没有见到实施的记载，或许这只是西周至战国时期对沟洫制的理想描绘。

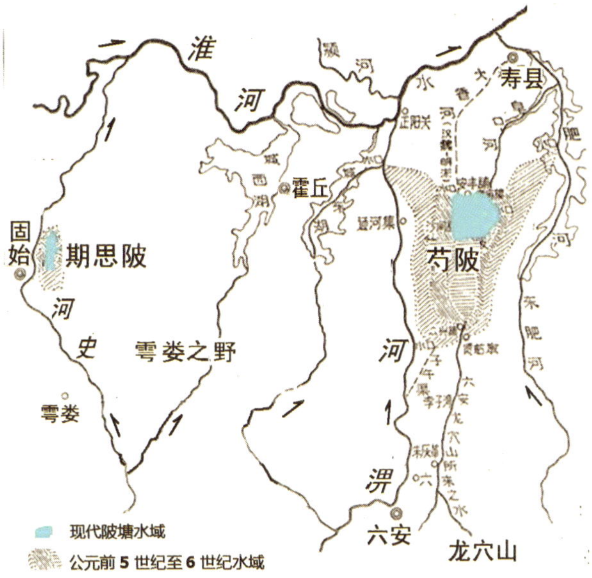

图 1-3-1　战国时期芍陂、期思陂位置推测图

图 1-3-2　现代芍陂（2015 年）

三、早期灌溉工程：陂塘及渠

起源于西周至战国时期的陂、渠，以及沟洫制体系的阐释，说明这一时期水资源利用在工程实践与水科学理论层面皆卓有建树。

（一）淮河中游陂塘

春秋末年楚国有两处水利工程期思陂和芍陂延续至今，同为楚相孙叔敖主持兴建的陂塘（图1-3-1、图1-3-2）。期思陂在今河南固始县界内，以淮河支流史河为源；芍陂在今安徽寿县界内，以淮河支流淠河为源。这两处陂塘位于淮河上游丘陵区，是集蓄水工程、引水工程为一体的灌溉工程。即利用低凹地形筑堤而形成蓄水塘泊；通过渠系工程引水、分水，使既定区域获得灌溉效益。这两处最早期的水利工程在此后两千多年的时期里曾经几度堙废，又多次重建，最终演变为今天淠史杭灌区的一部分。

1 《周礼注疏》，十三经注疏本，上海古籍出版社，1990年，650页。《考工记》本来是独立于《周礼》之外的一部书，到了汉代，有人因《周礼》冬官部分散佚，遂将《考工记》补入。关于《考工记》的成书年代，一般认为是春秋战国时期，也有人认为成书于西周。

2 ［元］王祯：《农书》卷3：“遂人、匠人之治……田亩之水有所归焉，此去水之法。”农业出版社，1963年，第25页。明邱浚认为“遂人”、“匠人”所言沟洫是“治田间之水，使无水患之灾，所谓浚甽浍距川是也”。

楚庄王十五年（公元前599年），孙叔敖（约公元前630—前593年）任令尹，他是以施教于民、布政以道，为汉代司马迁所称道的楚国名臣。期思陂的记载最早出现在汉代。西汉成书的《淮南子·人间训》："孙叔敖决期思之水，而灌雩娄之野。"[1]是为后世所称期思陂。东汉时，始有芍陂的记载[2]。北魏时成书的《水经注》记芍陂陂堤长二三百里，有五门（引水口），东汉时可灌田万顷（其后的沿革参见第六章）[3]。

（二）引晋及引漳灌渠

公元前453年，晋国大夫之间发生兼并战争，晋大夫智伯瑶联合韩、魏两家攻赵襄子于晋阳（今山西太原西南），智伯在今太原附近筑坝拦晋水（汾水支流），蓄水淹赵都城晋阳。这是战国时水攻案例之一。其后，人们利用此坝并开渠引水灌溉，是为智伯渠，这一引晋灌溉工程世代沿袭沿用至今。

战国时期经过数百年的诸侯争霸战争，最终形成秦魏楚齐晋宋六国称雄局面。这些诸侯国无不重视水利，或拥有数量较多或规模较大的工程设施。其中魏国、秦国和楚国是兴建水利工程最多、规模最大的国家。有明确始建年代记载的最早灌溉工程是战国时魏国的引漳灌渠，或称引漳十二渠，魏的都城邺城在今河北省临漳县西南的邺镇。漳水穿邺城而过。魏文侯时（公元前446—前397年），西门豹为邺令。其时还保留着商代杀人祭河，祈求河水安澜的风俗。西门豹治邺以戏剧性的方式，惩处了作恶的豪强和巫婆，改变了魏国河伯娶妻的恶俗[4]。西门豹对魏国最大的贡献是开漳水十二渠，史称"西门豹引漳水溉邺，以富魏之河内"[5]。漳水今称漳河，是海河流域的主要河流，也是高含沙河流。漳水十二渠是指多进水口的引水方式，多口引水可以避免一口淤塞而致全部工程失效的后果。漳水十二渠引浑水淤灌，灌溉的同时可以施肥压碱，变斥卤为良田。渠成后，邺郡成为魏国主要粮食产区，亩产高出当时平均数的四倍以上[6]。

两汉时西门渠仍维修使用。东汉末曹操以邺为根据地，大修渠堰，时称天井堰，"二十里中作十二磴，磴相去三百步，令互相灌注。一源分为十二流，皆悬水门"，磴即为堰，汉天井堰仍多口引水，灌今安阳、磁县一带，灌溉面积约十万亩[7]。东魏时多个进水口并成一个引水口，称天平渠。

1 《淮南子·人间训》，《诸子集成》七，中华书局，1957年，第326页。

2 《后汉书·王景传》卷76记：建初八年（公元83年）王景"迁庐江太守。先是百姓不知牛耕，致地力有余而食常不足。郡界有楚相孙叔敖所起芍陂稻田。景乃驱率吏民，修起芜废，教用犁耕，由是垦辟倍多，境内丰给"，中华书局，1965年，第2466页。

3 [北魏]郦道元：《水经注·肥水》卷13，文学古籍刊行社本，1954年，第581页。

4 战国时魏国都城邺有河伯娶妇之俗，为漳水水神河伯娶妻，以求河水安澜。地方乡官不治水，还勾结巫婆强征相貌稍好的女子溺河为河伯妇，要想不被征上就要行贿。邺城百姓大量逃亡。邺郡守西门豹将巫婆沉河，并称河伯要娶大户豪强的贵妇，由此终结了邺城恶俗。

5 《吕氏春秋·乐成》记载始开渠者为史起。史起是魏襄王时人，约晚西门豹100年。《史记·河渠书》记西门豹引漳溉邺，《汉书·沟洫志》以《吕氏春秋》说为是。姚汉源先生认为西门豹修渠在前，史起继开于后。姚汉源：《西门豹引漳灌溉》，《水利水电科学研究院论文集》第12集，水利水电出版社，1982年，第73—82页。

6 东汉王充《论衡·率性》记："魏之行田百亩，邺独二百亩。西门豹灌以漳水，成为膏腴，则亩收一钟。"一钟是六石四斗，《汉书·食货志》记载当时平均亩产一石五斗。

7 [北魏]郦道元：《水经注·浊漳水》，引自清杨守敬《水经注疏》卷十，江苏古籍出版社，1989年，第933—934页。

四、沟——区间运河的产生

“沟”是战国至魏晋南北朝时对运河的专称，“运河”这一术语是在一千年后的北宋时才见诸文献的[1]。以水运为目的的战国沟渠，多是依凭天然河湖地理分布，在最短的距离开渠，使之彼此连通。

春秋战国时期是运河的起源期，此时开凿的沟渠，一部分成为后来大运河的其中河段。《史记·河渠书》记载了春秋战国时期位于黄淮、江淮、江汉、太湖和成都平原上的区间运河，虽然未能涵盖其时的全部运河，但是基本反映了黄河、淮河、长江水系之间人工水道与天然河湖的连通情况（图1-3-3）。依据《史记·河渠书》的线索，春秋战国时期的运河分布大致如下：

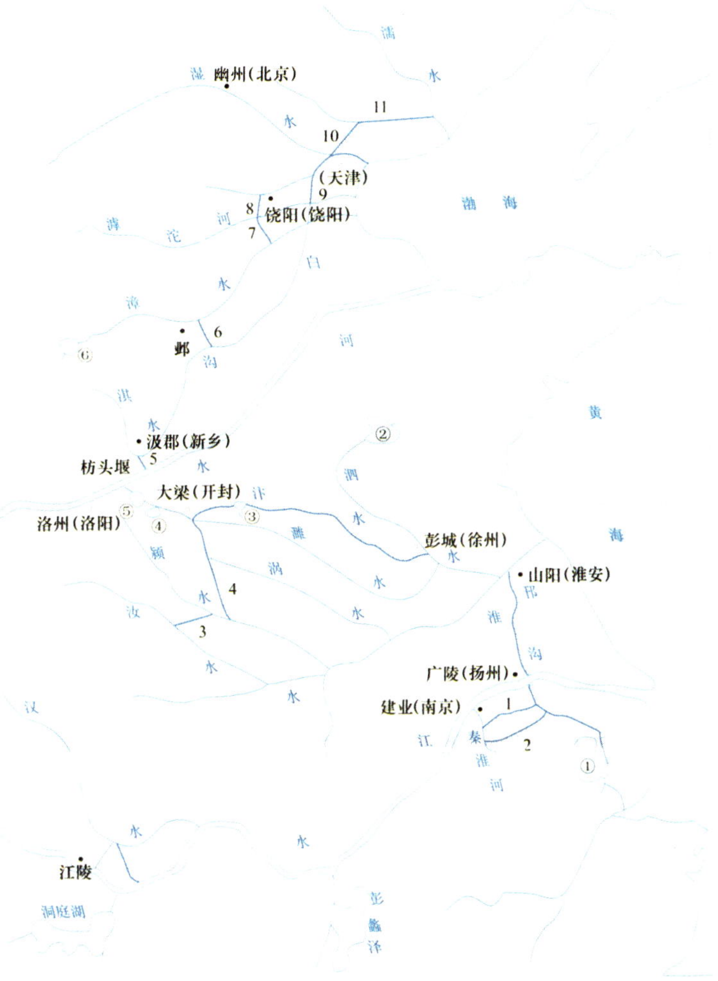

图 1-3-3　6 世纪以前区间运河分布

1-10 为三国魏晋南北朝时期兴建的人工水道：1. 破岗渎 2. 上容渎 3. 讨虏渠 4. 贾侯渠 5. 白沟 6. 利漕渠 7. 白马渠 8. 鲁口渠 9. 平虏 10. 新渠；其余为春秋战国时期开凿的人工水道。

①—⑥为运河上的水柜（向运河供水的蓄水工程或是水库或湖泊、塘泊）：①太湖②巨野泽（大野泽）③孟诸泽④圃田泽⑤荥泽⑥大陆泽。

（一）鸿沟：沟通黄淮的运河

鸿沟是魏惠王十年（公元前361年）所开的运河，直接沟通黄河和淮河。战国中期，魏国在中原崛起，成为中原七雄之一。魏国在迁都大梁（今河南开封）的次年便开凿了鸿沟。鸿沟自荥泽（其时与黄河相通的湖泊）经圃田泽（在今中牟县西），再东至大梁城，折而南下入淮河。鸿沟还与淮河的支流涡河、睢河相通，统称鸿沟水系。鸿沟水道运用时间长达一千多年，西汉时称狼汤渠，隋称通济渠，唐宋称汴河。由于黄河泥沙淤积和黄河改道的影响，鸿沟水道变化很大。10世纪以后，荥泽、圃

1　宋代将国家掌管的漕运水道称作“运河”，以所在区域或以起始地命名运河，如浙西运河（即江南运河），淮南运河、真楚运河（两运河同为今淮扬运河）。《宋史·河渠志》，二十五史河渠志注释本，中国书店，1990年，第170—197页。

田泽逐渐为黄河泥沙湮塞而最终消失，13世纪时汴河为黄河所夺。

（二）云梦泽与汉江的连通

其时有记载的运河是春秋楚灵王时（公元前540—前529年）开的漕渠，通章华台（在今湖北省监利县西北），是云梦泽之间沟通汉水和长江的人工水道[1]。在长江中游的河湖演变中，云梦泽大约在汉代以后逐渐消失，取而代之的是今江汉平原。

（三）邗沟：江之间淮的运河

司马迁所记的沟即"邗沟"，这是最早有确切开凿年代记载的运河之一。公元前486年吴王夫差开[2]，邗沟在邗城（今扬州）南接长江，向北连通江淮间的河湖，至今淮安东北入淮水。邗沟经过西汉以来屡次开凿和整治，水道逐渐渠化顺直，至唐代已经成为具有完善控制工程的运河。邗沟在北宋时称"真楚运河"、"扬州运河"等，即今淮扬运河，运用时间长达二千五百多年，是中国大运河中运用时间最长的运河。

（四）太湖水系与长江的连通

江南运河发端春秋战国时期。大约吴王阖闾时（公元前514—前496年），吴国人在太湖以东今苏州、无锡、常州间，开"百尺渎"，这是太湖与长江之间最早的人工水道[3]。《汉书·地理志》记载的中江水道也可能是始于这一时期的运河。中江或泛指太湖与水阳江、丹阳湖与石臼诸湖相通的水道；或指今荆溪，又称胥溪运河。唐宋时太湖以西、长江安徽当涂以东利用地形开凿运河及建埭，逐渐形成与长江平行，连通长江中游与太湖的水路。

（五）淄水与济水的沟通

淄水，即今淄河；济，即济水，是黄河中游重要支流，发源于今河南济源县，在今郑州西北入黄河，再从圃田泽分出，自南而北经今山东菏泽入巨野泽。淄济运河由济水而北通向齐国都城临淄（今县城北），东北与淄水相接。

春秋时在今鲁豫之间还有一条运河——菏水，为吴王夫差所开。夫差开邗沟后三年，为与晋国在黄池（今河南封丘县南）会盟，于鲁西南开菏水，菏水北在今山东鱼台县接泗水，南至定陶县连济水，然后由济水至黄河。济水在东汉时逐渐为黄河泛道所湮没。这两条运河也随之湮废。

（六）成都平原岷江诸水连通

司马迁所称的成都二江即都江堰内江的两条干渠——今称府河、南河。战国末年秦惠王时（公元前324—前307年），日益强盛的秦国，采纳军事家司马错的建议，

---

1 [北魏]郦道元：《水经注·沔水》卷11，文学古籍刊行社本，1954年。

2 《左传·鲁哀公九年》卷58："城邗，沟通江淮。"十三经注疏本，中华书局（影印），1979年，第2165页。

3 姚汉源：《京杭运河史》，中国水利水电出版社，1997年，第6页。

征服了地处秦西南的蜀国，并将其辟为征服中原六国的根据地[1]。秦昭王五十一年（公元前256年），蜀郡守李冰凿离堆，“穿”成都二江，使岷江水得以入成都，从而打通了成都与沱江、成都与岷江的水路交通。二江通流后，舟楫之利迅速转化为灌溉之利，秦汉时成都平原因此而成为重要粮食产区（详见本书第二章）。

附：西汉司马迁《史记·河渠书》关于战国沟渠的记载

荥阳下引河东南为鸿沟，以通宋、郑、陈、蔡、曹、卫，与济、汝、淮、泗会；于楚，西方则通渠汉水、云梦之野；东方则过（鸿）沟江淮之间；于吴，则通渠三江五湖；于齐，则通淄济之间；于蜀，蜀守冰凿离堆，辟沫水之害，穿二江成都之中。此渠皆可行舟，有余则用溉浸；百姓享其利。至于所过，往往引其水益用溉，田畴之渠，以万亿计，然莫足数也。

五、文明进程的里程碑：水利工程技术体系形成

从大禹治水到春秋战国凡两千年，水利在这一历史进程中起到了至关重要的推动作用。有关治水的传说遍及黄河、淮河、海河、长江流域，以及浙东平原，这场由气候变异引发的洪水灾害是当时分布于不同区域的很多部落民族的共同经历。在先秦至东汉时期的文献中记录了禹的追随者伯益、共工、后稷，以及三苗女娲、古蜀国开明等的治水传说，代表了中原、西南和浙东等区域不同部族治水的经历[2]。治水是部落联盟在禹的率领下的共同行动，而非一时一人之功，治水也是传说时代不同部落共同的历史记忆，最终归功于大禹，反映了部落氏族间的融合历程。治水活动直接推动了中国第一个王朝夏的诞生。

从文明更替的视角来看，大禹治水是新石器到青铜时代生产力进步的标志。因为冶炼技术的进步，大量铁工具的使用，提升了“人”与洪水抗争的能力，从而实现了原始游牧文明向农业文明的跨越。这一跨越包容了与水相关的政治制度、科学、技术等方面的重要奠基，包括以江河为界的最早行政区划——九州产生、江河命名与水土资源划分。大禹治水是中国古史传说时代的历史。成书于战国时期的《尚书》，集合了先秦文献以及当时流传民间的种种传说，集中于《尚书》的尧典、夏书、禹贡等篇章。每一个民族文明起源都有自己的传说时代，口口相授，历久不衰的传说是真实历史的一部分。从大禹治水传说和后世相传的禹迹中，我们可以解读到中华民族的古史与“水”的渊源。

沟洫是与黄河流域农业发生同期而出现的。夏商时期在聚居区出现沟渠，主要用于排走居住地的洪涝积水，这是农耕社会人们拥有了世代居住的家园后才有的设施。春秋战国时沟渠用在农田中，通过灌溉提高粮食作物的产量，这是农业发展到具备耕作制度的标志。水源、沟洫与农田的结合，是为战国时期士大夫们所推崇

1 《战国策·秦策》卷3，四部丛刊初编本，商务印书馆缩印武英殿本，1936年，第35—36页。

2 女娲属于三苗部落联盟，治水神话最有代表性的是《淮南子·览冥训》，“（女娲）炼五色石以补苍天，断鳌足以立四极，杀黑龙以济冀州，积芦灰以止淫水”；又称“淫水涸，冀州平”。共工是炎帝一族的首领，活动的区域在今河南辉县，华北平原的西部，治水传说以《淮南子·本经训》为代表，“舜之时，共工振滔洪水，以薄空桑”。

的井田制，对后世的农耕社会形态产生了深远的影响。

春秋时期随着周朝封建制的更替消长，各诸侯国日益强盛，经过战国四百多年的兼并，秦、楚、韩、赵、魏、齐、燕七国最后走向了问鼎中原之路，这些朝气勃勃的诸侯国视水利为富国强兵的重要举措。据有黄河中游的赵、魏、齐等国，在黄河两岸开辟农田，修筑堤防，已经具备了兴建防洪和引水工程的基本技术。战国后期凡意欲称霸中原各诸侯国，无一不为粮食、兵源的调度而开凿运河。吴楚魏开凿了沟通黄淮鸿沟和连接江淮的邗沟，迈出了中国大运河建设的第一步。

正是夏至战国以来一千多年沟洫、堤防、运河诞生或发展，完成了中国古代水利科学与技术的重要奠基。尤其是战国时对水土资源的认知，对水利工程的土力学、水力学性态的观察与归纳，产生了对水流运动、水土力学特性最早的理论阐释，它们与沟洫制构成了水科学的内核，成为传统水利工程的技术基础，对此后两千多年古代水资源利用方式、工程技术有深刻的影响。

附：历史时期黄河下游经行演变及防洪治河工程发展阶段

在地形、水量、沙量等自然条件的共同作用下，黄河下游水道具有善淤善徙的特性，根据战国以来黄河下游的经行及入海口的不同，一般分为三期：

北流期，自公元前2000年至南宋建炎二年（1128年）。黄河河道在今河道以北入渤海。这一时期下游河道摆动的范围是，西北以漳河、滹沱河为界，东南以今黄河下游河道为界。

南流期，南宋建炎二年至咸丰五年（1128—1855年）凡728年。这是黄河夺淮入海的时期。在此期间，河道变化频繁，但都是夺淮河入黄海。

再北流期，咸丰五年（1855年）至今。黄河行今河道入渤海。

黄河防洪与治河工程大致经历了4个发展阶段：（1）公元前21世纪—前3世纪，为黄河治河防洪的起源期，以排水疏导为主；（2）公元前3世纪—1世纪，黄河系统堤防形成期；（3）1世纪—9世纪，黄河相对安流期，下游时有分为南北两支水道入渤海和黄海情形。其间魏晋南北朝北方长期战乱，黄河流域人口锐减，堤防失修；（4）10世纪—19世纪，以保运河为目标的黄河治理期。黄河下游持续数百年的河工建设，形成了规模巨大的黄河大堤。以堤防为主导的黄河防洪工程延续至今。

第二章
秦汉帝国的大水利（公元前221—265年）

秦王朝建立了以皇权为最高统治，以郡县为地方行政单元的一统国家。汉朝更从制度上完善了这一中央集权的行政管理体制。在诸侯国分立的春秋战国时期，难以进行跨越边界的江河堤防建设与管理，也不可能兴建引水枢纽与受益区分离的灌溉工程。秦汉王朝建立的中央政权直达地方的管理体制，使得建设较大规模的水利工程，实现超越行政区的水资源调配成为可能。充满朝气的秦汉社会大变革，为大规模水利工程建设与管理创造了必要的政治经济环境，也迎来了历史上第一次大水利的高潮。战国末年创建的都江堰、郑国渠、引漳十二渠等在秦汉时期得以持续建设完善，形成了具有长远水利效益的工程体系。这些大型灌溉工程的受益区无一例外成为长达千年的区域经济或政治中心，如关中水利区于长安，都江堰于成都，芍陂于寿春（今安徽寿县），鉴湖于绍兴。

汉代兴建的最著名的水利工程是长安漕渠。西汉放弃了秦都城咸阳，于渭河以南的长安建都。以水运为目标的区间运河——漕渠的开凿，不仅连通了长安与黄淮海诸水的水路，更重要的是漕渠水源工程构成了八水绕长安的河湖水系，这是集水运、灌溉、防洪与排水、园林景观效益为一体的水利工程体系，为中国古代最伟大的都城汉唐长安提供了优越的水环境。在中国历史进程中，灵渠同样是标志性水利工程。开凿灵渠是秦朝征服岭南的重要举措，这一水利工程沟通了珠江和长江两个流域，自此打开了广东、广西与中原的水路交通，成为内河与外海连接的纽带。汉代中原政权的统治也由此辐射到岭南以南的广大区域。

西汉王朝在汉武帝（公元前140—前87年）时开始有了频繁的黄河河工和堵口工程。汉武帝黄河瓠子堵口也成为后来统治者重视水利并亲力亲为的典范。其时尚无自上而下的河工管理体系，但是朝廷派谒者或御史赴河工工地督导已经是经常的事情。汉代黄河河工开始了国家从工程建设资金及劳动力调配的集权制管理，也开启了中央政府直接负责江河防洪的历史。自武帝起至王莽朝，在汉朝廷上时有黄河治理方略的辩论，争锋之激烈，议者思路之开阔，后世难有比肩。如黄河自河套至下游的改道规划，将黄河治理与边疆防卫一体部署，反映出早期的水利规划理念并非只局限于工程，而是具有超越时空的视野、超乎寻常的想象力。即使今天来看，西汉末年贾让黄河治理三策也没有过时，给洪水留出路、留空间，对后世议论江河防洪方略有深远影响，体现出古人与自然关系的哲学思考。

“水利”这一有特定含义的术语产生于西汉[1]。公元前100年司马迁在他的《史记·河渠书》中，第一次指出水利是灌溉、防洪、治河、水运等兴利除害行为，指出了水利的公益性。“水利”一词产生于黄河频繁的决溢之时，由汉武帝主导的黄河瓠子堵口之后。秦汉以来水利是中国特有术语，既是指国家主导下治水与管理水的行为，又是具有特定效益的公共工程的兴建与管理行为。

第一节　都江堰与成都水利区

秦惠王更元九年（公元前316年），秦灭蜀以旧地置侯国。惠王二十七年（公元前311年），张仪筑城成都、郫、临邛等县，将大批人口迁移到成都平原中部。秦昭王二十二年（公元前285年），平蜀侯绾谋反后置蜀郡，张若为首任蜀郡守，开始经营成都。其时成都是与咸阳同制的都市，城有少城、内城，里闾整齐，列肆开市，广营府舍。城中和附近郊外有万岁池、龙坝池、千秋池和柳池，池与池彼此相通，冬夏池水盈盈，苑囿环绕[2]。自然条件优越的蜀郡，成为秦征服六国战争提供粮食和兵源的大后方。秦设蜀郡的29年后，秦昭王五十一年（公元前256年），蜀郡守李冰兴建了都江堰。

都江堰位于岷江上游成都的西北。这里是岷江进入成都平原的起点，在地形上具有自流引水的良好条件。要实现引岷江水进入成都，首先需开凿引水口。开凿离堆是李冰的主要功绩。离堆是岷山余脉伸入岷江的一段山崖，由此凿开的进水口即今我们所称的宝瓶口，是都江堰最早兴建的关键工程（图2-1-1）。都江堰其后经历了不断完善和发展的过程，而渠首工程都是于宝瓶口以上的岷江，利用河道、江

图 2-1-1（1）　都江堰伏龙观与内江（1998年）

右岸伏龙观为东汉建李冰祠，南宋道教在此立道场，改名伏龙观。伏龙观下是人字堤与飞沙堰相连，是都江堰关键工程，低水位时壅水入内江，多余洪水自此排往岷江。

1 ［汉］司马迁：《史记·河渠书》，周魁一等《二十五史河渠志注释》（简称二十五史河渠志注释本），中国书店，1990年，第11页。

2 ［晋］常璩：《华阳国志·蜀志》，四部丛刊初编本，商务印书馆缩印武英殿本，1936年，第18页；《华阳国志》成书于晋永和三年（347年），作者常璩系江原人（今崇州市），所记蜀中历史上迄古蜀国，下至成汉末代汉王。

心洲布置的分水、泄洪等工程设施（图2-1-2）。如果说离堆的开凿为岷江水资源的利用开创了广阔的前景，那么都江堰渠首工程对河道地理位置的合理利用注定了它具有长久生命力的自然秉赋。

图 2-1-1（2） 都江堰宝瓶口与飞沙堰（2013年）

李冰凿离堆为都江堰内江提供了永久性的进水口——宝瓶口。飞沙堰得名清道光年间（19世纪中），是利用岷江河滩地形设置的泄流堰。

一、都江堰的创建与演进

都江堰见诸文字记载是在它建成一百多年后。汉武帝元鼎六年（公元前111年），郎中令司马迁奉使巡视天下，曾经“西瞻蜀之岷山及离堆”[1]。在司马迁《史记·河渠书》的记载中，早期的都江堰，只有离堆和李冰开凿的成都二江，且二江是水运的水道。都江堰、鱼嘴、飞沙堰、宝瓶口这些关键工程的名称最早见于文献是在13世纪。都江堰要满足年际内较长时间供水，除了离堆有进水口外，还需要配套工程设施。

在都江堰逐渐完善的进程中，汉代

图 2-1-2 竹笼与干砌卵石修筑的都江堰渠首工程（1918年）[2]

都江堰渠首分水及节制工程适应岷江江心洲的改变，各时期并不完全相同。此为20世纪初至40年代的情况，在分水鱼嘴之后是金刚堤、平水漕（第一道溢流堰）。岷江左岸依山的建筑是二王庙。南齐时建崇德庙，供奉李冰。清雍正更名，成为道教二郎神专祀庙，李冰附会成二郎神之父。

1 ［汉］司马迁：《史记·河渠书》，二十五史河渠志注释本，中国书店，1990年，第11页。

2 Ernst Boerschmann, Baukunst und Landschaft in China, Provinzen. Verlag Ernst Wasmuth, Berlin, 1923, p.119.

无疑是重要的阶段[1]。在3世纪的文献中，都江堰的工程体系才清晰可见。晋太康时（280—289年），左思著名的《蜀都赋》，以及为其作注的同时代人刘逵在文中谈及了当时都江堰的情况。《蜀都赋》："沟洫脉散，疆里绮错。黍稷油油，粳稻莫莫。指渠口以为云门，厮漉池而为陆泽。"刘注："李冰于岷山下造大堋以壅江水，分散其流，溉灌平地，故曰'指渠口以为云门'也。"[2]晋代常璩《华阳国志》记："冰乃壅江作堋，穿郫江、检江、别支流双过郡下，以行舟船。"晋任豫《益州记》："江至都安，堰其右，检其左，其正流遂东，郫江之右也。"[3]《水经注》对工程还有更为详细的说明："江水又历都安县，李冰作大堰于此，壅江作堋，堋有左右口，谓之湔堋，入郫江、捡江，以行舟"，"俗谓都安大堰，亦曰湔堰，又谓之金堤"[4]。堋，或称都安大堰、湔堰、金堤是分水设施，功能与后来鱼嘴完全相同；其时的都江堰还有用于测量水位的石人。石人于1970年和2014年在都江堰渠首岁修时发现。石人是古代测量水位的标准。放置在关键位置，据此控制引水干渠的疏浚尺度，以节制和调整引水量[5]。从公元前3世纪到2世纪的文献记载中可以清晰地看到都江堰早期演变的脉络，至迟公元1世纪时都江堰渠首已经具备了分水、引水等工程设施，依靠竹笼或抛石修筑的堰，以及岷江水道天然的水力条件可以引到足够的水量。都江堰改变了成都平原的自然环境，在为平原带来充足水源的同时，也重构了平原的河流水系。此后两千年成都平原上城镇、乡村，乃至行政区划的形成或演变与水的利用与管理都有密切关系（图2-1-3）。

汉代，都江堰渠首工程、灌区渠系的完善与成都平原稻作农业的发展互为推动。成书于4世纪的《华阳国志》将此亦归功李冰："（冰）又溉灌三郡，开稻田，于是蜀沃野千里，号为陆海。旱则引水浸润，雨则杜塞水门。故记曰：水旱从人，不知饥馑，时无荒年，天下谓之天府也。"[6]三郡：蜀郡、广汉郡和犍为郡，其中广汉和犍为汉代所设郡，犍为郡（治今四川宜宾），广汉郡（治今四川梓潼）均不在都江堰受益区。汉蜀郡（治成都）辖成都、繁、郫、江原、新都、广都六县。汉晋间"绵与雒（今绵竹、德阳、广汉一带）各出稻稼，亩收三十斛，有至十五斛"。折算成今量，大约相当于水稻亩产400—780斤。天府之国最富庶的地区是蜀郡郫繁两县，所谓"郫繁曰膏腴，绵洛曰浸沃"[7]，郫繁两县的范围比今天大得多，相当于今都江堰市、郫县、彭县、新都、成都青白江区和金堂，显然这是当时都江堰灌溉最有保障的地区，位于成都平原的东北和西北部，即今蒲阳河和柏条河两条干渠流经的地区。蜀郡六县稻作农业在汉代居于区域农业经济之首。

1 谭徐明：《都江堰史》，中国水利水电出版社，2009年，第50—51页。

2 ［晋］左思：《蜀都赋》，引自清严可均校辑《全上古三代秦汉三国六朝文·全晋文》卷74，中华书局，1958年，第1882页；［晋］刘逵注，引自《文选》卷4，《四部备要》，中华书局影印本，1989年，第56页。

3 ［晋］任豫：《益州记》已经佚失，转引自北魏郦道元《水经注·江水》卷33，巴蜀书社影印王先谦合校本，1989年，第519页。

4 《水经注·江水》卷33，巴蜀书社影印本，1989年，第519页。

5 《华阳国志》记载了石人设置的位置与功能，"（李冰）于玉女房下白沙邮，作三石人立三水中。与江神要：水竭不至足，盛不没肩"。今都江堰市有白沙镇，在宝瓶口以上约1公里处，当时内外江分水口在今鱼嘴以上500米。

6 ［晋］常璩：《华阳国志·蜀志》卷3，四部丛刊初编本，商务印书馆缩印武英殿本，1936年，第18页。

7 ［晋］常璩：《华阳国志·蜀志》卷3，四部丛刊初编本，商务印书馆缩印武英殿本，1936年，第18页。

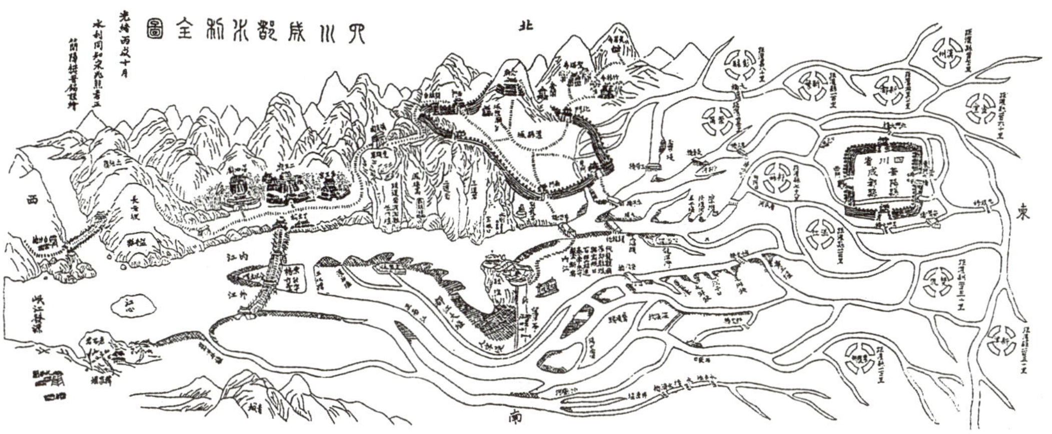

图 2-1-3　成都水利全图（1886 年）[1]

本图成图于 19 世纪末，可以反映秦汉以来都江堰水利工程基本特点：无坝、无闸，以最少的工程设施发挥灌溉、行洪、水运多方面的效益。都江堰的干支渠系架构起成都平原河流水系和城镇村落的基本格局，对成都平原的自然与社会环境影响深刻。

二、成都水利区形成

2世纪时，都江堰渠道分布远远超出了秦成都二江的范围。西汉文帝时（公元前179—前157年），蜀郡守文翁“穿湔江口，溉灌繁田千七百顷”[2]，繁即汉蜀郡繁县（今成都新都），文翁扩大的灌区“繁田”，正处于岷江沱江的分水岭。这片灌区的扩张，使成都平原西北有了灌溉水源的保证。这是都江堰灌区在内江流域扩展的最早记载。文翁“穿湔江口”的工程，使都江堰的内江水系与沱江通联，起到了区域水资源丰枯互补的调配作用，有效地扩大了农田灌溉面积。东汉时，在内江干渠上开望川原，引水郫江，灌溉广都一带，广都今为成都双流县。望川原即双流界内的牧马山。望川原“凿石二十里”，开挖工程巨大。这两处渠道都在成都平原中部的台地。汉代这些干渠的兴建，使成都平原形成了完善的渠道工程体系，灌渠延伸到平原的边缘和中部台地。

秦以前的成都没有骨干河流贯穿平原腹地，区间河流和池塘并不彼此连通。李冰所开成都二江，实际是对原有区间河流进行整治，或有少量的开凿连通工程。都江堰的兴建为成都提供了骨干输水水道，岷江稳定且丰沛的水源不仅带来了舟楫之利，还为城市提供了生活水源，对成都发展影响深远。汉代成都二江之间开石犀溪，为城市增加了排水和行洪水道。石犀溪因汉代置石犀牛镇水而得名，这是汉成都的重要市政设施。成都二江双过郡下，干渠所经，便成为物流集散地。秦汉成都平原的城镇乡村大多依河而生。自西北而东南贯穿全城的二江对成都城市的发育也有重要的影响，汉代扬雄笔下的成都：“尔乃其都门二九，四百余闾。两江珥其前，九桥带其流。”[3]成都二江，营造了成都“两江珥其前”的城市格局。在二江以北成都城郭急剧扩展，合秦大城、少城而为十八郭。东为大城，西为少城。大城立官署，少城为商肆和作坊，城市功能明确分区。自此奠定了成都街区市坊的基本体格局。成都二江自西北入城，至东南出城，构成了古代城市完善的陆路和水路交通网（图

1 ［清］宋兆熊、樊晋锡绘，引自傅崇矩《成都通览》，成都通俗出版社，宣统元年（1909年）。

2 ［晋］任豫：《益州记》，转引自北魏郦道元《水经注·江水》卷33，巴蜀书社影印本，1989年，第519页。

2-1-3）。

直到9世纪前，成都是没有护城河的开放城市，二江造就了成都城的格局，依托都江堰提供的稳定水源，城市有舟楫之利，自内城可由东入岷江，东北有水路通沱江，西北沿干渠至岷江上游，进入羌藏地区即今甘孜、阿坝一带。成都二江与岷江各水系的沟通，改变了成都地理位置上闭塞的劣势，成都作为西南政治、文化和经济的中心地位由此而奠定。成都二江的市政功能，随着成都的发展而凸现出来。

三、汉至两晋时期的都江堰管理体制

汉代，灌溉已经成为都江堰的主要功能。随着区域农业对都江堰供水依赖程度提高，都江堰作为官堰，政府在水利管理的参与程度上逐渐提升。自汉代起，在都江堰受益区的郡县政府建制中就有管理水利的专官，负责渠首管理和灌区主要工程维护经费的划拨与监督，范围内组织调度工程维护的劳役，大修时还要调拨军队士兵参与其中。各分水渠的堰坝牵涉到下游灌区的水量分配，分水口工程维护和分水方式都由郡县水利官主导制度建设和实施。

东汉时蜀郡设有都水掾，是管理都江堰的专官。三国时蜀汉政权“以此堰农本，国之所资，以征丁千二百人主护之。有堰官”[1]，堰官和1200人的护堰队伍是针对都江堰渠系管理和成都平原灌溉用水秩序而设置的。西晋时，蜀郡辖县六：成都、广都（今双流）、繁（今属新都）、江原（今崇庆）、临邛（今邛崃）。其时成都平原东南部以及岷江中游支流都有发达的灌溉，较之汉代，灌区向西北、东南台地延伸。晋蜀郡置蜀渠都水行事、蜀渠平水、水部都督等官，专门负责灌溉用水调度，可见都江堰的管理在地方行政中日渐重要[2]。

成都第二次成为割据政权的都城是三国蜀汉时（221—263年）。东汉末年，刘备屯兵新野，为寻求根据地成其帝业，三顾茅庐问计诸葛亮。诸葛亮在他著名的“隆中对”中，建议刘备进军益州，“益州险塞，沃野千里，天府之土，高祖因之以成帝业”[3]。成都平原“天府之国”之名由

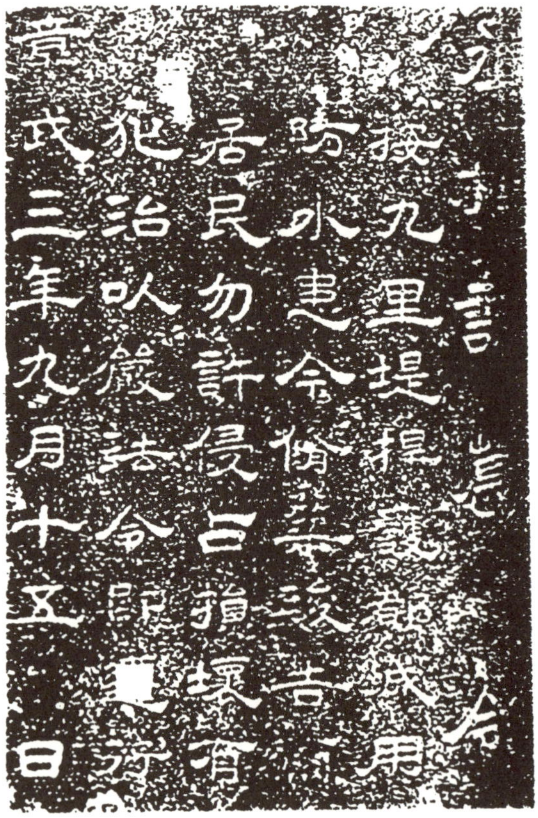

图2-1-4　蜀汉丞相诸葛亮护堤令碑

三国蜀汉政权对水利的管理还有护堤令为佐证。章武三年（223年）九月十五日蜀国颁布丞相诸葛亮护堤令。这一我国现存最早的防洪法令被刻在碑上立于河岸。碑上的文字是：“丞相诸葛令，按九里堤捍护都城，用防水患，今修筑浚，告尔居民，勿许侵占损坏，有犯，治以严法，令即遵行。”九里堤是当时郫江段的堤防，在今成都西北桥府河右岸。

1 ［北魏］郦道元：《水经注·江水》卷33，巴蜀书社影印本，1989年，第519页。

2 ［宋］赵明诚：《金石录·晋护羌校尉彭祈碑》，《四部丛刊续编》卷20，上海书店影印本，1984年，第9页。

此而来。章武元年（221年），刘备在成都称帝，偏居四川的蜀国与强大的魏国和吴国三足鼎立。在三国鼎峙的时期（220—265年），魏有12州93郡720县约443万人，吴有4州43郡331县230万人，而蜀只有1州22郡100县94万人，蜀是其中最弱小的一国。但这一政权维持了44年，物质基础的支撑无疑是重要条件。221年蜀建都成都后，奉行务农殖谷、闭关息民的政策，重视农业，维护都江堰水利发展（图2-1-4）。建兴十四年（236年）夏四月，“后主至湔，登观坂，看汶水之流，旬日还成都”[1]。蜀后主刘禅在都安堰停留时间恰是水稻栽种期间，是成都平原灌溉最紧张的季节。蜀后主“看汶水之流”，可能是一次与灌溉祀典活动有关的出行。蜀汉时设都安县，置都安侯相，此为当时州县属官少有，也是今都江堰市历史上设置县级行政单位之始[2]。晋时都江堰称“都安大堰”，县因堰得名是因为这里是都江堰渠首所在地，置县则便于对渠首工程的管理。

西晋人常璩所称“水旱从人，不知饥馑，时无荒年”的天府之国，特指的是由都江堰水利工程提供灌溉水源的成都平原。西汉时，当中原天灾人祸发生大饥荒时，往往由中央政府组织移民成都平原，或者额外大量征调粮食救济。如汉高祖二年（公元前205年）六月“关中大饥，米斛万钱，人相食，令民就食蜀汉”[2]。元鼎二年（公元前115年）长江中游因水灾发生饥荒，汉武帝急输巴蜀粮至江陵救济灾民[3]。

都江堰是中国传统水利工程的典范，也是古代公共工程管理的典范。从渠首到灌区，无坝无闸的引水、分水形式，满足了上下游、左右岸的公平用水。它以灌溉、水运、市政、景观多方面的效益造就了持续时间最长、受益范围最大的成都水利区。成都水利区自汉代以来，开始形成并逐渐完善了自政府至民间的渠首和渠系工程管理组织，建立了为官方和民众共同遵守的用水制度，是成都水利区延续两千多年的关键。

附：《华阳国志》中有关李冰和都江堰的记载[4]

周灭后，秦孝文王以李冰为蜀守。冰能知天文地理，谓汶山为天彭门。乃至湔氐县，见两山对如阙，因号天彭阙。仿佛若见神，遂从水上立祀三所，所祭用三牲、珪璧沉濆。汉兴，数使使者祭之。

冰乃壅江作堋。穿郫江检江，别支流，双过郡下，以行舟船。岷山多梓柏大竹，颓随水流，坐致材木，功省用饶。又溉灌三郡，开稻田，于是蜀沃野千里，号为陆海。旱则引水浸润，雨则杜塞水门。故记曰：水旱从人，不知饥馑，时无荒年，天下谓之天府也。外作石犀五头，以厌水精。穿石犀溪于江南，命曰犀牛里。后转为耕牛二头。一在府市市桥门，今所谓石犀门，是也；二在河中。乃自湔堰上，分穿羊摩江灌江西。于玉女房下白沙邮，作三石人立三水中。与江神要：水竭不至足，盛不没肩。

时青衣有沫水，出蒙山下，伏行地中，会江南安，触山胁溷崖，水脉漂疾，破害舟船，历代患之。冰发卒凿平溷崖，通正水道。或曰冰凿崖时，水神怒，冰乃操刀入水中，与神斗。迄今蒙福。僰道有故蜀主兵，阑亦有神作大滩江中，其崖崭峻不可凿，乃积薪

1 《三国志·蜀书》卷35，中华书局，1962年，第912—913页。
2 《汉书·高祖纪》卷1，中华书局，1962年，第38页。
3 《汉书·武帝纪》卷6，中华书局，1962年，第182页。
4 引自西晋常璩《华阳国志·蜀志》卷3，四部丛刊初编本，商务印书馆缩印武英殿本，1936年，第18页。

烧之。故其处悬崖有赤白五色。冰又通笮，通文井江。径临邛与蒙溪，分水白木江会武阳，天社山下合江。

又有绵水出紫崖山，经绵竹入洛。东流过资中，会江阳。皆溉灌稻田，膏润稼穑。是以蜀川人称郫繁曰膏腴，绵洛为浸沃也。又识齐水脉，穿广都（今双流）盐井诸陂池。蜀于是盛有养生之饶焉。

第二节　郑国渠与关中引泾工程

关中平原又称渭河平原，南迄秦岭，北至关中北山，地处黄土高原东南部，黄河流域的中游，黄河支流渭河自西而东穿过关中平原。关中平原地形西高东低，呈黄土高原台原的地貌特点。台原黄土堆积数米至数十米不等，土质细腻、疏松、盐分较高。土壤易耕且易盐碱化。关中平原属于渭河流域，渭河为对称水系分布，北支主要支流泾河、洛河，南支有黑河、坝河等，流域多年年均降水量约600毫米，流域年内分布严重不均，6—9月降水量约占全年80%；年际降水量变幅亦很大，时有多年持续干旱发生，如西周末年的厉王、宣王、幽王、平王时，都有大旱发生，尤其是宣王时，五年不雨，泾、渭、洛河两岸草木树林皆干枯而死[1]。《诗·大雅》“周余黎民，靡有孑迹”[2]是为西周末年关中大旱而致周人西迁的记载。渭河流域水资源开发始于西周，有灌溉的土地是零星分布，数量和规模都很小。以秦郑国渠的兴建为先声，经过秦以降上百年的水利建设，至汉中期关中地区拥有了当时中国最为密集的灌溉工程，是为汉代关中水利区，其水利效益延续至今（图2-2-1）。

郑国渠始建于秦始皇元年（公元前246年）。因汉代司马迁《史记·河渠书》的记载，后世多认同兴建郑国渠是韩国阻止秦东伐的阴谋，工程进行中被秦发现。水工且为间谍的郑国游说修渠之利而免于一死，并最终建成了这一伟大水利工程。郑国渠建成于秦末，虽然对兼并诸侯战争并无直接关系，但是渠成而产生的水利效益有力地支撑了秦京畿地区的经济。西汉人司马迁称郑国渠，“溉泽卤之地四万余顷。收皆亩一钟。于是关中为沃野，无凶年，秦以富疆，卒并诸侯”。引泾工程始于郑国渠，它兴建于秦国统一六国战争的末年，但是因水利工程受益最大的是秦汉及隋唐时，关中经济区自秦汉及隋唐历时一千多年。秦汉以后引泾工程世代延续，今天依然兴利是1933年建成的泾惠渠。

一、郑国渠的规划与建设

关中平原属渭河流域，泾河是其最大支流。泾河发源于甘肃六盘山，至陕西高陵县汇入渭河，全长455.1公里，河道平均比降2.47‰。泾河在泾阳县张家山出峡谷，进入土地肥沃的关中平原。泾河是季节性河流，有水文记载以来，测得的最大流量是9200立方米每秒，最小流量1.91立方米每秒，常年平均流量15—20立方米每秒。泾

1 东汉皇甫谧《帝王世纪》载：“宣王元年（公元前826年）天下大旱，二年不雨，至六年乃雨。”引自《太平御览》卷85，中华书局，1960年，第402页。

2 《诗经·大雅·云汉》，十三经注疏，中华书局影印本，1990年，第562页。

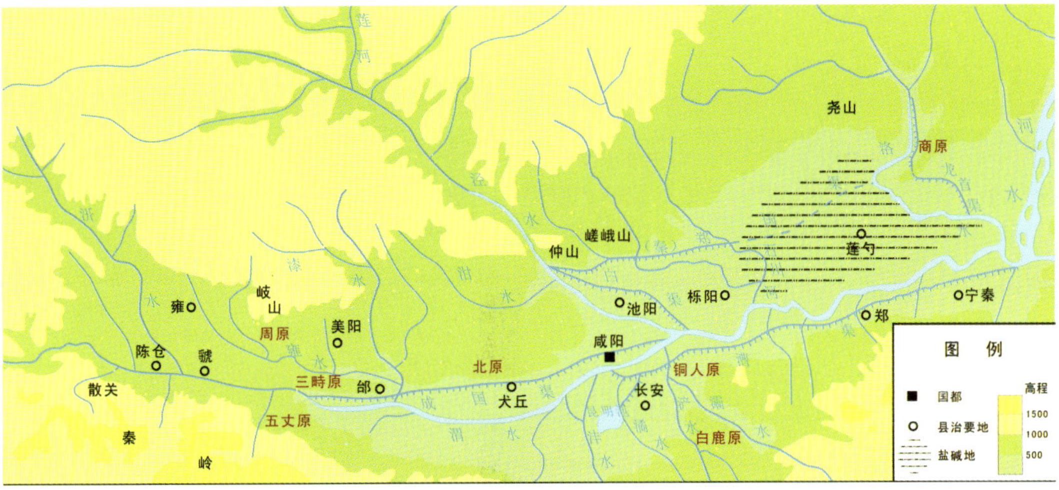

图 2-2-1　秦汉关中水利工程分布图

河流域多年平均降水量为533毫米，且主要集中在每年七月至九月，人工灌溉是关中盆地农业的必要支撑。

郑国渠的规划者是秦重臣吕不韦。公元前246年时年十三岁的秦王嬴政即位，吕不韦为委事大臣之一。其时秦已并巴蜀及汉中。中原大部亦为秦地，置有南郡、上郡、河南郡、太原郡、上党郡、三川郡等。兴建郑国渠是雄心勃勃的吕不韦的决策，他对大水利似乎情有独钟，李冰修都江堰也是在他职掌朝政期间。吕不韦是韩国故都阳翟人，韩国在战国诸侯国中以擅长水利著称。先秦时将具有水利工程规划、设计和施工管理专长的人尊为“水工”。水工郑国应该是吕不韦从韩国招徕入秦的。始皇十年（公元前235年）吕不韦获罪，因此有“郑国为间，修渠疲秦”说。吕不韦获罪后，郑国渠继续施工，历时十几年方完工。

秦郑国渠道的经行和工程设施没有当时的文献记载。建成四百多年后，北魏地理学家郦道元在《水经注·沮水》中记载了秦郑国渠渠首和干渠经行的一些情况。秦郑国渠的渠首大约在今泾阳县泾河东岸木梳湾。干渠东西长三百余里，其间横穿冶峪水、清峪水、漆沮水（石川河），然后东北入沮水支流，经富平县南入洛水（图2-2-2）[1]。后人对渠道与天然河流的穿越有两种揣测：平交，天然河流还可以提供补充水源，但是洪水经常冲断渠道，维护工程量大；立交，即用渡槽，汉代长安已有应用案例。起码郑国渠是采用了平交技术才能够将水流输送到适合耕作的平原区的。如在渠道与山溪相交处修溢流堰，这样沿途既可陆续将溪水收入渠道，还可以将余水及时排走。何况泾河是季节性河流，郑国渠三百里渠道上有沿途山溪河流的陆续汇入，才有可能获得司马迁所称的灌溉四万顷的效益。

郑国渠所引泾水是渭水的支流，多年平均含沙量高达10.1千克每立方米，以来自陇东黄土高原含有大量有机质的高含沙水流灌溉农田，取得了改良盐碱地、施肥和灌溉一举三得的效益。郑国渠建成后，原来瘠薄的渭北平原，成为“无凶年”

---

1 《水经注·沮水》：“渠首上承泾水于中山西瓠口，所谓瓠中也。……渠渎东径宜秋城北，又东径中山南……郑渠又东径舍车宫南，绝冶谷水。郑渠故渎又东径巀嶭山南，池阳县故城北，又东，绝清水。又东径北原下，浊水注焉。自浊水以上，无浊水上承云阳县东。……又东历原，径曲梁城北，又东径太上陵南原下，北屈径原东，与沮水合。……其水又东北流，注于洛水也。”文学古籍刊行社本，1954年，第20页。

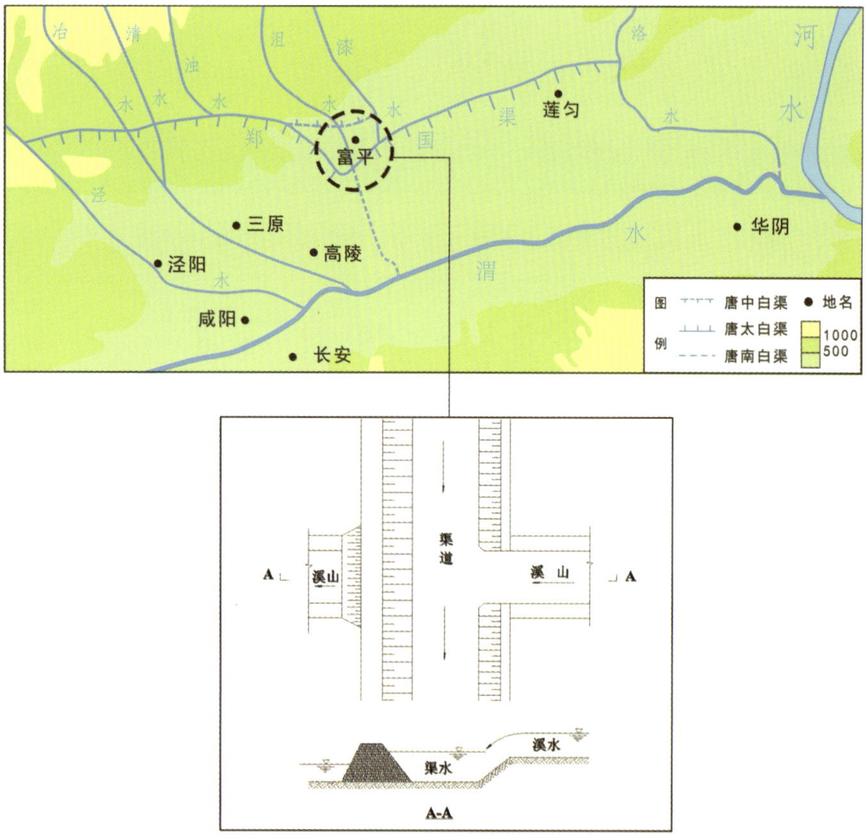

图 2-2-2　秦汉郑国渠渠道经行、演变及平交工程推测图

的沃野。郑国渠所经的今三原、高陵、泾阳、富平等地的土地得到了灌溉，亩产高达一钟之多，相当现今亩产二百五十斤左右，这大约是整个灌区的平均亩产量[1]。郑国渠建成后，增强了秦国的经济实力。公元前221年秦最终吞并六国，完成了统一大业。

郑国渠实际灌溉面积很可能没有达到预期的数字，但是仍然是超越时代的水利工程。其干渠“并北山，东注洛，三百余里”，灌溉面积号称四万顷，相当于今制二百八十万亩。吕不韦的引泾工程规划宏大，后代引泾工程再也没有如此气势磅礴。汉重建引泾灌溉工程，称白公渠，溉田三十一万亩；隋唐开郑白渠，灌溉面积十万余亩；宋代称丰利渠，溉田七万亩；元代洪口堰或称白渠或王御史渠，溉田不到四万亩；明清时，灌溉面积最多时近三万亩；近代泾惠渠，筑拦河大坝，灌溉面积达到七十六万亩，灌区规模也没有超过秦郑国渠[2]。

郑国渠不仅显示秦王朝对水利技术有独到的理解，更显示了秦一统天下意识对水利工程规划理念的影响。干渠经行在平原二级阶地的最高线上，渠线自西向东延伸，使干渠以南的整个区域都在它的可灌范围内，保证了支渠最大范围的延伸，以及各级渠道的自流引水，从而获得了尽可能大的灌溉面积。郑国渠干渠平均坡降约为0.64‰，与现代灌区干渠的平均坡降几乎相同。干渠渠线的选择合理地利用了

1 秦郑国渠灌区亩产量采用《中国水利史稿》说法，参见该书第3章，水利电力出版社，1985年，第124页。

2 郭迎堂：《历代泾渠管理的初步研究》第一章第二节，中国水利水电科学研究院硕士论文，1990年。

当地的地形条件，显示了秦较高的测量和施工技术水平。秦建成了三百里干渠，并能够管理使之发挥效益，应该得益于当时高度集权体制对水利工程从修建到管理的控制。

二、引泾工程与关中水利区演变

秦末郑国渠失修。汉武帝元鼎六年（公元前111年）左内史倪宽兴修六辅渠，这条渠位于秦郑国渠迤北，引用的水源是干渠以北的山溪。[1]倪宽对汉关中水利的重要贡献是"定水令，以广溉田"[2]。"水令"是第一次见于文献记载的灌溉制度，可惜条文没有记载。开六辅渠16年后在秦郑国渠的基础上重建引泾工程白渠。太始二年（公元前95年），赵中大夫白公建议："穿渠引泾水，首起谷口，尾入栎阳（今陕西省西安市阎良区），注渭中，袤二百里，溉田四千五百余顷。"[3]白渠干渠总长是郑国渠的三分之二，渠道为西北东南走向，灌溉区在今陕西泾阳、三原界内（图2-2-2）。此后白渠与郑国渠齐名，文献常合称为郑白渠。东汉人班固将其时流传民间称颂郑白渠的歌谣收入《汉书·沟洫志》，生动地再现彼时郑白渠及其水利的效益，"田于何所？池阳谷口。郑国在前，白渠起后。举臿为云，决渠为雨。泾水一石，其泥数斗。且溉且粪，长我禾黍。衣食京师，亿万之口。"[4]因郑白渠的灌溉之利，泾渭之间成为关中粮食高产区。达官贵戚相继在灌区内购置田产，汉武帝时丞相张禹在灌区内有田产四百顷之多[5]。关中平原的富庶，记录在班固的《西都赋》中，传诵一时。

直到10世纪末，引泾工程渠首枢纽工程才见诸文字。综合秦汉及唐宋史料以及现场田野考察，秦汉郑国渠应是无坝引水工程。唐代由于泾河下切，重建的引泾工程郑白渠渠首分水堰"用石，锢以铁，积之于中流，拥为双派，南流者仍为泾水，东注者酾为二渠，故虽骇浪不能坏其防"[6]。这是类似都江堰分水鱼嘴和灵渠铧嘴的水工建筑。《宋史·河渠志》记载分水石广百步（约合今制150米），捍水雄伟，谓之"将军翣"，这类抛石或砌石结构的导流分水坝，能够适应洪枯水位变幅极大的泾河。宋初将军翣废坏已久，北宋的渠首分水工程是梢穰（稷秆或高粱秆）、笆篱、栈木充填石料修筑的堰坝，因为每年岁修都要大举兴工重建，曾经尝试恢复唐代石翣，但是没有成功[7]。元代，渠首工程改为拦河低坝，工程的结构和材料与宋代类似，"洪口石堰当河中流，直振两岸，立石囤截河为堰，壅水入渠"，石囤筑堰，堰长283

---

1 《汉书·沟洫志》："见倪宽为左内史，奏穿凿六辅渠，以益溉郑国傍高仰之田。"二十五史河渠志注释本，中国书店，1990年，第22页。《史记·河渠书》："关中辅渠、灵轵引堵水。"堵水，或作诸水。

2 《汉书·倪宽传》卷58，中华书局，1962年，第2630页。

3 《汉书·沟洫志》卷29，中华书局，1962年，第1685页。

4 《汉书·沟洫志》卷29，中华书局，1962年，第1685页。

5 《后汉书·张禹传》卷44，中华书局，1965年，第1498页。

6 《玉海》卷二十二，引北宋人的说法。郑白渠口永久性引水建筑物的记载首见于淳化二年（991年），上距唐末90余年，《宋史·河渠志》，二十五史河渠志注释本，中国书店，1990年，第136—138页。

7 《宋史·河渠志》载，淳化二年（991年）秋县民杜思渊上书言："泾河内旧有石翣，以堰水入白渠。……其后多历年所，石翣坏。三白渠水少，溉田不足，民颇艰食。乾德中，节度判官施继业率民用梢穰、笆篱、栈木，截河为堰，壅水入渠。缘渠之民，颇获其利。然凡遇暑雨，山水暴至，则堰辄坏。"二十五史河渠志注释本，中国书店，1990年，第137页。

米，宽28米，共用石囤1166个[1]。今天在宋元引泾工程渠首遗址还可以看到泾河河床基岩上开凿的约15厘米见方的孔，这是用以固定石囤木桩的孔。古代水利工程除石工外，常用的多是木、竹、枝条（柳树、榆树、枣树等）、秸秆，以及土、卵石等可以就地取材的建筑材料做成的水（河）工构件。如黄河堤防、海塘用得最多的是埽工（枝条、秸秆和土层层堆筑），都江堰鱼嘴、挑水坝都是用竹笼、杩槎、木桩等河工构件修筑的。这类工程构件经过一个汛期大部分需要更换重建。秦汉时期的郑国渠渠首工程类型、建筑材料起码与唐宋时期类似。1986年陕西省考古工作者在郑国渠遗址两岸山梁上发现人工堆积物，曾经得出了郑国渠有拦河大坝和水库的结论。后取样作土工试验发现堆积物为没有夯筑的粉砂壤土。泾河属季节性河流，洪枯水位变幅大，河道纵比降陡，在引泾工程渠首范围内均属下切性河道，古代不可能具备筑坝条件[2]。

秦汉郑国渠的建设和经营，营造了渭河平原优越的水利条件。秦汉以后引泾工程世代因袭。唐代郑白渠进水口以下干渠称太白渠。太白渠在泾阳县东北向南分出的输水支渠为中白渠，中白渠东流入高陵县（今西安市高陵区），又分以输水支渠——南白渠。南白渠东南流，也入高陵县界，三条输水干支渠合称三白渠[3]。盛唐以后引泾工程的主要效益逐渐蜕变为粮食加工，即利用渠道稳定水源和地形坡降修建水磨水碾房，供应长安城的大宗粮食都是在三白渠上加工的。水磨水碾加工粮食可获取巨大利益，而只有皇亲国戚才能在公共工程上拥有私人产业。政府与权贵对水源不同的需求，是要粮食生产还是要加工产业，矛盾的焦点集中于郑白渠的水权之争。

唐永徽时（650—655年）郑白渠有灌溉面积十万多亩，一百多年后大历时（766—779年）灌溉面积缩减至六万亩[4]。郑白渠作为国家管理的公共工程，渠道沿程所经的州县的刺史、县令各有督察责任，工程更有完善的管理组织，设渠长、斗门长负责用水和工程维修管理[5]。郑白渠灌区是距离长安最近的粮食产区，水稻和旱作谷物都有，郑白渠用水由地方政府与专门管理机构共同参与下统一调度。唐水法《水部式》规定："（郑白渠）放水多少，委当界县官共专当官司相知。"唐代还规定："凡渔捕有禁，溉田自远始，先稻后陆，渠长、斗门长节其多少而均焉。"

唐贞观（627—649年）末年，从皇亲国戚到地方势要，在郑白渠上纷纷兴建私家水磨水碾。这些磨碾需要水流势能做功，渠道上壅水筑坝引水至水磨房后，尾水便弃到泄水沟中，连续输水的渠道戛然中断。沿等高线布置灌渠是为了获得较大的灌溉面积，而水磨水碾房的存在破坏了井然有序的输水和灌溉秩序，下游渠系工程因为断水而废弃。永徽时郑白渠沿程"为豪家贵戚壅隔上游，置私碾百余所，以收末利，农夫十夺六七"[6]。唐中期甚至原有水田或水浇地失去稳定灌溉水源而弃耕。因

1 ［宋］宋敏求：《长安志》，四库全书文渊阁影印本，第587册，上海古籍出版社，2003年，第587—501页。

2 谢方五等：《郑国坝析疑》，《中国近代水利史论文集》，河海大学出版社，1992年，第117—121页。

3 ［唐］李吉甫：《元和郡县图志·泾阳县》卷2，中华书局，1983年，第26页。

4 ［唐］杜佑：《通典·食货二·水利田》卷2，商务印书馆，1935年，第16—19页。

5 《新唐书·百官一》卷46，中华书局，1975年，第1202页："诸州堤堰，刺史、县令以时检行，而涖其决筑"，"（郑白渠）以京北少尹一人督视"等。

6 《册府元龟》卷四十七《通典·食货二·水利田》亦有其时私磨私侵占水源的记载，商务印书馆，1935年，第16—19页。

关中粮食产量减少而朝廷益加频繁地率百官及皇亲国戚就食东都洛阳[1]。关中水利效益的蜕变因此引发朝廷上下论争。唐中期科举考试时有以郑白渠水政为策论的议题。开元九年（721年）、广德二年（764年）、大历十三年（778年）朝廷一再下水磨坊水碾房的拆除和禁用碾磨令[2]。元和八年（813年）宪宗诏书称："应赐王公、公主、百官等庄园、碾硙、店铺、车坊、园林等，一任贴点货卖，其所缘税役、便令府县收管。"其后仍有类似将私碾充公的诏令，但是终唐之世私碾屡禁不止。占用水利工程修建私碾获利从来就是皇亲国戚和权臣的专利所在。如隋开国元勋杨素，唐玄宗朝时的宰相李林甫、宦官高力士无不是拥有最好水力条件的私碾[3]。

唐郑白渠除了水磨水碾引发纠纷，灌区上下游水源争夺也同样激烈。长庆、宝历时（821—827年），地处郑白渠下游的高陵县与上游泾阳县一场灌溉水源之争引发的官司，震动朝廷上下。郑白渠的灌区在泾阳、三原、高陵等县界内。据有上游灌溉之利的泾阳，肥沃土地皆属权倖之家，他们仗着地利和权势开私渠，破坏灌溉先下游后上游的既定规则，致使地处下游的高陵县水源短缺，粮食歉收。长庆三年（823年）高陵县令刘仁师根据唐《水部式》"居上游者不得壅泉而专其腴"的条

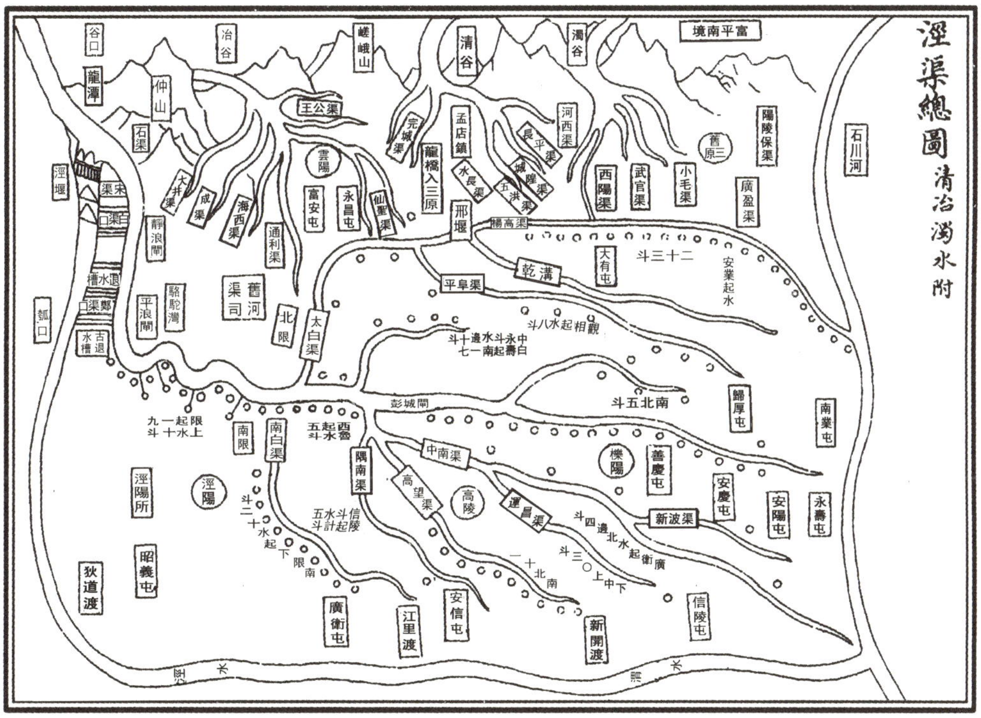

图 2-2-3　元泾渠总图[4]

由于泾河下切，渠首引水口不断向泾河上游移动，图反映了引泾渠首自秦郑国渠口到元泾堰（王御史渠）的演变，至明代渠首已经不能从泾河取水了，改引石渠岩缝的泉水入渠。

1 汉代官俸主要粮食来源除关中、蜀郡之外，就是黄河下游华北平原，汉开漕渠，从黄河转运粮食至长安，遇有荒年漕运不济，朝廷上下及百官就食东都。唐代，漕粮来源移至淮河及长江流域，关中粮食供应长安比重下降，中期以来就食东都洛阳成为常例。参见陈寅恪《隋唐制度渊源略论稿》，中华书局，1963年，第146页。

2 [北宋]王溥：《唐会要·硙碾》卷89，商务印书馆，1935年，第1622页。

3 谭徐明：《中国水力机械的起源、发展及其中西比较研究》，《水利史研究论文集》，河海大学出版社，1994年，第45—46页。

4 [元]李好文：《长安图志·泾渠图说》，经训堂刊本，乾隆五十二年（1787年）。原文部分漫漶，文字部分重补。

图 2-2-4　宋丰利渠进水口遗址（2016 年）

图 2-2-5　泾惠渠引水干渠（2016 年）

款，告泾阳县私渠引水违法。官司历经两年，最终高陵县获胜[1]。这场因水而起的官司只是当时水事纠纷的典型案例。唐《水部式》是专门针对郑白渠水资源管理而立的国家水法，依然难以禁止开私渠或建水碾水磨等抢占水源情况发生。唐后期郑白渠灌溉面积不断萎缩。唐末工程失修，水利效益消失殆尽。

唐以后长安再没有作为都城，但是历经宋元明清各代仍有引泾工程的兴举。此后引泾工程规模和效益与汉唐相较已无可比性，主要原因是泾河河床逐渐下切，渠首引水工程不断上移，愈到后世渠首工程建设和维护都愈加艰难。北宋至道元年（995年）大理寺丞皇甫选奉诏考查引泾灌渠，他记载了唐三白渠的渠首："（三白渠）岸壁颓败，湮废已久。度其制之始，泾河平浅，直入渠口。暨年代浸远，泾河陡深，水势渐下，与渠口相悬，水不能至。"[2]皇甫选所见的一百年前，即唐末，三白渠引水口已经高于泾河，由于泾河河床下切，其时进水口高于河床。宋元时期引泾渠首也同样不断废弃旧口，向泾河上游开新引水口（图2-2-3）。宋代，丰利渠渠首上移至泾河峡谷段，下距秦汉白渠进水口已经有2500米，必须在山崖下凿石开渠（图2-2-4）。明代的广惠渠、清代的龙洞渠已经不能在泾河引水了，改引山泉入渠。1932年泾惠渠建成。新的引泾工程，渠首在清龙洞渠附近的泾河上，筑拦河大坝，通过涵洞引水，恢复了中断六百多年的引泾工程。

引泾工程自秦汉郑国渠至现代泾惠渠（图2-2-5），泾河兴利持续两千多年。关中水利区对长安京畿区农业的支撑自秦汉至隋唐长达一千多年，在宋元以后引泾工程依然是区域重要水利工程，今天仍然位居中国十大灌区之列。

1　［唐］刘禹锡：《高陵令刘君遗爱碑颂》，《唐文粹》卷21，四库全书文渊阁影印本，上海古籍出版社，2003年，第1343页。

2　《宋史·河渠志》，二十五史河渠志注释本，中国书店，1990年，第136—138页。

附：司马迁《史记·河渠书》关于郑国渠的记载

而韩闻秦之好兴事，欲罢之，毋令东伐。乃使水工郑国间说秦，令凿泾水，自中山西邸瓠口为渠，并北山东注洛三百余里，欲以溉田。中作而觉，秦欲杀郑国。郑国曰："始臣为间，然渠成亦秦之利也。"秦以为然，卒使就渠。渠就，用注填淤之水，溉泽卤之地四万余顷。收皆亩一钟。于是关中为沃野，无凶年，秦以富强，卒并诸侯，因命曰郑国渠。

第三节 漕渠水利系统与八水绕长安

长安作为王朝都城，历经西汉、东汉、西晋、前赵、前秦、后秦、西魏、北周、隋、唐等10朝，长达1100多年，长安京畿地区的粮食来源，自秦以后由对关中、汉中和巴蜀的倚重逐渐转向华北、淮南和长江下游地区。这一转折源自汉武帝开漕渠，打通了自黄河转运河由潼关至长安的漕运通道，从而实现了政治中心与京畿的水路沟通。汉漕渠的开凿与管理对隋唐宋三朝漕运和大运河经营有重要引领作用，其工程技术即使与1500年以后的京杭运河北京水源工程相比也不相上下。

西汉漕渠不仅开利用运河向都城运输粮食的先河，更重要的是王朝中央政权通过运河经营、粮赋的征收将国家权力从中央延续到地方政府和民间。自漕渠开始，国家对水资源的占用为后各朝各代承袭，成为国家意志下水利工程建设和经营的重点，由此而衍生的河工制度、粮赋和漕运制度对社会各阶层都有至深的影响。

以漕渠为中心的引渭工程体系是汉唐中央政权持续经营的水利工程。据《汉书·食货志》：西汉前期来自转运关东的漕粮年数十万石，随着朝廷官吏和长安居民人口增加，漕渠开通后漕运量很快增加至数百万石，到唐贞观、永徽时漕运关中的粮食又是汉代最盛时的六倍，汉唐长安对漕渠高度的依赖，决定了漕渠在汉唐水利中的重要地位。

长安漕渠或称关中漕渠是汉唐运河的统称，各时期名称并不相同，隋漕渠曾名广运渠、广通渠，但是各时代漕渠经行和水源工程基本相同。汉长安漕渠以渭河为水源，后来因为泥沙和水源不稳定而改渭河支流为水源，并辅以长安城内外的蓄水工程以调节水量。发源于秦岭南麓的沣水、泬水、镐水、灞水、浐水等自南而北经长安入渭水。开漕渠后，这些山区河流被引入大大小小的陂塘，经过蓄水工程的调节，成为漕渠稳定的水源。长安城内外的河湖彼此连通，构成了八水环绕的河湖系统。水利为汉唐长安提供了的完善的市政设施，创造了优美的自然环境[1]。

一、长安漕渠的兴废沿革

开渠以打开关东至长安水路，是汉武帝时（公元前140—前87年）大司农郑当时的建议。其时来自关东的漕粮由黄河转运渭河，受洪枯水位制约，行运时间有限。

1 长安八水在汉司马长卿《上林赋》，所指为泾、渭、浐、涝、沣、镐、灞、浐八水，隋时镐水已湮没，其上游的交水被引入清明渠。参见《文选》卷八，四库全书文渊阁影印本，第1329册，上海古籍出版社，2003年，第137页。

郑当时建议“引渭穿渠起长安，并南山下，至河三百余里，径易漕度，可令三月罢。而渠下民田万余顷，又可得以溉田。此损漕省卒，而益肥关中之地”[1]。元光六年（公元前129年），武帝发卒数万人开漕渠，施工历时三年，建成后不仅有水运的便利还兼有灌溉之利。据《汉书·食货志》记载，汉初“漕转关东粟以给中都官，岁不过数十万石”，很快年运输量增加到四百万石，元封时（公元前110—前105年），甚至达到六百万石，以致太仓陈粮大量腐败[2]，这一运输量甚至与后世元明清大运河不相上下。汉漕渠的运用至少有一百多年，不仅保障了长安朝廷和百官用度，也为后来隋唐朝重开漕渠提供了技术基础。

开皇元年（581年）隋文帝定都长安，都城更名“大兴”，三年后重开漕渠。主持大兴城规划和建设的工部尚书宇文恺（555—612年）也是隋漕渠建设的领导者。隋漕渠名广通渠，“引渭水，自大兴城东至潼关，三百余里”[3]。广通渠于开皇四年（584年）六月动工，是年九月文帝便率群臣临灞水，观漕渠。这条运河基本循前代的运河路线，沿用此前的工程设施。炀帝大业时开永济渠、通济渠，沟通了黄河与海河诸水，黄河与淮河的水路，形成了横贯东西，连接长江的大运河。此后长安漕渠与南方经济区的联系更为紧密。

唐代漕渠最大的改变是运河入城。唐在长安城开的运河有两条，一是天宝二年（743年）京兆尹韩朝宗所开，这条漕渠北至万年县南接潏水[4]，经金光门至长安西市西街停泊港。这条渠道特为运输南山薪炭而开[5]。另外一条是位于长安城东的运河和广运潭。天宝元年（742年）长安令兼水陆转运使韦坚（？—746年）开，次年建成。广运潭引浐水入内，是漕渠停泊港，可容纳船只数百艘，这条运河还可以向漕渠提供水源。广运潭紧邻长乐坡望春宫东苑，由水路漕船直抵长安城东南皇家苑囿。建成后，韦坚组织了盛况空前的水上博览会。韦坚调东都洛阳、汴州开封漕船三百艘泊于潭内。每船的驾船人着吴楚船民服，各船有漕船出发地署牌，展示来自今江苏、浙江的稻谷、丝或棉纺织品，来自江西的宣纸、药材、砚墨、瓷器、酒器、茶具，以及来自今东南亚地区由广西、海南转运而来的奇珍异物[6]。运河水路带来了大千世界的缩影，令上自玄宗、皇亲国戚、文武百官下至长安的平民百姓耳目一新，眼界大开。玄宗为这处长安的漕船停泊地赐名“广运潭”。广运潭建成前后正值唐漕运

1 《史记·河渠书》，二十五史河渠志注释本，中国书店，1990年，第6页。

2 《汉书·食货志》：“山东漕益岁六百万石，一岁之中太仓甘泉仓满。”“至武帝之初七十年间，国家亡事，非遇水旱，则民人给家足，都鄙廪庾尽满，而府库余财。京师之钱累百巨万，贯朽而不可校。太仓之粟陈陈相因，充溢露积于外，腐败不可食。”

3 《隋书·食货志》卷24，中华书局，1973年，第648页。

4 [宋]宋敏求：《长安志·万年县》卷11：“漕水由县界坑河分水约五里西流。”坑河即泬水，亦即潏水。四库全书文渊阁影印本，第587册，上海古籍出版社，2003年，第156页。

5 《新唐书·地理志》卷三七：“天宝二年，尹韩朝宗引渭水入金光门，置潭于西市，以贮材木。”中华书局，1975年，第962页。渭水为潏水之误，渭河在长安以南，逆流引水行船及物流方向皆不可能。

6 《旧唐书·韦坚传》：“坚预于东京、汴、宋取小斛底船三二百只置于潭侧，其船皆署牌表之。若广陵郡船，即于栿背上堆积广陵所出锦、镜、铜器、海味；丹阳郡船，即京口绫衫段；晋陵郡船，即折造官端绫绣；会稽郡船，即铜器、罗、吴绫、绛纱；南海郡船，即玳瑁、珍珠、象牙、沉香；豫章郡船，即名瓷、酒器、茶釜、茶铛、茶碗；宣城郡船，即空青石、纸笔、黄连；始安郡船，即蕉葛、蚺蛇胆、翡翠。船中皆有米，吴郡即三破糯米、方文绫。凡数十郡。驾船人皆大笠子、宽袖衫、芒屦，如吴、楚之制。”卷150，中华书局，1975年，第3222—3233页。

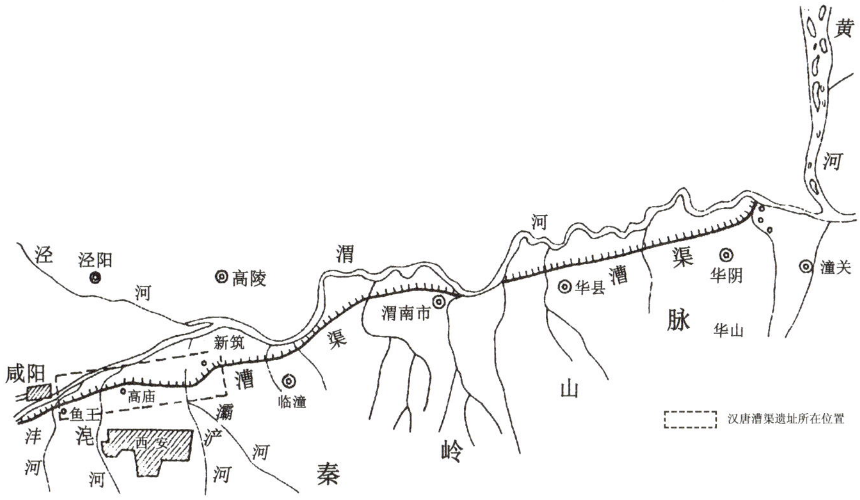

图 2-3-1　汉唐漕渠经行与渭河南支水系诸水关系

的鼎盛期，运抵长安的粮食在五百万石上下，此外还有大宗百货，所谓“中原释耒，辇越而衣，漕吴而食”，运河的物流通道支撑着长安的繁盛直到晚唐[1]。盛唐华丽的一章戛然止于安史之乱，其后军阀割据使汴渠中断数十年，关中漕渠随之失修。此后有过重修和恢复，但是运输量已经大幅度减少，唐以后长安漕渠走向湮废。

二、漕渠水源工程与八水绕长安

汉长安漕渠的水道为隋唐漕渠沿袭。但是漕渠的渠首和水源工程各历史时期却大不相同。汉代漕渠引渭的渠首在今西安西北鱼王村，隋唐时引水渠向西至咸阳西南十八里的兴成堰（图2-3-1）。渭河是高含沙河流，水量年际、年内变幅都很大。汉开通漕渠不久，便另辟水源。武帝元狩三年(公元前120年)，凿昆明池，引沣水、潏水（又称泬水，即今皂河）入池，昆明池为漕渠提供了可以调节丰枯水量的工程设施，并为隋唐漕渠所沿用。

昆明池上源引渭河支流镐水，发源于秦岭山系的南山。秦汉的南山为茂密森林覆盖[2]。昆明池北有秦镐池相通，其下源纳潏水（又称泬水）。昆明池周长达四十余里，水域面积约合今制10平方公里。昆明池的出水口在池东南，引水渠自西而东横贯长安。据北魏成书的《水经注·渭水》记载，昆明池引水渠至漕渠，一路连接长安揭水陂、仓池，并与建章宫、未央宫、长乐宫的大池相通。泬水是不入昆明池的漕渠另一水源，泬水引水渠由长安西南章门的飞渠（即渡槽）入城，再入沧池。明渠由城东出城后分为二支，一支北入渭水，另一支入漕渠[3]。昆明池水源工程不仅通过蓄水陂塘的调节向漕渠提供稳定的水源，还可以节制来自秦岭山区的洪水。

昆明池不仅是漕渠的水源工程，还是长安重要的供水工程，具有多方面的效

1 《新唐书·食货志三》，中华书局，1975年，第1367页。

2 史念海：《历史时期黄河中游的森林》，《河山集》二集，三联书店，1981年，第232页。

3 ［北魏］郦道元：《水经注·渭水》卷8，文学古籍刊行本，1954年，第1页。

益。东汉班固的《西都赋》描述了水利系统的水运效益，以及对长安宫苑环境的营造："（长安）东郊则有通沟大漕，溃渭洞河，泛舟山东，控引淮湖，与海通波。西郊则有上囿禁，林麓薮泽，陂池连乎蜀汉。缭以周墙，四百余里。离宫别馆，三十六所，神池灵沼，往往而在。"[1]以昆明池—漕渠为骨干的长安水利工程，将西汉王朝政治中心和中原（潼关以东广大地区）经济中心联系起来。在长安城的明渠称王渠，将城内外宫殿寺庙所有大池一一贯通，与城内外沟渠构成了庞大的园林水系和市政水系，八水绕长安的渭河各支构成了完善的河湖水系，除漕渠供水外，还具有为城市、园林供排水、灌溉等多重效益。

汉长安最初利用前朝留下的池沼，开引水渠以供各宫殿。武帝时扩建都城和宫殿，旧有的水源不敷使用，昆明池建成后，都城可供水量大增。昆明池自秦以来就是皇家苑囿——上林苑中精粹所在，经过武帝时扩张，汉上林苑濒渭而东，周袤数百里，东西向今陕西周至到户县，北起秦岭南至渭河，都是它的范围，所在茂密的山林有效地涵养了渭河以北地区各河流的水源，使得昆明池作为漕渠和长安的水源工程长达一千多年。

附：司马迁《史记·河渠书》有关漕渠规划与兴建始末的记载

是时郑当时为大农，言曰："异时关东漕粟从渭中上，度六月而罢，而漕水道九百余里，时有难处。引渭穿渠起长安，并南山下，至河三百余里，径，易漕，度可令三月罢。而渠下民田万余顷，又可得以溉田。此损漕省卒，而益肥关中之地，得谷。"天子以为然，令齐人水工徐伯表，悉发卒数万人穿漕渠，三岁而通，通以漕，大便利。其后漕稍多，而渠下之民颇得以溉田矣。

三、长安城及其水利工程体系

汉长安是古代自然形态都城的典范，它的城池规划是古代都城规划理念最经典的诠释。《管子·度地》："故圣人之处国者，必于不倾之地，而择地形之肥饶者，乡山左右，经水若泽，内为落渠之泄，因大川而注焉。"[2]长安位居秦岭诸水的下游，渭河在长安以北自东而西，在其东的潼关入黄河，长安具备了管仲所称的处国于不倾之地的环境（图2-3-2）。汉长安没有方正的城池，笔直的通衢大道，但是长安有西至今周至，南及终南山东西长几百里的离宫和上林禁苑。以陂塘为点，以引水渠为线的水利系统将长安置于流水潺潺、林木丰茂的环境中。这些水利系统的形成源于漕渠供水的需要，随着城市的发展而逐渐完善。

汉都长安，城址选择秦兴乐宫旧址，据《汉书·惠帝纪》：惠帝元年（公元前194年）正月始筑长安；"三年（公元前192年）春，发长安六百里内十四万六千人城长安，三十日罢"；"(三年)六月，发诸侯王、列侯徒隶二万人城长安，三十日罢"。惠帝五年

1 ［汉］班固：《两都赋》，《全后汉文》卷24，引自清严可均校辑《全上古三代秦汉三国六朝文》，中华书局，1958年，第603页。

2 《管子·度地》卷18，引自《诸子集成》第五册，中华书局，1957年，第303页。类似的表述在《管子·乘马》卷1第13页还有"凡立国都，非于大山之下，必于广川之上。高毋近旱，而水足用；下毋近水，而沟防省。因天材，就地利，故城郭不必中规矩，道路不必中准绳"。

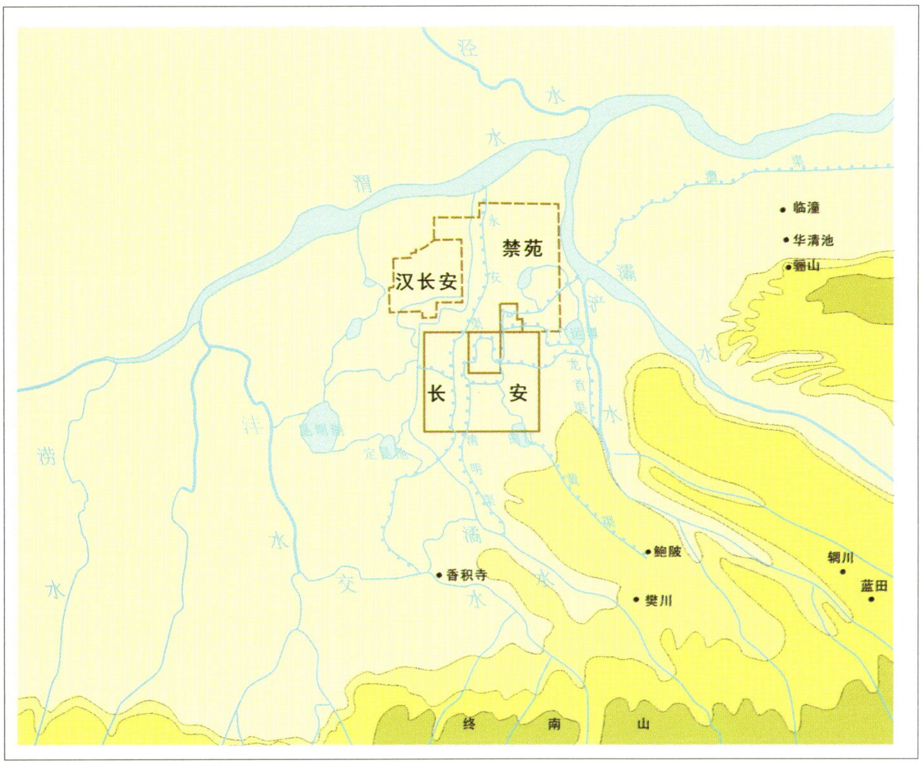

图 2-3-2　汉唐长安城址及供水渠系

（公元前190年）九月，长安城成[1]。用了近五年的时间完成建城。城市布置因地形而建，城的形制是曲折不规整的“斗城”。汉长安鼎盛时城市人口近30万，除朝廷和驻扎的军队外，城市有繁荣的商业区和众多的手工业作坊，宫廷区集中于城南龙首原。汉张衡《西京赋》描述汉长安营建的史实：“于是量径轮，考广袤，经城洫，营郭郛，取殊裁于八都，岂启度于往旧，乃览秦制，跨周法”，即汉长安的兴建是本秦咸阳之制[2]。汉长安没有后来隋唐都城礼制的束缚，是开放的自然城市，甚至未央宫也不是高墙包围之中的宫殿。汉高祖时（公元前206—前195年）未央宫，“因龙首山制前殿，建北阙。未央宫周回二十二里九十五步五尺。街道周回七十里。台殿四十三，其三十二在外，其十一在后宫。池十三、山六，池一、山一亦在后宫，门闼凡九十五”[3]。占城市总面积近三分之一的未央宫以及祭台、观庙、山池杂陈于长安城的街坊之间。

武帝之前汉朝廷只有长乐宫（即秦兴乐宫）和未央宫。昆明池开凿后，首先扩建未央宫，在城内新建桂宫、寿宫、北宫，在西郊建建章宫。根据考古发掘，长安城内宫殿总面积14.85平方公里，闾里面积14.82平方公里，宫殿占了长安城的二分之一，其中水域又占了相当比重。昆明池及漕渠输水工程同时也构成了长安的城市供排水系统，不仅解决了长安的市政用水，也提供了城市行洪通道。城区内外纵横交错的渠

1　孟凡人：《汉长安城形制布局中的几个问题》，《汉唐与边疆考古研究》第一辑，科学出版社，1994年，第48—64页。

2　［东汉］张衡：《西京赋》，《全后汉文》卷52，引自清严可均校辑《全上古三代秦汉三国六朝文》，中华书局，1958年，第761页。

3　［东晋］葛洪：《西京杂记》卷1，四部丛刊，上海商务印书馆，1936年，第2页。此书系西汉刘歆撰，葛洪是辑抄，本段记载反映的是汉代情况。

道和宫廷区无处不在的蓄水陂塘，使汉长安处在山林与河渠的环抱之中。

汉长安的城濠环城而建，利用未央宫南门供皇帝出行的“驰道”来设置排水设施。驰道上下两道各宽12米左右，道路之间是深50厘米、宽90厘米的排水沟。排水沟泄水通过城墙下的涵洞出城进入壕沟。发掘证实汉长安地下埋筑宽大涵洞，在西安门和直城门发现，涵洞各宽1.2—1.6米，高1.4米，用砖和石块砌筑，顶部用砖发券[1]。构成排水沟—城内河渠—城外河道排水体系。汉代比前代更全面地将水利的环境功能运用到建筑和城市建设上，对以后都城和宫殿的规划、营建产生了长久的影响。

隋开皇二年（582年）下诏另辟新址营建新都——大兴城。大兴城在汉长安东南龙首原。次年基本完工。隋都城建设气魄宏伟，还有更为庞大的水利工程体系。隋立国仅38年，大兴城为唐长安奠定了完好的城市基础设施和无比优良的水环境。隋大兴城和水源工程为唐长安全盘接收。玄宗天宝元年（742年）在长乐坡浐水左岸建广运潭，漕渠终点移至长安城东，算是唐朝长安少有的一次大型水利工程的兴建。

大兴城东西宽9.72公里，南北长8.65公里，面积84平方公里。大兴城的规划符合王朝都城营城的礼制规范，城市中轴线由北而南经皇城和朱雀门直达城正南门。宫城以南是皇城，是衙署的所在区域。朱雀门至南门大街称天街，宽147米。大城与皇城之间的横街宽441米，准确地说应该是皇城的广场。城西将汉故城纳入其中，城北有御苑与汉上林苑连在一起，直北抵渭河南岸，城东延伸至浐水。

唐长安城最盛时人口超过100万，是当时世界上规模最大、最繁荣的都城。唐长安城无论是宫廷苑囿还是城坊里市基本是前朝的继承。宫城位于皇城之北的城市中轴线的北端，面积约4.2平方公里。其西来自昆明池的引水渠，其南有隋兴建的三条引水渠自南而北穿行宫城内外，为各宫廷大池供水。唐长安坊与市的界限已经逐渐清晰，河湖水系却直接影响到街区划分和城市公共园林的形成。

汉唐长安拥有优良的水资源条件。诸河发源的南山，茂密的森林可以涵养水源。隋唐长安诸渠以交水（镐水的上游）、潏水和浐水为水源，不仅满足了漕渠供水的需要，更为都城提供了优质的水源。水渠所经有引水工程，灌溉长安城内外农田[2]，如其中入曲江的黄渠便有一支灌溉樊川的大片稻田[3]。绕长安城的八水与引水渠组成了一个范围广大的水利系统。这些水道与蓄水塘泊、停泊港的分布反映出引水量较大，水流也比较清澈。唐代长安都城大肆扩张，南山林木成为长安薪炭的主要来源，环境蜕变悄然而至。

隋唐长安的河湖水系是集漕运与宫苑供水、城市市政供排水为一体的水利工程。有四条引水渠入长安：龙首渠、永安渠、清明渠和黄渠。这四条引水渠入城后与汉昆明池渠系互为连通，为都城提供了更为充裕的水源。隋兴建的四条引水渠与汉昆明池构成了隋唐长安河湖体系的骨架，各引水渠的经行及其主要蓄水工程如下（参见图2-3-2）：

龙首渠，引浐水，分为两条支渠入城：一支经城东北入皇城再北入宫城御苑大池；另一支绕城垣东北进入禁苑大池。渠出禁苑后东入漕渠。

---

1 王仲殊：《汉长安城考古工作的收获》、《汉长安城考古工作的收获续记》，《考古通讯》1957年第5期、1958年第5期。

2 《旧唐书·崔珙传》卷177，中华书局，1975年，第4589页。

3 《长安志·万年县》卷11，四库全书文渊阁影印本，第587册，上海古籍出版社，2003年，第156页。

永安渠，以洋水的上源交水为水源，由长安城南大安坊入城，自南而北，穿过城区诸坊及西市，入禁苑（隋名大兴苑）大池。渠出大池后直南通渭河。

清明渠，引沇水，在永安渠东并行，入皇城后，蜿蜒进入宫城和禁苑南海、西海、北海等池。

黄渠，引山溪水，入城东南角汇为曲江池。曲江池是宫城以外唯一的蓄水工程，池水碧波千顷，茂密林木环绕。唐代的曲江池成为长安的公共园林，是文人墨客踏春的去处，其时诸多在曲江吟唱的诗词歌赋，将盛唐曲江永久留在了历史记忆中。21世纪初西安的城市改造中，整治曲江及水系。今天的曲江园林区面积可能只及唐代的十分之一。

第四节　灵渠

灵渠是公元前3世纪秦始皇统一征岭南时留下的著名水利工程，迄今已有2200年的历史。秦汉时，中央政府对灵渠的开凿和维护主要用于向岭南、交趾用兵的战时临时性运输。唐代以后用于保障水道防洪安全和改善水道航行条件的水工建筑陆续兴建，灵渠的工程体系逐渐完善，常规管理组织也相应形成。

灵渠连接长江二级支流湘江和珠江，三级支流漓江，也是中国古代运河中少有的穿越大江大河上游分水岭的运河（图2-4-1）。在20世纪20年代前，灵渠一直是中原与岭南的重要交通通道，清代日过船量甚至超过200只[1]。1941年湘桂铁路通车后，灵渠的水运功能退出，逐渐演化成以灌溉为主的输水干渠。

图 2-4-1（1）　灵渠分水铧嘴实景（1983 年）

1 秦开灵渠的记载甚少。《史记·主父偃传》卷112，记征岭南事；《史记·秦始皇本纪》记秦伐岭南在始皇三十三年（公元前214年），这里灵渠的始建年代参考唐兆民研究结论。唐兆民：《灵渠文献粹编》，中华书局，1982年，第10—11页。

图 2-4-1（2） 灵渠分水铧嘴实景（2010年）

一、灵渠的始建与沿革

秦始皇二十六年（公元前221年），秦将尉屠睢率五十万大军进击岭南，开始了征服岭南百越的战争。由于南越人抵抗，秦军三年不得解甲弛弩。始皇二十八年（公元前219年）为解决秦军给养，史禄受命凿渠以通粮道，此粮道即沟通湘江和始安水的灵渠[1]。秦开灵渠被认为是中央政权统一中国以及岭南开发的标志性事件。早期的灵渠应有开凿的人工渠和简单的分水或引水工程，将湘江和始安水连接起来。唐以前有关灵渠的记载很少，但是要连通湘漓二水，必须具备两个基本条件：其一是开凿渠道，兴建分水工程，形成湘漓二水的连接；其二是渠道比降具备通水和行船的起码条件。分水工程和渠道是灵渠始建时必须的基本建设。正是这一早期具有战略眼光的规划，使得灵渠有条件在秦以后逐渐完善。

始皇三十三年（公元前214年），设桂林、象、南海三郡，是为岭南设置行政区之始。唐代设岭南道，为全国十道之一。宋代岭南设广南东路和广南西路。元代设广东、广西行省，即今广东、广西两省。秦汉时岭南人口最多时约50万，占全国总人口不到1%；唐贞观时64万，超过全国总人口5%；19世纪50年代达到3600万，占全国总人口的8.4%。珠江和长江水系历来是内河运输的重要水道，灵渠沟通了长江和珠江两个流域水系，使水运的辐射范围大为增加，唐宋以来灵渠成为内河与外海水路连通的重要纽带，在全国水路交通中的地位也日渐重要。唐以来，灵渠一直都是作为国家工程，由县及以上政府行使管理职责。

秦开灵渠后，汉代有过两次岭南用兵都经由灵渠入漓江。汉武帝时征伐南越，由水路入湘江，逆流而上至灵渠，转入漓江，再顺江而下抵苍梧（治广信，今广西梧州）[2]。东汉初光武帝建武十六年（40年），交趾（治羸娄，今越南河内市）徵侧夫人的丈夫被交趾郡守苏定处死，徵侧与其妹徵贰（？—43年）起兵反汉，土著蛮越纷纷响应，先后攻取交趾、九真、日南、合浦等郡65城。苏定逃南海郡，二徵自立为王，史

1　西汉人刘安，最早记开灵渠事。《淮南子·人间训》卷十八，原文："使监禄无以转饷，又以卒凿渠而通粮道。"四部丛刊初编本，上海商务印书馆（影印本），1936年，第140页。

2　《史记·南越列传》："故归义侯二人为戈船，下历将军，出零陵，或下离水，或抵苍梧。"卷113，中华书局，1962年，第2974页。零陵郡，治零陵，在今兴安北约30公里；离水即漓江；苍梧郡，治苍梧，即今梧州。这条水路由零陵启程，由湘江，过灵渠，入漓江，抵今梧州。

称徵朝。建武十八年（42年）春，东汉王朝命伏波将军马援、伏乐侯刘隆和楼船将军段志率汉兵与交趾兵共两万人，驾两千车船，水陆并进，出零陵关南征交趾[1]。次年五月，二徵败，交趾诸郡平定。建武二十年（44年）马援返回中原，封新息侯。东汉平定交趾期间，对灵渠的修治影响深远，后人将一些关键工程的创建归功于马援。

图2-4-2　灵渠南渠兴安县城段

灵渠造就了兴安县城的繁华与美丽。清苏宗经《出陡河过兴安县》："行尽灵渠路，兴安别有天。径缘桥底入，舟向市中穿。浆脚挥波易，篷窗买酒便。水程今转顺，翘首望前川。"[2]

秦汉以降，灵渠是中原通往岭南的水上驿道，这段水道亦称陡河，意指比降大，航行条件不好，船只过往艰辛。唐宝历年间（825—827年）对灵渠水道有过生动的记载：凡船只逆水上行，篙工、楫师仰索挽肩，以图寸进[2]，遇上紧急公务，或军运物资，便得拉丁拉夫，"每转饷，役数十户济一艘"[3]。始安郡的百姓随时可能被抓官差，一些人为逃役远走他乡。这种状况直到唐中期控制性工程陡河上的斗门设置后才有所改善。

9世纪即唐中期是灵渠发展的重要阶段，这一时期灵渠分水工程铧堤（后演变为铧嘴，大小天平）和陡门工程等关键工程一一完善，并且分布位置、工程形制已经稳定，为后代基本遵循。宝历时（825—827年）给事中观察使李渤，以及咸通时（860—874年）桂州防御使鱼孟威对灵渠工程体系完善有重要贡献。

李渤对灵渠的贡献主要是重修铧嘴。此前不知分水工程的形制和布局。李渤的整治工程得见其大概："铧其堤以扼旁流，陡其门以级直注。""叠石造堤如铧嘴，劈水分二水，置石斗门一，使制之，在人开闭，开漓水则全入于桂江，拥桂江则尽归于湘水。又于湘水凿分水渠三十五步，以便行舟。"[4]据此可知渠首分水坝为砌石工程，分江水为二。南北渠的分流处设有陡门，组成了导流、溢洪、节制南北渠水量的工程体系。今天留存的灵渠分水枢纽格局完全相同（图2-4-2）。

咸通九年（868年），鱼孟威修灵渠，在水道上修筑了18座斗门，"其斗门悉用坚

1 《后汉书·南蛮西南夷传》卷86，中华书局，1975年，第2829页。
2 ［唐］鱼孟威：《桂州重修灵渠记》，引自宋李昉《文苑英华》卷813，中华书局影印本，1966年，第4297页。
3 《新唐书·李渤传》卷118，中华书局，1975年，第4268页。
4 ［宋］乐史：《太平寰宇记·桂林》卷162，四库全书文渊阁影印本，第470册，上海古籍出版社，2003年，第506页。

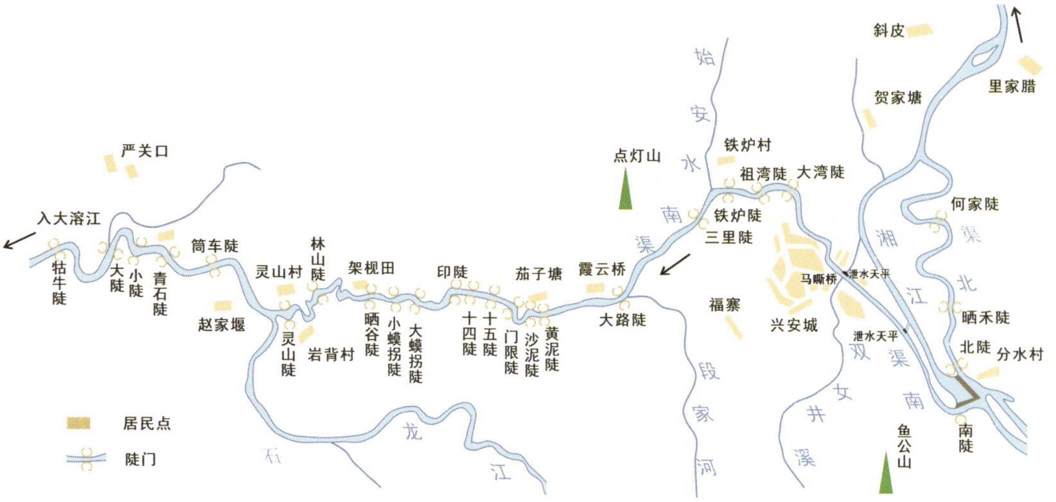

图 2-4-3　灵渠南北渠及陡门分布

分水工程在湘江上源海洋河上，通过渠首湘江水分入南渠、北渠。在始安水至大溶江一段，是利用天然河流整治而成的水道，其后是经过整治的渠化河道。沿程的陡门是秦以后逐渐兴建的。人工坐弯的渠线和连续陡门设置，减缓了自然河流的坡降，改善了通航的水力条件。

图 2-4-4　马嘶桥泄水天平（约 20 世纪 80 年代）

泄水天平即侧向溢流堰，节制干渠水量的关键工程。

木排竖，至十八重，切禁其间散材也”[2]，连续斗门的设置，将较大坡降的水道改造为落差集中的阶梯水道，穿越分水岭运河实现了平水中行舟。斗门的设置也延长了灵渠全年的通航时间，因为有斗门节制水量，在枯水期低水位时通过相邻斗门的启闭，船队仍然可以通行。鱼氏大修工程没有动用国赋，靠募捐得钱五百三十余贯，征集劳力五万三千多工，工程历时一年。今天灵渠南渠水道，应该是这次大修整治后形成的。唐连续斗门的设置使灵渠的通航条件得到空前改善，“虽百斛大舸，一夫可涉”[4]。陡门的工作机理设计概念与后来船闸相同。同一时期在淮扬运

1　[唐]鱼孟威：《桂州重修灵渠记》，引自宋李昉《文苑英华》卷813，中华书局影印本，1966年，第4297页。

2　[唐]鱼孟威：《桂林重修灵渠记》，引自宋李昉《文苑英华》卷813，中华书局影印本，1966年，第4297页。《全唐文》卷804作“其斗门悉用坚木排竖，至十八里”，“里”应是“重”之误。

3　[清]苏宗经：《出陡河过兴安县》，载蒙起鹏《（民国）广西通志稿》。

4　[唐]鱼孟威：《桂林重修灵渠记》，引自宋李昉《文苑英华》卷813，中华书局影印本，1966年，第4297页。

河、江南运河上，运河与淮河、长江交汇的运口上也有类似的水闸。四百年后，元代在通惠河、会通河上运用连续闸，战胜了20—50米的地形差，实现了黄河、淮河和海河流域的跨越，技术上较之唐代有所突破，通过调水工程引水，水柜蓄积的调度，弥补了北方地区运河水资源不足，最大限度上延长了全年水运时间。

唐代分水工程铧嘴和节制工程斗门的设置，是灵渠工程体系形成的重要标志。此后灵渠工程设施仍在不断地完善，但是基本格局和工程型式没有大的改变。明洪武二十九年（1396年），御史严震直主持灵渠大修，在灵渠两岸建涵洞24处，用于灌溉引水[1]。灵渠已经不仅是区域间物流的骨干通道，同时成为兴安县重要的灌溉工程。

宋代以来，灵渠渠系工程管理组织和管理制度见诸记载，北宋时兴安和灵川两县知县兼管灵渠事务，水道疏浚和工程维护的压力独由两县百姓承担，时日稍长管理放松甚至废弃。南宋初灵渠浅涩，不胜重载。后来由广西转运司兼管灵渠并给付维护开支，常规岁修及管理仍是两县政府的职责[2]。这一管理模式延续至元明清时期。

灵渠全长虽然只有三十多公里，但是这段越岭运河水道坡降大，自唐代设陡门（或称斗门）以来，灵渠成为常年通航的运河。今天灵渠南渠上的留存或遗址尚存有28处（图2-4-3、图2-4-4）。

灵渠大小天平是砌石结构的宽顶溢洪坝，既是泄洪工程，也是直接关系南北渠引水量的壅水坝。灵渠的人工河道多是依山开凿，一侧筑石堤挡水，如果溃决，不仅堤岸以外遭遇洪水冲击，水道内也陡然断水。这些工程维系着灵渠起码的通航条件，以嘉庆五年（1800年）大修前后灵渠过船情况为例，“向来铜船过陡河必行一月，今浙江铜航一百五号，三日内全行出陡”[3]。灵渠30公里水道上通过的时间从30天到3天的差距可以看出，对工程依赖程度愈大，对维护的要求就愈高。虽然灵渠自唐代以来就有管理组织和制度，但是水利工程的失修仍然时有发生。清代灵渠有康熙五十四年（1715年）、乾隆十九年（1754年）、嘉庆五年（1800年）和二十四年（1819年）、道光十二年（1842年）、光绪十一年（1885年）等六次大修。大修工程费用在广西省藩库列支，工完之后报工部核销。灵渠凡砌石工程都有营造或维护的技术规范，“基则尽钉松桩，上均用青石密砌，两石相接之处悉以生铁锭铃锢”[4]。今天依然可以看到灵渠完好的古代砌石工程。

光绪十一年（1885年），湘江上游大水，分水坝及南北陡堤毁坏殆尽，漕路断绝，民田受淹[5]。是年后连续两次重建大小天平及铧嘴。铧嘴移向下游，以石砌堤，抛乱石护基础，大小天平改砌鱼鳞石，这是20世纪前灵渠的最后一次重修。今天的灵渠工程保留了清光绪大修后的面貌。

---

1 ［明］陈琏：《重修灵渠记》。灵渠渠系工程完善在唐宋时，其时两岸应该有民间自建的引水渠，严震直所建的灌田水函，更重要的意义是约束民间引水行为，以保证水运用水和灵渠设施安全。

2 《宋史·河渠志》，二十五史河渠志注释本，中国书店，1990年，第209—210页。

3 《清史列传·谢启昆》卷31，中华书局，1987年，第2432页。

4 ［清］梁奇通：《重修兴安陡河碑记》，现存灵渠四贤祠碑文。

5 ［清］陈凤楼：《重修兴安陡河碑记》，原碑存灵渠四贤祠内。

二、越岭运河的规划成就

秦开灵渠，打通了中原与岭南的交通，技术层面的成就首先归功于创造力的规划。广西兴安界内越城岭与都庞岭之间的湘桂走廊，既是连通中原与岭南的陆路通道，也是长江与珠江两大流域的分界。在这里湘江北去，漓江南流。湘江的源头发源于兴安界内海洋山北麓的海洋河，沿着向北倾斜的地势自南而北流，至始安县城称湘江。漓江上游发源于猫儿山南麓的大溶江，沿着向南倾的地势自北而南流入漓江。汇入大溶江的诸多小河中，始安水是距离湘江最近的一支。灵渠就是开凿于长江与珠江两大水系分水岭之间的运河。虽然灵渠的人工河段和部分人工河段总长只有36公里，但是，却因此连通了珠江和长江两大流域，构成了长江—湘江—灵渠—漓江—珠江水路通道，在中国运河史上具有重要地位。20世纪90年代灵渠被列入国际运河古迹名录[1]。

长江和珠江流域之间分水岭越城岭高二十多米，南北长三百多米。岭东的湘江自南而北，再折而东北流去；岭西始安水（漓江支流）自北而西南流，两水相距最近处仅1.6公里，然而这里始安水高于湘江6米，在此处两水连通，虽然开渠工程量最小，但是水源只能依靠始安水。地形6米的高差，实现水面平顺衔接，起码需要两座以上的闸坝过船建筑，在技术上难度大，而且运行管理成本高，在当时难以做到。灵渠的建设者针对水源和通航水道坡降两个关键问题，规划渠道线路和设置关键工程。始安水是山溪性河流，水量不足且年季变化大，但是具有地形的优势，可以自流引水；湘江水量丰沛且比较稳定，灵渠的水源倚重湘江，可以获得水源的保障。秦朝的工程师在湘江的上游寻找越岭运河的最高点，即湘江分流南北的分水点。

图 2-4-5 灵渠南渠最后一陡：牯牛陡（1984 年）

南渠至今尚有21陡。陡，或作陡门、斗门，用以平衡水道水位差。

---

1 国际工业遗产保护委员会（TICCIH），《国际运河名录》，1996年；这是该委员会向联合国世界遗产委员会提供的具有重要文化价值的古运河清单。

这个点距兴安县城以上2.3公里，湘江的上游海阳河上（参见图2-4-3），由此向南向北分别开渠，于是以最少的工程设施，实现了海洋河向运河南北的自流供水，再通过蜿蜒的人工渠，使人工渠与天然河流平顺衔接。灵渠分水工程的位置和渠线布置，显示出两千多年前水利工程师充分利用区域地理环境和水资源条件的智慧。秦以后，灵渠不断扩建，通航条件逐渐改善，这一切都是在秦灵渠的大格局下实施的，也就是秦卓越的规划成就，为此后灵渠的发展奠定了良好的基础。

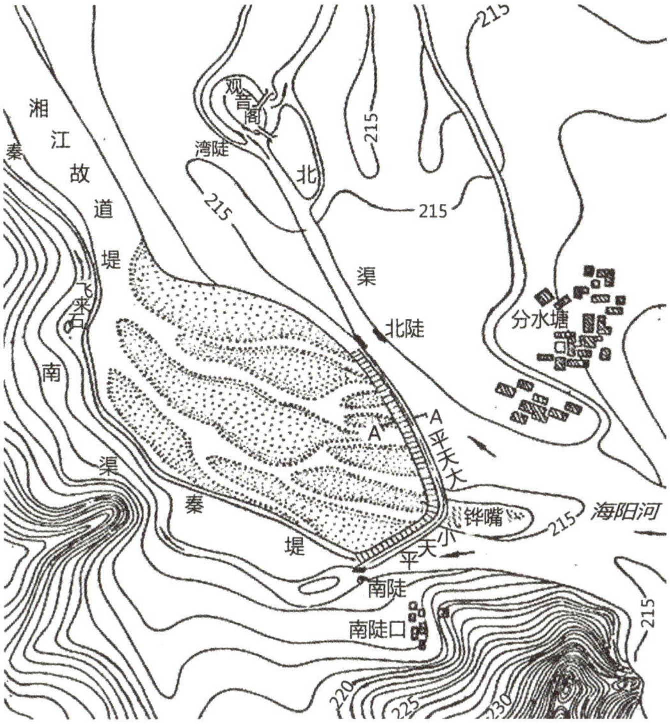

图 2-4-6　灵渠渠首枢纽工程布置

南宋人范成记载并准确地分析了灵渠工程体系及其运行机理：“灵渠在桂州兴安县，湘水北下湖南。又融江，牂牁下流也，南下广西，二水远不相谋。史禄于砂碛中，磊石作铧嘴，派湘之流而注之融，激行六十里，舟入一斗，则复闸一斗。俟水积渐进，故能循崖而上，建瓴而下，千斛之舟亦可往来。治水巧妙无如灵渠者。”[1]即通过分水工程铧嘴而沟通湘江和漓江，陡门则是人工水道改善通航条件的关键工程（图2-4-5）。相邻陡门的启闭，船只得以“循崖而上，建瓴而下”，陡门的运行方式和功能基本具备了现代运河工程的技术要素。密集的陡门组成连续船闸，使得灵渠成为世界上最早穿越分水岭的运河。

三、灵渠分水工程及渠系工程

唐宋时灵渠工程体系基本形成，其后仍有局部改造，今天灵渠留存的古代工程主要是清代道光、光绪时留下的。灵渠工程体系由分水枢纽（由铧嘴和大小天平构成）、南渠（自分水枢纽南陡至严关）、北渠（自分水枢纽北陡至何家陡）、陡门组成，具有引水、水量节制、泄洪等功能（参见图2-4-3）。

（一）分水工程：铧嘴和大小天平

铧嘴和大小天平是一个整体，以砌石结构分水和泄水坝构成，有导流、壅水和溢流功能。铧嘴和天平位于海阳江中部，至此灵渠分为南北渠，海阳江为大天平石坝截断，枯水时天平坝壅水入南北渠，水位及坝开始过流（图2-4-6）。

灵渠分水工程至迟在唐代中期出现，时称铧堤。唐鱼孟威《灵渠记》：“其铧

1 ［南宋］范成大：《桂海虞衡志》，《范成大笔记六种》，中华书局，2004年，第131页。

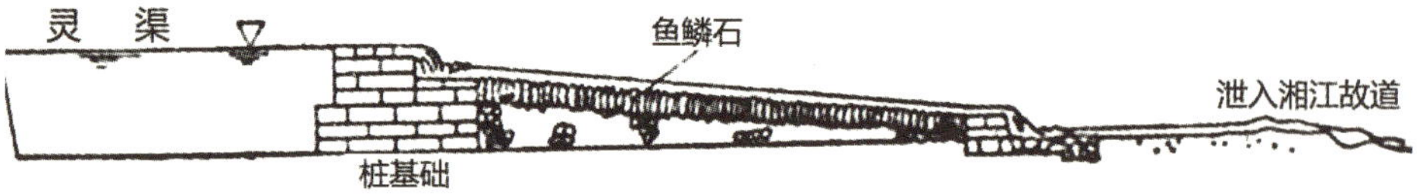

图 2-4-7　灵渠天平坝结构

图 2-4-8　天平坝实景（2007 年）

灵渠南北渠水量由铧嘴、大小泄水天平和南陡控制。通过铧嘴湘江分为两支，大小天平是南北渠的重要控制工程，汛期洪水可以快速泄入湘江。南陡进一步控制南渠水量。大小天平坝面采用立钉砌石，增加了坝面抗冲刷力。灵渠渠首既有对地形条件的利用，也有周到细致的工程部署。

堤悉用巨石堆积，延至四十里，切禁用杂束篠也。”[1]这是类似堆石坝的工程，甚至有竹木为建筑材料的时候，与后来鱼鳞石砌筑溢流坝相去甚远。南宋时铧堤的形制、结构和材料基本定型，记载与今天所见大小天平和铧嘴相同[2]。大约12世纪时，铧堤衍生成为分水和泄水两部分，即堤的迎水端向海阳河中部延伸，而挡水石堤顶展宽而成为溢流坝，称天平，以铧嘴为中轴线，天平两翼即今所称大小天平[3]，明代或称“大石减水陂”[4]，清康熙五十二年（1713年）大修时对溢流坝砌石结构作了改进，“旧制巨石平铺，而鱼鳞如磊卵，水啮易损。今巨石作龟背形，而鱼鳞用长石直树，其下不可动摇，则天平亦如磐石矣”[5]。弧形溢流坝的过水堰顶设计，立钉干砌条石（鱼鳞石）的大小天平，这是灵渠分水工程从建筑形制到砌筑形式的重要完善，使得没有采用任何胶结材料的天平石泄水坝应用至今。

现存大小天平总长474米，其中小天平（又称“马嘶桥泄水堰”）长130米，大天

1 ［唐］鱼孟威：《灵渠记》，引自唐兆民《灵渠文献粹编》，中华书局，1982年，第148—150页。

2 ［南宋］范成大：《桂海虞衡志》，四库全书文渊阁影印本，第589册，上海古籍出版社，2003年，第384页。

3 “筑铧堤以挡其冲。堤北为大天平，堤南为小天平”。唐兆民：《灵渠文献粹编》，中华书局，1982年，第249页。

4 《明实录》，神宗万历十五年七月庚子条。

5 ［清］陈元龙：《重修灵渠石堤陡门碑》，引自唐兆民《灵渠文献粹编》，中华书局，1982年，第202页。

平344米，大小天平之间夹角108°，砌石体最大高度2.24米。现存铧嘴是清光绪十一年（1885年）特大洪水冲垮后所重建，此前长186米，重建后缩短为90米。湘江上游即海阳河水量丰枯变化大，渠首分水铧嘴和大小天平的设置，实现了以最少的工程设施形成对灵渠南北渠水量的有效节制（图2-4-7、图2-4-8）。

（二）渠系工程：陡河及陡门

灵渠水道即南渠、北渠，又统称陡河，全长约34公里，可分为人工开挖河段、半人工河段和天然运河段三个部分（参见图2-4-6）。以渠首大小天平为界，与始安水通流段称南渠，与湘江相接河段称北渠。北渠地面坡降约3.75‰，是不宜通航的水道，经人工坐弯后，北渠长3.25公里，渠道平均坡降降至1.7‰；南渠长33.15公里，纵比降0.9‰[1]。凭借蜿蜒曲折的渠道降低坡降，再辅以人力牵挽，使得灵渠在没有通航设施的情况下具备了最起码的通航条件。

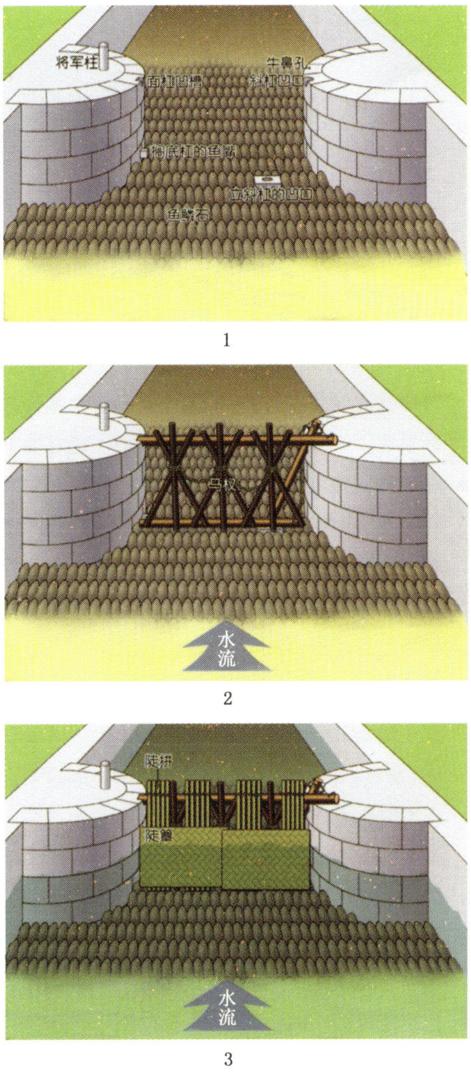

图 2-4-9　灵渠陡门及结构图

1.南渠及渠系工程在这一河段上有两处重要工程：秦堤和穿越分水岭的人工河。南渠人工河段是秦开灵渠最重要的建设，也是为艰巨的河段。自南陡口至兴安县城约长2公里的渠道，是左侧沿着分水岭鱼公山山脚开挖的渠道，称秦堤。秦堤只有少量的砌石堤，大部分利用了出露的基岩——“飞来石”为天然堤，渠道从岩石中开凿而过。秦始建灵渠的艰辛换来了后世工程坚固的永久效益。南渠过兴安县城后从太史庙山到始安水长5公里的渠道，河宽7—10米，深约1.5米，全部是人工河。在这5公里长的河段中，灵渠穿越了湘漓二水的分水岭——太史庙山，至此湘江水与漓江支流始安水相汇。

始安水以下又称灵河（或零河），这段南渠基本利用了灵河水道整治而成。三里陡至牯牛陡全长11公里。这一河段平均河宽10米，有部分半人工开挖河段，这一段设有陡门，保证枯水期能够通航。牯牛陡至大溶江口长约18公里，是经过整治的完全天然河道段，河宽在12米以上至30米不等。

2.北渠及渠系工程。北渠自大天平迤北，蜿蜒于湘江北岸，过何家陡入湘江。北渠长3.25公里，宽10—16米。北渠全部是人工河段，由于地面坡降比较平缓，改

1 扬子江水利委员会：《整理湘桂水道工程计划》，1941年，油印本。

善通航条件的主要工程措施是渠道人工坐弯。北渠渠线呈两个连续的“S”形，极大地延缓了地形坡降。由于陡门少，通航更为便利。

3.陡门。唐代灵渠上设置斗门后，实现了两斗门之间水道的水深控制，改善了通航条件。宋以后多称斗门为陡门。水道连续陡门的设置，使两门之间的水力坡降趋于零。陡门的运行使南渠获得水量和水位的保障。至迟在9世纪时陡门的基本形制已经形成。

陡门宽5—6米，陡门门墩由大条石砌筑，多数为半径约1.5—2米的半圆状，也有方形、半椭圆、梯形、扇形等，以便通航。陡门运行有塞陡和开陡过程。塞陡即临时堵塞水流，抬高水位以便过船。船只陡入后，出陡时开陡。陡门是用陡杠（面杠和底杠）、挽钩、马脚、水并、陡簟组合而成的临时挡水闸。开陡和塞陡都要人工操作，只要抽掉面杠和底杠、马脚，挡水的水并和陡簟自行倒下，陡门便可通水（图2-4-9）。

第五节 汉代黄河水患与治河工程

汉代，在黄河下游流域华北平原的人口已经超过总数的50%。这个广大区域是汉王朝的主要粮仓，又是黄河下游入海通道。自战国以来持续的黄河堤防建设，至此已经形成了黄河两岸受堤防保护的广大农耕区。得到堤防保护且有灌溉之利的农业区，又吸引更多人定居在富饶的沿河两岸，于是更多土地被垦殖。周而复始终于在黄河沿岸造就出了黄河险工，一旦溃决，黄河灌溉的受益区立时变成灾区。

黄河是高含沙水流，当堤防把河道约束起来后，黄河河床便迅速淤积而演变为悬河，随之而来的是黄河冲毁大堤，黄河洪水在平原上恣意泛滥。公元前1世纪时黄河已经经常决口，堵口和防洪堤建设也日渐频繁。西汉时期，黄河终于发生了有堤以来的大改道，一次是武帝元光三年（公元前132年），瓠子（今河南濮阳界内）决口，黄河主流自决口向东南夺汴水，再分为多支泛道入淮河、泗水。泛滥横流23年后，于元封二年（公元前109年）才堵口恢复故道。第二次是王莽始建国三年（公元11年），黄河在魏郡（治今河南临漳县西南）决口，夺济水、汴水、泗水，经由大野泽至今山东利津入海。

宋以前黄河多称“河”、“河水”，为了避免歧义，本节仍以黄河名。汉代黄河下游流域包含豫州、冀州、兖州、青州等州，是人口密度仅次于关中平原的区域。黄河下游流经的华北平原，土地肥沃，地势平衍，自战国以来就是重要的粮食产区，至西汉更是关中漕粮的主要来源地。黄河两岸经过春秋战国至秦汉四百多年的堤防建设，河道已经被堤防稳定。束河于一槽的黄河，随着河床的逐年淤积，在汉代频繁决溢泛滥。自此开始了国家主导下的黄河治理与河防建设的历史。

一、黄河水道简史

黄河是世界上含沙量最高，又是洪枯水量变幅极大的河流。黄河上中游流经沟壑纵横的黄土高原，下游是地势平缓的华北平原。在6、7、8三个月的汛期中，水量约

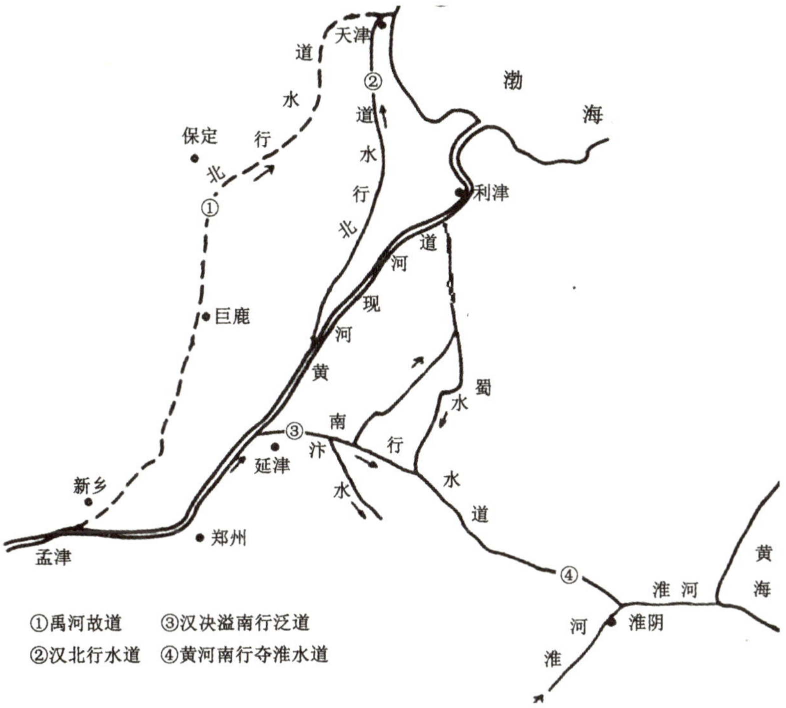

图2-5-1 历史时期黄河下游水道变迁略图

占全年总量的70%，其中含沙量超过同期水量的30%。汛期高含沙的洪水进入下游平原后，随着流速大减，河水泥沙亦沉积下来。当河流在淤积的河槽上行水受阻时，新水道便开始酝酿，一旦既有河道不能容纳，一场洪水便可能导致黄河决溢和全河改道。黄河中上游高原区大量的泥沙输入而下游低比降的水道，共同造就了黄河下游善淤善徙的自然环境和水沙条件。

先秦很多文献称禹治水后至春秋千余年间黄河无水患。基本史实是当时黄河下游流域人口极少，耕作粗放，黄河分为若干支流，在大平原上散漫东去。文献记载的水旱灾发生在商代都城及其附近。夏商城池临近黄河，屡次迁徙，与黄河泛滥和干旱可能有关。商代甲骨文中已有为黄河水灾问占，以及以牺牲祭河神的记录。

黄河第一次大改道前的河道一般认为是《尚书·禹贡》记载的河道，史称“禹河”（图2-5-1）。《禹贡》记禹河经行：自积石山（在今青海省）至龙门（今山西河津县西北之禹门口），南至华阴（华山之北），折东至底柱（在今三门峡），更东至孟津（今河南孟津县东南），东过洛河口到大伾山（在今河南荥阳县西北汜水镇）。折北过洚水（即先秦时的漳河），经大陆泽（汉代河北的宁晋泊等），更北分为九（多数）支，汇为逆河入海，逆河即入海黄河的各感潮河。《禹贡》所记黄河道自大陆泽以下九河，为多条分支的泛称。

黄河下游有许多淀泊相通，入淀诸水与黄河各支亦通。黄河下游在今河南郑州附近有两大分支：一支南流，汇为荥泽。自荥泽向东为济水，其有圃田泽，折向东北，经荷泽，再东北为大野泽，再东北汇汶水，再东北入海。因为荥泽的沉沙作用，水流较清，战国时称清济。黄河在今河南南乐县还有向东的分支，为漯水，东北流入渤海，河道在济水之北。

约公元前600年，中原各诸侯先在各自封地内黄河或其支流两岸开始修筑防洪堤。这些堤防分段修筑，互不联系。甚至有诸侯国为了保护自己而通过堤防将洪水引向别国。其中实力最强的齐国（都今山东临淄），堤防工程最长，规模最大。齐国在黄河东岸，西岸是赵魏，齐国筑堤后洪水西泛赵魏，于是赵魏亦筑堤以挡水，形成了相距约25公里的黄河两岸大堤。鲁僖公九年（公元前651年），齐桓公在蔡丘（在今河南民权县界）会盟各诸侯，订立盟约，其中有针对各诸侯的黄河堤“无曲防”的约束性条款，禁止修建以邻为壑的堤防[1]。以堤防防御江河洪水，自战国以来至今两千多年来没有改变。

随着平原农耕发展，人口增加，最先被利用的土地是黄河下游平原临河的区域。相传齐桓公时（公元前685—前643年）在黄河两岸广袤的滩区垦殖，把九条分支堵塞了八条，这就是最初黄河干流入海水道。周定王五年（公元前602年）黄河下游发生了大改道，河道南移，是为黄河第一次有记载的大改道。

战国至西汉，黄河下游平原是人口最为密集的豫州、冀州。战国末期至汉代下游黄河部分成为地上河。自战国以来黄河有堤始便有决口，但是决溢后随着洪水消退，决口自然封堵，少有全河改道情况发生。但是到了汉文帝（公元前179—前157年）时，黄河下游发生溃堤决口次数增加，洪水泛滥的危害程度也逐渐加重，河道在大堤的约束下，另辟新道的趋势日渐明显。武帝时黄河决口后时有发生全河改道，国力强大的西汉王朝以举国之力与黄河抗争，终能最后挽河恢复故道。王莽新朝时黄河终于全河改道，直到东汉王景治河，黄河才恢复故道。由此黄河开始了长达两千年的决口—堵口—河回故道—再决口—最终全河大改道的河道演变周期。

近两千年来，黄河决溢改道无数，形成泛道多支入海。决口和泛道在泥沙淤塞下自然堵口或湮废亦是常态。通常认为自大禹治河后，决口后全河另行新河的大改道有六次[2]。根据历史时期黄河下游经行的区域，一般分为北流期和南流期。北流期黄河入渤海，入海口大致分布在今河北沧州至山东滨州之间；南流期黄河经由淮河水道入黄海，在今江苏响水云梯关以东。根据黄河经行和入海口位置，黄河演变大致分为如下三期（参见图2-5-1）：

1.北流期。自公元前2000年至南宋建炎二年（1128年）。黄河下游水道通常认为是大禹治水后，周定王五年（公元前602年）大改道后形成的。这一时期黄河在今河沧州以北入渤海。这一时期下游河道摆动的范围西自海河南系下游平原，南抵淮北平原。黄河下游济水就是在这一时期逐渐为黄河泥沙湮埋。先后消失的还有孟诸泽、巨野泽。黄河泛道与大清河、汶水汇合在山东西南形成了新的湖泊——梁山泊。

2.南流期。南宋建炎二年至咸丰五年（1128—1855年）凡728年。这是黄河夺淮入海的时期。黄河南行水道夺汴水、泗水，在今淮安与淮河汇合，经由淮河水道入黄海。在黄河的泥沙和大规模的河工建设共同作用下，淮河以北支流即泗水、沂水、沭水演变为独立水系，在山东西南形成微山湖，在淮河下游诞生了洪泽湖。黄河对淮河水系的入侵最终导致了1851年淮河大改道，由洪泽湖折而南下经由运河入长江。

1 《孟子·告子下》，《诸子集成》一，中华书局，1957年，第507页。

2 ［清］胡渭：《禹贡锥指》，书成于康熙三十六年（1697年），提出黄河经历六次大改道。黄河决口改道后数年或数十年，经过堵口或河势改变或自然淤积，决口被堵而恢复此前河道。因此就有改道统计标准，六次大改道是普遍认可的说法，还有改道十或二十多次的说法。

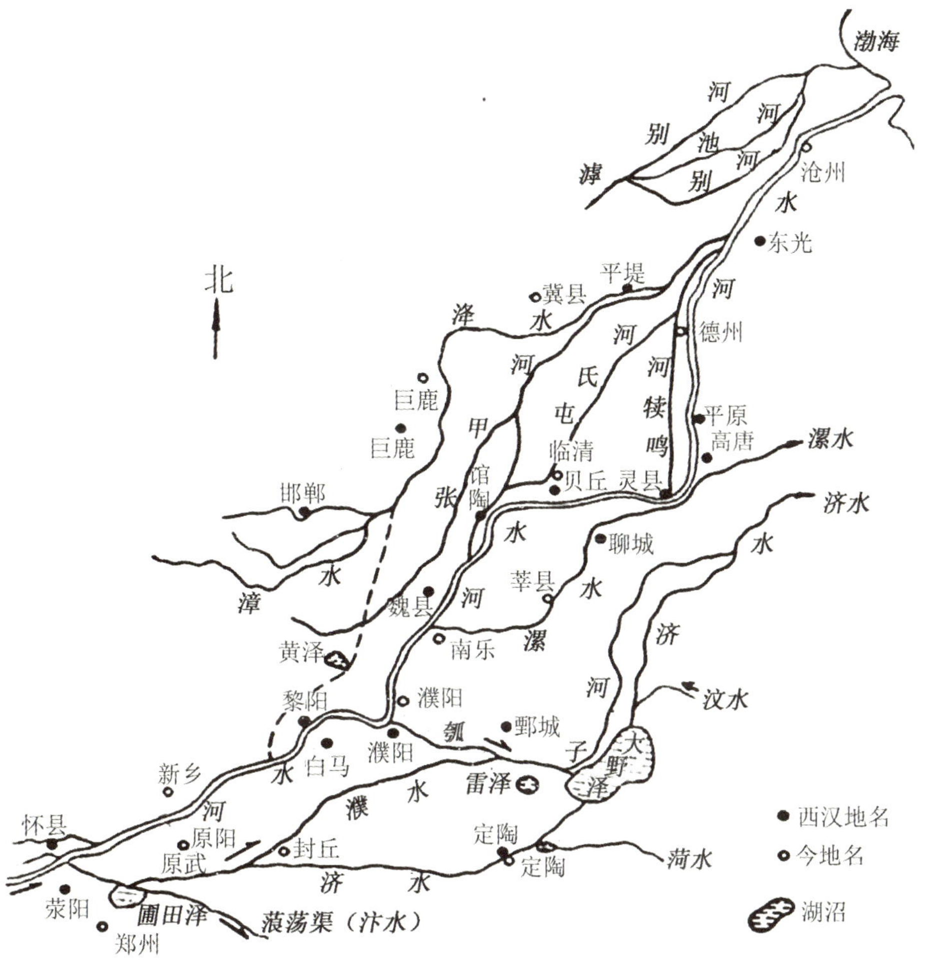

图 2-5-2　西汉黄河河道及主要决河经行

3.再北流期。咸丰五年（1855年）至今。1851年黄河在河南开封铜瓦厢决口，恢复北行水道。现代黄河河道经由大清河，至山东利津入渤海。

黄河每一次大改道，即水道形成或终结的前后，都有数十年甚至上百年决口和频繁改道，在下游分出多股入海水道的过程。由于黄河决溢泛滥将大量泥沙带到下游广大平原，再随洪水入侵海河、淮河水系各河流，不仅改变了黄淮海平原地形地貌，更对河湖水系演变影响至深。一般而言黄河决河泛道向北侵犯海河流域南系各水，向南则借道淮河北系诸水，形成扇状入海的多分枝水道。

汉代至北宋处于黄河的北流期，这期间黄河也时有南行。黄河决口后的泛道东南侵犯淮河北支各水系，黄河泛滥所及以淮河北支汴水、泗水为界；泛道向西北则入海河流域南系诸水，以漳水、虖池河（今滹沱河）为界（参见图2-5-1），两千多年来黄河泛道泥沙所及影响到海河流域的华北平原和淮河流域的淮北平原，塑造出现代的黄淮海平原。

二、黄河决溢与治河工程

西汉文帝时黄河在河南、山东、河北之间发生决口。文帝十二年（公元前168年）

“河决酸枣，东溃金堤”[1]，酸枣在今河南延津西南，黄河决口后经由浪荡渠（即战国鸿沟，后来部分河道演变为唐宋的汴河）入泗水、淮水。决口后文帝征调夫役堵口，很快便恢复故道。这是历史记载的黄河第一次决溢改道入泗入淮[2]。此后不到五年即汉文帝十七年（公元前163年）黄河再次决口南入淮泗。武帝时（公元前140—前87年）黄河决口地点推向下游。建元三年（公元前138年）黄河在平原郡（今山东平原县）决口。元光三年（公元前132年）春，河先决顿丘（今河南清丰县西南），五月又在瓠子（今河南濮阳西南）决口。这次决口造成黄河全河改道东南入巨野泽，洪水泛滥于泗水、淮河间，淹没十六郡。河堤谒者汲黯（？—前112年）、大司农郑当时发兵卒十万人堵口，已堵又决。时丞相田蚡因河决而水道趋南，缓解了他的封地鄃县（今山东夏津县东）洪水泛滥的威胁，因此反对竭力堵口，称“（堵口）强塞之未必应天”，于是这条决河泛滥横流23年，直到元封二年（公元前109年）武帝主持了著名的瓠子堵口才恢复故道。瓠子堵口成功的当年，黄河又在下游馆陶（今山东馆陶县）决口，向北冲出一条屯氏河，淹及四郡，形成一个大分支（图2-5-2）。屯氏河维持了71年，在这71年间水灾较小。到汉元帝永光五年（公元前39年）河决灵县（今山东高唐县南）鸣犊口，屯氏河断流。十年后，成帝建始四年（公元前29年）黄河在濮阳和馆陶之间金堤决口，决河泛滥于豫州、兖州间，东北经由济南至千乘入海，四郡三十二县受灾。命王延世为河堤使者堵口。两年后，黄河在其下游平原郡界内再决，再举大工堵口。

成帝鸿嘉四年（公元前17年）河决清河。清河以下三郡（今河北省东南部）决口一直未堵。二十年后，在上游今河南省北部二带决口，冲入汴渠、济水，淹没今豫北、鲁西、皖北、苏北等几十个县，河流向南摆动，也一直未治理。王莽始建国三年（公元11年），河决魏郡元城，泛清河以下数郡，黄河终于弃旧道走新河，即所谓第二次大改道。改道的新河主河道向东南移，在今山东千乘入渤海，这条路线与今黄河相近（参见图2-5-2）。此后黄河横流60年，直到东汉王景治河，这条河道基本稳定下来。

西汉朝两百余年间发生了12次决溢改道，造成数郡受灾的大决口次数超过20次，黄河决口后洪水泛滥范围包括今山东西部、北部和河北南部，以及河南、安徽

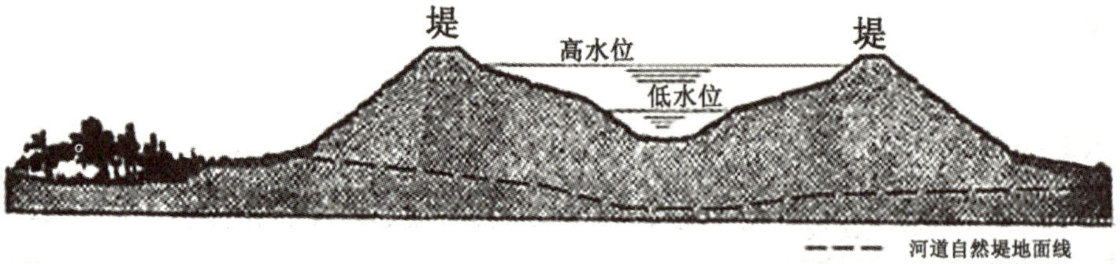

图2-5-3　黄河地上悬河示意图

西汉时（公元前206—公元24年），黄河下游已经建成了干流堤防工程体系。有堤防保护的土地被垦殖为肥沃的农田，黄河两岸也成为人口密集、经济繁荣的地带。但是，堤防工程出现后，河道被约束，河槽迅速淤积，黄河地上“悬河”逐渐形成。公元元年前后黄河开始决口，汉朝的水灾逐渐频繁，防洪日见艰巨。

1 《史记·河渠书》，二十五史河渠志注释本，中国书店，1990年，第5页。

2 《史记·封禅书》卷28，中华书局，1962年，第1381页。

和江苏部分地区。黄河另外两个频繁决溢泛滥时间发生在12—13世纪和18—19世纪，都是黄河发生南徙和回复北行水道前后时段。

西汉治河工程除筑堤防，就是决口后的堵口。筑堤并无规划，都是在前代工程的基础上加固或扩建。黄河在东郡（治濮阳，今河南濮阳东南）、魏郡（治邺，今河北临漳县西南）、平原郡（治平原，今山东平原南）三郡界内的大堤是最为高厚坚固的石堤，是为“金堤”。即便号称金堤也仍然官堤民堤错杂其间，在险工段黎阳（在今河南濮阳西）河的金堤内临水居住的居民多筑私堤自保。河东岸东郡白马（今滑县东）大堤有不同年代所修好几层，中间是民堤。其时黄河大堤的堤距宽窄不一，窄处离水数百步，宽处则数里或数十里之多，黄河堤线曲折蜿蜒，形成一处处险工段。在重要的险工段汉代改为石工，并出现了挑流、护岸等河工工程。如黎阳两岸挑水石坝，百余里内有五处，河道水流两次西挑，三次北挑。宣帝地节时（公元前69—前66年）于贝丘（今山东临清南）开直河裁弯三处，这类整治工程毕竟还是很少。黄河堤防地基也高下不一，堤高相差悬殊，黎阳南至淇水口金堤高一丈，淇口北至遮害亭堤高四五丈（图2-5-3），汉黄河流域最适宜农耕的平原上，黄河决溢为害亦日渐深重。

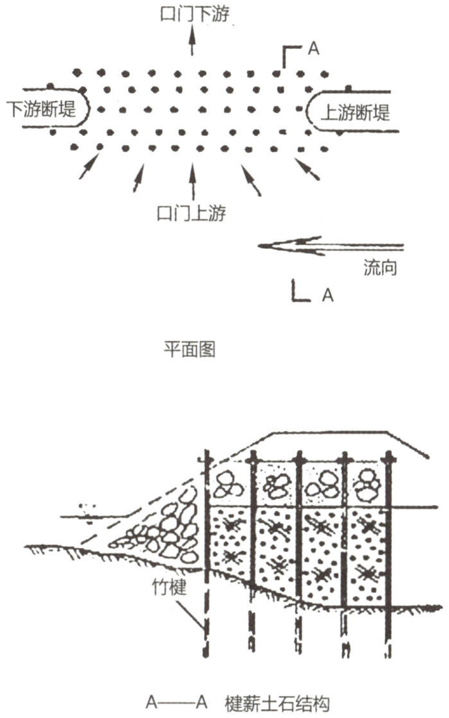

图 2-5-4 瓠子堵口示意图

下竹为楗，楗即为桩，是将竹竿作为决口处筑堤的骨架，在竹楗之间填草石和土料，层层夯筑。这类堵口要选在河道枯水期、决口干涸时施工。

图 2-5-5 现代黄河堵口施工场景

汉王延世的立堵法在现代水利工程围堰施工中也经常采用。图中的照片是20世纪30年代黄河堵口的场景，堵口所用的卷埽以柳枝、秸秆编制，充填以土料，与王延世的竹笼埽只有材料的不同。

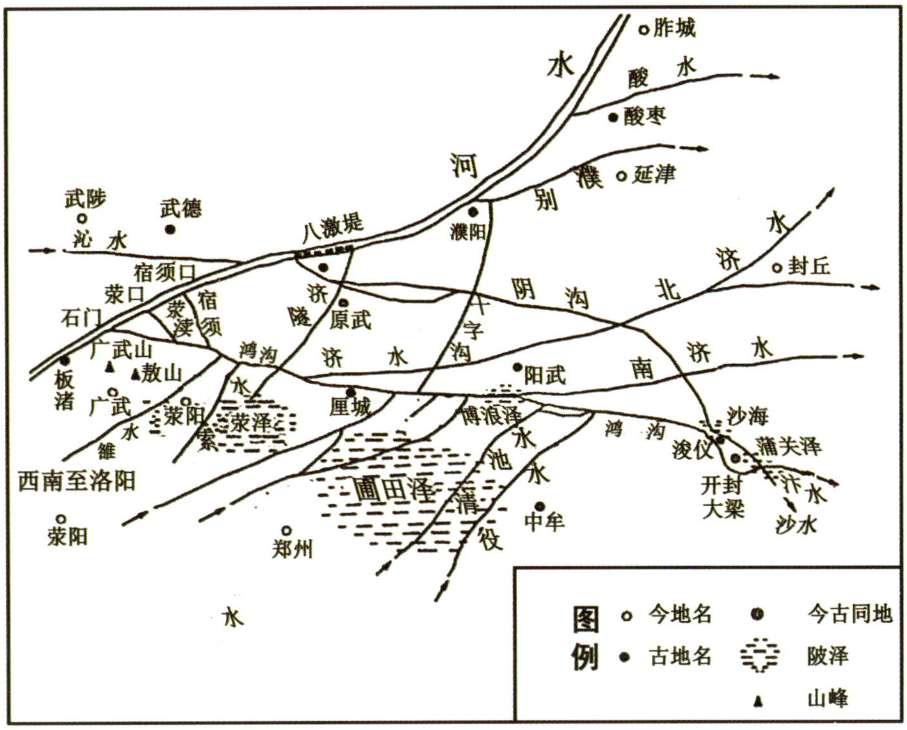

图 2-5-6 东汉黄河与济水、鸿沟关系暨王景治河工程示意图[1]

王景治河工程集中在黄河、济水、鸿沟相交区域，今河南郑州至濮阳之间。王景实施立水门、筑堤、疏浚等工程，使黄河与汴渠、济水分流，河成之后黄河安流了八百年。其时黄淮之间分布众多湖泊，东汉以后湖泊和济水逐渐为黄河泥沙堙塞。

三、西汉两次著名堵口

瓠子堵口因汉武帝主持而成为历史上最为著名的黄河堵口工程。元光三年（公元前132年）瓠子决口后23年未堵，决河东南侵注巨野泽，泛滥淮泗间。黄河决溢后不堵口除丞相田蚡阻挠外，主要原因还是汉王朝此时的内忧外患。景帝时（公元前156—前141年）吴楚七国之乱平定以后尚未安宁，便遭遇黄河决溢，加上连年与匈奴的战争，只好任由黄河数十年泛滥横流。武帝元鼎年间（公元前116—前111年）河北、山东连年大旱。“自河决瓠子后二十余年，岁因以数不登，而梁楚之地尤甚”[2]，祸及西汉粮仓多年不收，武帝为情势所迫，这才下决心兴工堵口。元封元年（公元前110年）武帝封禅祭山川后，次年兴工瓠子封堵决口。堵口前，武帝临瓠子决河，沉白马、玉璧祭河神。堵口期间又令百官自将军以下群臣皆至决口处负薪堵口。瓠子堵口采用平堵施工方法，以竹为楗，密密立栽在决口处，然后竹桩之间充填草、石和土，层层夯筑而上[3]（图2-5-4）。瓠子堵口最后终于成功，但是付出的代价也很大，参与堵口劳役和兵役数万人，所用的埽工耗尽了东郡的薪柴，伐光了卫国淇园的竹林。瓠子堵口耗用民力、物力之多，史无二例。堵口功成后，黄河回复禹河故道（参

1 引自姚汉源：《〈水经注〉中之汴渠引黄水口——王景十里立一水门的推测》，《黄河水利史研究》，黄河水利出版社，2003年，第163页。

2 《史记·河渠书》，二十五史河渠志注释本，中国书店，1990年，第9页。

3 如淳对堵口法的解释是：“树竹塞水决之口，稍稍布插接树之，水稍弱，补令密，谓之楗。以草塞其里，乃以土填之；有石，以石为之。”《史记·河渠书》，二十五史河渠志注释本，中国书店，1990年，第10页。

见图2-5-1），分为两河入渤海，而梁楚泛区重归于农耕之地。武帝令堵口处修“宣防宫”，并作《瓠子》诗纪其事：“搴长茭兮沈美玉，河伯许兮薪不属。薪不属兮卫人罪，烧萧条兮噫乎何以御水。颓林竹兮楗石菑，宣防塞兮万福来。”后更有司马迁“悲《瓠子》之诗而作《河渠书》”[1]。

西汉另一黄河堵口的典型案例史称“王延世堵口”，以立堵技术的首创而著名。成帝建始四年（公元前29年）黄河决金堤，决口位于东郡、魏郡的濮阳馆陶间。决口后洪水所淹深处达10米，东郡、平原郡、济南郡、千乘郡四郡三十二县受灾，淹没土地十五万顷，坏官亭室庐四万余所。决口后，御史大夫尹忠应对不当，为成帝责难而自杀。成帝调度钱粮赈灾，发河南以东漕船500艘运粮，移9700多人至丘陵地区避水。命校尉王延世为河堤使者前往堵口。王延世“以竹落长四丈，大九围，盛以小石。两船夹载而下之。三十六日河堤成”[2]。成帝以东郡黄河堵口大工告成，下诏于次年改年号为河平元年，王延世晋为光禄大夫，秩中二千石，黄金百斤，赐爵关内侯。

王延世堵口采用的施工法在现代被称为立堵法（图2-5-5），采用竹笼装石于决口处抛笼，直至最后合龙。这是现代水利工程施工中还在经常使用的技术。战国时期成都平原普遍采用竹笼工修筑堤堰。王延世是蜀郡资阳县人，他既是竹笼工的传播人，还是江河堵口技术的创立者。竹笼工具有的柔而有刚、散而不乱的特点，适合沙卵石滩地上修筑挡水、导游工程，作为工程建筑构件，此后在生产竹子的长江以南地区普遍应用在水利工程中。

四、王景治河

西汉末年王莽始建国三年（公元11年），黄河在魏郡决口后全河改道。黄河泛道侵汴渠、济水，洪水横流泛滥兖州、豫州（今河南、山东西部、安徽西北部）数十县，吞没田园村落庐舍，黄淮之间河湖水道为泥沙淤填，水系大乱。王莽新朝仅15年，其间天下大乱，黄河决溢后不治长达58年，东汉立国44年后，明帝永平十二年（公元69年）夏发卒数十万兴工治理黄河。这是历史上一次重要的黄河治理工程，黄河结束了对淮河水系的侵扰，实现了河汴分流，恢复了黄淮之间狼荡渠、汴渠的水路，为东汉王朝的漕粮西运提供了骨干水路，这也是日后隋开通济渠的重要基础。

东汉明帝这一史无前例的治河史称“王景治河”。王景（约公元30—85年）是东汉明帝治河工程的规划者与实施者。王景博学，“广窥众书，又好天文术数之事，沈深多技艺”[3]，当明帝下诏征求河、汴治理方略时，王景应诏。因为讨论利害得失，应对得体，遂委以治河。王景治河工程主要集中在黄河与济水、汴水相交的区域（图2-5-6）。王景治河主要的工程措施不外黄河河道疏浚、汴渠筑堤以及修建分水和减水工程（即立水门）。这次大规模的治河历时一年，耗资巨大[4]。王景治河的主要

1 《史记·河渠书》，二十五史河渠志注释本，中国书店，1990年，第10、12页。

2 《汉书·沟洫志》，二十五史河渠志注释本，中国书店，1990年，第26页。

3 《后汉书·王景传》卷76，中华书局，1965年，第2465页。

4 王景治河主要出自《后汉书·王景传》卷76：“发卒数十万，遣景与王吴修渠筑堤。自荥阳东至千乘海口千余里。景乃商度地势，凿山阜，破砥绩，直截沟涧，防遏冲要，疏决壅积，十里立一水门，令更相洄注，无复溃漏之患。景虽简省役费，然犹以百亿计。明年夏，渠成。”中华书局，1965年，第2465页。类似记载还有《后汉书·明帝纪》。

目标是恢复汴渠的漕运，通过工程措施实现河、汴、济分流。汴渠是由战国鸿沟、西汉的浪荡渠演变而来，是沟通黄淮的水道，东汉称汴渠、汴水。汴渠是东汉都城洛阳的经济动脉，东南之漕全资汴渠，而东北之漕则倚靠济水。

王景筑堤、立水门、疏浚水道集中在黄河、鸿沟、济水相交区域。河汴之间并不直接连通，而是通过荥泽、圃田泽（均在今郑州西北）与黄河通。来自黄河的泥沙经过沉淀才进入汴渠，因此这两处湖泊起到了沉沙池的功用。王景建水门和开渠主要在黄河通鸿沟和济水的关键位置，自西汉以来就有分水工程（称汴门），只是西汉末年失修，魏晋南北朝时这些工程仍在。据北魏成书的《水经注》记载，河、汴之间的水门有建宁石门、荥口石门、宿须口[1]；河济之间的水门有阴沟口、济隧、濮渎口等[2]。经过王景整治，在河、汴、济之间形成了黄河与荥泽、圃田泽相通，鸿沟、汴渠与荥泽、圃田相通的河湖水系。这一“更相洄注”的河湖连通水系，实现了黄河与汴、济分流各行其道，减轻了黄河对鸿沟、汴渠的影响。东汉以后荥泽逐渐被黄河泥沙淤平，圃田泽在唐以后也湮废了。

王景治河十年后，效益仍十分显著，当时人称颂明帝此次治河之功：“往者汴门未作，深者成渊，浅者泥涂。追惟先帝，勤人之德，底继远图，复禹弘业。”[3]王景治河后黄河决口次数明显减少。这条黄河水道维持到唐末。自东汉至唐其间跨越了三国、魏晋南北朝的大动乱，经历了隋唐的大一统和盛唐空前的繁荣。这一时期黄河决口的记载很少，史称八百年黄河安流期。

黄河八百年安流期在历史记载中存在，其中有自然因素，也有社会因素。其中如下四个因素可能是主要的[4]。

第一，与王景治河有关。王景治河工程主要集中在西汉以来黄河频繁决溢的河段。黄河在这一区间但有决口，往往形成东南侵鸿沟、汴渠，东北侵济水泛道，通过淮河北支水系进入淮河。王景在这一区域筑堤、疏浚、开河、立水门等措施，实现了河、汴、济三河分流，而其时河汴间的湖泊，起到了分减黄河洪水的作用。

第二，与黄河河道淤积和河道周期有关。王景治河后新河道有一段安流时间。八百年间黄淮间及华北平原的圃田泽、荥泽、大陆泽、巨野泽等湖泊逐渐淤积，蓄滞洪水功能消失，至宋代黄河终于进入了改道前夕，开始又一轮的频繁决口，终于在南宋建炎二年（1192年）大改道，开始了其后七百年黄河南行。

第三，与黄河大堤残破且多支水道并行有关。东汉以后连年战乱使黄河堤防失修，同时下游有汴水、济水、濮水、漯水等许多分支分减洪水，主河槽的淤积由此减轻。7世纪以后即唐以来黄河堤防逐渐修复，河道淤积加快，五代以后黄河大堤决口，改道和洪水泛滥的记载又多起来。

第四，与黄河中下游植被恢复和人口减少有关。东汉末年、三国、魏晋南北朝时期北方数百年战乱，以及游牧民族大举南下，中原世家大族南迁，黄河中下游地区耕地锐减，植被恢复，黄河的洪水含沙量大幅削减。由于战争，北魏时黄河流域人口比西汉减少70%，唐后期比盛唐期减少60%。黄河中游人口大量减少，仍由黄河决

1 《水经·渠水注》卷9，文学古籍刊行本，1954年，第16页。

2 《水经·济水注》卷4，文学古籍刊行本，1954年，第1页。

3 《后汉书·章帝纪》卷3，中华书局，1965年，第154页。

4 周魁一等：《中国水利史稿》（上册），水利电力出版社，1979年，第189—196页。

溢泛滥或分支漫流，不会造成太大的财产和生命损害。

附：《后汉书·明帝纪》对王景及其治河事的记载

永平十二年（公元69年）议修黄河，乃引见景，应答称制，赐《山海经》《河渠书》《禹贡图》及衣帛钱物。是年夏，发卒数十万，遣景与王吴修渠筑堤。自荥阳东至千乘海口，凡千余里。明年夏，堤成，从此无复溃漏之患。景由是知名。三迁为侍御史，时加赏赐。后为庐江太守，百姓不知牛耕，乃率吏民共理芜废，用犁耕田。由是境内丰给。卒于官。景作有《金人论》，颂洛邑之美，以阻迁都。又集各书所载卜筮堪与日相之属，适于事用者，作《大衍玄基》。

五、汉代治河思想与规划理念

两汉时黄河下游华北平原是重要的粮食产区，人口密度仅次于关中平原，在这一时期又是黄河频繁决口、洪水泛滥的区域。黄河修守成为从中央到地方最为棘手却又不能不重视的大事，西汉时常规沿河守堤吏卒数千人，筑堤薪石之费，岁数千万[1]，还不包括黄河大决之年巨大的堵口耗资。正是这样的局面迫使朝廷对黄河治理有所筹划。

汉代、明代和清代是黄河投入财力、人力、物力最多的三个朝代，也是对黄河问题讨论最多的朝代，而汉代却表现出更广阔的视野。西汉治河方略讨论和规划始于武帝时，中后期当朝皇帝都曾下诏征集治河之策，尤其在王莽新朝时（公元9—25年），“征能治河者以百数”[2]。就黄河问题大开言路，一时天下读书人争相探究水患成因，指画方略对策，其中推陈出不乏想象力的治河规划，以及富有哲学内涵的治河理念。汉代开朝廷论争黄河问题先河，有关黄河水患成因分析、规划理念，往往为其后各王朝政论引为经典，或为阐释方略的依据。

历史上争论河事从来就不是单纯技术性讨论。西汉末年，论河事的读书人自然而然将黄河经年泛滥和社会动荡联系起来，以天人感应来阐述其整治理念，“圣人出黄河清”所谓顺天意的方略得到了朝廷上下的呼应。如成帝时谷永的不治而治议论是：“河中国之经渎。圣王兴则出图书，王道废则竭绝。修政以应之，灾变自除。”[3]同时期的李寻、解光有言：“阴气盛则水为之长，故一日之间昼减夜增，江河满溢。所谓水不润下，虽常于卑下之地，犹日月变见于朔望，明天道有因而作也。”[4]放任黄河决溢，顺天心而图之的议论在王莽新朝时更是不在少数，这也成为后世黄河不治而治的滥觞。

（一）黄河大改道的规划

武帝时，齐国人延年提出黄河在今内蒙古河套大转弯处人工大改道，使黄河直东过雁门关，经山西大同北至天津入渤海。这一具有想象力的治河规划，不妨照录

1 《汉书·沟洫志》，二十五史河渠志注释本，中国书店，1990年，第26页。

2 《汉书·沟洫志》，二十五史河渠志注释本，中国书店，1990年，第34页。

3 《汉书·沟洫志》，二十五史河渠志注释本，句中的“图书”出自“河图洛书”的典故，传说伏羲时龙马背负河图，从黄河出；神龟背负洛图，从洛水出。

4 《汉书·沟洫志》，二十五史河渠志注释本，中国书店，1990年，第28—29页。

如下：

> 是时方事匈奴，兴功利，言便宜者甚众。齐人延年上书言：“河出昆仑，经中国，注勃海，是其地势西北高而东南下也。可案图画，观地形，令水工准高下，开大河上领，出之胡中，东注之海。如此，关东长无水灾，北边不忧匈奴，可以省堤防备塞，士卒转输，胡寇侵盗，覆军杀将，暴骨原野之患。天下常备匈奴而不忧百越者，以其水绝壤断也。此功一成，万世大利。”书奏，上壮之，报曰：“延年计议甚深。然河乃大禹之所道也，圣人作事，为万世功，通于神明，恐难改更。”[1]

这一以拒匈奴为目的的黄河改道规划，延年描绘了诱人的效益：黄河一旦这样大改道，便可以以河据敌、据水。不仅免去征伐匈奴覆军杀将、暴骨原野之患，且可使关东从此没有洪水灾害，省去黄河筑堤、修守的人力和物力上的巨大负担。这一规划相当于舍去黄河中下游水道而另开新河，雄才伟略的汉武帝也只有“壮之”的赞赏，而不敢如此擅改。

汉成帝（公元前32—前7年）以来，黄河下游人为改道方案被多人反复提出。成帝鸿嘉四年（公元前17年）黄河决溢淹清河（治清阳，今河北清河西南）、信都（治信都，今河北冀县）、渤海（治浮阳，今河北沧州东南）三郡三十一县，这次洪水泛滥标志着黄河泥沙长期堆积，使入海口至华北平原东部地形已经有了较大改变，黄河尾闾难以正常行洪。丞相史孙禁与河堤都尉许商行视河道后，两人提出黄河下游改道方案。孙禁称：“今河溢之害，数倍于前决平原时。今可决平原金堤间，开通大河，令入故笃马河，至海五百余里，水道浚利。”[2]笃马河原是黄河分支水道，在东郡平原县自黄河分出，东至今山东滨州沾化北入渤海，相当于今海河流域南系马颊河下游的水路，受黄河下游改道的影响，西汉中期笃马河已经堙废。孙禁的方案是重开笃马河，将黄河入海水道人为向南改道入笃马河。这条水道距入海口更近，河流比降大，利于洪水下行。同时勘查黄河的许商则反对这一线路，他认为孙禁利用的故笃马河在禹九河以南，笃马河入海水道地势平坦，“旱则淤，水则为败，不可许”[3]。许商的反对为朝廷诸公卿认可，孙禁改河方案被否定。许商是数学家，著有《许商算术》26卷[4]。许兼通水工，多次参与治河，他以孙禁的改河方案远离禹九河故道而反对，自己却没有提出应对方略。

王莽新朝时，大司空掾王横提出黄河下游复禹河故道，导河沿太行山东麓禹时黄河路线，向东北方向开河[5]。这条禹河故道（参见图2-5-1）部分水道相当于战国至西汉初的屯氏河，黄河经行数百年后，河道和地面已经淤高，黄河入海口逐渐南移的趋势已经不可逆转。

（二）黄河下游分流规划

鉴于黄河下游屡屡决口，有人针对筑堤束河的后果而提出了相反的治河思路，即恢复战国前黄河多河道入海的格局，下游多开支河分流入海，以化解华北平原洪

---

1 《汉书·沟洫志》，二十五史河渠志注释本，中国书店，1990年，第23页。
2 《汉书·沟洫志》，二十五史河渠志注释本，中国书店，1990年，第28页。
3 《汉书·沟洫志》，二十五史河渠志注释本，中国书店，1990年，第28页。
4 《汉书·艺文志》卷30，中华书局，1962年，第1766页。
5 《汉书·沟洫志》，二十五史河渠志注释本，中国书店，1990年，第34页。

水压力。

元帝永光五年（公元前39年），黄河在鸣犊口决口，决口以上的分流水道屯氏河断流。建始元年（公元前32年），饱受黄河泛滥之害的清河郡都尉冯逡奏成帝请疏浚屯氏河，以助黄河行洪。他还建议在贝丘（今山东临清以南）东，黄河由东西走向转而北处开渠，使黄河洪水可以在此向东分流。西汉中后期黄河决口位置集中于魏郡、清河郡和东郡界内河段，这与下游河道已经淤积严重，已经临近改道前夕有关。冯逡有预见地指出："不豫修治，（河）北决病四五郡，南决病十余郡，然后忧之，晚矣。"[1]但是，朝廷上下以用度不足，搁置了分流方案。冯逡一言成谶，三年后即建始四年（公元前29年）黄河在馆陶和东郡决口，全河向南改道，洪水泛滥兖州、豫州之间，淹四郡三十二县。

王莽新朝时，御史韩牧也提出过于下游开分洪河的主张："可略于禹贡九河处穿之，纵不能为九，但为四五，宜有益。"[2]禹贡九河距西汉至少六百多年，显然韩牧是借大禹宣扬自己的主张，或迎合王莽恢复西周旧制，使他的方略得到重视。

（三）设水猥滞洪与减沙设想

在黄河下游开辟蓄滞洪区，是王莽时长水校尉关并提出的规划。他指出黄河决口以平原郡（治今河北平原东）和东郡界内河段为多，这一区域地形低洼，大禹治河就将此地作为"水猥"，"盛则放溢，少稍自索"[3]。据此他建议在曹卫之地辟出南北百八十里的地方作为水猥。水猥即为今所称蓄滞洪区。关并圈出的区域相当于今太行山以东、菏泽以西、开封以北、大名以南，这是战国时期至汉代的粮食产区。蓄滞洪区可以削减黄河汛期洪峰，减轻下游河道行洪负担。他辟为蓄滞洪区的区域如果只是耕地，那么涉及的是该谁放弃耕地，或者蓄洪以后受益区向受损区的补偿问题。如果涉及城市、乡村，人口搬迁的压力也是朝廷面对的难题。还有黄河巨量的输沙量，即使设有蓄滞洪区，用不了多少年也会淤废。总之这些问题，超过长水校尉这级官员可以思考的范围。

与设置蓄滞洪区截然不同的方案是禁止从渭河、黄河开渠引水灌溉，以保证黄河有足够的下行水量，从而增加河流的挟沙能力。与关并同时应诏的大司马史张戎基于黄河决溢的成因，提出了以水治河的方略。他说："水性就下，行疾，则自刮除，成空而稍深。河水重浊，号为一石水而六斗泥。今西方诸郡以至京师东行，民皆引河、渭、山川水溉田。春夏干燥少水时也，故使河流迟贮，淤而稍浅，雨多水暴至则溢决，而国家数堤塞之，稍益高于平地，犹筑垣而居水也。可各顺从其性，毋复灌溉。则百川流行，水道自利，无溢决之害矣。"[4]春夏之际的灌溉引水对黄河河床淤积影响应该不大。因为对黄河下游泥沙贡献最大的是汛期洪水。但是，张戎是科学地阐释黄河水沙冲淤关系的第一人，他指出了"水性就下，行疾则自刮除，成空而稍深"这一水力刷沙的理论。河道水流流速低，必然造成河道淤积，进而减少河道的行洪能力。这样的后果是堤越修越高，一旦堤防决口，洪水乘势而下，便是泽国千

---

1 《汉书·沟洫志》，二十五史河渠志注释本，中国书店，1990年，第24—25页。

2 《汉书·沟洫志》，二十五史河渠志注释本，中国书店，1990年，第34页。

3 《汉书·沟洫志》，二十五史河渠志注释本，中国书店，1990年，第34页；索，意指尽。

4 《汉书·沟洫志》，二十五史河渠志注释本，中国书店，1990年，第34页。

里。16世纪时，明朝总理河道潘季驯筑缕堤的“束水攻沙”方略，其源头便是张戎水力刷沙说。

（四）贾让三策

“贾让三策”是西汉最为著名的治河方略，以其提出者的姓名命名。这一规划基于黄河决溢成因的分析，由对减灾技术措施的思辨，寻求黄河治本的出路。哀帝时（公元前6—前1年）河堤使平当奏称：“九河今皆填灭，按经义治水，有决河深川，而无堤防壅塞之文。河从魏郡以东北多溢决，水迹难以分明。四海之众不可诬，宜博求能浚川疏河者。”事下三辅、三河、弘农各郡守举贤者应对方略，而莫有应者[1]。应诏贾让（即为候补官员）上治河上中下三策。这就是著名的“贾让三策”，这是历史上第一个有比较方案的黄河治理规划。

贾让三策的立论要点是不与水争咫尺之地。贾让称：“古者立国居民，疆理土地，必遗川泽之分，度水势所不及。大川无防，小水得入，陂障卑下以为污泽，使秋水多得有所休息，左右游波，宽缓而不迫。”[2]他指出决溢灾害起因是筑堤约束了河水，战国时黄河两岸堤距尚宽，洪水时尚有容纳的空间。此后人们贪图肥沃的黄河滩地，在堤内圈堤围垦，以至河道宽窄不一，河线弯曲，导致黄河决溢泛滥。因此贾让治河上策是：“徙冀州之民当水冲者，决黎阳遮害亭，放河使北入海。河西薄大山，东薄金堤，势不能远泛滥。”[3]即将深受洪水决溢之患的冀州百姓迁移出去，还给黄河下游一个宽广的区域，使神人各处其所。贾让称上策实施可以河定民安，千载无患。为此，特别论证了移民迁徙之策在经济上的可行性，他说每岁濒河十郡治堤所费万万，一旦有决口泛溢损失更不可计数。而用以补偿移民的开支，不过以数年治河所用。贾让没有指出如此广大区域的众多人民向何处迁徙，只是给出一个反问：“且以大汉方制万里，岂其与水争咫尺之地哉？”这的确是朝廷采纳这一方案首先要面对的问题。

治河中策要义是在黄河下游开漕渠，不仅分减洪水还兼有转运、灌溉之利。他规划于遮害亭（今河南浚县）黄河西岸开渠，分出一支北行三百里沿太行山麓北行下入漳河。漕渠并不是平地开凿，而是以废弃黄河故道旧堤为西堤，另筑东堤。利用分水渠西高东低的地势，沿河两岸开水门，西水门可溉冀州田，夏秋由东水门分洪水[4]。他所规划的东方一堤，大约在今京广铁路东侧，也是三国曹魏漕渠和隋永济渠的线路。他的算计是：“今濒河堤吏卒郡数千人，伐买薪石之费岁数千万，足以通渠成水门；又民利其溉灌，相率治渠，虽劳不疲。民田适治，河堤亦成。”[5]其实贾让深知上策移民难度，没有实施的可能，他真正属意的是中策。对实施的效益或不实施中策的后果，贾让做了一番比较：“通渠有三利，不通有三害。民常疲于救水，半失作业；水行地上，凑润上彻，民则病淫气，木皆立枯，卤不生谷；决溢有败，为鱼鳖食。此三害也。若有渠溉，则盐卤下湿，填淤加肥；故种禾麦，更为秔稻，高田五倍，

1 《汉书·沟洫志》，二十五史河渠志注释本，中国书店，1990年，第29页。

2 《汉书·沟洫志》，二十五史河渠志注释本，中国书店，1990年，第30页。

3 《汉书·沟洫志》，二十五史河渠志注释本，中国书店，1990年，第31页。

4 《汉书·沟洫志》，二十五史河渠志注释本，中国书店，1990年，第32—33页。

5 《汉书·沟洫志》，二十五史河渠志注释本，中国书店，1990年，第33页。

下田十倍；转漕舟船之便。此三利也。”[1]

贾让的下策只有一句话：“若乃缮完故堤，增卑倍薄，劳费无已，数逢其害，此最下策也。”[2]下策即以堤治水，通过修堤缩小河道过水断面宽度，以加大流速，增加河道挟沙能力。贾让上策是弃数州之地以于水，而指堤防为下策，即使在汉代也是高论难行。

贾让上中下三策是完整的治河规划的不同策略。三策之中，上策是方略立论的重点，中策其实是上策迁就现实的修正，下策是贾让对单纯筑堤以防洪的批判。其时贾让所要放弃的冀州是西汉人口密度超过关中的地区。冀州包括魏、巨鹿、清河、常山等四郡和赵、广平，真定、中山、信都、河间等六国。据《汉书·地理志》所载人口统计数字，西汉末年哀帝时四郡六国人口共约519万，西汉全国人口近6000万，冀州人口占全国总数的8%。冀州面积略大关中三辅。三辅即京兆尹、左冯翊、右扶风，有人口244万，冀州地区人口密度超过关中三辅地区约一倍。其时冀州魏郡的郡治邺县、巨鹿郡郡治巨鹿、赵国的都城邯郸、广平国的都城广平等是西汉经济繁盛的都市，农业、手工业、冶铁业在西汉经济中举足轻重。举全国之力堵口和筑堤是不得已的选择，没有统治者可以放弃眼下利益，冒巨大的社会风险，从战略高度预先安排黄河下游水道。

汉代以来堤防成为黄河防洪治河的主要工程措施。16世纪，潘季驯的复式堤防工程体系在黄河下游得到应用，堤的类型和功能更加多元。复式堤防即缕堤、遥堤、格堤和挑流堤（坝）组成的工程体系。缕堤是临深水河槽修筑的顺水堤，以束水并稳定河槽；遥堤修在滩地，垂直遥堤和缕堤的是格堤，用来稳定河滩。由缕堤伸向河流的是挑水堤，以制导主溜，保护堤岸。明代潘季驯以堤束河，以堤攻沙，是河工技术在适应人口、耕地增加的情况下的重要进步。但是，贾让三策对人类活动与江河关系的分析、对围垦黄河滩地的批评，对单纯依靠堤防防洪技术措施的否定，体现出他超越时代的自然观。三策中给洪水留出路，开渠分洪、引黄淤灌、移民以减灾、移民补偿等工程和非工程措施是贾让三策的精华，不仅对黄河治理影响深远，在17世纪以来的长江中游治江方略论争中，常被征引为退田还湖的依据[3]。

第六节　水利管理的起源与专权管理机制的奠定

大禹治水传递了中国水利的特质，即水利是公共事业。土地的私有与水的公共性，通过从中央到郡县各层级政府的主导而形成制度保障。水的公共管理源于西周，至秦汉形成自上而下中央到郡县的管理机制。国家对水工程的管理主要是京畿地区的灌溉工程、黄河防洪。地方水管理针对涉及较大受益区域公共工程建设的

1 《汉书·沟洫志》，二十五史河渠志注释本，中国书店，1990年，第33页。

2 《汉书·沟洫志》，二十五史河渠志注释本，中国书店，1990年，第33页。

3 周魁一：《荆江和洞庭湖防洪减灾规划思想评述》，《中国科学技术史·水利卷》，科学出版社，2002年，第166—170页。

劳役和经费征集，以及工程管理矛盾突出的如灌溉水源分配、工程维护问责、水事纠纷的调解等。

一、管"水"职官起源

夏商及春秋时，由于防洪、供水等公共事业和公用工程管理的需求而产生了管理公共工程和行使专业管理职责的官吏。前秦时字义的"官"与"管"互通。出于管理的需要和对大自然的敬畏，官员的官称和相应诸神的神位一致。先秦文献记载了远古时以水、木、金、火、土五行各正官称，"木正曰句芒，火正曰祝融，金正曰蓐收，水正曰玄冥，土正曰后土"[1]，这些"正"即社会各业的主管官，各有官称，与神相通。战国时成书的《周礼》列的天地春夏秋冬及金木水土各官。其中管水和治水的官，分别为冬官及水官。这就是水正为官、玄冥为神的水管理的职官起源。

西周以周天子为最高统治者，在中央统治层内外各设官。宫廷事务设大史、大祝（典祀）、大卜、大宰、大宗、大士，即"六大"主持。天下事务则有"六官四司"。根据《周礼》记载：所谓六官，以天地春夏秋冬称，各官设宰和伯职掌天下。六官即：天官号冢宰、地官号司徒、春官号宗伯、夏官号司马、秋官号司寇、冬官号司空。四司即：司徒掌籍田和农业生产；司马掌军队；司寇掌刑法；司空掌工程营造和管理，水利在其职责中[2]。

见诸文献的春秋战国各官职能以征收赋税为主，如水官，或称川师、川衡，水虞、泽虞等，主要职掌水资源和水产税。《礼记·月令》记："是月（冬月）也，乃命水虞渔师收水泉池泽之赋，毋或敢侵削众庶兆民，以为天子取怨于下，其有若此者，行罪无赦。"[3]即冬月是水虞、渔师们征收水泉池泽赋的时间，征收的分寸由他们把握，原则是不能苛税重赋，激起民怨，否则对各该管官处以重罪。各官的权力及其制约是并存的。《周礼》还记载了"雍氏"的职责："掌沟渎浍池之禁。凡害于国稼者，春令为阱擭：沟渠之利于民者，秋令塞阱杜擭。"[4]阱擭是捕捉野兽的陷阱，深为阱，浅为擭，春开阱擭防止野兽为害庄稼，秋闭阱擭是防止伤人。显然"掌沟渎浍池之禁"与后世河道、水渠、塘泊管理不尽相同。

战国时，齐桓公与管仲论除五害之道，管仲答："请为置水官，令习水者为吏。大夫、大夫佐各一人，率部校长官佐各财足；乃取水（官）左右各一人，使为都匠水工，令之行水道，城郭堤川沟池、官府寺舍及州中当缮治者，给卒财足。"[5]他其实归纳了这样两层意思：第一，水官应由懂得水利的人出任。第二，水官人事设置要将管经费和管工程兴作分开：掌经费者设大夫及大夫佐各一人；又设水官二人，率领水工，督导兴作之事。这里管仲提出了水的部门管理、职官以及公共工程的概念。在《管子·立政》对司空的职责有更明确的阐述："绝水潦，通沟渎，修障防，安水臧，使

1 《春秋左传集解》，上海人民出版社，1977年，第1576页。

2 《诗经·大雅》，《十三经注疏》，中华书局，1979年，第510页。

3 《礼记·月令》，十三经注疏本，中华书局，1979年，第13821页。

4 《周礼·秋官》，十三经注疏本，中华书局，1979年，第885页。

5 《管子·度地》，《诸子集成》，中华书局，1957年，第304页。

时水虽过度，无害于五谷，岁虽凶旱，有所粉获，司空之事也。”[1]管仲所说的水官设置、职掌与秦汉时基本一致。

战国各诸侯国的司空、司徒、司马是诸侯国的重要行政长官，秦汉虽然中央和地方都又设三司，但已经演变为低级官吏。战国时与水有关的管理归司空，在主管王室内府宗正下设都司空。掌山海池泽之税、皇室山林及工程的少府设左右司空；侯国及郡县均有司空。后来三司之设及职责日渐混乱，军队有军司空，主管监狱、劳役的小吏也是司空。而司徒、司马也过问水利，魏晋以后三司逐渐式微，隋唐基本不设。

二、秦汉中央的水利机构及职官

秦建立了中央集权政体，从官制上完善了战国的公卿制，中央官员在朝廷内直接协助君主处理朝政。西汉中央开始分化出专业性质较强的政务机构及公卿朝官。东汉时出现专业机构形态的三公制。水行政机构及其属官大致也是这时出现。

（一）秦汉中央各寺（府）中涉及水行政管理的有关卿官

秦汉中央各寺（府）中涉及水行政管理的有关卿官主要是如下三种：

1.太常，秦及西汉景帝前称奉常，是最高地位的机构，其卿官负责宫廷供奉及礼仪事务，也包括宫城及苑囿修筑。其属官有太乐、太祝、太宰、太史、太卜、太医，以及均官、都水。属官之下有令、长、丞、长丞。都水之下设都水令、都水长或都水长丞。都水及令长管理皇家园林水泽，都水也管理京畿范围内的堤防、陂池等；汉武帝时置水衡都尉，职掌上林苑，下辖五丞，属官仍称都水[2]。

2.少府，掌管内廷经济，属官有六丞、十六官令丞，以及胞人、均官、都水三长丞，以及谒者。少府的都水负责征收山海池泽税以及粮赋，谒者是朝廷派出执行公务和祭拜山海河川诸神的特派使者。

3.大司农，秦称治粟内史。汉景帝后元元年（公元前143年）改名大农令，武帝太初元年（公元前104年）又改。大司农有两丞，其下属官有五令丞，以及都水等六十五长丞。大司农是掌管国家经济、籍田、灌溉的重臣。

在太常、少府、大司农都设有都水属官，职掌与官署是联系的。属太常的水官，是京畿地区和皇家苑囿内的水官；少府的水官负责收渔产及与水资源有关的税；大司农下辖的都水长丞是决策水政务、主持水利工程的国家水行政长官。如武帝元光时（公元前134—前129年），大司农郑当时规划关中漕渠，提出“引渭穿渠，起长安，并南山下”，他的建议被采纳，使关中地区民田得以灌溉，节省了漕粮运量[3]。

（二）中央机构水行政管理朝官：尚书与三公

秦汉时中央职官已经有了职能方面的分工，水行政方面则尚书和司空系统的许

1 《管子·立政》，《诸子集成》，中华书局，1957年，第11页。

2 《汉书·百官公卿表》：“水衡都尉，元鼎二年初置，掌上林苑，有五丞。属官有上林、均输、御羞、禁圃、辑濯、钟官、技巧、六厩、辨铜九官令丞。又衡官、水司空、都水、农仓。又甘泉上林，都水七官长丞，皆属焉。”中华书局，1973年，第735页。

3 《史记·河渠书》，二十五史河渠志注释本，中国书店，1990年，第17页。

多重臣都负有责任。

1.尚书，秦置。汉武帝前只是皇帝身边从事文书的近臣，武帝时尚书分曹，设置郎官，成为皇帝身边的秘书组织，后称尚书省或尚书台，已经具有决策职能。尚书省设令、丞、仆射、丞相、御史、都尉等官。属官中水曹，主持缮治、功作、盐池、苑囿。

汉王朝的尚书省议政，水利是经常涉及的内容。汉成帝建始时（公元前32—前28年）黄河在馆陶决口，泛滥于华北四郡三十二县，这次大水灾朝廷所实施的救援、堵口等措施和行动，即有朝廷的许多官员参与。其中御史大夫尹忠因为提不出治河方案，而被皇帝责难，“对方略疏阔，上切之，忠自杀”[1]。鸿嘉四年（公元前17年）渤海、清河、信都河水溢，“河堤都尉许商与丞相使孙禁共行使，图方略”[2]。尚书省在决策方面的地位是明确的。

2.大司空。西汉末王莽专权时，改丞相为大司徒、御史大夫为大司空，东汉时以太尉、司徒、司空为三公新名号。王莽时，征能治河者以百数，会商治河之策。其中大司马史张戎、御史韩牧、大司空掾王横等皆应诏议治河。桓谭《新论》推举治水人才，称张戎“习灌溉事”，韩牧、王横“善水事”[3]。

三、河道管理督导制：河堤使、河堤谒者

秦汉时与水行政管理有关的官员分属尚书和公卿两个系统，皇帝根据需要经常从中派遣官员，并临时授以使职，其中最经常的是向灾区派出谒者，这样的官员是驻黄河堵口或河堤施工现场的特使。因为遣使是临时的，皇帝授以的河堤使、河堤使者、河堤都尉等官称也是临时的。有时也从地方官员中调遣，如西汉末哀帝时，弘农（治长安）吏平当领河堤使。武帝元光时（公元前134—前129年），黄河瓠子堵口，“天子使汲黯、郑当时兴人徒塞之”[4]，郑当时是大司农的官员。如鸿嘉四年（公元前17年），许商和孙禁巡视黄河，考察堤防。许商为匠作监大匠，孙禁为尚书省丞相。

成帝建始时（公元前32—前28年）黄河在馆陶决口，泛滥华北四郡三十二县，“遣司农非调调均钱谷河决所灌之郡，谒者发河南以东漕船五百艘，徙民避水居丘陵九万七千余口。河堤使者王延世使塞”[5]。王延世蜀郡资阳人，官居校尉，因堵口有功，而拜光禄大夫，秩中二千石，赐爵“关内侯”[6]。这次水灾救援行动涉及了司农（非调、谒者）和尚书的官员。

河堤谒者有时是一种特别的授衔。东汉明帝永平十三年（公元70年），王景因治河有功三迁至侍御史。永平十五年（公元72年），王景再拜为河堤谒者，赐车马缣丝及钱[7]。

1 《汉书·沟洫志》，二十五史河渠志注释本，中国书店，1990年，第26页。

2 《汉书·沟洫志》，二十五史河渠志注释本，中国书店，1990年，第26页。

3 《汉书·沟洫志》，引三国·如淳注，二十五史河渠志注释本，中国书店，1990年，第35页。

4 《史记·河渠书》，二十五史河渠志注释本，中国书店，1990年，第5页。

5 “非调”为司农寺属官之一；《汉书·沟洫志》，二十五史河渠志注释本，中国书店，1990年，第26页。

6 “非调”为司农寺属官之一；《汉书·沟洫志》，二十五史河渠志注释本，中国书店，1990年，第26页。

7 《后汉书·王景传》，中华书局，1965年，第2465页。

魏晋时河堤谒者似乎已经是中书省常设的官职了。晋武帝泰始时，车谊任河堤谒者，“时颇有水旱之灾”。泰始四年（268年），傅玄上书建议应将河堤谒者增至五人，将全国分为五部，五人分管；他还说车谊不知水事，建议调任其他职位，召前河堤谒者石恢官复原职。他称石恢“深精练水事及田事，知其利害，乞中书召恢，委曲文其得失，必有所补益”。晋武帝十分赞赏傅玄的建议：“此诚为国大本，当今急务也。”[1]从傅玄的建议看出河堤谒者是代表朝廷行使巡视防洪治河责任的官员。北魏末期设有三台：御史、都水、谒者。都水和谒者两个职官在隋代水政务和事务机构中成为常设。

四、地方水行政长官制度建立

秦汉地方行政有完善的郡县体制。制度规定郡县“有水池及鱼利多者，置水官，主平水，收渔税”[2]。正官以下水官即都水掾和都水长，西汉末王莽改制，一度改称司空掾，《汉书·沟洫志》记桓谭为沛郡司空掾时，曾建议征集无产业之人，县官给衣食，使其修治河堤，为公私两便。堤防建设和管理的责任在郡县，所设司空掾是主管官。秦汉以后郡县水利官员设置和职能是最稳定的，变化的只是官称。

都江堰岷江河道中出土的东汉用作水则的石人，为建宁元年（168年）都水掾、都水长所刻。宋代金石家赵明诚从晋护羌校尉、边郡守彭祁的碑上，列出晋水官，大致有水部都督、东都水、蜀渠都水行事、蜀渠平水、中部劝农，西部劝农等水利或农业官称[3]。这些职官分属中央的尚书（中书）省和司农寺两大系统，都水行事、平水、劝农均为地方管水的官吏。

南北朝时西域高昌国沿用汉代官制，地方官也分曹各理政事，“诸城各有户曹、水曹、田曹”[4]。楼兰国的出土文书中也记有“水曹”这样的官称[5]。水曹是主管灌溉的官，在西域各国普遍设有这一职官，说明水资源缺乏之地区为了加强用水管理，对水官一职的设置尤其重视。

1 《晋书·傅玄传》卷47，中华书局，1974年，第1322页。

2 《后汉书·百官五》，中华书局，1962年，第3625页。

3 ［宋］赵明诚：《金石录》，《四部丛刊续编》，第48册，中华书局，1990年，第8—9页。

4 《周书·异域·高昌传》卷50，中华书局，1971年，第915页。

5 林海村：《楼兰尼亚出土文书》，文物出版社，1985年，第481号记载：“水曹，泰始二年八月人口下张掾。”楼兰遗址在今新疆罗布泊。

第三章 水利的发明时代（公元25—617年）

东汉至魏晋南北朝是战乱频繁的时期。但是战乱并非五百年历史的全部，在水利的领域，这是一个历史上少有的技术发明时代。随着东汉中后期中央集权统治地位逐渐式微，区域割据政权或兴起或消亡的社会环境下，门阀士族势力兴起，同时带来了区域性思想活跃和文化繁荣的气象。其时因地制宜的水资源利用方式，不仅创造了地域特点鲜明的水利工程建筑，更有水碓、水磨、水碾、水车等水力机械诞生。元代王祯《农书》所记载的水力（利）机械几乎都可以溯源到这一时期。这一系列水力机械的诞生，源于1世纪时水轮的发明。水轮是工业革命前最伟大的技术发明，开启了以水力为动力的时代，这是电诞生之前，人类最早掌握的由自然能转化的动能——水能。

魏晋南北朝时，皇亲国戚的庄园是首先使用水力机械的地方，在数百年间水磨水碾被认为是财富的象征。东晋洛阳政府在洛水上设官磨、官碾，大宗加工粮食供给军队。唐宋时期，以水磨水碾为代表的水力机械逐渐向民间扩散，并从灌溉、粮食加工扩展到制陶、造纸、茶叶、制药等耗费劳力的领域。13世纪水力应用已经相当普及，许多自流灌溉的渠道，河流、溪谷上都设置水力机械，如：元代成都平原都江堰的沟渠上，遍设水磨、水碾和水纺车，“四时流转而无穷”[1]。

东汉至魏晋南北朝时期，提水与排水机械及机具同样有诸多发明，虽然不具有水力机械的技术难度，但是这些因地制宜、简便而实用的提水排水机械（具）因制作成本低廉，可以方便而及时地解决一家一户的生活用水，以及每一块土地的灌溉及排水需求，很快推行到广大农村乡镇。至今在一些乡村仍有如戽斗、龙骨水车、辘轳之类的机具或机械留存。

水利的技术发明在5世纪时达到历史的高峰，此后持续至10世纪，就水能应用方式、灌排机械（具）类型而言，并无新的发明出现。13世纪王祯的《农书》最早以文字与图谱并重的形式对各种水力机械、提水机械进行了系统和准确的记载，也是首次对水力应用、灌溉机械科学原理进行了总结。16世纪时徐光启（1562—1633年）的《农政全书》、宋应星（1587—1661年）的《天工开物》等技术类著作也将当时先进的水利技术、机械及科学原理等收入其中。中国古代水利发明及其技术成就因这些著作而得以系统保留。

1 ［元］揭傒斯：《大元敕修堰碑》，《揭傒斯全集》卷七，上海古籍出版社，1985年，第365页。

第一节 水轮与水力机械的发明

水碓是最早的水力机械，东汉初始有文字记载，从发明到应用要早于这个时期。而水碓关键的发明是水轮。与水轮出现同步的是人类历史上最早的水力工程。其后催生了一系列水力机械的发明。水力工程即通过工程措施，使具有势能的水流作功，这是水能应用的源头，集合了水利、机械技术的创造。西方有文物可考的水力工程是中古时代约5世纪的罗马水磨，后代文献记载可以上溯到公元前50年[1]。东汉至魏晋朝随着水力工程诞生，出现了应用广泛的水力机械。先是用于粮食加工和制茶的水磨、水碾，很快出现了用于冶炼鼓风的水排，用于农田灌溉的水车等，唐宋时水力应用快速向民间发展。这一时期水力机械的应用类似于17世纪欧洲庄园的情况，中国古代在水力应用方面居于世界领先地位近千年[2]。

一、水力工程诞生——水轮的发明

东汉初桓谭（公元前33—公元39年）最早以文字记载了水力的应用：役水而舂，即以水为动力的水碓。《后汉书·桓谭传》："初，谭著书言当世行事二十九篇，号曰'新论'，上书献之，世祖善焉。"[3]世祖，即东汉光武帝刘秀，他登基时间是公元25年，桓谭在《新论》中向光武帝介绍了当时最新颖的粮食加工机械，"役水而舂"的水力机械是其中之一。水碓的发明至迟是西汉末年至公元25年。

水碓是最早以水为动力，用于谷类粮食脱粒的水力机械。古代水碓有两种类型，一为直接靠水势能和水的自重，通过杠杆上下运动工作，又名槽碓；一为由水轮将水能转化为动能，通过动力轴拨动碓杆而工作（图3-1-1）；前者是机具，没有机械系统，引山溪或泉水，利用重力作功；后者具有动能转换的机械系统，动能较大，一次粮食加工量超过前者。从技术复杂程度而言，槽碓应是最早利用水力的水碓。

桓谭对汉代之前粮食加工机具（械）发明进程有这样的归纳："宓牺之制杵舂，万民以济，及后人加工，因延身以践碓，而利十倍舂。又复设机关，用驴、赢、牛、马，及役水而舂，其利乃且百倍"[4]，即宓牺发明舂碓，后有脚踏机碓，最后是以畜牲、水为动力的水碓。宓牺或称伏羲，与禹同是传说时代的先祖。考古发掘也证实在新石器时代人类已经使用石臼舂即石碓加工谷类，其后发明了脚踏机碓，再后来才是以畜牲、水为动力的水碓。东汉初见于史料的"役水而舂"的水碓，达到了何等技术水准，应该分别从水利工程和机械工程两个层面分析。

成书于东汉献帝建安四年（199年）的孔融《内刑论》记载："贤者所制，或逾圣人，水碓之巧，胜于断木掘地。"与孔融同时期的服虔这样解释水碓："水碓曰

1 ［英］贝尔纳著，伍况甫等译：《历史上的科学》（中文版）第二篇，科学出版社，1959年。

2 谭徐明：《中国水力机械的起源、发展兼及中西比较研究》，《中国自然科学史研究》1995年第1期。

3 《后汉书·桓谭传》卷28上，中华书局，1965年，第961页。

4 ［东汉］桓谭：《桓子新论》，《四部备要》影印本，中华书局，1936年，第17页。

图 3-1-1　元王祯《农书·农器图谱》中记载的槽碓和连机水碓[1]

幡车。”[1]以人力践踏的碓，或以水的自重使之上下运动的槽碓，工作机（碓）的安装只需“断木掘地”。而用水轮驱动的水碓因为有轮才谓之车。可以说汉代出现的水碓其动力机是水轮。东汉人刘熙（196—226年）的《释名·释水》中提到了水碓与堰坝的关系：“人所为之，曰遹；遹，术也。堰使水，术也。鱼梁水碓之谓也。”[3]鱼梁，类似堤坝的挡水建筑物，以鱼梁坝壅水，抬高水位，引水入渠水以驱水轮。这是水力工程最早的描述。当时人所建水碓具备了水力工程的全部要素：水工建筑物（为水轮创造良好的水力条件）、动力机械（水轮）、工作机（水碓）（图3-1-2）。水碓是由水轮的圆周运动通过动力轴上的拨扳转化为碓杆的间歇运动。就其工作

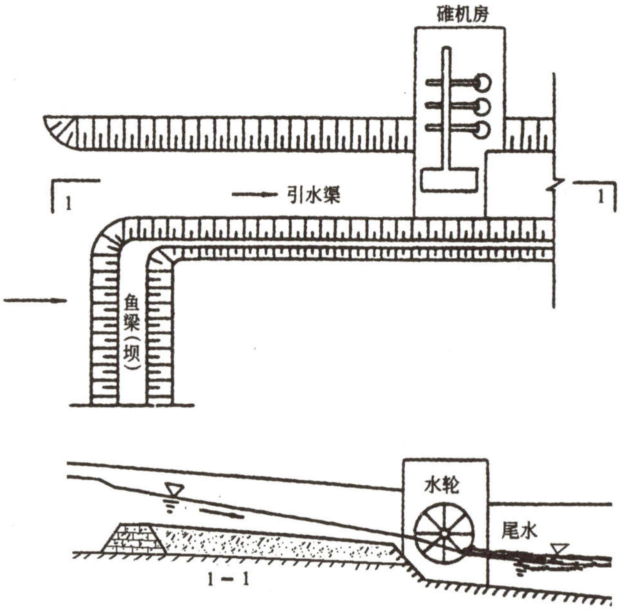

图 3-1-2　水力工程布置示意图

1 ［东汉］服虔：《通俗文》，小方壶斋丛书二集。

2 王祯（1271—1368年），山东东平人，曾任宣州旌德（今安徽旌德）及信州永丰（今江西广丰）县令。《农书》成书在元大德四年（1300年）左右。大德八年（1304年）九月，成宗帝铁穆耳下诏刊行王祯《农书》。

3 刘熙，琅邪孝王刘京之子，建安十一年至二十二年（206—217年）封王。

图 3-1-3 水排与卧式水轮（引自元王祯《农书·农器图谱》）

原理来看，若水轮采用卧式安装必须有齿轮一类的装置才可能将动能传达到碓杆，而立式安装机械结构最简便。由此可以认为最早出现的是立式水轮。通过堰坝壅水而营造了水力作功的条件，在水车驱动下水碓可以连续工作，完全取代了人力或畜力，至此古代水力工程技术进入快速发展阶段。以水轮为工作机的水碓，从发明到完善的过程，不是一朝一夕能完成的，然各阶段技术发明的关键人物却不见于史料记载。

水轮的出现是水力工程技术划时代的进步，很快推行到最需要连续动能的冶炼鼓风动力系统中。东汉建武七年（公元31年）杜诗创造了水排，即以水轮为动力机的冶炼鼓风设备。至北魏时用于筛粉的水罗见于记载。水罗通过类似曲柄的装置将动力轴的圆周运动转化为工作机的连续运动。元代王祯记载水排、水罗为卧式水轮（图3-1-3）。从机械结构来看，水排、水罗采用卧式水轮传动部分可以更为简单。由此推断卧式水轮的诞生时代上限应在水排发明之时，即公元31年。自杜诗发明水排后，水排在三国、北魏、北宋等时期都有使用或制作的记载，宋以后失传，元代王祯著《农书》时，称水排“去古已远，失其制度，今特多方搜访，列为图谱”[1]。以后有关水排的记载不绝如缕。

研究认为西方最早是立式水轮，中国则是卧式水轮[2]。其实古代中国立式水轮、卧式水轮几乎同时诞生。卧式与立式水轮的不同带来各自传动系统和工作机的差异。一般水量大、落差小的地方适合卧式，落差大、水量小的地方更适合立式水轮。中国在汉代就可以根据水力条件，工作机类型采用不同的水轮。水轮的发明和运用是中国古代在水力应用领域的重要贡献。从水轮的发明到水电的应用，是科学在水

1 《晋书·苻坚传》卷130：“关陇清晏，百姓平乐，自长安至于诸州，皆夹路树槐柳，二十里一亭，四十里一驿，旅行者取给于途，工商贸贩于道。”中华书局，1974年，第2895页。

2 ［英］李约瑟：《中国科学技术史》（中译本）第一卷第七章，科学出版社，1975年，第526页。

力应用领域两次历史性的飞跃，其间长达两千多年。在这个漫长的历史时期里，社会的政治、经济是决定它发展的主要因素。水力机械发展演变的历史从一个方面反映了社会与科学技术的相互关系。

二、水磨、水碾、连机碓、水罗的发明

考古发现东汉时期碓、磨以人力、畜力为多[1]。这一时期水力机械没有得到广泛应用。但是，水轮的发明，很快带动了水力和机械一系列发明，水力在魏晋南北朝时已经在加工业中得以应用，其中重要的发明是水磨和水碾。

水磨是魏晋南北朝时期水力应用发展的时代标志。磨相传是春秋时公输班发明的。碾在东汉时期亦见诸文献记载。磨、碾以水驱动，即水磨水碾的问世则是水碓已有普遍运用之后，这三类水力机械成为此后应用范围最广、时间最长的以水为动力的加工机械。

三国曹魏时，魏明帝曹睿（204—294年）有一套制作精美的木偶，扶风（今陕西兴平）人马均为这套木偶配制了动力装置和传动结构，以水为动力使之自动运转，成为最早的自动玩具。它的大致构造是："以大木雕构，使其形若轮，平地施之，潜以水发焉。设为女役歌乐舞象，至令木人击鼓吹萧；作山岳，使木人跳丸执剑，缘絙倒立，出入自在；百官行署，舂磨斗鸡，变巧百端。"[2]这组自动玩具包含了水磨。

文献记载中最清楚的是5世纪时祖冲之（429—500年）造水磨的事。《南齐书·祖冲之传》："（祖冲之）于乐游苑（在建康，今南京）造水碓磨，世祖亲自临视。"[3]世祖即南齐武帝萧赜（483—493年在位）。这是有关水磨明确的记载。同时期有北魏尚书崔亮（？—521年）在洛阳西北谷水上"造

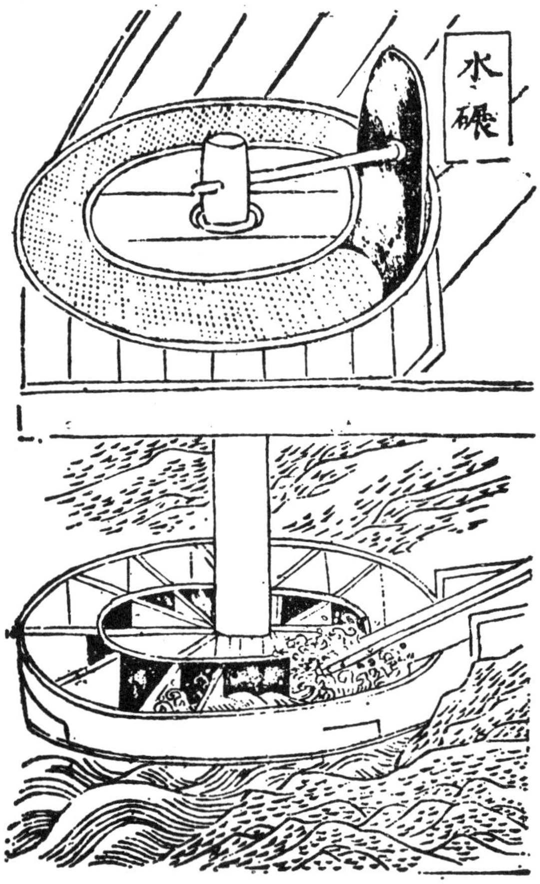

图3-1-4 水碾（卧式水轮）（引自元王祯《农书·农器图谱》）

1 陈文华：《中国古代农业考古资料索引》，《农业考古》1983年第1、2期。
2 这段引文出自《三国志·魏书·杜夔传》西晋傅玄（217—278年）的注，中华书局，1959年，第807页。
3 《南齐书·祖冲之传》卷52，中华书局，1972年，第906页。

图3-1-5 联机水磨、水罗（立式水轮）（引自元王祯《农书·农器图谱》）

水碾磨数十区，其利十倍，国便之”[1]。水碾、水磨诞生的年代应在3—5世纪之间。东魏武定五年（547年）杨衒之的《洛阳伽蓝记》，痛惜西晋末永熙八王之乱（291—306年），引发了西晋亡国和其后近三百年的动乱。他追忆当年洛阳的繁华，提到了洛阳景明寺的各式水力机械：“寺有三池，萑蒲菱藕水物生焉，或黄甲紫鳞，出没于繁藻；或青凫白雁，浮沉于绿水。石磑碓舂，皆用水功。”[2]这是西晋时洛阳皇家大寺用水碾、水磨、舂（水碓）的记录（图3-1-4、图3-1-5）。

东汉水轮发明后，人们感受到水的动能带来的便利，至两晋以来在水力机械的机械部分继续改进，出现了连机水碓和连机水磨。西晋时杜预（222—285年）发明连机水碓[3]。连机水碓与单水碓不同之处是动力轴加长。在轴轮上增加拨板，一个拨板与一套碓具相配（参见图3-1-1）。

与连机水碓类似的是连机磨和连机碾的发明。《后魏书·崔亮传》：“（崔亮）在雍州，读杜预传，见其为八磨，嘉其有济时用，遂教民为碾。”《晋书·杜预传》未见此记载，且八磨或为连机磨。同时期嵇含（263—306年）作《八磨赋》，提到八磨是以畜力为动力：“外兄刘景宣作为磨，奇巧特异，策一牛之任，转八磨之重。因赋之曰‘方木矩跱，圆质规旋，下静以坤，上转以乾，巨轮内达，八部外连’。”[4]魏晋南北朝八磨的问世说明在机械制造技术方面已使当时制造连机水磨成为可能。水磨动

1 《后魏书·崔亮传》卷66，中华书局，1974年，第1481页。
2 《洛阳伽蓝记校注》卷3，上海古籍出版社，1978年，第132页。
3 ［晋］傅畅：《晋诸公传》，转引自《太平御览·器物部七》卷762，中华书局，1960年，第3385页。
4 ［晋］嵇含：《八磨赋》，引自清严可均校辑《全上古三代秦汉三国六朝文·全晋文》卷65，中华书局，1958年，第1830页。

力机械部分对水轮的要求是功率更大，运转更为匀速稳定。相应对引水工程提出了更高的要求。可以说水磨的诞生就水力应用而言表明机械工程和水利工程技术都达到了相当高的水平。

三、唐宋以来问世的水力提水机械

唐代以来至宋元时期还有后继水力机械问世。中唐时见诸记载称作“水轮”、“机轮”的灌溉机械，是利用水力无人操作的提水机械。元代王祯《农书》记载了两类水力提水机械：筒车和水车。筒车的水轮既是动力机又是工作机，有筒车和高转筒车两种。水车有水转翻车、水转筒车、水转高车（明代徐光启《农政全书》记作水转筒车），利用水轮的高度和水流的动力将低处的水提到高处，用于农田灌溉或生活用水。以水力为动力的大纺车在《农书》中也首见记载。

图 3-1-6　19 世纪西方传教士绘制的南运河上的筒车

图 3-1-7　云南腾冲大型水车

这是一个组合水车，高车是提水筒车，低车带动一个水磨和一组水碓。

（一）筒车

最早的文字记载见于唐陈廷章《水轮赋》。赋“以汲引之道成于运轮为韵”，记水轮大致构造：“鄙桔槔之繁力，使自趋之转毂。”[1]陈廷章记载的水轮即后世所称的筒车，是附带汲具的水轮。水轮既是动力机械又是工作机，以水力为动力自动运转将水由低处提到高处并自动倾入输水槽中，水轮的直径便是提水高度。“水能利物，轮乃曲成。升降满农夫之用，低回随匠式之程。观夫斫木而为，凭河而引，箭驰可得。而滴沥辐凑，必循乎规准。”《水轮赋》传递的历史信息是水车为当时值得描述的先进提水工具，制作工艺已经成熟。

10世纪时，南方筒车进入寻常百姓家。北宋梅尧臣《水轮咏》：“孤轮运寒水，无乃农者营，随流转自速。”[2]北宋李处权《赋水轮》：“江南水轮不假人，智者创物真大巧，一轮十筒挹且注，循环上下无时了。”[3]南宋人张孝祥过广西兴安，记途中所

1 《全唐文》卷948，中华书局影印本，1982年，第9480页。

2 ［北宋］《宛陵先生集》卷4，四部丛刊初编本，商务印书馆缩印武英殿本，1936年，第39页。

3 ［北宋］李处权：《崧庵集》卷3，民国李宜秋刻本。

见："筒车无停轮，木枧著高格。"[1]元代，王祯《农书》对筒车有很详细的介绍，并有图谱。筒车结构简单，造价低廉，维修方便，及至近代都是农村常用的水力机械（图3-1-6、图3-1-7）。

图 3-1-8　高转筒车（引自元王祯《农书·农器图谱》）

（二）高转筒车与水转高车

王祯在《农书·农器图谱》中记："高转筒车此近创捷法，已经较试。"[2]这是大约13世纪时的发明。当时平江府（治今江苏吴县）虎丘寺剑池安装了这种水车给寺庙供水，它的形制"其高以十丈为准，上下架木，各树一轮，下轮半在水内，各轮径可四尺"[3]。即这种筒车水轮直径1米以上，提水高度可达约30米（图3-1-8）。说明水轮的制作工艺和水工建筑物的修建技术都有相当高的水平。

在高转筒车基础上，对水轮作改进后，可以用在水流湍急的水道上提水，是为水转高车。这种可以垂直或接近垂直提水的机械，王祯说"（水转高车的制作）此诚秘术，今表暴之，以谕来者"，当时在大都城（今北京）被用作宫殿楼阁降温。王祯记载了改进部分，"但于下轮轴端，别作竖轮，傍用卧轮拨之"[4]。即采用立式与卧式水轮联机，主动轮在下端，上部有传动轮。王祯有诗记载水转高车工作场景及其用作人工降雨为房屋降温的情况："通渠激浪走轰雷，激转筒车几万回。水械就携多水上，天池还泄半天来。竹龙解土无云雨，旱魃潜消此地灾。安得临流施此技，楼居涤去暑天埃。"王祯为最后一句注曰："今都城已有高车，用水飞上楼阁，散若雾雨，颇闻费力。"水转高车不仅提高了提水高度，

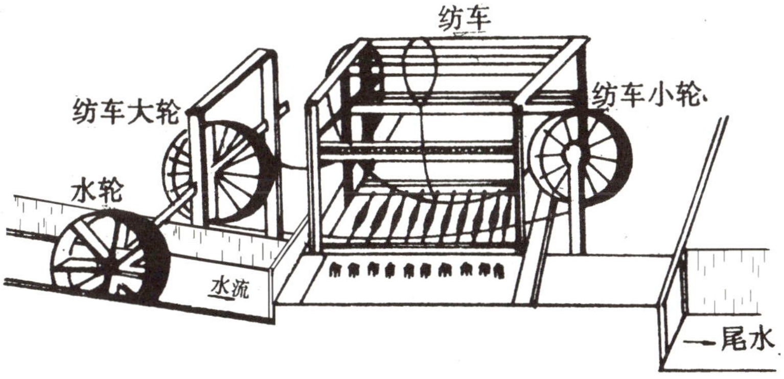

图 3-1-9　水力纺车及安装布置推想图

1 ［南宋］张孝祥：《于湖居士文集》卷4，四部丛刊初编本，商务印书馆缩印武英殿本，1936年，第41页。
2 ［元］王祯：《农书》，王毓瑚校点，农业出版社，1981年，第331页。
3 ［元］王祯：《农书》，王毓瑚校点，农业出版社，1981年，第331页。
4 ［元］王祯：《农书》，王毓瑚校点，农业出版社，1981年，第375页。

而且在激流中运用，因此水轮机械制作要求既高，引水渠也要特殊的设计，以维持稳定的流量和坡度，为水轮持续运行提供适宜的水力条件。

图3-1-10　清代水力在制陶中的应用（水碓捣陶土）[2]

四、水力纺车的问世

元代王祯《农书》首次记载了以水能为动力的纺车，有关纺织史的研究表明水力纺车应为宋代的产物，它既代表中国12—13世纪的麻纺织技术的水平，也是这一时期水力应用领域大为拓展的标志[1]。水力纺机体积硕大，主要用于纺麻。动力部分水轮称大轮（图3-1-9）。王祯记载："与水转碾磨之法俱同。"水纺车工作机与一般纺车相同，但是一个水轮可以带动多部纺车，"弦随轮转，众机皆动，上下相应，缓急相宜，遂使绩条成紧，缠于轫上，昼夜纺绩百斤"[3]。

《农书》说水力纺车在中原麻苎之乡凡临流处所多置之，其时的岷江流域成都平原亦不罕见，元人揭傒斯《大元敕修堰碑记》记都江堰"缘渠所置碓硙、纺绩之处以千万数。四时流转而无穷"[4]。但是明清以后未见水力纺车的记载。

就水力的应用领域而言，自唐迄元已从粮食加工、冶炼扩展到灌溉、供水、纺织、制陶等劳动强度大的加工环节（图3-1-10），就其流传的广度而言，遍布中原远及西北僻壤。元以后水力机械再无发明，而在西方开始进入发展时期。

第二节　水力技术传播及水权之争

水轮发明，催生了水力应用的普及，以及应用领域的扩展。自西晋以降，人口集中的都城成为水碓、水磨、水碾的集中使用地。魏晋南北朝时期，水碓首先在皇族和门阀世家的庄园流传开来。海河和黄河流域之间是水碓分布最广泛的地区，这一区域是曹魏和北魏政治、经济的中心。公元3—4世纪是中国历史上以水力为动力的发明时期，不仅出现了类型丰富的水力机械，而且在粮食、茶叶等加工业中应用广泛。

自魏晋南北朝以降，水碓逐渐向边远山区流传开去。水磨、水碾对水流的水力

1 祝大震：《我国水转大纺车的结构和演变过程》，《中国科技史料》第6卷第5期。
2 引自《清史图典·雍正朝》第八册，紫禁城出版社，2002年。
3 ［元］王祯：《农书·农器图谱》，王毓瑚校点，农业出版社，1981年，第358页。
4 ［元］揭傒斯：《揭傒斯全集》卷7，上海古籍出版社，1985年，第365页。

条件要求更高，在水工建筑物的规划、设计方面都有相应的提高。水磨、水碾向民间普及的过程大致是：从皇族、豪门的世家私家专用，到官府控制产业的专用，最后进入民间。而在应用领域，公元6世纪以来有用于灌溉和提水的水车、用于纺织的水纺车相继问世。

唐和北宋运用水碾、水磨最集中的地区均在都城，唐长安附近的郑白渠，最盛时有水磨、水碾百余处，以谷物加工为主，当时长安一百多万人口的供粮大都来自这里。北宋汴梁西北的汴河，以加工茶叶为主，最多时有水磨三百多处，是国家经营的官磨，用以控制茶的行销和税收。作为手工业、加工业主要机械的水磨、水碾依附城镇在中国流行普及开来。水力纺织机是这一时期水能应用向新的领域扩展的结果。

一、水碓从庄园走向民间

东汉后期在粮食消耗集中的屯军驻地，已经用水碓加工粮食，保障驻军的供粮[1]。建安十九年（214年）曹操欲内迁陇右民众充河北，引发陇西（治襄武，今甘肃陇西）、天水（治冀县，今甘肃天水西北约40公里）、南安（治豲道，今甘肃陇西县东南10公里）三郡民众恐慌骚乱。雍州刺史张既（？—223年）令三郡驻守将校官吏整治屋宅，建水碓，显示无迁徙陇右郡民之意，民心遂安[2]。至少说明3世纪时水碓已用于大宗粮食加工。

西晋水碓已经是都城洛阳最重要的公共设施。魏明帝太和五年（231年）都水使者陈协在洛阳西北十三里桥谷水（黄河支流）上筑千金堨，引水驱动水碓，成为洛阳的粮食加工基地。晋惠帝元康元年至光熙元年（291—306年）晋八王之乱时，河间王司马颙（？—306年）及都督张方领兵28万围困洛阳，张方决千金堨，谷水涸，沿河所有水碓停工。遂发给王公奴婢及城中百姓木杵舂米，以供兵粮[3]。水碓在洛阳粮食供给中已经有举足轻重的地位。

西晋时都城洛阳对水碓的依赖，源于杜预连机水碓的发明。一机多碓无疑极大地提高了水能利用效率，“由此洛下谷米丰贱”[4]。连机水碓的问世，使水力在加工工业中使用日多，用于粮食加工以外，药材、茶叶等加工亦开始使用水力。

东汉至西晋初年，私人不得拦截河流擅立水碓，即使皇族拦截河流、拥有水碓也会遭到非议。刘颂（？—300年）任河内（治野王，今河南沁阳）太守时，郡界有公主水碓三十多处，所在遏塞河流，浸害民田。刘颂上表请废水碓，而百姓获利[5]。随着西晋末年司马王朝的衰落，更多的世家开始拥有水碓。出身魏晋世家的琅琊王氏

1 《后汉书·西羌传》卷87，记东汉顺帝永建四年（129年）尚书仆射虞翊奏疏称：“禹贡雍州之域，厥田惟上。……乘阸据险。因渠以溉，水舂河漕。用功省少，而军粮饶足。故孝武皇帝及光武筑朔方，开西河，置上郡，皆为此也。”中华书局，1965年，第2893页。

2 《三国志·张既传》卷15：“（张）既假三郡人为将吏者休课，使治屋宅，作水碓，民心遂安。”中华书局，1959年，第472页。

3 《晋书·惠帝纪》卷4：“（张）方决千金堨，水碓皆涸，乃发王公奴婢手舂给兵廪，一品以下不从征者，男子十三以上皆从役。又发奴助兵，号为四部司马。公私穷蹴，米石万钱。”中华书局，1974年，第101页。

4 ［晋］傅畅：《晋诸公传》卷762，转引自《太平御览·器物部七》，中华书局，1960年，第3385页。

5 《晋书·帝纪·惠帝》，刘颂废水碓事见《晋书·刘颂列传》卷46：“（河内）郡界多公主水碓，遏塞流水，转为浸害，颂表罢之，百姓获其便利。”中华书局，1974年，第1294页。

家族，时任凉州刺史的王浑（223—297年）上表请占官地修坝立水碓得到允许，“洛阳百里内，旧不得作水碓，臣表上先帝，听臣立碓，并搀得官地”[1]。到了他儿子大司徒王戎（234—305年）时，“既富且贵，区宅、僮牧、膏田、水碓之属洛下无比”[2]。王戎是西晋末年的“竹林七贤”之一，巨量的财富使他退隐山林后仍能维持体面的贵族生活。同时代还有敢于和皇亲贵戚斗富的荆州刺史石崇（246—300年）也拥有水碓三十余处，苍头（奴隶或家仆）八百多人[3]。西晋宗法门阀制度下的庄园经济为水力的应用推波助澜。洛阳、邺城一带皇亲国戚豪门士族不仅广占良田，更掠夺水源，水碓成为当时财富的象征。

西晋末年以后战乱频繁，人口剧减，劳动力严重不足，促使人们寻求其他提高生产效率的途径。北齐时尚书右仆射领营构大将高隆之在邺城大兴水利，亦开渠引漳水供水碓[4]。水碓的运用说明当时以水力代替人力是社会的需求，也反映出水力应用技术为更多的人所掌握。

在魏晋南北朝各国短暂的和平时期内，经济重建，文化复苏。前秦苻坚（338—385年）统治时期就出现了三十年关陇清晏、百姓平乐的景象。商业的繁荣为粮食加工业拓开了市场，水碓逐渐进入民间，成为常见的粮食加工机械。

二、水碾、水磨的普及与水权之争

水磨、水碾以更大的加工能力，在南北朝以后逐渐取代水碓。与魏晋时相同，隋至唐前期的水磨、水碾还多是皇家私产。隋代开国元勋杨素（544—606年）权倾一时，被“时议以此鄙之”的财富中，除长安、洛阳东西二京侈丽居宅，就是水硙并田宅以千百数[5]。水硙即当时水磨的通称。隋炀帝长子河南王杨昭崇信佛教，向寺庙“前后送户七十有余，水硙及碾上下六具，永充基业”，后来的唐太宗也曾赐地四十顷，赐水碾给少林寺[6]。

玄宗时（712—756年），宦官高力士在长安西北沣水上筑坝，作水碾坊，并转五轮，日可碾麦三百斛，约合今制18吨，长安的粮食供应有相当部分为他所控制[7]。与他同时代的宰相李林甫在京城不仅拥有邸第，更是广占田园大置水硙。都城长安附近的郑国渠、白渠，虽是政府管理的灌渠，但是上游为豪家贵戚筑坝壅水，置私碾百余所，夺灌溉之利。武则天之女太平公主即曾经是这些水碾的拥有者。这些豪权势要在灌溉渠道上大量兴建水碾、水磨，肆意侵夺水资源，严重到了农田无水灌

---

1 《全上古三代秦汉三国六朝文·全晋文》卷28，中华书局，1958年，第161页。

2 ［南宋］刘义庆：《世说新语》卷下，四部丛刊，上海商务印书馆，1936年。另《晋书·王戎传》称其拥有水碓40所。

3 《晋书·石崇传》卷31：“（石崇）有司簿阅崇水碓三十余区，苍头八百余人，他珍宝货贿田宅称是。”中华书局，1974年，第1008页。

4 《北齐书·高隆之传》卷18：“以漳水近于帝城，起长堤以防泛溢之患，又凿渠引漳水周流城郭，造治水碾硙，并有利于时。”中华书局，1972年，第236页。

5 《隋书·杨素传》卷48：“东、西二京（长安、洛阳）居宅侈丽。朝毁夕复。营缮无已。爰及诸方都会处。邸店、水硙并利田宅以千百数，时议以此鄙之。”中华书局，1973年，第1292页。

6 《全唐文》卷279，中华书局，1982年。

7 《旧唐书·高力士传》卷184：“于京城西北截沣水作碾，并转五轮，日碾麦三百斛。”中华书局，1975年，第4758页。水碾形制尚不清楚，可能是连机水碾，也可能是在河的上下游修筑五处单机水碾。

图 3-2-1　五代卫贤《闸口盘车图》[1]

这是一组水碾与水磨组合。图中部的动力水轮带动上部工作轮（水罗），并驱动右侧的水轮（水磨）。

溉的地步，终于引发了朝廷禁水碾、水磨令。高宗永徽六年（655年）、玄宗开元九年（721年）、广德二年（764年）曾三次大规模毁水碾、水磨。

晚唐藩镇割据，王朝中央集权式微，皇族产业向地方转化。水碾不再是皇家垄断的设施。仪凤时（676—679年），肃州刺史王方翼"出私钱作水硙，以赈河西蝗灾"[2]。此后地方官府设水碾、水磨日渐普遍。元和八年（813年）宪宗下诏："应赐王公、郡主并诸色庄宅硙碾等，并任典贴货卖，其率税夫役，委府县收管。"[3]这道诏令似乎遭到皇亲国戚并百官的抵制，以致穆宗即位时（821年）即诏令将京兆府、河南府以外的皇家碾硙交由地方[4]。以此为转折，较大型的水碾、水磨从皇亲国戚和权势世家的私产，开始成为公益性的设备，由地方政府组织兴建，交由民间经管，而政府从中获取税收。

自唐后期，水磨、水碾向民间迅速地流传开来。五代时卫贤界画《盘车水磨图》（又名《闸口盘车图》）被认为是界画的精品，这是以官府水磨坊为主题，描绘了当时市镇的繁荣和市井风俗（图3-2-1）。卫贤，南唐京兆（今陕西西安）人，为李后主时内廷画师。画中有水磨和水罗且均是大型的。北宋文同记嘉陵江民间大水磨："激水为硙嘉陵民，构高穴深良苦辛。十里之间凡共此，麦入面出无虚人。彼氓居险所产薄，世世食此江之滨，朝廷遣使兴水利，嗟尔平轮与侧轮。"[5]这是一种立式水轮的大水磨，"十里之间"共一磨的记载反映出水磨的结构尺寸是不小的。据记载当时水轮径超过两米者已不是少数。金元间刘郁《西使记》记载了蒙古人旭烈奉

1 绢水墨设色，原本53.2×119.3（厘米），现藏上海博物馆。

2 《新唐书·王方翼传》卷111，中华书局，1975年，第4134页。

3 《唐会要》卷89，商务印书馆，1935年，第1622页。

4 ［唐］穆宗即位赦："诸州府除京兆、河南府外，应有官庄、宅铺店、碾硙、茶菜园、盐畦、车坊等宜割所管官府"。《唐大昭令集》卷2，中华书局，2008年，第11页。

5 ［宋］文同：《水硙》，《丹渊集》卷17，四部丛刊初编，上海商务印书馆，1936年，第155页。

命西征在岭北乞则里八寺见到“有碾硙，亦以水激之”的情景[1]。乞里则八寺在今蒙古西南近额尔齐斯河。水能的利用在宋元时也达到了空前的普及，不仅在内地进入寻常百姓家，在西部边疆地区也有用水力的磨碾。

北宋继承了唐代政府专营的方式，朝廷在都城汴梁设水磨务，掌水磨磨麦，供朝廷尚食及部分大臣之用[2]。汴梁有205位太监在务上劳作。郑州有二务，人数也有数百人。即政府有对建造水力工程的监管权，灌溉、航运效益的水道上筑坝建水磨坊受到官方制约，且多以官碾、官磨形式修筑，然后大都以租课的方式交给民间经营。私人建设的水磨水碾磨则通过纳税或承接部分官差受官府的控制。据《宋会要辑稿》记载，秦州路（治今天水）每年“造麴（同曲）用麦数万石”，分由80余户水硙户磨面。因为水硙领麦交麴各环节被地方豪强勒索，遂要求将其所得纳官，由官府主持水磨经营。宋神宗元丰时（1078—1085年），都提举汴河堤岸宋用臣修置水磨磨茶，禁止民间经营，茶事归汴河堤岸司，茶商向官磨购买。是为汴渠水磨国有[3]。宋哲宗元祐时（1086—1094年）汴京滥建水磨已经遭致朝廷上下非议，右司谏苏辙（1039—1112年）指出：“近岁京城外创置水磨，曰此汴水浅涩，阻隔官私舟船。其东门外水磨，下流汗漫无归，浸损民田一二百里，几败高祖坟。”他呼吁罢官磨，恢复民磨[4]。然而为了获利，北宋朝廷仍不断增加水磨，到宋徽宗政和时（1111—1118年）水磨茶法更推行到京城（汴梁）、开封府以外的地区。政和四年（1114年）靠水磨茶法国家年收息四百万贯。最终使汴河水运中断，灌溉无水可引。元丰政和间，围绕水磨官办或民办，引发了水磨茶之争。元祐年间（1086—1090年）曾一度废茶法，绍圣时（1094—1098年）再兴水磨茶法，在京水、索水河增加官营水磨260多处，以保证茶法施行。三十年后金兵南侵，才使汴河沿岸茶叶加工磨坊的历史使命终结。水磨茶法之争不只是官商利益之争，更是水力工程与水利工程争夺水资源的矛盾。唐代郑白渠和宋代汴河上皆地处京畿地区，都是具有灌溉或水运效益的水道，因此，与水磨、水碾引发冲突就格外尖锐。

第三节　提水机具（械）的发明与演进

西汉人刘向第一次记载了战国时卫国井灌及桔槔提水。东汉时辘轳、翻车问世，这是提水从机具到机械最重要的发明。从水利功能角度看，这两种提水机械，包括了两方面的功用：引水从低处到高处，即解决高差问题；引水从此处到彼处，解决引水的距离问题。从春秋战国时期的桔槔，到东汉辘轳、翻车的诞生，完成了由取水机具到水利机械技术的历史性跨越，前者标志着灌溉水源从地表水到地下水的发展，后者则是汉代以来农业高度发展，灌溉机具或机械成为水利工程以外重要的辅助措施。古代农业社会所有的灌溉机具与机械几乎都在战国至东汉间世，或经过完善，完成了定型制作的技术演变过程。

1 ［元］王恽：《秋涧先生大全文集》卷94，四部丛刊初编，上海商务印书馆，1936年，第895页。

2 《宋会要辑稿·食货五五》，中华书局，1957年，第5748页。

3 《宋史·河渠四》卷47，中华书局，1977年，第2330页。

4 《宋史·河渠志》，二十五史河渠志注释本，中国书店，1990年，第118页。

一、滑车与机汲

滑车利用轮轴改变用力方向，达到便于操作的目的。滑车再衍生出辘轳和绞车，主要是在轮轴上增加回转柄（曲柄）装置，通过轮轴与杠杆的共同作用，取得了方便操作和省力的效益。古代经常将滑车、辘轳统称辘轳。有研究者认为滑车、辘轳起源于战国时期[1]，但是相关出土文物的年代多为东汉晚期（图3-3-1）。

图 3-3-1 东汉井与汲水机械

东汉墓出土的这具陶井模型，汲水装置采用定滑轮，古代称滑车，或统称辘轳。四川省博物馆收藏。

在文字记载中，东汉人郑玄最早记载了滑车的构造和应用。《礼记·檀弓下》"公室视丰碑"郑玄注："丰碑，斫大木为之，形如石碑。于椁前后四角树之，穿中于间为鹿卢，下棺以繂绕。天子六繂四碑，前后各重鹿卢也。"[2]这里的"鹿卢"，后来称为滑车，是定滑轮装置的简易滑轮起重机。东汉晚期出土文物证实滑车不仅用于起重，也是汲取井水的装置。滑车至迟东汉时已问世。

东汉墓室画像石集中发现在今山东嘉祥、江苏徐州和四川成都，这三地画像石都有滑车工作场景。东汉画像石泗水升鼎图上清晰地反映出滑车结构和操作。泗水升鼎图源于西汉司马迁记载的秦始皇祭泰山后，在泗水打捞周鼎的故事[3]。山东嘉祥的两幅汉画石分别描写了起鼎，以及龙腾起咬断鼎绳，鼎沉没于水的故事（图3-3-2）。表达了秦始皇无道，不配拥有国之重器，失鼎则失国的寓义。宋元时出现了绞车加复式滑轮的滑车：渔船绞车转动轴上设置一大一小两个滑轮，大轮为发力的动力轮，小轮是工作轮，

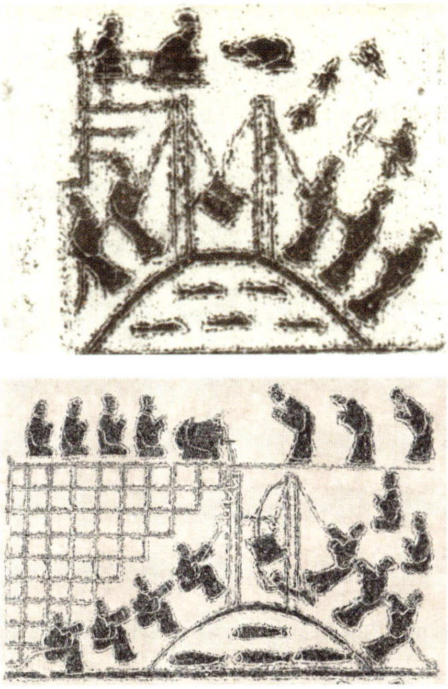

图 3-3-2 嘉祥泗水升鼎图中的滑车及工作场景

两图分别表现了开鼎过程一：众人拉动滑车吊绳和鼎中伸出龙头咬断绳子，鼎复沉泗水。

1 学术界根据考古和文献记载，一般认为滑车、辘轳是汉代或汉代以前机械工程的发明。参见刘仙洲《中国机械工程发明史》，北京科学出版社，1963年，第19—22页；戴念祖《文物与物理》，东方出版社，1999年，第8—9页。

2 《礼记正义》，《十三经注疏》卷十，中华书局，1980年，第1310页。

3 《史记·秦始皇本纪》："始皇还，过彭城，斋戒祷祠，欲出周鼎泗水。使千人没水求之，弗得。"在徐州出土的东汉画像石表现的正是这样的题材。

图 3-3-3 唐代机汲（复原图）[1]

转动大轮带动小轮牵引搬罾绳索，起到了省力省时的作用[2]。复式滑车逐渐成为河工常用的起重机械。

唐代滑车被广泛用于远距离高落差的地方提取河水，谓机汲。唐代刘禹锡《机汲记》："比竹以为畚，置于流中。中植数尺之臬，辇石以壮其趾，如建标焉。索绚以为絙，系于标垂上届数仞之端；亘空以峻其势，如张弦焉。锻铁为器，外廉如鼎耳，内键如乐鼓，牝牡相函，转于两端，走于索上，且受汲具。"[3]今人根据文献，绘制出其大致形制（图3-3-3）[4]。机汲提水装置包括了定滑轮、动滑轮和曲柄三类基本机械的应用，既可以改变用力方向，也实现了省功省力的效能，这是可以实现较远距离引水的供水工程。此外，唐杜佑《通典·兵》"识水泉、隔山取水、越山渡险"[5]，记载的是另一类越岭引水工程，这也是具有提水设施和引水渡槽的工程体系。

二、辘轳与井灌

辘轳与滑车，古代统称辘轳。东汉墓室的画像石上，出现了操作滑车、辘轳的工作场景（图3-3-4），反映出其时汲水用的辘轳和起重用的滑轮在结构和功能上有显著的区别[6]。辘轳又作鹿卢、椟栌、犊轳等[7]，大概得名于滑车和辘轳上的木制转动轮。从机械构造难易程度来看，早期辘轳只有定滑轮，即滑车。后来在轮轴上增加了曲柄，即后来所特指的汲水机械——辘轳。

1 引自《中国农业科学技术史稿》，农业出版社，1986年。

2 刘仙洲根据故宫第296期刊载宋捕鱼图复原，《中国机械工程发明史》，北京科学出版社，1963年，第19—22页。

3 ［唐］刘禹锡：《机汲》，《刘梦得文集》卷27，四部丛刊初编，商务印书馆缩印武英殿本，1936年，第162页。

4 李崇州：《中国古代各类灌溉机械的发明和发展》，《农业考古》1983年第1期，第142—143页。程鹏举《机汲试析》（未刊稿）对索道的架设方式和滑轮构造有进一步研究。

5 ［唐］杜佑：《通典·兵十》卷157，商务印书馆，1935年，第831页。

6 史晓雷、张柏春：《我国单曲柄辘轳普遍应用年代》，《农史研究》2010年第4期。

7 张春辉等：《中国机械工程发明史》（第二编），清华大学出版社，2004年，第76页。

图 3-3-4　嘉祥东汉画像石辘轳汲水场景

后人根据两者不同结构和工作机理作了划分：轮轴加曲柄的专门用于深井提升重物的机械为辘轳。辘轳轮轴半径加大，加上半径更大于辘轳的曲柄，辘轳具有了省时省力功能。东汉以后辘轳逐渐推广到民间。宋元以后随着井灌在北方地区的发展，辘轳成为长江以北地区应用最为普遍的生活和灌溉提水机械。

东汉画像石上已经出现了提取井水的辘轳。今湖北大冶矿冶遗址考古发现汉代辘轳木轴，这是矿井中提升矿石之用的起重设备[1]。直到元代始有对辘轳结构、功能准确的归纳。汉代画像石中，用辘轳提水的题材较多，当时辘轳已经较多地用在生活和灌溉用水中。明代徐光启概括辘轳的提水过程：“虚者下，盈者上，更相上下，次第不辍，见功甚速。”辘轳的关键设备是辘轳轴，利用轮轴原理做功，辅助的设备有支撑架、盛水具、绳索等。

辘轳的出现，解决了深井的取水问题，标志着人类利用地下水进入新的阶段。辘轳逐渐成为北方地区使用最普遍的提水机械，明清时华北地区出现了畜力辘轳，在机械传动部分加了动力轮——平轮，盛水器由一桶改为多桶，牛马环绕立柱作圆周运动，井水不断上提（图 3-3-5），提水的深度可以达到数十米，今天华北平原一些超100米的深井也还在用辘轳提水。

图 3-3-5　井灌与辘轳（引自元王祯《农书》）

王祯图谱表现了完善的井灌工程体系和灌溉流程：水井、提水辘轳、蓄水池、田间渠道。从井中汲取的水温度较低，通过蓄水池升温后，再引入农田灌溉。

三、戽斗：最简便、存续时间最长的提水机具

戽斗应是最早的灌溉引水的机具，是沟渠间或沟渠到田间的提水机具。戽斗即

1 湖北省黄石市博物馆等：《铜绿山——中国古矿冶遗址》，文物出版社，1980年。

特制的木桶或柳条筐，系上绳子后，两人相对而立，用手牵拉绳子就可以取水（图3-3-6）。元代王祯《农书》对戽斗有专门的定义："挹水器也。""凡水岸稍下，不容置车，当旱之际，乃用戽斗，控以双绠，两人挈之，抒水上岸，以溉田稼。"[1] 戽斗与水车是农家常用的提水机具，凡不能驾水车且水源与农田高差不大的地方皆可以解决灌溉的不时之需。

图 3-3-6　戽斗与提水灌溉（19 世纪）[2]

王祯重视戽斗这类寻常农器，为之诗曰："虐魃久为妖，田父心独苦，引水潴陂塘，尔器数吞吐，繘绠屡挈提，项背频伛偻，搰搰弗暂停，俄作甘泽溥，焦槁意悉甦，物用岂无补？毋嫌量云小，于中有仓庾。"[3]

戽斗不知起源何时，在元代王祯《农书》之前南宋陆游（1125—1210年）《喜雨》有"水车罢踏戽斗藏，家家买酒歌时康"的描写[4]，水车与戽斗早已是浙东平原农家寻常的提水机具。戽斗制作成本低，使用便利，它一定早于水车问世。距今约三千年的河北藁城夏商遗址的水井与扁圆形的木桶，在取水罐和桶上都有固定绳索的孔口，这是深井及其提水的佐证[5]。井水用于田间灌溉一般认为最早出现在战国时期对农业高度依赖的中原地区。戽斗比深水井取水提升高度要低得多，但是用在农田灌溉中，却非常实用。水车问世后，戽斗并没有消失，二者同为中国乡村常用的灌溉机械。戽斗的应用意味着农业生产从对自然降雨的绝对依赖，到通过工程措施提供水源，再到利用机械提水，使人类利用自然的能力得到进一步的提升。基于此推测戽斗在农田灌溉中普及至迟是在东汉。

东汉时，出现了利用倒虹吸现象制作的提水设施。东汉灵帝中平三年（186年）主持宫城营建的掖庭令毕岚（？—189年）"铸天禄虾蟆，吐水于平门外桥东，转水入宫。又作翻车、渴乌，施于桥西，用洒南北郊路，以省百姓洒道之费"[6]。毕岚的天禄虾蟆至少是管道的出水口，从字面上不能确认是虹吸管道，但是渴乌则是古代的倒虹吸引水机具。唐代李贤（652—684年）注："渴乌，为曲筒，以气引水上也。"[7]唐杜佑《通典》记："渴乌，隔山取水。以大竹筒雌雄相接，勿令漏泄。以麻漆封裹。推过

1 [元]王祯：《农书·农器图谱》，王毓瑚校点，农业出版社，1981年，第335页。

2 清耕织图，引自《清史图典·嘉庆朝》第八册，紫禁城出版社，2002年。

3 [元]王祯：《农书·农器图谱》，王毓瑚校点，农业出版社，1981年，第335页。

4 [南宋]陆游：《喜雨》，《剑南诗稿校注》卷27，上海古籍出版社，1985年，第1898—1899页。

5 河北省博物馆：《藁城台西商代遗址》，文物出版社，1977年，第66—71页。

6 《后汉书·宦者列传》卷78，中华书局，1965年，第2537页。

7 《后汉书·宦者列传》卷78，中华书局，1965年，第2537页。

山外，就水置筒，入水五尺。即与筒尾取松桦干草，当筒放火。火气潜通水所，即应而上。”[1]渴乌筒中放火后，排除了竹筒中的氧气，在真空和进水口和出水口的水压差作用下，使水能够翻过高地输送到目的地。渴乌取水的原理与现代倒虹吸提水站完全相同。渴乌制作成本、维护和运行成本较高，多用在寺庙、苑囿的园艺灌溉中。

（1） 踏车　　（2） 牛转翻车

图 3-3-7 人力与畜力驱动的龙骨水车（引自元王祯《农书》）

四、各式水车

古代水车是轮转提水机械的统称，按动力分有人力、畜力、水力和风力，因为动力装置不同而有不同形制。后汉及三国时都有水车发明的记载，唐代水车开始推广应用。文宗大和二年（828年）“内出水车样，令京兆府造水车。散给郑白渠百姓以溉田”[2]。用人力或畜力的水车称龙骨水车，利用水流冲动来提水的水车称“筒车”。

图 3-3-8 水力驱动的筒车（1926 年，四川灌县）

水车在东汉时始见记载。《后汉书》记毕岚“又作翻车、渴乌”。西晋人傅玄记三国时人扶风马钧“居京都，城内有地，可为囿，患无水以灌之，乃作翻车。令童儿转之，而灌水自覆，更入更出，其巧百倍于常”[3]。这段文字对马钧翻车用途有较为明确的记载，但其结构仍然不详。从字面推测应是手摇的龙骨水车。龙骨水车的称呼来自民间，南宋陆游《春晚即事》：“龙骨车鸣水入塘，雨来犹可望丰穰”[4]，不仅描写了龙骨水

图 3-3-9 拔车灌溉实景（2010 年，贵州安顺鲍屯）

1 ［唐］杜佑：《通典·兵十》卷157，商务印书馆，1935年，第831页。

2 《旧唐书·文宗纪》卷17，中华书局，1975年，第528页。

3 ［晋］傅玄注：《三国志·杜夔传》卷29，中华书局，1959年，第807页。

4 此诗陆游作于开禧三年（1207年）山阴（今浙江绍兴），《剑南诗稿校注》卷70，上海古籍出版社，1985年，第3921页。

车的功用，也反映出在13世纪的南方这是常用的灌溉机械。

龙骨水车适合近距离，提水高度在1—2米左右，从输水渠或沟塘直接向农田提水。用于井中取水的龙骨水车是立式的，水车的传动装置有干轮和立轮两种以转换动力方向。

唐宋以来农田灌溉、排水及运河供水中，龙骨水车是使用最普遍的提水机械。南方河网地区大兴围田之后，对小高差的提水机械的需求更加普遍。元代王祯《农书》绘制了不同动力的龙骨水车的图谱，其中人力水车有脚踏、手摇等，畜力水车有牛车、驴车等（图3-3-7、图3-3-8、图3-3-9）。

图 3-3-10　山东嘉祥东汉画像石上的桔槔取水图[1]

五、桔槔及其应用

桔槔是用于提取井水的专门提水机械。桔槔始见于《墨子·备城门》，作“颉皋”[2]，是利用杠杆原理的取水机械（图3-3-10）。春秋战国时期在农业发达的鲁、卫、郑等国（今山东西南、河南北部、河北南部）开始应用。汉代画像石表现出井灌和桔槔仍然是富有家庭的标志，常用在庭院灌溉和生活用水中。

成书于战国末年的《庄子·天地》中详细地披露了其时井灌及桔槔的应用：孔子弟子子贡南游楚国，过汉阴，见一丈人抱瓮入井提水灌园，遂向老者推荐桔槔：“有械于此，一日浸百畦，用力甚寡而见功多，夫子不欲乎？”为圃者仰而视之曰：“奈何？”曰：“凿木为机，后重前轻，挈水若抽，数如沃汤，其名为槔。”[3]《庄子·天运》篇鲁国太师金借桔槔阐发为人之道：“独不见桔槔乎？引之则俯，舍之则仰。彼，人之所引，非引人也；故俯仰而不得罪于人。”[4]这里鲁国人同样精准地概括了桔槔的工作机理，即利用了杠杆原理，在杠一端置重物，无重物的一端汲水后则变为力点，借助置于另一杠端的重物，只用较少的力就可以将水提上来了。桔槔在汉代以后成为北方地区常见的提水机械（图3-3-11）。

无论是战国时期的庄子，还是西汉的刘向，都没有对可以提高劳动效率的桔槔推广普及的意思，而是借物抨击“机”巧，阐释无为思想学说。汉阴丈人回答子

1 嘉祥东汉画像石出土于今山东省嘉祥县南武宅山，是东汉武氏家族墓，自汉桓帝建和元年（147年）开始营造，历经数十年，本图引自朱锡禄《嘉祥东汉画像石》，山东美术出版社，1992年。

2 《墨子·备城门》卷14，《诸子集成》，中华书局，1957年，第313页。

3 ［清］王先谦：《庄子集解》卷3，《诸子集成》，中华书局，1957年，第74—75页。

4 ［清］王先谦：《庄子集解》卷4，《诸子集成》，中华书局，1957年，第91页。

贡："吾闻之吾师，有机械者必有机事，有机事者必有机心。机心存于胸中，则纯白不备；纯白不备，则神生不定；神生不定者，道之所不载也。吾非不知，羞不为也。"[1]刘向笔下的卫国五大夫，亦是不为机巧所误，"我非不知也，不欲为也"，被誉为可以守国的贤者[2]。

东汉及魏晋南北朝是豪强大族庄园经济兴起的时期，井水作为稳定高质的水源，成为庭院生活用水、精耕细作的圃田灌溉的新宠。井和桔槔因此成为这个时期殷实家族的必备设施，这就是东汉大族家族墓室的画像石大量出现井和桔槔题材的历史缘由。

图3-3-11　清代耕织图上桔槔和龙骨水车工作场景[3]

第四节　技术传播的典型案例：浙江诸暨拗井

水利和水力机械（具）在两千年的历史时期被世代传承，直到19世纪随着工业革命兴起而逐渐式微。但是，庄子记载的楚国农夫抱瓮灌园，拒绝"机巧"的类似故事，依然在现代上演。2015年被列入世界灌溉工程遗产的浙江诸暨拗井便是这类案例。拗井即水井与桔槔的合称，赵家镇诸暨拗井大约在12世纪时由中原移民带到江南，在会稽山下发扬光大。诸暨赵家镇的泉畈、赵家、花明泉等村的数千亩水稻灌溉几乎全部依靠井水。据调查在20世纪30年代赵家镇有拗井8000多口，至1985年减少到3633口，还有灌溉面积6600亩。井灌工程不需要工程维护，对于以家庭或家族为单位的农田灌溉用水有独特的优势。类似诸暨拗井在浙江绍兴、台州等地都有分布。

至迟在南宋时井灌在雨量丰沛、山溪众多却难以修建引水工程的南方山区小盆地逐渐推广。16世纪北京开始种植水稻，也引进井灌和桔槔。明《燕都游览志》记在今德胜门三圣庵有观稻亭，"南人于此艺水稻，粳秔分塍，夏日桔槔声不减江南"[4]。稻田与井灌，竟成当时京城一景。

1　[清]王先谦：《庄子集解》卷4，《诸子集成》，中华书局，1957年，第74—75页。

2　清《耕织图》，引自《清史图典·嘉庆朝》第八册，紫禁城出版社，2002年。

3　李云鹏等：《浙江诸暨井灌工程世界灌溉工程遗产申报书（2015）》。

4　[明]孙国敉：《燕都游览志》，原书四十卷，已佚。引自《钦定日下旧闻考》卷54，北京古籍出版社，1983年，第881页；孙国敉（1584—1651年），江苏六合人，天启五年（1625年）廷试贡生第一，有山水志、寺庵志、医学、佛学、生物方面的著作存世。

一、井灌：自然与社会的选择

诸暨井灌工程位于浙江省诸暨市西南赵家镇。这里地处会稽山走马岗山麓的冲积小盆地，多年平均降水量1462毫米，土壤以砂壤土为主，地下水资源丰富、埋深浅，枯水期，地下水埋深在1—3米。区域内有众多山溪，其中黄檀溪水量最大，是浦阳江的二级支流。由于这里多数是山溪型河流，水流湍急，丰枯水位变幅极大，河低田高，修筑引水工程不易且难以满足近山一带农田的需要，具有井灌的先天条件。

图 3-4-1　诸暨赵家镇泉畈村农田外景

泉畈村有古井 118 眼，灌溉面积 400 亩。图中每一处拗杆下面都是一口灌溉水井。

图 3-4-2　泉畈村内的水井

水井至今还是赵家镇泉畈、赵家等村生活用水的主要来源。虽然现在村村有自来水，但由于地下水水质好，多数村民仍然用井水。泉畈、赵家等村古井供水人口有 7700 人之多。

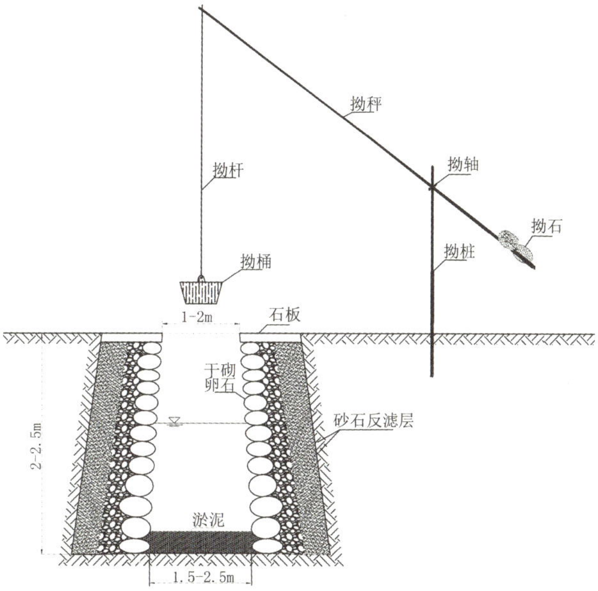

图 3-4-3 拗井结构

诸暨赵家镇泉畈、赵家两村以何、赵两姓为主。据赵氏族谱记载，赵氏先祖是北宋开国皇帝赵匡胤第三子的后裔，12世纪时随着宋宗室南迁移民至此，赵氏与同样来自中原的何姓宗族世代联姻，繁衍生息，逐渐形成宗族性的村落。与家族性质的水利兴起一样，赵家井灌工程起源也无早期记载，从17世纪以后编修的宗谱中可以追寻到拗井传承的蛛丝马迹。明清时泉畈、赵家等村落因为有灌溉水源保障，成为诸暨一方沃土，赵氏人在族谱中记载自己的家园：“阡陌纵横，履畈皆黎，有井，岁大旱，里独丰谷，则水利之奇也。”[1]赵氏宗谱中有道光二十年（1840年）《永康堰禁议》，称“天旱水枯，家家汲井以溉稻田。旱久则井亦枯，必俟堰水周流，井方有水。以地皆沙土，上下相通，理势固然”。这道修筑于清乾隆时期的拦河堰，在与井灌区毗邻的黄檀溪上引水，因为灌溉先后而发生族内纠纷。最后宗族将井灌区的利益捆绑在一起订立乡规，确立先

图 3-4-4 拗井外景（2015 年）

井旁建有简易小屋，供避雨、休憩和存放农具。这样的公共场所称作“雨厂”。

1 引自《兰台古社碑记》（1809年刻），现存诸暨赵家镇赵氏宗祠。

下游后上游的灌溉秩序。从这道《禁议》中还反映出赵家镇人对井灌不仅在工作机理方面认知准确，选择井灌还有用水公平、减少纠纷等管理层面的考虑(图3-4-1、图3-4-2)。

二、田间井灌工程体系与管理

在赵家、泉畈井灌区一丘田配置一口井及田间灌溉毛渠。大田外围是排水渠，汛期大雨之后积水可以迅速排走。完善的井灌工程体系，由井、桔槔提水机具、田间灌排渠道共同组成。这种田在当地被称作“汲水田”。每丘田大多为1—3亩，也有的田块经过整合，达十几亩甚至几十亩。井一般深2—5米，井口直径1—2米，上窄下宽，底径一般1.5—2.5米。井壁由卵石干砌而成，部分粉砂壤田里，井底部用松木支撑。井壁外周用碎砂石做成反滤层(图3-4-3)。

提水的桔槔由拗桩、拗秤、拗杆和配重石头构成，与13世纪王祯《农书》绘制的桔槔并无本质的区别。《农书》将树桩称“桔”，用于提水的杆称“槔”。桔在赵家镇被称为“拗桩”，槔即所谓“拗秤”。诸暨赵家的桔槔，拗桩一般高4米，多采用直径超过10厘米的松木；拗秤一般长6.5米，多用粗细不等的大毛竹，粗端直径约20厘米，绑缚重石，距与拗桩连接的横轴约2米，细端直径5厘米左右，连接拗杆；拗杆则多用细毛竹制成，一般长5米。汲水的水桶为特制，通过木轴与拗杆下端联在一起，称作拗桶。本地人将这种用桔槔提水灌溉的井称作“拗井”。提水时人站在井口竹梁（木板）上，向下拉动拗杆将拗桶浸入井水中，向上提水时借助拗秤的杠杆作用，省力不少，“拗”反映的是从井里提水的过程（图3-4-4～图3-4-7）。

图 3-4-5　拗井衬砌实景

图 3-4-6　汲水桶

汲水桶有木制的转动轴，便于取水和倒水。

与4世纪时水碓象征地位与财富类似，直到20世纪50年代，诸暨赵家镇的农家认可拥有土地并拗井是小康之家的身份标志，井灌为耕地提供了旱涝保收的保障，当地人把这样的土地称为“汲水田”[1]。拗井与土地共为田产，土地随井的买卖而变更所有者。多数水井为一户所有，也有的井为两户或以上农户共同所有。共有井在灌溉时，需要协商先后次序、灌溉时间等，这种井人们称“轮时井”。还有的井两两之间间距很近。甚至二井井壁相邻，二井之间直接水量交换，即当地所称的“串过井”。其中一口井提水频繁时，会对另一口井的水位和水量有影响，因此在灌溉时两家农户协商，分成半日半夜两个时段分别提水，以保证井提水灌溉时水量充足。

图 3-4-7　拗井的操作

井口铺有苇草保护水桶，汲上的水直接入渠，自流到田间。

20世纪以后，与井灌相辅相成的桔槔、辘轳等提水机具机械逐渐退出。使用水泵的机井提水效率是桔槔难以比拟的。但是在赵家镇拗井从来不曾退出，因为机井的高效率恰好是公平用水的短板。一个水泵开启后地下水位迅速降低，另一块农田需要等候地下水回补后才能灌溉。时至2015年，赵家镇仅存井灌面积四百亩，但是人们仍然坚持拗井提水灌溉，或许种植作物由水稻改为蔬菜、果树，需水量不大，灌溉的时间也不集中，古老的取水方式可以满足需求；或许拗井代表着家族的历史，这是他们纪念先祖的一种方式；又或许拗井是家族重要遗产，他们自愿这样的世代相守。

1 诸暨赵家镇《（光绪）何氏宗谱·宣德郎何君星齐墓志铭》记载，“（何星齐继）有汲水田十余亩”，在四年之间三经凶丧，两议婚娶，因有田产保障还是终得成家立业，善终乡里。

2 引自李云鹏等：《浙江诸暨井灌工程世界灌溉工程遗产申报书（2015）》。

第四章
隋唐宋大运河及其经营（581—1279年）

隋代终结了东汉末年至魏晋南北朝长达四百年此长彼消诸多割据政权。隋朝是一个既重视集权政治的制度建设，也不惜举国之力大兴土木工程的王朝。大运河是隋朝最具时代特征的伟大工程，以洛阳为中心，向北开永济渠将海河水系各河联系起来，向南开汴渠，沟通黄河、淮河；开淮扬运河沟通江淮；重新整治江南运河，连接长江、太湖与钱塘江。只有三十多年历史的隋朝，系统地整治了前代留下的区间人工水道，这一将大江大河连通起来的大运河留给了其后更为强大的唐朝。大运河作为隋王朝标志性工程，无论是维护还是经营都极大地影响了此后中国的政治、经济和文化。

大运河是由水利工程体系构成的人工水道，它的经营管理只有集权行政体系才足以承担。汉王朝利用漕渠，构筑了连接长安与华北平原的经济动脉，今山东、河南和河北地区成为长安粮食供给地。隋唐的运河水路则是以长安为目的地，以洛阳为枢纽，横贯东西南北，辐射华北、江淮、东南三大平原的水路干道（图4-0-1）。大运河的建设推动了长江以南的开发，唐朝建立的漕运体系，使南粮北调逐渐成为此后每一个王朝继承，维系大运河通畅的河工管理也成为国家水政的主要使命。漕运制度不仅是帝国对长江中下游广大区域东南粮食的绝对依赖，更构筑了中央集权对地方政权的统治网络。

自东汉王景治河至隋唐，黄河安流已经八百年。北宋时黄河北行水道开始频繁决口。黄河下游决溢泛滥直接危及北宋都城洛阳以及大运河最关键的河段——汴渠的安全。北宋王朝以维系漕运为目标的治河防洪，成为国家水利工程建设与管理的终极目标。

中国大运河是指连通多条大江大河的人工水道。自汉代开始这一由国家组织，以都城为目的地的粮食运输行为，被统称为“漕运”，它是中国古代大运河特有的使命。而堪称大运河者则是经过数百年乃至上千年的持续兴建和运用，并不断改造而逐步形成的独立工程体系。这样的大运河产生了两条：一是隋唐宋时期由永济渠（卫河）、通济渠（汴渠）、淮扬运河、江南运河构成，以洛阳或开封为中心的大运河，它以江淮、黄淮之间的运河——邗沟和鸿沟为始，历时近一千年。一是元明清时期以通惠河、北运河、南运河、会通河、淮扬运河、江南运河、浙东运河构成的北京至宁波总长两千多公里的大运河，持续运用时间六百多年。

永济渠和通济渠是隋唐宋大运河的关键河段，也是由中央政权直接管理的河段。隋炀帝开永济渠意在调运粮食北上，支撑北征高句丽的战争；开通济渠意在打通黄河与淮河之间水路交通，加强对南方的控制，便于巡幸江都而兴建的。彼时黄河以北的海河流域有三国曹魏留下的人工水道，也有曾经连通的工程经验，这是永济渠的基础。在黄淮之间有战国鸿沟、汴河等，是通济渠的前身。至于江淮之间的邗沟（汉代以后多称山阳渎）、长江与太湖之间的江南水道，都是战国以后持续运用的区间人工水道。炀帝在大业年间（605—617年）系统整治了水道，构成了以隋东都洛阳为目的地的东西走向和南北走向的大运河系统。通过永济渠向北直抵涿郡（治蓟，今北京西南）；而通济渠则将黄河与淮河连通，与山阳渎（宋代始称淮扬运河）、江南运河联系起来。炀帝在很短的时间里大举兴工修建大型工程，极大地消耗了国力，隋朝虽然短命，但是大运河成为后来唐宋王朝的经济命脉。通过永济渠将海河水系与黄河连通。通过通济渠沟通黄河和淮河，加上江淮间的山阳渎，长江以南的江南河，构成中国东部平原贯通南北东西的水路，这一规划付诸实施对其后中国政治经济、文化都有深远影响。

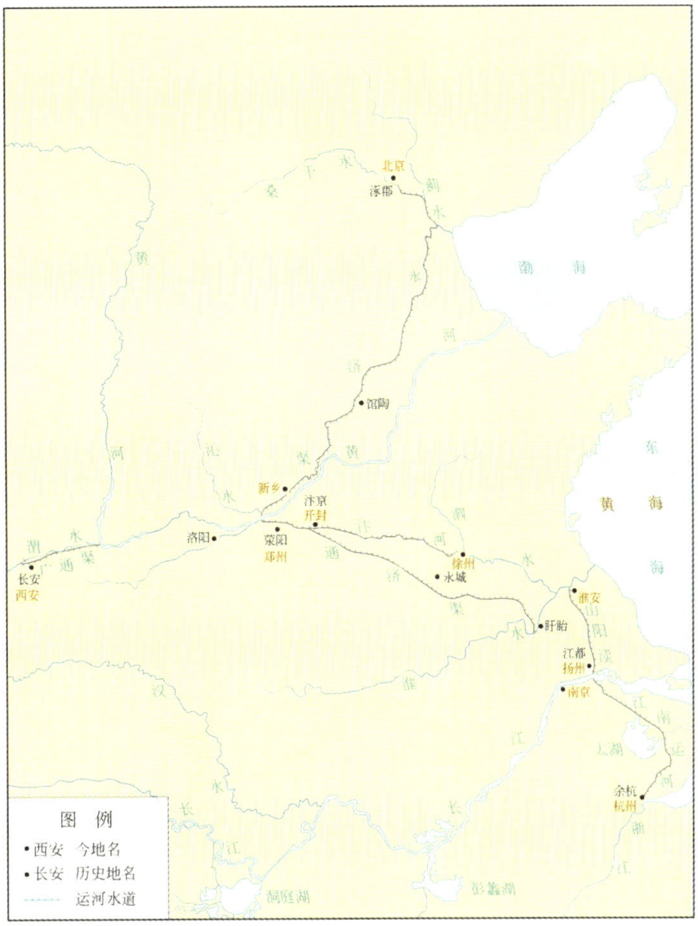

图 4-0-1 隋唐宋大运河经行示意图（7—12 世纪）

第一节 永济渠

在开永济渠之前，海河并不是独立的水系，以拒马河为界，所有海河水系南系的河流都是黄河的支流。开永济渠后，所有的海河南系支流汇入永济渠。永济渠水路几经变迁，此后作为海河的干流水道延续至今，即宋元御河，明清以来所称卫河、南运河、北运河。

永济渠从东汉末年曹魏时期开的区间运河演变为贯通华北平原南北的永济渠，历经约400年，从永济渠到御河到南运河又经历了500年，由京杭大运河的南运河运用至今约600年。永济渠作为运河，连续运用的时间长达1500年，是中国北方最重要的内陆水道。

一、3世纪海河流域运河及其演变：从白沟到永济渠

永济渠起源于东汉末年所开的白沟及利漕渠。汉献帝建安九年（204年）曹操在枋头（今河南浚县西南）筑堰，引淇水东北流，经内黄入清河，以通漕运，这段称为白沟的运河，是为海河水系南系干流卫河形成的肇始[1]（图4-1-1）。

白沟是利用黄河的一段故道宿胥渎整治而成[2]。黄河自宿胥口（在今河南滑县西）北流，一次在宿胥决口后改道东行，原北流故渎经过整治后即为白沟。曹魏开白沟时兴建了枋堰和宿胥堰两处关键工程。枋堰是引水工程，在今河南浚县西淇水下游，筑堰后引淇水济白沟（图4-1-2）。《水经注·淇水》记载“魏武王于水口，下大枋木以成堰”，“其堰悉铁柱、木、石参用”，应是一处拦河坝建筑[3]。宿胥堰在黄河决口处，是控制水量的溢流坝，汛期部分洪水可经堰顶泄入黄河。东汉献帝建安十八年（213年），曹操营建邺城（在今河北临漳西南约20公里）时又开利漕渠，引漳水（自今河北曲周南，东至今大名西北）入白沟[4]。利漕渠入白沟的利漕口在今河北馆陶县南。自此白沟已先后将清水、洹水（即安阳河）和漳水引入，海河流域南系的几条支流都通过白沟联系起来了。

4世纪前后，以邺城为都城的北魏政权在滹沱水和沽水（相当于后来拒马河）之间开平虏渠，这是海河南系最北段天然河道之间的沟通，形成了白沟西南自邺城东南至今河北黄骅入海的水道，以北魏都城邺城为中心的

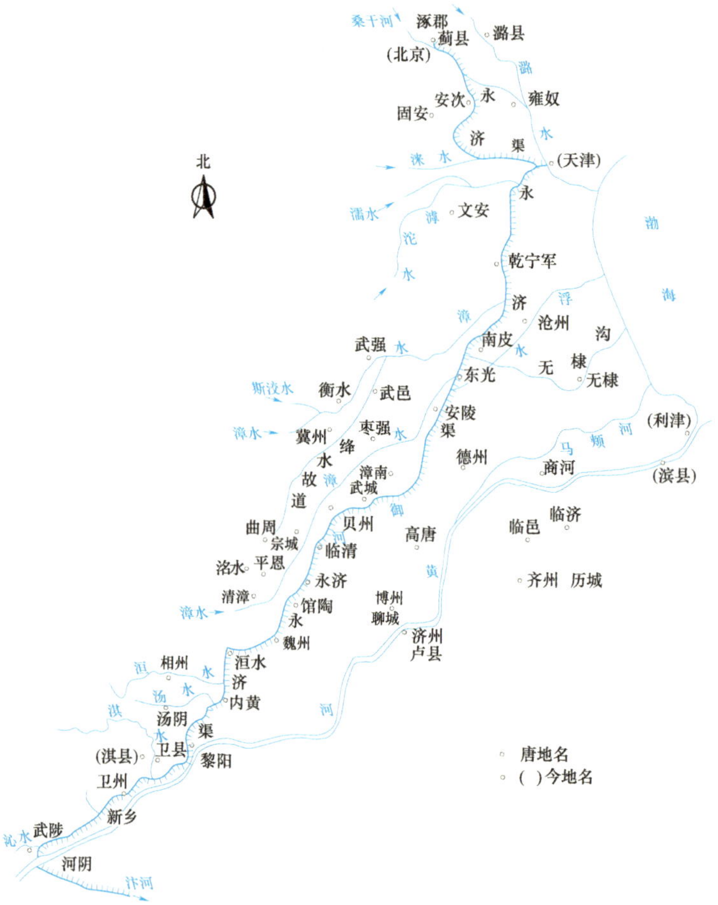

图 4-1-1 永济渠及其水系（隋唐宋时期）

1 《三国志·魏书》卷1：“（建安）九年春正月，济河，遏淇水入白沟以通粮道。”中华书局，1959年，第25页。

2 ［北魏］郦道元：《水经注·淇水》，“魏武开白沟，因宿胥故渎而加其功也”。王国维校本，上海人民出版社，1984年，第323—324页。

3 ［北魏］郦道元：《水经注·淇水》，王国维校本，上海人民出版社，1984年，第323页。

4 《三国志·魏书》卷1：“（建安十八）秋七月，始建魏社稷宗庙……九月，作金虎台，凿渠引漳水入白沟以通河。”中华书局，1959年，第42页。在《水经·浊漳水注》原文为：“汉献帝建安十八年，魏大祖凿渠，引漳水东入清洹以通河槽，名曰利漕渠。”

漕运四通水路交通网构成（图4-1-2）。

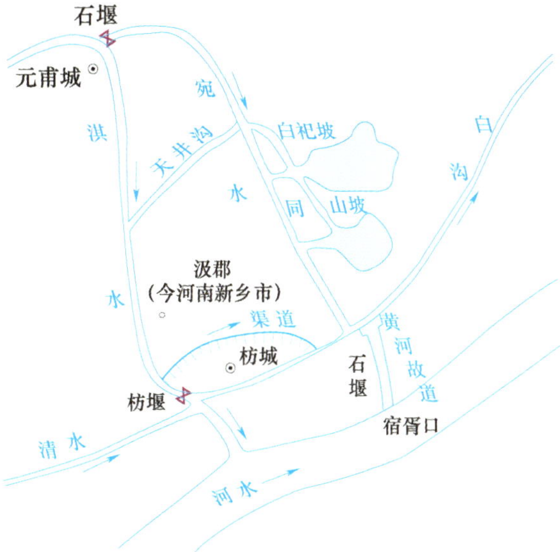

图 4-1-2 曹魏白沟及枋堰

魏晋南北朝时，由于白沟在沟通南北水路交通中的重要地位，枋堰所在的枋头城成为兵家必争之地。东晋海西公太和四年（369年），大将桓温北伐，欲取道白沟攻邺城，在枋头被前燕慕容垂击败，不得不焚舟退兵。枋堰也就此被毁[1]。北魏熙平（516—517年）时重修枋堰，白沟复通水路[2]。根据《水经注·清水》《水经注·淇水》的记载，白沟的南段与今河南淇河口至河北大名县南的卫河大致相当，北段流经今大名县西接清河，水道与今卫河有所不同。隋开永济渠就是在它的工程和水道的基础上进行的。

二、永济渠开凿与运用

大业四年（608年），隋炀帝征河北诸郡百余万人开永济渠。永济渠南自河南武陟沁口，北至涿郡（治蓟，今北京西南）[3]。沁口是沁水入黄河的口门，在黄河北岸，南岸是河汴两水相通的河阴县。

永济渠的主要水源是沁水、清水、淇水。清、淇二水原为白沟的水源，隋永济渠引水口位置南移，水源增加了沁水。永济渠上游段河宽约56米，深8米[4]。永济渠除兴建引沁工程外，主要是利用白沟及黄河故道。自浚县、内黄、馆陶、武城、东光、独流、信安、永清，借桑干水（今永定河下游）至涿郡。永济渠将沁水、清水、淇水、屯氏河、清河、桑干水联系起来，使发源于太行山入黄河的河流改入永济渠。海河南系干流由此形成。

永济渠的开凿和运用，对海河流域的自然环境产生了深刻的影响。隋唐以前，

1 《晋书·桓温传》卷98，中华书局，1974年，第2576页。

2 ［北魏］郦道元：《水经注·淇水》，“（枋堰）自后遂废，魏中复通之”。王国维校本，上海人民出版社，1984年，第323页。

3 《隋书·炀帝纪》卷3：“（炀帝）诏发河北诸郡男女百余万开永济渠，引沁水，南达于河，北通涿郡（治蓟，今北京西南）。”中华书局，1973年，第70页。

4 ［唐］徐坚：《初学记》卷六，中华书局，1962年，第120页：“隋炀帝于卫县（在今浚县西南）因淇水之入河，立淇门以通河，东北行，得禹九河之故道，隋人谓之御河。”［唐］李吉甫：《元和郡县志》卷16，中国古代地理总志丛刊本，中华书局，1983年，第466页，河北道贝州永济县条原文：“永济渠，在（永济）县西郭内。阔一百七十尺，深二丈四尺。南自汲郡（郡治在今浚县西南）引清、淇二水东北入白沟，穿此县入临清。”

黄河北行自西南而东北纵贯华北平原。发源于太行山的沁水、洹水、漳水、滹沱等水，自西而东汇入黄河。永济渠的开凿，使原入黄河各水汇入运河，由此海河南系的干流形成，海河成为独立流域。明清以后，永济渠山东临清至天津静海段称南运河，静海至北京通州为北运河，即海河的南北干流。

自汉代至唐玄宗时安史之乱前（公元前206—755年）的九百多年间，华北平原一直是重要的农业生产区。唐中期以前，中央财赋所出豫、兖、冀、雍等州占有较大比重，对江淮需求还不大。这一时期河南、河北、山东是支撑唐朝的重要农业区，水利在沁水、丹水、淇水、漳水流域尤其发达，兴建了规模较大的灌溉工程，如枋口堰所在的济源县。唐大和五年（831年），节度使温造在相州（今河南安阳）界内兴建的引漳灌渠有高平渠、广润陂、金凤渠、万全渠、菊花渠、利物渠等。河北地区生产的粮食通过永济渠，或转运关中，或供西北守军。其时的河北号称天下北库。

唐代中期以前永济渠是关中与河北、河东诸路沟通的主要交通线。沿永济渠的魏州因水运而成为漕运的中转枢纽。魏州系北周大象二年（580年）置，隋改为武阳郡。唐武德四年（621年），复为魏州，辖界相当于今河北大名、魏县、馆陶，河南南乐、清丰、范县，山东冠县、莘县等地。开元年间（713—741年），从华北各州运至关中的粮食激增，除江淮外，来自华北的漕粮主要征自河北道晋、绛、魏、濮、邢、贝、济、博各州。其时位于永济渠两岸的魏州地位凸显，州治贵乡（今河北大名东北）是永济渠沿岸最为繁华的城市，有川原林麓之富，舟车士马之殷，唐中期常住居民多达15万户。开元二十八年（740年），刺史卢晖于州治开新渠，“徙永济渠，自石灰窑引流至城西，注魏桥，以通江淮之货”[1]，永济渠改道经由州城，反映出魏州在水运中的重要地位。

唐天宝十四年（755年），范阳、平卢、河东三镇节度使安禄山叛乱，以华北为其大本营，引兵南下。浩劫之下，河北各州十室九空。长达八年的安史之乱平定后，华北藩镇势力割据依然强大。魏州守将田承嗣盘踞华北49年，税赋不入朝廷。唐德宗建中三年（782年）六月，田氏乱军与官军战于魏州，官军大败，永济渠溺死人不可胜数，尸塞河道，壅水三尺[2]。自此永济渠漕路中断数十年。唐末及五代初割据政权在华北争夺期间，永济渠区间虽然维持通航，但是魏州水路交通枢纽的地位从此为临清所替代。

唐末华北农业经济区的地位下降，而永济渠仍然是中原与关中、淮北、淮南沟通的关键水道。北宋时御河主要运送华北驻军的粮饷，设河北转运使专门负责漕运，河工管理与黄河同等重要。北宋时永济渠又称御河，南自卫州（今河南淇县东之卫贤镇），东北经内黄县、洹水、馆陶、永济、临清、将陵（治今山东德州），至乾宁军（治今河北青县），与潮河汇合后入海（即今海河水道）[3]。北宋时，黄河分为南北二支，北支黄河与御河并不相通，沁水也与御河隔断，这时御河的主要水源来自淇水。淇水上源有卫州共城（今河南辉县）百门陂，通过引水工程汇集成陂，下流入御河即今之卫河上源，宋代御河中下游所经和唐代基本相同，大名府以下与当时华北平原

1 《新唐书·地理志》，二十五史河渠志注释本，中国书店，1990年，第681页。

2 ［宋］司马光：《资治通鉴》卷227，中华书局，1956年，第7330—7331页。

3 ［宋］乐史：《太平寰宇记》，四库全书文渊阁影印本，上海古籍出版社，2003年，第451—469页。

的诸塘泊水汇合[1]。御河自卫州以下可通行三百至四百石的船，四季可以通航。

北宋时御河淇口以北与黄河并行，如黄河与御河水道分离，则御河畅通。漕船自淮扬运河转汴河，由汴河通黄河均是直航。但是，黄河与御河之间的水路不再衔接，漕船过黄河后需要卸船，转陆运至河北黎阳（今浚县）或马陵道口（在今大名县境），再装船入御河水道。北宋前期至中期，为了向北方守边士兵运送粮饷，御河大名至将陵段漕运一直畅通。

永济渠开通后，原入黄河的漳河、徒骇河、子牙河诸河归于永济渠，成为海河南系的干流。汛期各河的洪水汇入运河，宋代御河防洪问题已经比较突出。熙宁（1068—1077年）初，在大名府御河上开范济口分减涨水，后几近于年年都要人工开口分洪，于是在分水位置兴建了范济减水坝，这是御河上最早的永久性减水石坝[2]。

北宋时，黄河决口逐渐频繁，通常泛流最后汇为南北两支。北支经濮阳、东光，折而东流经沧州入渤海，是为黄河北行河道[3]。北行河道也因屡屡决口，使黄河洪水入御河。御河因为黄河泥沙淤积而不能通航。熙宁、元丰（1068—1085年）时，多次采取疏决措施，企图挽黄河自河北以下东行，使黄御分离。但是效果都不能长久。元丰四年（1081年），黄河在澶州（州治今濮阳）小吴埽决口，主溜改道由西北内黄入御河[4]。黄河夺御河北流后，更多的泥沙淤淀御河河道，使北京大名府以南御河湮灭一二百里，自此御河漕运中断多年[5]。元符二年（1099年），黄河再北决冲断御河。此后三年大名以下御河水枯。崇宁元年（1102年），开临清县坝子口，并于御河西堤设置多处斗门，同时增高西堤3尺，以疏导大名、恩州、冀州、沧州、永静军等处积水，使入御河济

图 4-1-3　卫辉百泉及百泉庙实景

图 4-1-4　卫河水道实景（2006 年）

1《宋史·河渠志》，二十五史河渠志注释本，中国书店，1990年，第147—148页。

2［宋］李焘：《续资治通鉴长编》卷264，上海古籍出版社，1986年，第2485页。

3 北宋时黄河入海有两路，一为北流，大致在今黄河北，略与今河平行。又因时期不同，分为京东故道、横陇故道及二股河。

4《宋史·河渠志》，二十五史河渠志注释本，中国书店，1990年，第72页。

5《宋史·河渠志》，二十五史河渠志注释本，中国书店，1990年，第80页。原文为：“苏辙奏：‘昔大河在东，御河自怀（州治今沁阳）、卫（州治今卫辉市）经北京（在今大名东北），渐历边郡。……自河西流，御河湮灭……今河自小吴北行，占压御河故地，虽使自北京以南折而东行，则御河湮灭已一二百里，何由复见。’”

运。次年秋，黄河再次决口入御河并淹馆陶县，用工21万修御河西堤，但很快被冲决。由于黄河的影响，以及边防的需要，北宋末年御河基本处于不治，部分河段被黄河泥沙淤废。

南宋建炎二年（1128年）黄河在开封决口，全河改道入淮，御河因此脱离了黄河的干扰，运河水道及相关的海河水系南系河流系统也逐渐稳定。金贞元元年（1153年）迁都燕京，金朝采行“五京制”，作为国家行政首都来经营的是中都（今北京），后期是南京——汴京（今河南开封）。金以中都、南京为目的地的漕运主要仰仗的水道就是御河。其时汴渠由于黄河改道，以及与南宋战争的原因，已经不能与淮扬运河衔接，汴渠水路时通时断。出于军镇供给的需求，御河当然成为金朝重要的南北水道。金在沿御河各县置仓存粮，恩州（治历亭，在今武城东）、临清、将陵（今德州市）、东光、南皮、兴济（今青县兴济镇）、会川（时清州治，今青县）等都有粮仓。泰和六年（1206年），以地方府、州、县官兼管漕河事，沿御河各府、州县分管辖区内河道疏浚。

元建大都北京后，于至元二十六年（1289年），修会通河，南起徐州黄河运口，北到临清与卫河相接。至元三十年（1293年）开通惠河，这样，形成了全国南北贯通的大运河，元明清三朝御河在临清以北河段成为京杭大运河河段。明代按河段设分司管理河工，其后御河在临清至天津河段被称南运河，天津至北京段为北运河。御河临清以上至时卫辉府河段统称“卫河”。隋开永济渠后，海河南系干流形成，运河水道也成为行洪水道，为了减轻卫河下游洪水的威胁，明清时期南运河开始修减水坝及开挖减河，其中骨干工程有恩县四女寺减河、德州哨马营减河、青县兴济减河、沧州捷地减河，因此而形成了运河完善的水量控制工程体系。

明永乐九年（1412年），会通河南旺枢纽尚未建成前，黄河以北漕运采用水陆联运的方式，自杭州经江南运河，在丹徒（今镇江）过长江，入淮扬运河，经淮安入黄河，由黄河逆流而上，至封丘西南的中滦镇转陆运。中滦至淇门镇入御河，再由御河到通州。永乐以后，漕船走会通河，卫河临清以上不再行漕运，但民间水运依然发挥作用，此后四百多年卫河主要作为南运河的水源一直发挥重要作用。明清以降，卫河是南运河的主要水源，卫河上游河南卫辉府界内的百泉引水工程（图4-1-3、图4-1-4、图4-1-5），纳入运河工程管理体系。自泉水出露的百泉陂至山东临清，卫河沿线设置了从事疏浚的浅铺，明代中期数量达到84处。清代延续了对水源工程严格的管理制度。

图4-1-5　南运河沧州段水道实景

元开会通河后，重新整治永济渠，自此南运河纳入京杭运河河段。

第二节 通济渠—汴河

隋通济渠，即唐宋时的“汴渠”，或称“汴河。通济渠作为漕运水道的完善和经营主要是唐代和北宋。通济渠是受黄河影响最大的运河。南宋建炎二年（1128年），宋守军杜充为阻止金兵南下，决黄河堤，导致黄河全河改道，汴河被黄河无数次泛滥所带来的泥沙逐渐湮埋。通济渠—汴河经历了黄河南行期间淮北平原沧海桑田的巨大演变而最终湮埋于黄河泥沙中。

一、从鸿沟到通济渠

通济渠—汴河沟通江淮，位于淮北平原，分别以黄河、淮河，以及区间塘泊为水源（图4-2-1）。通济渠呈西北东南走向，地面比降0.020‰—0.012‰，是比较利于通航的水道。较好的自然条件使通济渠水道平直，工程设施较少，几乎没有拦河堰埭。

图 4-2-1 隋唐宋通济渠—汴渠经行

受制于黄河决溢，黄淮间运河水道迁徙频繁。通济渠与战国所开的鸿沟水道已经发生了很大的改变，与汉代鸿沟（时称蒗荡渠）也不同。

鸿沟时期水源引自黄河圃田泽。圃田泽在今河南中牟县界内，其上游还有荥泽。黄河水经过圃田泽的调节和澄淀，鸿沟水源不仅稳定且含沙量低。魏襄王七年（公元前312年），越国支援魏国的300艘船，500万支箭杆等，就是经行鸿沟水道[1]。鸿沟兴建后，造就了沿线城市的兴起，如鸿沟与颍水交汇处的陈（今河南淮阳），与睢水交汇处的睢阳（今河南商丘），与丹水、泗水交汇处的彭城等。汉鸿沟大致经行是：自荥阳泽、圃田泽，直东抵大梁，折而南下，经陈留入颍水，下入淮河[2]。颍水是

1 ［北魏］郦道元：《水经注·河水》，杨守敬《水经注疏》卷4，湖北人民出版社，1988年，第249页。

2 ［北魏］郦道元：《水经注·河水》，杨守敬《水经注疏》卷4，湖北人民出版社，1988年，第1366、1379页，引《竹书纪年》“梁惠成王十年，入河水于甫田，又为大沟而引甫水”，“梁惠成王三十一年三月，为大沟于北郭，以行圃田之水”，其中北郭为大梁城北郭，两条记载都是早期鸿沟的经行。

图 4-2-2　河南荥阳汉鸿沟（汴河）堤防遗迹（1999 年）

淮河的主要支流，鸿沟开凿后，将淮河干流及颍水、沙水、涡水等支流联系起来，构成了淮北平原的水运网，在中原地区的政治、经济中发挥了重要作用。

汉鸿沟称蒗荡渠在阳武分出汴渠，或称汴水、汳水。蒗荡渠仍东南注颍水，与淮河支流睢水、涣水、涡水、沙水等构成相互连通的水系。汴渠东行于商丘西北入泗水的孟诸泽，其东出孟诸，经萧县至彭城，与泗水汇，至淮阴入淮河。鸿沟大约在魏晋南北朝逐渐淤废，黄淮之间水路被汴水取代南北，在今郑州附近，还有圃田泽和鸿沟的遗址（图4-2-2）。

荥泽、圃田泽、孟诸泽保障了运河有充足且含沙量较少的水源。东汉以来，黄河屡屡南犯，大量泥沙沉积下，荥泽、圃田泽、孟诸泽逐渐缩小，北魏时鸿沟演变为多沙河流，河道逐渐湮废，仅存荥阳汴口附近河段遗址。魏晋时开封以下汴渠—泗水水道得到持续整治，成为与鸿沟并用的水道。但是，泗水在徐州附近的徐州洪、吕梁洪等地的多处险滩，使航行异常艰难，是制约这条水路运输的瓶颈。直到隋开通济渠，黄淮沟通的水路开始有较大的改善。

隋大业元年（605年）三月，隋炀帝命宇文恺营建东都。东都在北魏洛阳城以西约18公里处。同时，发河南、淮北诸郡百余万人开通济渠。又发淮南民十余万开邗沟，自山阳（今淮安）至扬于（今扬州南）入江。渠宽四十步，渠旁筑御道，植柳树。至八月初两渠完工。是年八月十五日隋炀帝乘龙舟，率领庞大的船队自东都出发游幸江都。炀帝在洛阳东北洛口登龙舟，经黄河百余里至板渚汴口，转入通济渠，经浚仪（今开封）、商丘、萧县、宿迁，至清江入山阳河（今淮扬运河）。炀帝的龙舟上下4层，共高约15米，长66米，中间两层有120个房间，上层为正殿朝房。随行官吏及兵士乘船各数千艘，共用挽船夫役8万多人，另有骑兵在两岸行进全程护卫，舟船首尾长二百余里。所过州县五百里内皆献饮食，一州多至百车以上[1]。炀帝大业十四年（618年）三月，宇文化及发动扬州兵变，杀炀帝后叛军从水路北返。行至徐州，水路不通，弃舟陆行，企图抢占洛阳[2]。这是隋代最后一次利用通济渠。同年五月，李渊在长安称帝，定都长安，仍以洛阳为东都，改国号唐。隋开通济渠后运河与黄河相通的河阴县黄河运口成为黄淮海之间沟通的交通枢纽。隋留下的通济渠，在唐朝开始发挥漕运功能，成为支撑其经济的骨干交通。

---

1 《资治通鉴》卷180，中华书局，1963年，第5620—5621页。

2 《隋书·宇文化传》卷85，中华书局，1973年，第1890页。

隋通济渠始于洛阳西苑，经由洛阳西北，过偃师入黄河。经黄河水道下行，至河阴西板渚汴口至汴州入旧汴渠。自西苑通济渠口至黄河口为隋通济渠新开河段。隋及唐前期的通济渠，汴州（今河南开封）以下分为两支，一支利用了旧汴渠的河道，经汴州、砀山、萧县至徐州，入泗水，东南经宿州（治宿预，今宿迁），于淮阴入淮河，称入泗水道；一支则利用了濉水水道，自汴州城西南折向东南，经雍丘（今杞县）北，宋州宋城县（今商丘县南）南，宿州埇桥南（今宿县，原属徐州）以及泗州虹县（今泗县）、临淮县（今盱眙县北，17世纪时沦入洪泽湖中）入淮河，是为入淮水道（参见图4-2-1）。

唐中期以后逐渐不用通济渠名，称汴河或汴渠。唐代汴河较大的改变是入淮水道（南路）取代了北路入泗的路线（参见图4-2-1）。此外是汴渠下游河道的大规模持续性的整治。汴河虹县（今泗县）至临淮县入淮口以上一百五十里河段，因河道比降过大，水流迅急，常用牛拉竹索拖船上下。入淮后，须在淮河逆行，又有淮河风涛之险。开元二十七年（739年）河南采访使齐澣自虹县以下，开新河三十余里入清河（泗水），行百余里，又自清河开渠至淮阴县（在今淮阴西南马头镇附近）北十八里入淮，称广济新河。后终因新渠仍旧湍急，加上砂礓石河床，漕运艰难。不得不废新河，重新疏浚旧道。

通济渠北端以黄河为水源，南端以淮河为水源，隋唐时淮河河口至淮阴是潮汐河段，通济渠受潮水的影响较大。唐后期人李翱于元和四年（809年）在其游记《来南录》中记载了他从洛口启程，经黄河至河阴汴口转入汴渠，至泗州入淮河，顺淮河而下至盱眙，在新浦转入淮扬运河抵扬州的水程，自除沿途停留外，每日平均约行九十里。《来南录》记载了当时通济渠（汴渠）情况，时汴渠所经的城市有河阴、陈留、雍丘、宋州、永城、埇口（今安徽宿县）、泗州（今江苏泗洪东，18世纪时沦为洪泽湖的一部分，临淮岗附近）、盱眙、楚州（今淮安）。《来南录》的记载反映出通济渠是自然形态的水道，没有拦河修筑的坝或闸，相比于大运河的其他河段，工程设施要少得多[1]。

唐后期，据有淮北平原的淮西节度使在淮北屯田，任意在汴河堤岸开斗门引水灌溉。由此转运使与节度使因为航运与灌溉用水频繁发生纠纷。白居易（772—846年）在河南尹任上经手过汴河水权争夺的案子。其时当地驻军为了军粮，引汴河水灌溉而致漕运梗阻，“转运使以汴河水浅，运船不通，请筑塞两岸斗门。节度使以当军营田悉在河次，若斗门筑塞无以供军”。白居易指出漕路中断，则国家日用供给中断，利害相较轻重分明，因此判决严禁汴河沿岸斗门开启[2]。但是，唐中期以来地方节度使往往兼营田使及支度使，负责屯田和筹措军费，灌溉与水运争水实际是中央与地方割据政权利益之争。随着割据势力的强大，汴河被分段拦截，水运随之衰落。至唐末五代时，汴河已经不能全程通航。后晋及后汉都大梁，仍依赖汴河漕运，汴河部分河段仍有维修。后汉时曾修汴河沿岸斗门分水，并时有疏浚河阴汴口之

1 ［唐］李翱：《来南录》，《全唐文》卷638，中华书局，1982年，第6442—6443页。

2 ［唐］白居易：《判汴河两岸斗门筑塞之争》，《全唐文》卷672，中华书局，1982年，第6861页。此判应是白居易于太和四年至七年（830—833年）河南尹任上所写，判原文：“汴河决能降雨，流可通财，引漕运之千艘，实资积水；生稻粱于一溉，亦藉余波，利既相妨，用难兼济。节度使以军储务足，思开窦而有年；转运司以邦赋贵通，恐负舟而无力，辞虽执竟，理可明徵，壅四国之征，其伤多矣，专一方之利，所获几何，赡军虽望于秋成，济国难亏于日用，利害斯见，与夺可知。”

举。后周显德二年(955年)全线疏浚汴渠,并开惠民河、广济河(五丈河)。显德五年(958年)时恢复江淮间水运,六年修汴口及斗门,征集丁夫数万浚汴河及开渠,打通了蔡河与汴河水路,因此恢复汴渠通往淮北的水运。但是自宿州以下,汴渠下游因唐末守军决毁汴堤,两岸成为一片沼泽,直到北宋水道才得到整治。

秦汉时鸿沟圃田泽湮废后遗留的池沼洼地,成为唐宋汴河的水柜,在中牟县界内水面就达850多顷。北宋元丰时(1078—1085年),兴建清汴工程,汴河沿岸有陂塘近40处,运河水多时入塘,不足时开斗门入河,可以沿程调节汴河水量。

根据《新唐书·地理志》记载,淮北平原分布的与汴河运用有关的湖沼陂塘分布状况如下表所示(表4-1)。

表 4-1　汴河水柜分布情况表

所在州县(今所在地)	工程名称	备注
郑州中牟	圃田泽	东西长四十里许,南北宽二十里许
	大鹄、小鹄、大斩、小斩、大灰、小灰等 24 陂	水源来自圃田泽
汴州开封	湛渠	引汴注白沟,通曹兖
汴州砀山	孟诸泽	周回四十三里
汴州陈留(河南开封)	观省陂	兼有灌溉之利
宿州符离(安徽宿州)	牌湖堤	隋代修,唐显庆年间重修,兼有灌溉之利
宿州虹县(江苏泗县)	潼陂(万安湖)	县北五里,周回二十里

资料来源:[唐]李吉甫:《元和郡县图志》,中华书局,1985年。
[宋]欧阳修、宋祁:《新唐书(地理志)》,中华书局,1975年。

二、北宋汴河及其经营

北宋都汴京(今开封),居民加上驻守京城的禁军,有常住人口约150万,大部分粮食来自江淮,北宋对汴河漕运的依赖程度超过唐代。《宋史·河渠志》:"(汴河)岁漕江、淮、湖、浙米数百万,及至东南之产,百物众宝,不可胜计。又下西山之薪炭,以输京师之粟,以振河北之急,内外仰给焉。故于诸水,莫此为重。"[1]以开封为目的地的漕运水路,除汴河以外,还有广济河和惠民河。据熙宁五年(1072年)的资料,其时由汴河输送京城汴梁的粮食年六百万石,由广济河输送六十二万石,由惠民河输送六十万石[2]。

汴河是北宋都城的交通命脉,中央政府设置河渠司为汴河管理部门。河渠司设都大提举河渠司及都大巡河使臣等属官。朝廷经常轮番派遣监丞出使地方治理河

1 《宋史·河渠志》,二十五史河渠志注释本,中国书店,1990年,第103页。
2 《宋史·河渠志》,二十五史河渠志注释本,中国书店,1990年,第112页。

渠，官职与事务联系，如都提举汴河堤岸司、都大巡护惠民河或巡护惠民河、都大巡检汴河堤岸、都大提举制置淮南运河司、提举汴口至泗州堤岸、蔡河拨发堤岸斗门事等等。

北宋中央政府设都水监，地方政府设外都水丞、都提举官、监埽官等职，宋太祖开宝五年（972年），令开封等17州府通判充任河堤判官。大中祥符时（1008—1016年），“令京畿民官，皆兼沟洫河道，以为常职”[1]。天圣三年（1025年）又诏开封、应天、陈、许、徐、宿、亳、曹、单、颍、蔡诸府州及属县官领开治沟洫河道事。在汴河上关键河段和分水斗门，则设专官，如管勾汴口或勾当汴口、巡辖斗门等。

汴河管理的主要任务是保障水源供给和负责河道疏浚。运河的水源受到严格的控制。规定汴河、蔡河、广济河诸斗门，根据水势依时启闭，在各运河上开掘河堤，私自偷引河水者，由巡人和看管人捕获送官惩治。汴河疏浚规定每年一浚，后改为三年一浚。在组织维护疏浚运河河道等方面，除征调夫役外，还设有排岸兵、河防兵、开江兵等专以修护堤岸以及专门负责河道清淤的“撩河船”，以期航运干旱不辍。熙宁十年（1077年）“河清、广济指挥增为公百人，汴口岁差厢军千五百人”[2]。北宋中期，汴河全河道按地段实施工程管理，沿岸由地方官负责河堤巡护维护。咸平六年（1003年）八月诏，沿黄、汴河诸知州、通判，每两月一次巡视河堤及津渡。景德二年（1005年）十月规定，缘运河各州县官吏虽任满，但职务的交接更替须在汛期之后，各知州、通判须每月巡堤一次，县令、佐则须经常巡视河堤。巡查河堤一是岁修管理，二是严查盗伐河堤榆柳。

（一）河阴汴口及其管理

汴河的水源主要来自黄汴相交的孟州河阴（今荥阳东北约30公里）汴口，还有部分依靠沿程的水柜供给。汴河沿岸的水柜多是淮北平原的塘泊，主要靠蓄积地表水。因此主要工程集中在汴口。汴口位于广武山麓黄河南岸，南宋以来黄河向南岸坐弯，河阴汴口已经沦为黄河河道。通济渠河阴汴口的位置选得比较合理，它有广武山为依托，可以获得比较好的水源和相对稳定的进水口（图4-2-3）。

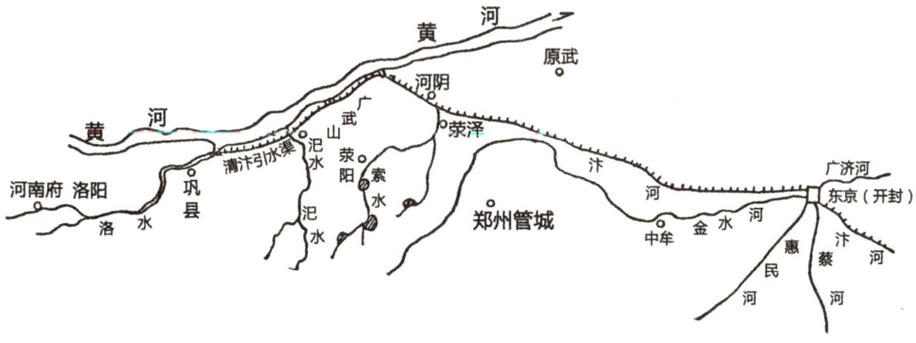

图4-2-3　汴河与黄河关系

汴口在孟州河阴（今荥阳东北约30公里）。元丰二年（1079年）实施清汴工程后，建河阴汴口和洛河汴口。北宋末年荥泽以上汴河为黄河所夺，河阴县城亦湮埋于黄河泥沙以下。

---

1 ［宋］沈括：《梦溪笔谈》卷25，元刊本影印，文物出版社，1975年，第10—11页。

2 ［宋］李焘：《续资治通鉴长编》卷284，上海古籍出版社，1985年，第2686页。“公“可能是“共”之误。

汴河以黄河为水源，黄汴相交的孟州河阴汴口进水口水深六尺（约2米），引水量以能够通行重载船为准[1]，引黄汴口首先需要引入维持通航的起码水量。因为黄河是高含沙河流，黄河河床频繁摆动，滩地此冲彼坍。因此汴口有控制性工程，如闸或坝，以稳定取水口，在工程运行中需要一定的措施相配合。此外，黄河洪枯涨落变化较大，汛期涨落迅猛，如何控制汴河水量，这需要引水枢纽具有节制功能。汴口通过闸、斗门、坝的设置，以及工程设施的管理，实现了对水量的有效控制。由于黄河夹带大量的泥沙，汴河上没有拦河修造的堰闸，使河水得以维持一定流速挟沙而下。北宋为了保证河床有较大的纵比降，对汴河高度渠化，重要的河段不惜成本，用木岸等缩窄河道，减少河内阻水建筑物如桥墩等。此外，保持了相当数量的河道疏浚队伍。

北宋对汴口的经营不仅有人力和财力的大量投入，且工程管理制度设计周密，工程措施运用得当。汴口在孟州河阴（今荥阳东北），唐代以前荥泽、圃田泽是汴河最好的沉沙池，北宋时两泽已经湮没，黄河直接入汴河，汴河清淤工程更为浩大。汴河每年春天选择合适地点开引水口。至十月闭水口，进行冬修。每年通航二百余日。汴口所择其地适当，则水湍而无流沙，可省疏浚之工，否则当年进水口就淤塞，而河渠断流。在汴河漕运期间，要投入上万夫役疏浚河道及维修工程。“自（汴）口浚治，岁以为常。”[2]熙宁十年（1077年）黄河水道在河阴以西北徙后，在旧河道与广武山之间宽约七里的滩地，王安石乘势实施了引洛入汴的清汴工程。清汴工程以洛河、汜水、索水以及黄河滩地渗水为水源，引水渠全长五十一里。工程于元丰二年（1079年）四月开工，六月竣工。清汴工程实施后，汴河一度有较大的改观。但是此时黄河已经进入南徙的前夕，频繁决溢留下的多条泛道，根本无法阻止大量泥沙源源不断地进入汴河。北宋末年汴口废弃，黄河在此频繁改道，河阴县城及汴口随着黄河滩地的改变而杳无痕迹。

（二）汴河水道及堤岸管理

北宋的汴河，自汴京至泗州的汴堤上遍植榆柳，堤上还筑有防护拦，防止行人落水。大中祥符八年（1015年）疏浚汴河，沿岸建造“头踏道”、“假岸”（当是堤岸临水面的马道），在河道浅滩段作“锯牙”束水。嘉祐六年（1061年）作木岸狭河，后又不断兴工，元丰三年（1080年）木岸长达六百里，开创以堤“束水攻沙”的先河。

汴河下游入淮河段（今安徽宿州以下至泗州汴口）河道比降大，经常有船只中流失事的记载。北宋人沈括记载：“（汴河）自京师上善门量至泗州淮口凡八百四十里一百三十步（约合今制420公里），地势京师之地比泗州凡高十九丈四尺八寸六分（约合今制65米）。”[3]按河床坡降与地面坡降平行考虑，汴河的平均坡降约为0.015‰。汴河河宽约二百至三百步（约300—400米），宽浅的河道不利于行船，嘉祐六年（1061年）用木岸狭河，以六十步（约100米）为限，这时两岸堤高距水面仍不过数尺。汴河由于泥沙淤积，北宋中期已经成为悬河。是为沈括所称：“自汴流堙淀，京城东水门下至雍丘、襄邑（今睢县）河底皆高出堤外平地一丈二尺余。自汴堤下瞰

1 《宋史·河渠志》，二十五史河渠志注释本，中国书店，1990年，第103页。

2 《宋史·河渠志》，二十五史河渠志注释本，中国书店，1990年，第111页。

3 ［宋］沈括：《梦溪笔谈》卷25，元刊本影印，文物出版社，1975年，第11—12页。

民居，如在深谷。”[1]北宋元丰时，在汴河险滩急湾处置限水工程，以缓水势。每二十里置桩梢束水，以节湍急，其功能相当于节制闸或挑水的裹头。仁宗时（1023—1063年）宿州汴河上有飞桥，即河中无柱木架桥，方便舟船往来及行人，此后这类交通桥在汴河上逐渐推广。

汴河的水源来自黄河，加上汴河纵比降平缓，泥沙是汴河维持航运最大的困扰。北宋对汴河疏浚尤其重视，有岁修制度。北宋运河的运输和河道管理有专业队伍，设河漕下卸卒（码头搬运工），汴河防汛是禁兵的任务。汴河疏浚制度规定每岁一浚，由京畿各郡三十余县派夫，在汴京城内河道中置石板、石人为疏浚工程控制的标准，凡疏浚挖出石板、石人才认为合格，以此也控制了上下游疏浚深度。大中祥符（1008—1016年）中，将一年一浚改为三年一浚，并将中央派出官员领河官改为地方各县官员兼领。北宋后期汴河不治，几十年不事疏浚，以致河高于地面，汴梁京师涝水不能排入汴河。

（三）汴京城河水系及管理

汴渠开凿和通航对开封城市的发展产生了重要影响。汴河横贯汴梁城。唐代于入城处以铁索拦河，白天船只通行，晚上沉铁索，夜间不能行船。唐贞元十四年

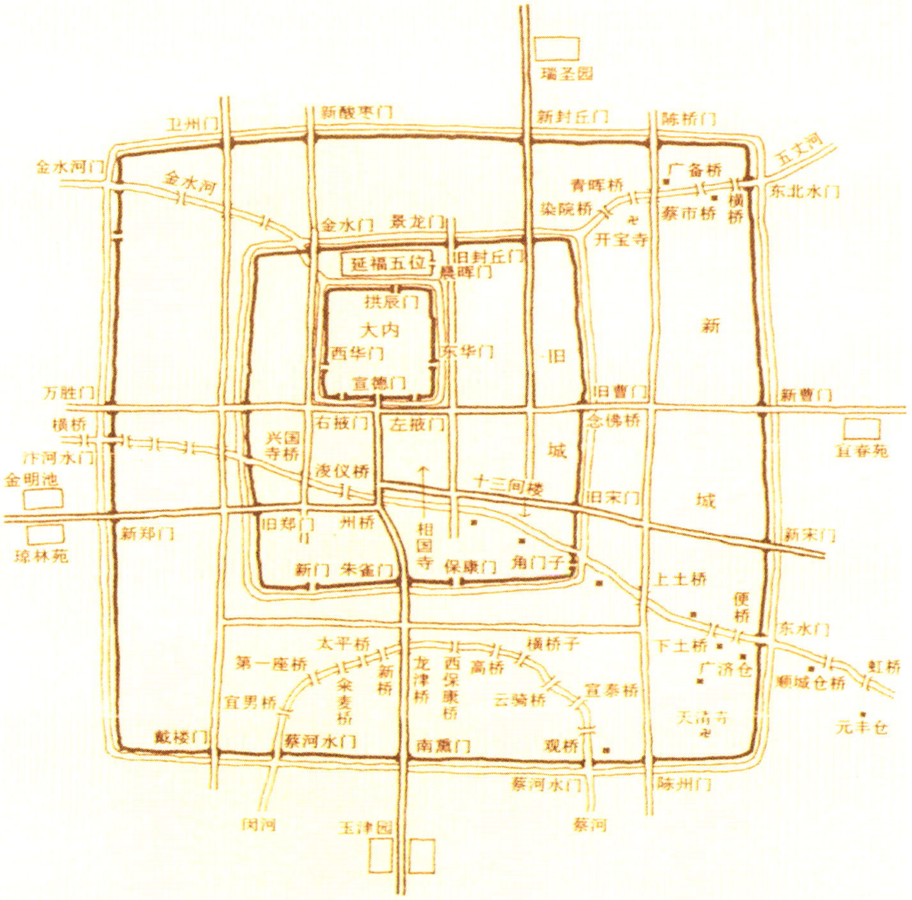

图 4-2-4　北宋汴京（今河南开封）城河水系

1 ［宋］沈括：《梦溪笔谈》卷25，元刊本影印，文物出版社，1975年，第11页。

图 4-2-5　北宋张择端《清明上河图》（局部）[1]

图中展现的是北宋汴京东水门虹桥附近街市以及汴河的堤岸工程、漕船等的场景。虹桥直西是北宋大内，纤夫们拉纤的官船正逆汴河而上。图中右上方是汴河济运水柜及相邻的漕仓——元丰仓。

（798年）于汴梁城筑东西水门。城内与汴渠连通的水道惠民、广济两河上亦各有水门。水门跨河，夜间下闸，闸门为铁制格栅。北宋建都开封，汴河自城西入，至城东南出，横贯全城，成为沟通城市东西的水路。蔡河自城南的西头戴楼门入，环绕南城中部，自城南的东头门陈州门出。五丈河自城东北水门入城，通新旧城壕（外城和内城）。这些渠道以漕运为主，亦供民用。在汴京以西汴河上游为防洪设置斗门，一般常设有3—5处，泄洪入减水河，控制汴河入城水量。京东也设有斗门，排泄京城涝水（图4-2-4）。

北宋汴京城西有金明池，周围九里，池通汴河。城南有皇家苑囿——琼林苑，是汴京的游览休闲胜地。北宋中期引汴水入皇宫，又修建池沼，河水澄清后供皇宫饮用（图4-2-5）。太祖建隆二年（961年），新开凿了汴京专用生活供用河道——金水河，亦称天源河，上游引京水为源，至京城西架渡槽过汴河。金水河入城后设置若干斗门，向各支渠供水。渠道用砖衬砌，两侧栽花木。渠道两旁每一段间隔有桥及井。汴河渗水经过滤后，供官民汲取饮用。金水河引水渠上，尾水入城濠，汇五丈河。乾德三年（965年）引金水河入皇城，“历后苑、内庭池沼，水皆至焉”[2]。开宝九年（976年）于承天门开渠，架水车提水入晋王赵光义府。北宋末，因都城水量不足，又引索水，修建石渡槽过汴河，汇入金水河，增加供水。

以汴河为骨干的运河水系，亦为北宋都城汴梁提供了排水系统。因汴河多沙，河道时有淤积，每到夏秋，城市屡屡被淹。真宗咸平六年（1003年），于汴梁城东北汴河北岸开白沟，可向北分汴河洪水及疏导城北积水。景德二年（1005年），开汴京城濠，并毁官水磑以通舟楫及排积涝。次年，于城内外坊里开浚沟渠，立沟渠疏浚制度。北宋末年，因汴京沟洫失修，黄河屡屡南决，都城平地涝水，曾淹京城内外数月。

南宋高宗建炎二年（1128年），宋军开封守将杜充为阻金兵南下，决黄河堤，至此黄河大改道，夺淮南行凡七百年。黄河经开封至徐州，先后夺汴、泗至清口与淮河合流，经淮河水道入海。黄河南行期间，汴河以及淮河中游各支流成为黄河决口后南泛的水道。开封屡屡毁于黄河洪水，北宋都城被埋于黄沙之下十多米，其上叠压不同时代的开封城，见证历史不同时期开封的繁华与灾难。南宋孝宗乾道五年

1　张择端（1085—1145年），琅琊东武（今山东诸城）人，宣和时（1119—1125年）任翰林待诏，其所绘《清明上河图》《金明池争标图》等，皆为我国古代的艺术珍品。

2　《宋史·河渠志》，二十五史河渠志注释本，中国书店，1990年，第131页。

（1169年）楼钥（1137—1213年）随行出使金国，自楚州过淮河沿汴河至开封[1]。后来他的《北行日录》中记录了他所见到的南宋初年的汴河，“自离泗州循汴而行，至此河益堙塞，几与岸平，车马皆由其中，亦有作屋其上”[2]。不过四十多年，汴河河道已经堙埋于黄河泥沙之下。

第三节　淮扬运河与江南运河

淮扬运河与江南运河是大运河持续运用时间最长的运河河段。在中国东部平原淮河与长江、长江与钱塘江之间是河流、湖泊密集的水网地区，有天然水道的舟楫之利。随着春秋战国时期吴国对东南地区的经营，在稳定的长距离水道的需求下，开始了人工水道的开凿。淮扬运河和江南运河从通渠三江五湖的区间水道发端，到以漕运为使命，以洛阳、开封为目的地的隋唐宋大运河，以北京为目的地的元明清大运河，很多运河河段或堙埋在黄河泛道的泥沙下，或因水源中断而废弃，而这两段运河却世代相袭沿用至今。

一、从邗沟到淮扬运河

淮扬运河北端与黄淮相通，南端与长江连接，是隋唐宋三朝水运的中枢。淮扬运河是见于文字记载的最早的运河，发端于战国吴国所开的邗沟。汉代这段运河称渠水，南北朝至隋或称中渎水。

《左传·哀公》：“（九年）秋，吴城邗，沟通江淮。”[3]哀公九年即公元前486年。邗沟开凿正当吴国问鼎中原之时，同时期筑邗城，今扬州始建城。西晋人杜预为《左传》作注曰：“（吴）于邗江筑城穿沟，东北通射阳湖，西北至末口入淮。”[4]射阳湖在今江苏宝应界内，由此看邗沟水道部分利用的是天然湖泊。北魏郦道元（472—527年）《水经注·淮水》记载：“中渎水（即邗沟）自广陵北出武广湖东、陆阳湖西，二湖东西相直五里，水出其间，下至樊梁湖，旧道东北出，至博芝、射阳二湖，西北出夹耶，乃至山阳矣。”广陵即今之江苏扬州，武广湖、陆阳湖、樊梁湖、博芝湖皆在今江苏高邮、宝应、淮安界内。邗沟将各湖泊水域连通起来，人工开挖或整治水道并不长。西汉高帝十二年（公元前195年）刘濞封王于吴，筑广陵城（今江苏扬州），在他经营吴国的四十年间，为运输海盐，不仅较大规模整治邗沟且向扬州以东新开水道。自此吴地生产的海盐经邗沟北上，自淮河运口——末口，入淮水、泗水而入中原。

公元300—400年间，邗沟开始兴建控制性工程，水道逐渐渠化。东晋永和、太和时（345—371年）邗沟南端的长江运口今仪征、扬州间陆续兴建了欧阳埭、邵伯埭、秦梁埭、镜梁埭和三枚埭等拦河坝，这些可以节节蓄水，又可以控制运河水位，

1　楼钥，字大防，明州鄞县（今属浙江宁波）人。历官乐清知县、翰林院学士、吏部尚书兼翰林侍讲、资政殿学士、知太平州。乾道时以书状官从其舅汪大猷使金，按日记叙途中所闻，成《北行日录》。

2　［宋］楼钥：《北行日录》，《攻媿集》卷111，四部丛刊，上海商务印书馆，1936年，第1100页。

3　《春秋左传正义》卷58，中华书局影印本，1979年，第2165页。

4　《春秋左传正义》卷58，中华书局影印本，1979年，第2165页。

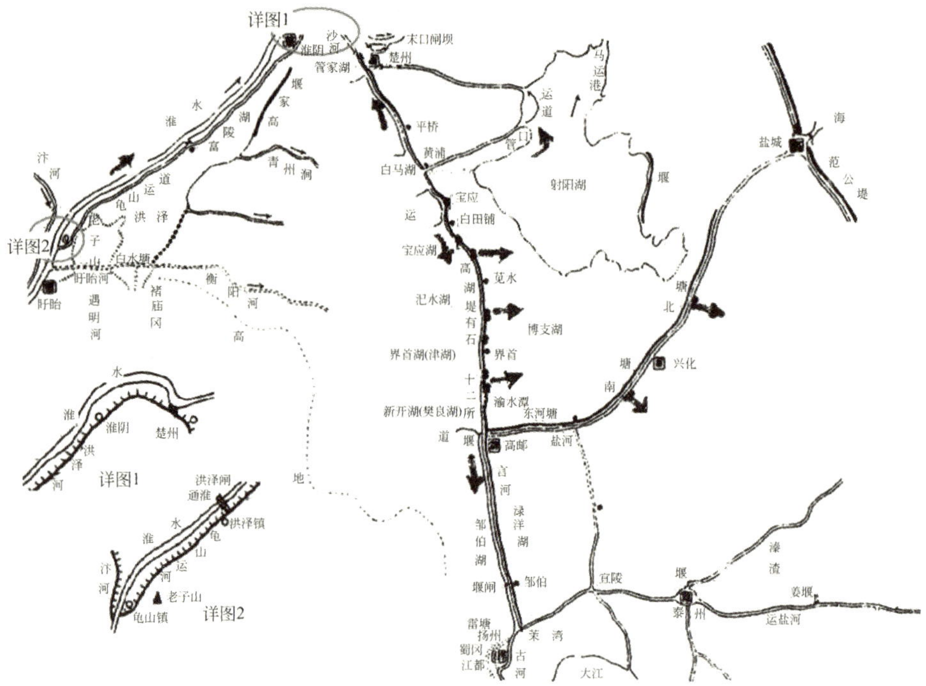

图4-3-1　淮扬运河与淮河、汴河、长江的连通（9—12世纪）

解决了运河与长江运口间水源和地形高差问题。今扬州邵伯镇以下至江口，是邗沟即淮扬运河最早渠化的河段，在运河与长江相交的运口上，也出现了最早的港口工程。正是这些堰埭工程，使运河水道水量得到节制，水道也逐渐取直。

隋开皇七年（587年）文帝开山阳渎。山阳渎北接射阳湖，南与汉刘濞的盐河通，经行与在吴邗沟以东，其实是邗沟的支河。18年后炀帝“发淮南民十余万开邗沟，自山阳至扬子入江。渠广四十步，渠旁皆筑御道，树以柳”[1]。经过整治邗沟完全渠化，成为横贯东西连接南北的隋唐大运河的重要河段。隋邗沟北端仍在末口入淮河，由淮河行运至泗州入汴河。唐代汴河及淮扬运河将江南经济中心与东都洛阳政治中心联系起来，因为是漕粮北运的重要水道统称“漕河”，国家行使运河管理职能自此而始。因此唐代扬州、淮安、泗州等水运中转点因河而兴，成为物资集散地和商贸中心。运河支线在城市范围内不断增加，运河与城市水道相互联系，成为城市具有交通、供排水等功能的重要基础设施。

淮扬运河虽然地处苏北平原，江淮间没有显著高差，分水岭大致在今高邮—宝应间，水流流向以此为界或自南而北，或自北而南，运口分别引淮引江济运，水道沿线或天然或人工塘泊是运河的水源。唐代淮扬运河开始兴建控制性工程堰（或称埭）引水或节制水量，运河与天然河流逐渐脱离，只在运口相交，水道逐渐渠化（图4-3-1），由此而产生出以国家经营为主的河道管理和运输制度。宋代淮扬运河北端出入淮河的楚州运口，南端出入长江的真扬运河诞生了复闸，这是具有引潮济运水利枢纽和运输调度功能的重要港口，是中国古代运河工程技术处于历史最高峰的标志性工程。

1 《资治通鉴》卷180，中华书局，1963年，第5620—5621页。

淮扬运河在北宋有“真楚运河”、“高邮运河”、“扬州运河”等河名，开始以经行命名运河[1]。真楚运河即南起真州（治今江苏仪征），北至楚州（治今江苏淮安）而得名。淮扬运河从邗沟到真楚运河的千年间，不仅是称谓的改变，更是运河相对独立工程体系形成，通过工程措施实现了对水道水量的控制，运河与天然水道基本分离，运河有效通航时间得到一定程度的保证。

（一）北端运口及其关键工程

运河的北段水道主要工程难题是淮安至淮河口人工水道与淮河的衔接。淮河低运河高，运口出入困难。运河自淮安至运口由于地形坡度较陡，不能节制水流，运河通航水流条件也不好。五代后周时这里修筑北神堰，节制运河水流。唐元和时淮南节度使李林甫重修，改称平津堰，“以防不足，以泄有余”[2]。北宋对北段与淮河衔接的水道不断改造。雍熙元年（984年）淮南转运使乔维岳开沙河，将运口自淮安末口上移至淮阴磨盘口（今淮安清江浦）。70年后，江淮发运使许元将运口再上移自洪泽，熙宁四年（1071年）发运副使皮公弼开龟山运河，运口最后移至龟山，与淮河北岸泗州汴河运口遥遥相对，从此北上漕船不再逆行淮河。

（二）长江运口及其关键工程

邗沟南端水源工程最早是东汉建安时广陵太守陈登所修的陈公塘。唐中期贞元时淮南节度使杜亚修扬州爱敬陂，时淮扬运河的水源工程分布在仪征、江都间，合称扬州五塘，即为陈公塘、上下雷塘、小新塘、勾城塘、爱敬陂，其中爱敬陂最大，水域号称百里，有引水渠直达扬州城，有水门控制入城或漕渠的水量，兼有济运、城市供水和灌溉之利[3]。由于干旱或淤积，陂塘干涸，供水中断，漕路不通的情形时有发生。唐中期以后开始在淮扬运河长江运口堰埭或建闸，既节制水量又蓄积江潮济运。由于运河控制性工程作用，运河通航能力提高，与天然河道的界限趋于清晰。

唐在淮扬运河南端的瓜州扬子津设“扬子斗门”，这是为引江济运的关键工程。唐《水部式》有专门的条款提到了它的管理，从中反映出运河上最早复闸及其运用的情况：“扬州扬子津斗门二所，宜于所管三府兵及轻疾内量差，分番守当，随须开闭。”[4]扬子津斗门是一个工程体系，两个门组成一个复闸，上下闸的联合运用可以引潮蓄水和节制运河水量。瓜州新河即唐开元二十六年（738年）润州刺史齐澣所开的伊娄河，是唐代淮扬运河向南延伸的新河，时长江向对岸镇江坐弯，瓜州滩地淤高，淮扬运口南移，扬州段水源问题比此前更为突出。唐筑扬州五塘，为扬州段运河开辟了新水源；在长江运口建扬子斗门，引江潮蓄水济运，改善了运口通航质量。

北宋时蓄兵京师汴梁，军民用粮几乎都要从南方调运，漕运量非常巨大。太平兴国时（976—984年）经淮扬运河转汴河至汴京的运米量为年400万石，至道时

1 《宋史·河渠志》，二十五史河渠志注释本，中国书店，1990年，第172页。
2 《新唐书·李林甫传》卷223，中华书局，1975年，第6346页。在《新唐书·食货志》记平津堰未建前，“河益卑，水下走淮，夏则舟不得前”，指出了平津堰在淮河运口的节制水量的功能。
3 ［唐］梁肃：《通爱敬陂水门记》，《全唐文》卷519，中华书局，1982年，第5274页。
4 《开元水部式残卷》39片，引自刘俊文《敦煌吐鲁番唐代法制文书考释》，中华书局，1989年，第329页。

（995—997年）为580万石，大中祥符时（1008—1016年）达到700万石[1]。而元明清京杭运河漕运数至多也就是年500万石上下。巨大的漕运量促使朝廷高度重视运河建设和管理。在管理方面设官置法周密且严。宋代淮扬运河的南北运口出现了控制程度更高的工程体系，这一以坝、闸、堤防工程系统由水道上的两座或三座闸组成具有引蓄水和通航功能的闸道，由堤防和闸形成水澳，以澳闸和复闸的联合起闭实现引潮济运。北宋的科学家沈括将这一工程命名为“复闸”，其工作原理与现代船闸相同。

绍兴四年（1134年），金兵进犯淮南，宋廷“诏宣抚司毁拆真、扬堰闸及真州陈公塘，无令走入运河，以资敌用”[2]。宋室南迁定都临安（今浙江杭州）后，京城漕粮以浙东、浙西供给，不再走运河，经淮扬运河者只有少数的军粮，漕运压力大减。政府对运河的关注不似此前，自然削弱管理，南宋初瓜州只有临江潮闸仍在使用。淳熙十四年（1187年）扬州守臣曾建议修复其他二闸。除了运送守军物资，南宋瓜州港的地位较之北宋已经不再重要。到元代京杭运河全线开通，淮扬运河成为大运河干线河段。

二、江南运河

江南运河地处长江三角洲及太湖平原，自然河流大多可以行船，人工水道始建年代没有明确的记载。至迟春秋后期，据有东南的吴国在天然河道之间开凿沟渠，或拓展水道或改善通航条件。隋代江南运河经过全线整治，线路才基本固定下来。及至10世纪随着吴江塘路的建成，江南运河与太湖分离而成为独立的工程体系。

南宋迁都临安（今浙江杭州），漕运终点南移杭州后，运河水利工程技术在江南运河上的运用也达到了历史时期的最高峰：水闸全部取代了此前的堰埭，通过复闸与水澳的水量调度实现了运河全年通航。《宋史·河渠志》记载：“国家驻跸钱塘，纲运粮饷，仰给诸道，所系不轻。水运之程，自大江而下，至镇江则入闸，经行运河，如履平地，川广巨舰直抵都城，盖甚便也。”[3]类似江南运河如此完善的工程体系，直到17世纪才出现在的欧洲运河上。

（一）从区间水道到隋江南河开凿

西汉司马迁《史记·河渠书》：“于吴，则通渠三江五湖。”[4]这是江南人工水道最早的记载。成书于东汉的《越绝书》中记载春秋至秦江南地区开凿的河渠有：“百尺渎，奏江，吴以达粮”[5]，由今苏州北通长江；语昭渎，无锡一带通太湖水道，“（春申君）凿语昭渎以东到大田”[6]；吴古故水道，“出平门，上郭池入渎，出巢湖，上历地，过梅亭，入杨湖，出鱼浦，入大江，奏广陵”[7]，自苏州向西北，大致与隋唐

1 《宋史·食货志》卷175，中华书局，1977年，第4250—4260页。
2 《宋史·河渠志》，二十五史河渠志注释本，中国书店，1990年，第185页。
3 《宋史·河渠志》，二十五史河渠志注释本，中国书店，1990年，第198页。
4 《史记·河渠书》，二十五史河渠志注释本，中国书店，1990年，第2页。
5 《越绝书》卷2，四部备要，中华书局，1936年，第2页。
6 《越绝书》卷2，四部备要，中华书局，1936年，第4页。
7 《越绝书》卷2，四部备要，中华书局，1936年，第1页。

江南运河平行，在今常州北界通长江[1]；道陵水道，“秦始皇造道陵，南可通陵道到由拳塞。同起马塘，湛以为陂。治陵水道到钱塘越地，通浙江。秦始皇发会稽适戎卒治通陵，高以南陵道，县相属”[2]。这条水路由今苏州南经嘉兴通杭州。至迟在秦初，长江和钱塘江，长江和太湖通过人工水道已经实现了相互沟通。

三国时，由太湖东南至镇江已经有一条成熟的南北走向运道与长江相通。三国时东吴赤乌八年（245年），孙权命陈勋开凿句容至云阳（今江苏丹阳）的破冈渎：“句容县，大皇（孙权）时使陈勋凿开水道，立十二埭以通吴、会诸郡，故船行不复由京口。”[3]说明在此之前船只一向是走镇江京口运道的。破冈渎的开凿使舟楫可以避开长江之险而直达南京，所立“十二埭”也是中国历史上最早见于记载的堰坝[4]。魏晋南北朝大治常镇运道，运口建丁卯埭，常州建奔牛堰，并修丹阳练湖等水柜，使江南运河北段初步建立了由挡潮引水、节制堰坝、调蓄水柜组成的航运体系。这个时期南通钱塘江段也修了许多堰坝来节制水流，并且船只过坝技术也已经比较成熟。《晋书·孔严传》载隆和元年（362年），“时东海王奕求海盐，钱塘以水牛牵埭税取钱直。帝初从之，（孔）严谏乃止”[5]。说明当时这段水道已经有较大运输量，并有堰埭维持水道的通航能力。

隋大业六年（610年），隋炀帝“敕穿江南河，自京口至余杭，八百余里，广十余丈，使可通龙舟”[6]。这是江南河水道的全面整治，运河线路从此确定下来，此后没有大的改变。隋江南河，自长江京口运口起，向南经曲阿（今江苏丹阳）、毗陵（今江苏常州）、无锡、吴郡（今江苏苏州）、嘉兴，再经上塘河至余杭（今浙江杭州）接钱塘江。

（二）吴江塘路的兴建：江南运河工程体系形成

唐王朝对江南物资的依赖在安史之乱以后急剧增加，唐中期以后随着江南运河镇江京口埭、丹阳庱亭埭、无锡望亭堰、崇德长安闸等节制工程逐渐兴建，江南运河水道工程体系基本完成。水源方面则在江南运河的北段，除大修练湖作为水柜外，元和八年（813年）开孟渎引长江水入运，同时开辟了运河出入长江的多条通道。在运河南段兴建引杭州西湖、临平湖水源工程，在钱塘江水源之外，实现了多水源保障，提高了江南运河水道的水位控制、水源补给能力。

太湖东部苏州吴江一带，是太湖通海水道。唐代中期以前运河、吴淞江以及太湖之间没有界限，汛期与太湖浑然一体，水路为风浪所困，通漕时间没有保障。唐元和五年（810年），苏州刺史王仲舒在苏州吴江之间太湖东岸用石料筑成长堤，这一段太湖与运河初步分离[7]。北宋庆历二年（1042年），“苏州通判李禹卿堤太湖八十里为渠，益漕运”[8]。这段长堤位于吴江至平望之间，至此运河与太湖分离。后人称

1 姚汉源：《京杭运河史》，中国水利水电出版社，1998年，第5页。
2 《越绝书》卷2，四部备要，中华书局，1936年，第6页。
3 ［晋］张勃：《吴录》，引自《太平御览》卷73，中华书局，1960年，第344页。
4 姚汉源：《京杭运河史》，中国水利水电出版社，1998年，第35页。
5 《晋书·孔严传》卷78，中华书局，1974年，第2061页。
6 《资治通鉴·隋纪五》卷181，中华书局，1963年，第5652页。
7 最早的这段太湖堤的记载是：“苏州刺史王仲舒堤松江为路……时松陵镇南北西俱水乡，抵郡无陆路，至是始通。”引自清金友理《太湖备考》卷3，江苏古籍出版社，1998年，第110页。
8 ［清］金友理：《太湖备考》卷3，江苏古籍出版社，1998年，第111页。

苏州至平望的这段长堤为“吴江塘路”或“吴江岸”。吴江塘路将太湖洪水入吴淞江的溢洪通道集中在不到一公里的泄水堰上，运河低水时可向运河补水。堰上设置桥墩，架桥为行船的纤路。吴江塘路实为“吴江枢纽”，具有水运、防洪、交通等综合功能，建成后实现了太湖、吴淞江、运河水量的调配与控制，标志着江南运河相对独立的工程体系形成。

三、运河技术成就

唐宋淮扬和江南运河已经成为漕粮转输和财富北上的重要通道。北宋都汴梁（今河南开封），主要贡赋、漕粮来自长江流域，都要经淮扬、江南运河转运。南宋偏安杭州，漕粮就近依赖江南和两浙，但军粮仍需经行运河。正是运河的建设和经营为国家所重视，促进了运河工程技术的长足进步。历史上运河工程最可称羡的工程和技术主要产生于这一时期的这两段运河上。北宋在与淮河、长江和钱塘江交汇的运口采用复闸技术。复闸除现代船闸功能外，还有水源引蓄功能，可以做到运河水量的日调节。

（一）从堰埭（坝）到潮闸的演进

东晋时，淮扬运河扬州运口已经筑坝积水，其时广陵西南（今江苏仪征）运口自南而北是欧阳埭、召伯埭、三枚埭，最北的统梁埭，距扬子江约五十里[1]。邗沟南端水道与长江的地形差通过这些堰埭截水，逐段提升才进入有水源接济、水道平顺的高邮—淮安段。唐中期淮扬运河、江南运河逐渐渠化。除继续沿用前朝的这些堰埭外，在临江运口瓜州扬子津增加了伊娄埭。淮扬运河北端的淮安淮河运口的堰埭自五代始建，最早的埭名“北神堰”。北宋时临淮运口段已经有连续堰埭，层级拦水，记载其时“总五堰，运舟所至，十经上下，其重载者，皆卸粮而过”[2]。运口段地形高差升降幅度大，级级筑坝不仅保持水量维系了航深，也逐段克服地形高差。唐宋时在淮扬运河、江南运河一度用闸取代堰埭。但是闸的启闭往往失控，闸官或押运官滥用职权，收受贿赂后启闭无度，漕路受阻。元明清江南运河废闸，全部恢复了堰埭。尽管船只过坝有装卸货物的不便，但是水道的水位得以维持（图4-3-2、图4-3-3、图4-3-4）。

江南运河自镇江京口至杭州郭务长约三百多公里。地形呈南北高中间低，镇江至常州段地势最高；无锡嘉兴间是太湖东岸，水道纵横；更南崇德至钱塘江口地势再次抬升。江南运河南北两端靠江潮济运，每年11月至次年5月枯水期运河两端是无源之河。南宋陆游说：“以地势言之，自创为运河，时是三闸（指镇江京口三闸）已具矣，盖无之水不能节，则朝溢暮涸，安在其为运也，苏翰林（指苏轼）尝过奔牛，六月无水，有仰视古堰之叹。”[3]陆游所言是南宋嘉泰三年（1203年）前后的情况，但是

1 《水经注·淮水》卷30，清王先谦校注影印本，巴蜀书社，1985年，第492页。召伯埭系晋太安元年（385年）谢安建，《晋书·谢安传》有记；又《太平御览》卷73，中华书局，1960年，第344页，转引《述征记》：“秦梁埭到召伯埭二十里，召伯埭到三枚埭二十五里，三枚埭到镜梁埭十五里。”

2 《宋史·乔维岳传》卷307，中华书局，1977年，第10117页。

3 ［宋］陆游：《常州奔牛闸记》，《渭南文集》，四部丛书初编，上海商务印书馆，1936年，第187—188页。

图 4-3-2　盘坝—上坝（威廉·亚历山大 1800 年绘）[1]

1793 年英王乔治三世派出以马戛尔尼勋爵为首的访华使团为乾隆皇帝祝寿，威廉·亚历山大（William Alexander）为随团画家，他将沿途所见绘成素描图。图中取材江南运河情景。堰埭或称坝是运河水道中运用时间最长的水量节制工程。船只过坝或称盘坝，用绞车提升。画家原图说明这时使团在苏州至杭州途中，据此推测此处可能是江南运河下塘河段海宁长安闸。

图 4-3-3　盘坝—下坝（1800 年）[2]

该图与上图同一位置原作同是亚历山大，1840 年左右托马斯·阿罗姆（Thomas Allom）在原图基础上改绘铜版画。1843 年阿罗姆以此底本改为铜版画出版画册。

图 4-3-4　埭（坝）与绞关（拖拽设施）复原图

1 刘潞、［英］吴芳思编译：《帝国掠影——英国访华使团画笔下的清代中国》，中国人民大学出版社，2006 年，第24页。

2 ［英］托马斯·阿罗姆绘画，李天纲编著：《大清帝国》，上海古籍出版社，上海科学技术文献出版社，第159页。该书在阿罗姆画册《中国：古老帝国的风景、建筑和社会风俗》（China The Scenery, Architecture, and Social Habits of That Ancient Empire）的基础上，对原作进行了史实考订和解读。

揭示出京口至常州段必须依靠筑坝与置闸维持运行。唐代京口至常州段已经有闸或坝节制水量。自临江运口依次有京口埭(或称京口塘)、吕城埭和奔牛埭[1]。

堰埭节制了水流也阻断了水路,船只上下堰埭需要卸载和装载(这个过程称“盘坝”)。唐代开始在淮扬和江南运河上兴建水闸替代堰埭。最早见于记载的运口水闸是淮扬运河南端的瓜州扬子斗门。唐《水部式》还记载了扬子斗的管理:“扬州扬子津斗门二所,宜于所管三府兵及轻疾内量差,分番守当,随须开闭。”[2]扬子津在今江苏扬州瓜州镇,斗门临江启闭既便利引潮,也为船只借潮由长江上行入运河提供了便利。开元二十六年(738年)润州刺史齐擀开仪真新河,这是为适应长江江滩改变而开挖的新河。新河运口在仪真运口以东即伊娄埭,除了筑坝截水,还建斗门。仪真新河运口在筑坝和建闸后,成为与瓜州渡口同样重要的过江南下或北上的转运港口。李白南下在此逗留,难得的是他写诗纪事留下了运河工程的宝贵线索:“两桥对双阁,芳树有行列。……海水落斗门,湖平见沙汭。……”[3]从李白诗中的“两桥对双阁”的描写,可以判定这是一组连续水闸,同时具备了水量节制和水道连续两个功能,即两闸的启闭为较大地形比降的运口,提供了一段平水且连续的水道,免去了船只过坝劳动力的消耗,这是以闸取代堰坝的重要技术进步。

北宋在淮扬运河北端也开始建闸节制水量。雍熙元年(984年)淮南节度使乔维岳在楚州(今江苏淮安)淮扬运河运口建造了著名的西河闸。其时临淮运河口门原有五堰,乔维岳在运口五堰居中位置建两斗门,估计是经过考察后确定此处为淮河潮水可以上溯的最高位置。两闸之间的距离约合今制83米,“两门相距逾五十步,复以厦屋,设悬门积水,俟潮平乃泄之。建横桥岸上,筑土累石,以牢其址”[4]。闸门为今所称之叠梁闸,置于桥上,并复以屋顶以避风雨。“悬门积水”,“俟潮平乃泄之”的运行机制与唐瓜州闸“两桥对双阁”,“海水落斗门,湖平见沙汭”的结构和工作原理相同。宋代将这类闸称为潮闸,主要蓄积潮水。13世纪以前淮河、长江下游都是潮汐河段,潮水是这两段运河的主要水源。《宋会要》记淳熙十四年(1187年)真州瓜州上中二闸失修时,扬州刺史言称:“独潮闸一座,转运提盐及本州共行修整,然迫近江潮,水势冲激,易致损坏。真州二闸亦修葺。”[5]潮闸紧临天然河流,主要作用是借潮水的上行而引河港船只顺潮而上直达运河,运河水道被利用来蓄水。因是借潮行运,运河过港船为了候潮,往往等很长的时间。熙宁五年(1072年)九月日本僧人成寻北上求法,他记载当时在楚州渡淮河过潮闸的亲身经历:成寻一行由淮扬运河至楚州城西北闸头入闸,“(九月十七日)戌时,依潮生,开水闸,先入船百余只,其间经一时,亥时出船。依不开第二水门,船在门内宿。……十八日戌时,开水闸出船”,入新开河。新开河即洪泽运河,皇祐时(1049—1054年)建,行数里后,经洪泽闸入

1 《嘉定镇江志》卷6,宋元方志丛刊,中华书局,1990年,第2366页。

2 《开元水部式残卷》39片,引自刘俊文《敦煌吐鲁番唐代法制文书考释·式》,中华书局,1989年,第329页。

3 唐李白《题瓜洲新河饯族叔舍人贲》:“齐公凿新河,万古流不绝,丰功利生人,天地同朽灭。两桥对双阁,芳树有行列。爱此如甘棠,谁云敢攀折,美关倚此固,天险自兹设。海水落斗门,湖平见沙汭。我行送季父,弭棹徒流悦,杨花满江来,疑是龙山雪,惜此花下兴,怅与山阳别,瞻望清路尘,归来空寂灭。”《李太白文集》卷25,四库全书文渊阁影印本,上海古籍出版社,2003年,第1066页。

4 [宋]成寻:《参天台五台山记》第三,白化文、李鼎霞校点,花山文艺出版社,2008年,第93页。

5 《宋会要辑稿·食货·闸》,中华书局,1987年,第4955页。

淮河。船只在楚州闸头仅过闸就历时一昼夜[1]。潮闸因为依靠潮水济运，对闸门起闭有严格的管理。南宋杨万里《至洪泽》诗曰："急呼津吏催开闸，津吏叉手不敢答，早潮已落水入淮，晚潮未来闸不开，细问晚潮何时来，更待玉虫缀金钗。"[2]宋代淮扬运河已实行比较严格的船只编组过闸制度。宋以后，淮扬运河、江南运河潮闸多逐渐废弃，或改闸为坝，为了维持运口航深，低水时根本不开闸，船只一律盘坝。

（二）宋著名复闸

北宋诞生了复闸，这是具有现代船闸供水体系的水工建筑，由两座或两座以上的连续闸和蓄水水柜构成。唐安史之乱以后，淮河以北及华北为多个藩镇集团所控制，不得不开始依靠南方调粮。北宋定都汴梁，大量蓄兵京师，军民用粮主要来自南方，漕运量非常巨大。巨大的漕运量促使朝廷高度重视运河建设和管理。北宋淮扬运河是漕粮北进都城汴梁的必由之道，靠潮闸引潮行运和堰埭节水的真州港不能应付繁忙的船只过港需求，尤其是初秋，"当涸水之初，万里连樯自上游而并至，将乘高堰之险，必俟灵潮之来。浅河殆忧，引挽甚苦，守卒达旦而不寐，严鼓终夜而有声，人相告劳，官不暇给"[3]。北宋天圣四年（1026年）复闸——真州闸建成，具有蓄水、水量节制功能水利枢纽诞生。同时期在江南运河上相继兴建了京口、长安等复闸。

1. 真州闸

北宋人胡宿的《真州水闸记》记载了真州复闸的构成和水工建筑的基本情况。复闸有内外两闸构成，"扼其别浦（临运口置闸），建为外闸"，"即其北偏，别为内闸。凿河开奥（澳），制水立防"[4]。胡宿没有记载内外闸的间距。南宋嘉泰元年（1201年）重建真州闸，当时人追溯前闸情况说："（真州闸）门之广，高丈有六尺，复为腰闸，相望一百九十五丈，规模高广，大略如之。"[5]腰闸在首尾两闸之间，据此真州闸由三闸而形成内闸和外闸，全长650米，每一闸室长约325米。

真州闸两闸室结构、闸门和运行时各闸水流形态均不相同。胡氏描述了它们的形制和运行时闸内的水流形态。外闸："砻美石以甃其下，筑强堤以御其冲。横木周旋，双柱特起，深如睡骊之窟，壮若登龙之津。引方舰而往来，随潮平而上下。巨枋既闭，盘涡内盈，珠岸津而不枯，犀舟引而无滞。"内闸："潋下泽而回深，截澄流而中断，月魄所向，潮势随大。上连漕渠，平若置梁，湍无以悍其激，地不能露其险。木门呀开，羽楫飞渡，不由中埭，便达中河。"[6]外闸用以引潮，水流湍急，闸门系叠梁闸，此为引潮闸。内闸水流平稳，随水面上升运口地形差逐渐消减，"木门呀开，羽楫飞渡"，船只顺利驶入运河，其闸门与外闸的门不同，颇像欧洲古代运河中常见的平面开启的门式闸。它适用于水位差较小地方，门是整体的，平面推拉关闭，便利船只出入。这类闸门在文献中少有记载。

---

1 ［宋］成寻：《参天台五台山记》第三，白化文、李鼎霞校点，花山文艺出版社，2008年，第93页。

2 ［宋］杨万里：《诚斋集》卷30，四部丛刊初编本，上海商务印书馆影印本，1936年，第282页。

3 ［宋］胡宿：《真州水闸记》，《文恭集》卷53，丛书集成初编，上海商务印书馆，1939年，第419—420页。

4 ［宋］胡宿：《真州水闸记》，《文恭集》卷53，丛书集成初编，上海商务印书馆，1939年，第419—420页。

5 ［宋］张伯垓：《重建真州水闸记》，《（光绪）仪征县志》卷20，第77页。

6 ［宋］胡宿：《真州水闸记》，《文恭集》卷53，丛书集成初编，上海商务印书馆，1939年，第419—420页。

真州闸的创造还体现在水源工程——水澳，胡氏所记“凿河开奥（澳），制水立防”，是特为蓄水开挖的陂池，引潮以蓄，或出水济运，因水位差变幅大，故澳有堤防。因记载简略各工程不详，抑或“深如睡骊之窟，壮若登龙之津”的描写是指外闸室兼有水澳的作用。这段对宋真州闸的描写与17世纪意大利米兰运河船闸以及18世纪清江浦大闸建筑型式相似（图4-3-5、图4-3-6）。从天圣四年（1026年）建成到南宋初绍兴四年（1134年）人为毁坏，真州闸运用了108年，这一工程体系无疑是成功的。

图 4-3-5　意大利米兰的一座船闸（17 世纪）[3]

2. 京口闸

北宋元符二年（1099年）京口闸改建为复闸，崇宁时废，南宋嘉定时（1208—1224年）再次复建。“其规模自守臣林希始。盖元祐四年（1089年）江南大旱，舟须牛牵挽，希始复吕城堰，闸即其傍。为澳以蓄水，为沟以运水，为斗门以还水。”[1]引潮济运和节水的工程目标是显然的。

北宋京口闸的情况主要见于南宋人的记载。南宋王象之：“京口堰在（润州）城内，堰之北有上、中、下三闸，闸之傍有积水、归水二澳。澳各有沟，有斗门。”[2]《嘉定镇江志》记京口

图 4-3-6　清江浦大闸遗址实景（2011 年）

1 《（嘉定）镇江志》卷15，宋元方志丛刊，中华书局，1990年，第2458页；记林希元祐四年守润州；又卷6，记该年林希主持修复吕城堰，并置上下闸，第2364页。

2 ［宋］王象之：《舆地纪胜·镇江府》卷7，江苏广陵古籍刻印社，1991年，第118页。

3 R.Kirby&S.Withing, Engineering in History: Imperial Civilization, Dover Publications, INC., New York, 1990, P.114.

枢纽共为五闸二澳："京口闸距江里许，又南为腰闸，又东为下中上三闸。"[1]乾道五年（1169年）闰五月，陆游入蜀，十九日抵京口过三闸，停泊在潮闸，候潮二十六日才得过江。此时京口三闸已废[2]。当时京口—常州段"（运）河自崇宁后不治者，积数十年"[3]。北宋京口闸共有五闸，南宋时腰闸废弃未再建。京口闸枢纽工程由潮闸、复闸（自北而南称腰闸、下中上三闸）、水澳、澳堤及澳闸组成。潮闸即头闸，潮闸距江500米远，至腰闸之间是引潮段，也是船只候潮南行，或北渡长江的泊地。这里有安流亭，南宋称济川亭，"济川亭在潮闸之南……为重客候潮晏簿之所"[4]。潮闸以下依次是腰闸、下闸、中闸和上闸。腰闸至下闸430米，腰闸废后，潮闸至下闸约一公里，下、中、上三闸形成两级塘河（相当今船闸的闸室），这里正当京口段的最高处，下中闸之间的闸室（以下称1闸室）有沟与归水澳通，积水澳通中上二闸之间的闸室（以下称2闸室），闸间距130米左右，有沟与积水澳通[5]。

归水澳在布置上充分利用了镇江府城东侧有限的洼地，这里的高程又处在潮水所能到达的极限，可以居高临下往运河自流供水。归水和输水的过程就意味着澳的水量一次大幅度的增减过程，堤防也是澳的主要设施，利用它经济合理地扩大了蓄水容积。南宋时京口闸废弃，"独归水堤防犹存"[6]，可见澳堤工程质量是有保证的。

正是闸、澳、渠巧妙地布置，与闸门起闭的配合，才形成枢纽工程引潮、蓄水、节水和输水功能，形成了复闸类似船闸的运行机制："为渠谋者虑斗门之开而水走下也，则为积水、归水之澳，以辅乎渠。积水在东，归水在北，皆有闸焉。渠满则闭耗则启，以有余补不足。是故渠常通流，而无浅淤之患。"[7]文中斗门是指运河上的闸，闸指两澳的节制闸。江潮到来时开潮闸，引潮入塘河，借潮行运亦将水送达最高处；部分潮水在闸室由输水沟入水澳蓄积起来。澳不与江通，以运河—输水渠为中枢，以斗门节制和壅水，即王象之所谓"为澳以蓄水，为沟以运水，为斗门以还水"。

北宋宣和三年（1121年）时江淮发运司向子湮言及京口闸废的原因说："发运使章孝蕴严三日一启之制，复作归水澳，惜水如金。比年行直达之法，走盐茶之利，且应奉权幸，朝夕经由，或启或闭，不暇归水。"[8]这段话也反映了复闸启闭与蓄水、节水和输水之间的关系（图4-3-7）。复闸的工作原理如图4-3-8所示，水体Ⅰ、Ⅱ是通过归水（或积水）澳的调节可以重复循环使用的。当船只北行时，这部分水量通过其他措施补给。元符元年（1098年）正月，规定："吕城常宜车水入澳，灌注牐身以济舟。若舟沓至而力不给，许量差牵驾兵卒，并力为之。监官任满，水无走泄者赏；水未应而辄开者罚，守贰、令佐常觉查之。"[9]澳的补水和闸门起闭是复闸工程管理的重要内容。

1 《（嘉定）镇江志》卷6，宋元方志丛刊，中华书局，1990年，第2367页。
2 ［宋］陆游：《入蜀记》，《渭南文集》，四部丛刊初编本，上海商务印书馆，1936年，第379页。
3 ［宋］陆游：《常州开河记》，《渭南文集》，四部丛刊初编本，上海商务印书馆，1936年，第187页。
4 《（嘉定）镇江志》卷12，宋元方志丛刊，中华书局，1990年，第2405页。
5 《（至顺）镇江志》卷2，宋元方志丛刊，中华书局，1990年，第2636页，记："（运）河宽二十七丈；腰闸至转般仓前拖板桥一百九十丈，河宽十丈；下闸至转般仓东南七十九丈，河宽九丈。"
6 《（嘉定）镇江志》卷6，宋元方志丛刊，中华书局，1990年，第2366页。
7 《（嘉定）镇江志》卷6，宋元方志丛刊，中华书局，1990年，第2373页。
8 《宋史·河渠志》，二十五史河渠志注释本，中国书店，1990年，第181页。
9 《宋史·河渠志》，二十五史河渠志注释本，中国书店，1990年，第175页。

复闸作为完整的工程枢纽其工作过程大致如下（参见图4-3-7）：

船只南行入运河时，候潮至，开京口闸，船入塘河；开下闸，船入第1级闸室；至此船只抵京口段最高处；开下闸，闭中闸，船泊闸室，余水部分入归水澳；开中闸，闭上闸，船只停第2级闸室，部分余水入积水澳；开上闸，船继续南行，以下运河纵比降趋缓，更南50余公里有常州奔牛闸节制水深。船只北行出运口入江则次序相反，不足水量靠积水澳和归水澳补给，船行至京口临江最后一闸（潮闸），在这里还要候长江潮起，才能开闸放船驶入长江。

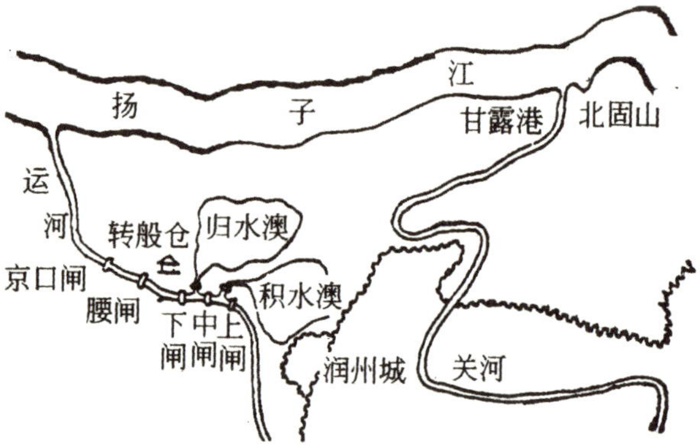

图 4-3-7　京口闸复闸及水澳分布

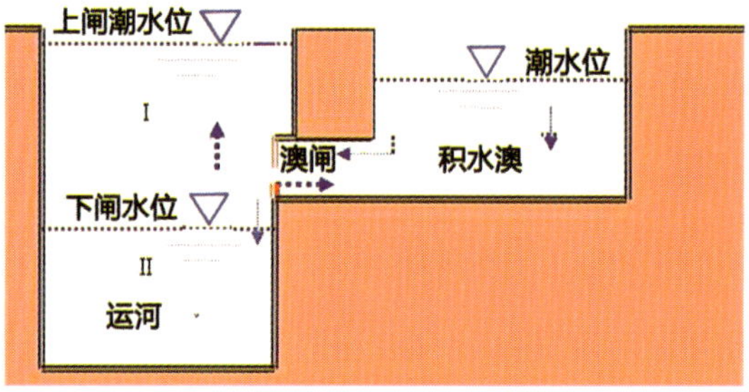

图 4-3-8　复闸与水澳工作原理示意图

上闸与下闸水位的高差为引江潮入运河后，可以克服的地形高差；

水体Ⅰ为通过澳的调节重复循环使用的水体，由澳闸、上下闸联合起闭控制水量；

水体Ⅱ为船只南下消耗后剩余的水量，或由澳闸补充；或开闸引潮蓄积到运河和积水澳中。

崇宁后京口闸疏于管理，一度为泥沙淤废，江船不得不在京口下游的江阴五泻堰出入，增加了江船天然河流行运的航程。南宋嘉定十一年（1218年）镇江史弥坚重建京口通航枢纽，恢复了原归水澳，另开甘露港东通水澳，使澳有两口与长江相通，又辟秋月潭，新枢纽归水澳水面是原有的三倍。改建后因水澳与长江通，有人担心泥沙淤积：“归水初意只以灌渠，今达之于江，闸启则浅，无乃失其为辅者乎？”[1]史弥坚重修京口闸，“按行故迹”，仍归水澳之旧恢复水澳，渠东与甘露港连接，但并不相通。渠上建上下闸，引潮入渠而不直接入澳，以减少泥沙淤积。后来终因泥沙问题难以解决，咸淳时（1265—1274年）在潮闸处建程公堰恢复前代以坝蓄潮工程型式。但是，史弥坚的改建使江南运河北端在复闸废弃之后能从两处获得长江水源接济。

3. 长安闸

长安闸在临安（今浙江杭州西北25里）盐官县长安镇界内，江南运河的南端运河水源靠钱塘江支流接济，运河自北而南为顺水，但“盖由杭而西，水益走下，故治闸以限之”[2]。长安闸三门二澳。三门形成两级闸室：“自下闸九十余步至中闸，又八十余步至上闸。”即两个闸室长度分别为140米、130米，傍运河西岸为水澳：“两澳环以堤，上澳九十八亩，下澳百三十二亩。水多则蓄于两澳，旱则决注闸。”[3]长安

1 《（嘉定）镇江志》卷6，宋元方志丛刊，中华书局，1990年，第2373页。

2 《（咸淳）临安志》卷39，宋元方志丛刊，中华书局，1990年，第3715页。

3 《（咸淳）临安志》卷39，宋元方志丛刊，中华书局，1990年，第3715页。

闸的工程设施和运行机制与京口闸基本类似。日本僧人成寻亦有当时过长安闸的情况记载："申时，开水门两处，出船。船出了，关木（叠梁闸的闸板）曳塞了，又开第三水门，关木出船。次，河面本下五尺许，会门之后，上河落，水面平，即出船也。"[1]陆游入蜀时，长安闸"几尽一日，始能出三闸，船舫节比"[2]，似运用尚正常。南宋时长安有闸兵20人管理，属当地政府管理，进出的船只都要交纳过闸税。元初一度长安闸废，水澳占侵，垦殖为田，但是这一连续闸一直用到20世纪中期才改为拖船坝。

真州、京口和长安等复闸建成后，在管理方面设官置法周密且严，以两浙转运司置专官提举淮浙澳闸，闸门的启闭也实行的是准军事化的管理，有闸兵专门负责闸门启闭和车水，如京口闸北宋"额一百三十人"，北宋末仅剩十余人。南宋嘉定史弥坚修复京口闸后，"募强壮会水者三十人，籍为兵，官统之，及于上闸东侧，创寨屋四十楹，充闸兵居止"[3]。北宋元符二年（1099年）两浙转运判官曾孝蕴为管制杭州至扬州各澳立"启闭日限之法"，以控制闸门开启。

南宋偏安江南一隅，建都临安（今杭州）后，淮扬和江南运河上的复闸部分恢复重建，但是运行时间似乎都不长。元符二年（1099年）京口闸建成后不久，运河自崇宁（1102—1106年）后逐渐失于管理，其间运用不到十年（长江在镇江至江阴段以下与江南运河相通的口门甚多，京口重要程度不似真州也是原因之一）。南宋嘉定八年（1215年）史弥坚修复京口闸后运用时间也不长，到宝祐（1253—1258年）中重建时各闸已废多年，只恢复了口门临江闸，后京口闸指这一闸。到元代京口只存土埭，镇江守达鲁花赤明里答失说："京口旧闸久废，江皋一里皆成淤塞，闸东又作土埭，以蓄河水，江潮岁涨阻隔不通。"[4]天历时（1328—1330年）京口再复为闸，其他各闸此时已只有遗迹尚存，而运口设置土坝，架水车引潮水入塘河维持航行。天历二年（1329年），因长江长期低潮，京口段运河竟断航五里，不得不开新港重置京口闸坝。

复闸极大地提高了运河的运输效益。宋沈括《梦溪笔谈》："天圣间（1023—1032年），监真州排岸司右侍禁陶鉴始议为复闸节水，以省舟船过埭之劳。是时工部郎中方仲荀、文思使张纶为发运使、副，表行之，始为真州闸。岁省冗卒五百人，杂费百二十五万。"[5]这只是真州闸，加上京口、长安岁省杂费将超过一千万。但是，复闸在地域上的普及没有超出淮扬运河和江南运河，运行时间也不过一百多年，这一新型的水利工程后来消失得无影无踪。运河及其工程体系是为维持漕运而兴建，运河工程管理的腐败就是闸座开始的。节制闸控制运河各河段水位，管闸的官吏拥有闸门启闭、控制船只停与行的权力，就可以置规章制度而不顾，依私利多少而启闭闸门放船通行。徽宗时（1101—1125年）改漕运转般制（分段运输）为直达，命重官押运，必须随时开启纲船即贡船的规定，更为不法官吏和豪权势要恃权要胁、管理官员贿赂公行提供了可乘之机。"比闻纲舟及命官妄称专承指挥，抑令非时启版，走泄河水，妨滞纲运。"[6]漕法大坏，闸门起闭无度，水澳不能归水，淮扬和江南复闸全部废弃。

1 ［宋］成寻：《参天台五台山记》第三，白化文、李鼎霞校点，花山文艺出版社，2008年，第80页。
2 ［宋］陆游：《入蜀记》，《渭南文集》，四部丛刊初编本，上海商务印书馆，1936年，第374页。
3 《（嘉定）镇江志》卷10，宋元方志丛刊，中华书局，1990年，第2394页。
4 《（至顺）镇江志》卷2，宋元方志丛刊，中华书局，1990年，第2636页。
5 ［宋］沈括：《梦溪笔谈·官政》卷12，丛书集成初编本，上海商务印书馆，1939年，第79页。
6 《宋史·河渠志》，二十五史河渠志注释本，中国书店，1990年，第182页。

综上所述，闸、坝、水澳是很普通的水利工程，通过巧妙的工程规划、澳与闸门联合运用和潮水的节制调蓄，诞生了全新的工程类型——复闸。复闸以其完善的工程设施、保障程度较高的输水功能而奠定了中国运河在世界工程技术史上的重要地位。从水利工程技术角度来看，复闸枢纽规划设计和工程管理更强调工程效益的综合性，通过各设施的联合运用和严格的管理措施，复闸达到了引潮行运、蓄积潮水、水量循环利用的多重工程目的，复闸的技术成就是我国水利工程技术在12世纪前领先世界的明证。但是复闸作为需要严格管理的水利工程，一旦失去制度的约束，很快就寿终正寝。

第四节　浙东运河

浙东运河起源于春秋越国的山阴水道，大约9世纪形成完善的工程体系的运河，连续运用时间与江南运河不相上下。浙东运河西起萧山西兴镇，东经绍兴、余姚、宁波至甬江口入海，主线全长213.1公里。浙东运河北端运口与钱塘江相通，过钱塘江与江南运河相接，是内河与海上丝绸之路连接的纽带。

浙东运河可以分为两段：自西兴至上虞通明坝（江口坝）为人工河段，长106.5公里；自通明堰至甬江口利用自然河道整治渠化水道，长106.6公里（图4-4-1）。浙东运河横贯浙东平原，与区域内所有江河沟通，运河除水运功能外，还是浙东平原行洪水道，并兼有灌溉和城市供排水等功能。

一、从山阴水道到西兴运河：以会稽为中心的水道形成

春秋越国勾践时（公元前520—前465年）的山阴（今浙江绍兴）俨然是中原以外堪称规制齐整，舟楫四通的都城。《越绝书》记载："勾践小城，山阴城也，周二里二百二十三步。陆门四，水门一。"[1]水门是舟楫出入都城必经孔道，也是设在城河上

图 4-4-1　浙东运河水道构成及历史时期关键工程分布图

1 《越绝书》卷8，四部备要，中华书局，1936年。

的闸，有城市治安的功能。山阴内外城共四座水门，由此可以窥见春秋时期以山阴为中心，以城河为节点四通八达的水路体系。浙东地处东南水网地区，地势平衍，天然河流历来有舟楫之利，山阴城河是最早的人工河，并形成了最早的水运枢纽。

自春秋战国时期至东汉（公元前4世纪—3世纪）经历了从山阴水道到西兴运河的演变，浙东运河完成了钱塘江与浦阳江、曹娥江的连通（萧山西兴堰、绍兴钱清堰至上虞曹娥堰），经过魏晋南北朝至北宋约五百年的不断完善，浙东运河向东实现了姚江、奉化江的连通（曹娥堰至鄞江区大西坝、小西坝）。最终在浙东平原构成了南北向自然河流与东西向运河的水系连通，即现代所称的运河水系。

东汉永和五年（140年），会稽（治今浙江绍兴）太守马臻以会稽城为中心在浦阳江与曹娥江之间修建东西大堤一百二十七里（约63.5公里），拦截发源会稽山上的30多条大小江河，形成东至曹娥江、西至钱清镇（西小江）、南至会稽山麓，蓄水面积约206平方公里的鉴湖[1]。鉴湖是有调蓄功能的水库，改善了区域水利条件，促成了西兴运河的开凿。

公元300年前后，西晋会稽内史贺循依鉴湖堤整治水道，形成西起西陵（今萧山西兴镇）、南经绍兴城、东抵曹娥江，全长约100公里的人工河，即后称“西兴运河”[2]。鉴湖湖堤设闸筑堰、供汛期洪水北排入海。西晋西兴运河成为沟通钱塘江与曹娥江的浙东运河雏形。

南北朝时期，浙东运河与钱塘江、东小江（今浦阳江）交汇的运口开始有节制水位堰埭。南齐时（479—502年）浙东运河上自西向东有三堰：西陵埭、浦阳北津埭、南津埭。西陵埭位于今西兴镇钱塘江南岸，是运河与钱塘江交汇处的控制工程。西兴镇春秋时称“固陵”，有固陵城，为出入浙东之门户[3]。唐五代吴越国时，“以陵非吉语，改曰西兴”[4]，堰也改称西兴堰。西兴镇因浙东运河运口而成为浙东门户，宋代于此置西兴镇，镇设有西兴水驿、西兴场盐课司、西兴商税仓以及防守营寨。浦阳江运口的北津埭和南津埭是运河与曹娥江平交运口，这些堰埭横截运河水道，控制与自然河流相交处的水位差，保证运河水量、水深和流速等水运条件的稳定。梁天监年间（502—519年）绍兴城东的运河上出现了另一座堰坝——都赐埭，又称都泗堰，在鉴湖东泄水道与运河相交的位置，以低水时引鉴湖水入运河，汛期洪水由堰东泄。都泗堰原为鉴湖控制工程，节制鉴湖水北泄。南北朝时位置或有变化，功能亦演变为运河水量节制工程。这个时期浙东运河继续循西兴运河线路向东延伸，已经到上虞。到6世纪初，萧山至上虞，西接钱塘江、东跨曹娥江以堰坝作为控制工程的浙东运河连续水道形成。

南北朝时期，钱塘江运口的西陵埭、浦阳江运口的南津埭、北津埭都是用水牛牵挽船只翻越堰坝，称为“牛埭”，过坝即为“盘坝”。牛埭有专门机构管理，并向过往船只收取费用。官方也在这里设税关收税，借机盘剥往来的客商。《读史方舆纪要》记载：“齐永明六年（488年），西陵（即西兴）戍主杜元懿言：吴兴无秋，会稽丰

1 陈桥驿：《古代鉴湖的兴废与山会平原农田水利》，《地理学报》1962年第3期。

2 陈桥驿：《古代鉴湖的兴废与山会平原农田水利》，《地理学报》1962年第3期。

3 ［清］杨守敬：《水经注疏》卷40（下册），江苏古籍出版社，1989年，第3303页，原文：“浙江（即钱塘江）东经固陵城北，昔范蠡筑城于浙江之滨，言可固守，因名固陵。”

4 ［清］顾祖禹：《读史方舆纪要·浙江》卷92，上海书店出版社，1998年，第604页。

登，商旅往来倍多常岁，西陵牛埭税官格日三千五百，如臣所见，日可增倍，并浦阳南北津、柳浦（在钱塘江北岸，与西陵相对）四埭，乞为官领摄，一年格外可长四百余万。会稽太守顾宪之极言其不可，乃止。”[1]

二、宋代浙东运河及其工程体系

五代十国吴越政权时期江南和浙东平原在经济上得到长足发展，到北宋时已经成为支撑中原政权的经济中心区。南宋王朝迁都临安（今浙江杭州）后，经济更是主要依托浙东地区。陆游《稽山行》中所描述的浙东平原的农业有较好的水利工程保障，水运四通八达：“镜湖（鉴湖的别称）濇众水，自汉无旱蝗。重楼与曲槛，潋灩浮湖光。舟行以当车，小繖遮新妆。浅坊小陌间，深夜理丝簧。”[2]南宋的浙东运河由地方的区间运河，演变为国家管理的水运干道。宋代是浙东运河的形成时期，其标志是运河上的工程设施和管理制度的完备，国家对运河实行管理职责。在控制性工程堰埭闸的关键河段或运口实行准军事化的管理，有专事维护、疏浚的堰营、堰兵。

宋代的浙东运河，西起萧山西兴镇，东流经萧山县治北，东至钱清江南折，这段长约25公里；过钱清江后又东南至绍兴府城西，长约27.5公里，这两段统称西兴运河；从绍兴城东南出，经会稽县（今浙江绍兴市东）东流至上虞曹娥江长约50公里；跨越曹娥江之后经约15公里接入姚江。人工河段全长约117.5公里，以东姚江、甬江入海为自然河流。人工水道与自然水道相结合，浙东运河自钱塘江经绍兴、宁波通海的完整水运体系已经形成（图4-4-2）。

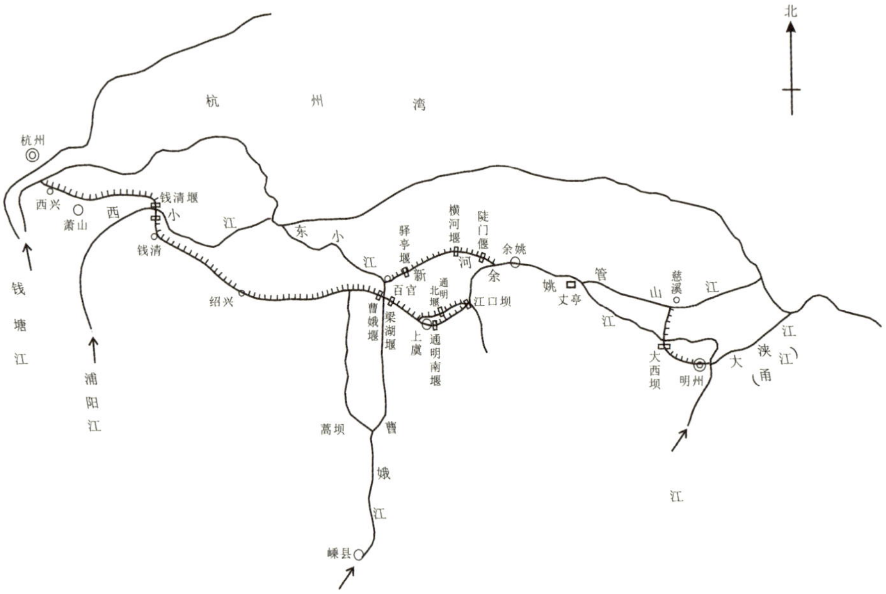

图4-4-2　宋代浙东运河示意图[3]

1 ［清］顾祖禹：《读史方舆纪要·浙江》卷92，上海书店出版社，1998年，第604页。

2 ［宋］陆游：《稧山行》，作者作于开禧元年（1205年）冬，《剑南诗稿校注》卷65，上海古籍出版社，1985年，第3660页。

3 姚汉源：《京杭运河史·浙东运河史考略》，中国水利水电出版社，1998年，第739页。

至迟在北宋前期（约10世纪末），浙东运河已经具有完善的工程体系，节制性工程——堰坝的数量达到历史最高值。自西向东依次有钱清北堰、钱清南堰、都泗堰、曹娥堰、梁湖堰、通明堰、西渡堰。上虞界内的通明堰是浙东运河人工段与自然河段的分界点。过通明堰水道就是渠化后余姚江水道。南宋《（嘉泰）会稽志》：“盖自杭经越至明凡三绝江、七度堰。此其一也。”[1]通明堰地处运河与余姚江衔接点，由于两者水位差悬殊，原为拦河堰坝，南宋时因船只上下盘坝通过不便，改堰建闸。南宋楼钥记载了当时情况：“惟上虞通明一堰，最为高峻，潮汐虽登，仅过数舟则已涸矣。公相视地形，复兴旧闸，增浚渣湖，别于支港创小堰以通余舟，募游手二百人别以旗色分列左右，俟大舟入闸，立栅既定，引湖水灌之，水溢堰平，众力掖丧舟以进，略无攲侧，舳舻相衔，序进而不哗，俄顷俱济。”[2]

北宋时钱塘江西兴运口是重要的口岸，又名“定清门”。此时西兴运口或堰或闸，军队驻守并兼管水道疏浚。《宋史》记载了当时的管理情况：“萧山县西兴镇通江两闸，近为江沙壅塞，舟楫不通。乾道三年（1167年），守臣言：‘募人自西兴至大江，疏沙河二十里，并浚闸里运河十三里，通便纲运，民旅皆利。复恐潮水不定，复有填淤，且通江六堰，纲运至多，宜差注指使一人，专以开潦西兴沙河系衔，及发捍江兵士五十名，专充开潦沙浦，不得杂役，仍从本府起立营屋居之。’”[3]16世纪以后

图 4-4-3　大西坝遗址（2010年）

大西坝是浙东运河宁波段的复线关键工程（参见图 4-4-1），坝原为过船设施，闸为节制工程，维持运河水道水位。现坝已废弃。

1 ［宋］施宿：《（嘉泰）会稽志》卷10，文津阁四库全书，商务印书馆，2005年，第481页。

2 ［宋］楼钥：《知江州汪公墓志铭》，《攻媿集》卷103，四部丛刊初编本，上海商务印书馆，1936年，第1011页。

3 《宋史·河渠志》，二十五史河渠志注释本，中国书店，1990年，第200页。

钱塘江口萧山段逐渐淤积，西兴运口不再与钱塘江相通，船只至此卸货转运。

浙东运河沿程与诸多山区河流相交。这些河流通常流程短，洪水汇流快，并受潮汐影响，水位、水量、水流变化较大，而与其平交的运河则需要相对稳定的水位、水量。浙东运河的闸、堰（坝）的功能有明晰的划分，即以堰坝作为船只上下的通道，闸则节制水量，通过启闭控制水量交换。是以“坝以过船，闸以蓄水”[1]。15世纪以后，浙东运河上出现了闸坝“并联布置”的节制工程型式，即横截运河的控制工程一段为闸、一段为坝，其功能仍以闸蓄水、以坝通舟，如横河堰、江口坝等，至今仍保存这种工程型式，只是改为钢筋混凝土结构而已（图4-4-3）。

宋代浙东运河堰坝数量的增加与水运发展有关，因为需要更多水量保障通航。其实更深层次的原因是8世纪以后鉴湖及浙东平原其他湖泊逐渐缩小，及至南宋更是大肆围垦湖占地，失去湖泊对区域水量的调控，无疑需要运河上兴建更多的工程保证水道水位，而堰闸愈多，航道受阻愈多，除了盘坝费时费工，还要遭遇更多地方政府或豪强利用堰闸设卡征税的盘剥。16世纪时绍兴知府汤绍恩在浦阳江入海口建三江闸（参见图4-4-1），提高了浙东运河萧绍段水量调控能力，也改善了这段水道的水力条件。

附：北宋熙宁年间浙东运河情况的记载

（日本）成寻《参天台五台山记》[2]：

（熙宁五年五月）癸未（四日[3]）卯时出船。过通济桥次，门见公移免下了。过十五里，至第二水门——清水闸，依潮少闭门。门下止船了。……

甲申（五日）天晴。卯时……使者来，开水门出船。他船三四十支，大以为悦。巳时，江下止船，依潮未满也。申时，潮满出船。得顺风，上帆，过钱塘江——三江中其一也。酉时，著越州西兴泊宿。……

乙酉（六日）天晴。卯一点出船。过十里，入河。船头陈詠行向主船司衙，令见杭州牒，取开门剳来，即开水门——名“定清门”。古闸基石。船入门了，过十五里，至五云门，第二水门也。以主船引入闸孔。开门入船，即附纲手了巳时，于萧山寺前乍船，遥拜了。山上有石九重塔，上阶鹤造巢。次过官市务，主市司乘轿来船谒。船过，入了。次过驻楫亭，傍有五重塔二基，高五六丈许，名“觉苑寺”。遥拜了。自五云门过五十里，未时至钱清堰，以牛轮绳越船，最希有也。左右各以牛二头卷上船陆地，船人多从浮桥渡——以小船十艘造浮桥，大河一町许。过三里，有山阴县，有大石桥。通前五大石桥也。过二里，至钱堰。从堰过五十里，戌时，至府迎恩门止。水门闭了，宿下。七时行法了。今日过百卅里了。

丙戌（七日）天晴。卯时，以“杭州令”见官人，令开门入船……过五里，有都泗门，以牛二头令牵过船。都泗二阶门楼五间，如迎恩门。未时，过六十五里，著盘江。同四点过十五里，至白塔山酒坊。过一里，至敕护圣禅院……出大门，取手令乘船。最般勤人也。过十五里，至东关，有天花院，不参礼，过了。过十五里，至曹娥堰宿。今日过百卅五里了。……

1 ［清］邵友濂：《（光绪）余姚县志》，《中国地方志集成，江府县志辑》，上海书店，1993年，第394页。

2 ［宋］成寻：《参天台五台山记》，白化文、李鼎霞校点，花山文艺出版社，2008年，第19—21页。

3 此为标点本校刊者根据原本所记干支推算出来的日期。下同。

丁亥（八日）天晴。辰一点潮满。元以水牛二头引上船陆，次以四头引越入大河——名曹娥河。向南上河。河北大海也。（然后溯曹娥江向南行至剡县，陆路去往天台山。）

第五节　漕运与隋唐宋帝国的兴衰

汉朝通过水路调运粮食的漕运，粮赋征收、运输和分配，衍生出王朝的经济制度，这一制度在隋唐时期得到完善，并为其后各朝代所沿用。隋代通济渠、永济渠的开通，形成了政治中心与经济区的连通，位于水运枢纽的洛阳，成为漕粮与物资转运的集散地。为适应漕粮从江南到河北由运河转天然河流的中转，隋代开始了首都漕仓和中途转运仓场的建设，并初步形成了水运储仓体系。唐宋成为国家相对独立的管理体系并为后世所沿袭。

一、隋炀帝与大运河的命运

东汉至南北朝长达四百多年间，黄河流域及北方地区饱受战祸的摧残，人口锐减，土地荒芜。这一时期江淮和江南地区随着北方移民南下开始得到较大程度的开发。隋炀帝时开运河，营建东都洛阳，构成了以洛阳为中心的沟通南北横贯东西的水路交通网络。隋开永济渠和通济渠，整治山阳渎和江南河强化了集权统治，也是隋朝狂征暴敛耗尽民力走向消亡的开始。炀帝即位后的十四年间三次由运河游幸江都，三次征高句丽，最后被杀于江都，隋炀帝与大运河成为历史上难以忽略的一页。

（一）隋漕运与仓储制度

隋炀帝开永济渠、通济渠的同时，对江淮间山阳渎（即淮扬运河，战国时邗沟，宋代称真扬运河）、江南运河进行了整治，以洛阳为目的地的运河水路基本形成，终止于东汉的漕运随即重启。开皇三年（583年）用于储藏漕粮的大型粮仓开始建设。此前隋文帝以京师仓廪不足，为水旱备荒，于蒲、陕、熊、伊、洛、郑、怀、汾、卫、汴、许、汝等十三州水次置募运米夫役，于卫州置黎阳仓，陕州置常平仓，华州置广通仓，转运关东及汾晋漕粮以给京师[1]。隋代在长安、洛阳已经分布了储量极大的仓储。如长安太仓，东京含嘉仓，洛口仓，华州永丰仓，陕州太原仓，储米粟多者千万石，少者不减数百万石。隋灭亡时，瓦岗农民军开洛口仓散米，就食者近百万口。隋代专用以漕粮转输的主要漕仓集中在运河与黄河交汇的转运地，部分主要漕仓唐宋时期仍有扩建。隋代主要的漕仓如下：

卫州黎阳仓，在黎阳县（治今河南淇县东北）西南大伾山麓，东临黄河。永济渠开通后，这里成为漕粮的集散地。隋炀帝征辽东，于此督运军粮。黎阳仓地处山东、河南水运交通的要冲，漕仓之置为后世各代所继承。

1 ［唐］李翰：《通典·食货》卷10，商务印书馆，1935年，第56页。

常平仓，或作长平仓、太原仓，是重要的江淮漕粮中转仓，位于陕州（今河南三门峡市）。自隋代开始，漕粮至河阴后，溯黄河西上，经三门之险运至陕州入仓。开皇十五年（595年），凿黄河三门峡砥柱，企图打通经由黄河转渭河，漕运直抵关中的水路。但是，这一努力未能成功，通往长安的运输仍然水陆兼行，而位居洛阳与长安之间的陕州常平仓成为隋及至唐重要的漕仓。

河阳仓，在河南偃师县东南。偃师北二里为邙山山脉，地势高燥，适宜修建仓储。隋通济渠西段，就是起自洛阳西苑，经偃师入洛水的。河阳仓就是为适应从洛口转运粮食入洛阳的需要而设置的。

广通仓，又名永丰仓，位于华州华阴县东北渭河口，地处黄渭汇合的关键位置，是江淮漕粮进入长安前的集散地。唐代重开漕渠后，由广通仓走水路可直抵长安。广通仓储量在百万石至千万石之间，与含嘉仓、洛口仓、太原仓属于同等级别的粮仓。

洛口仓，又名兴洛仓，是当时最大的漕仓，在今河南巩县东北洛河东岸，洛水入黄河口门，大业二年（606年）建，据记载，“（洛口仓）周回二十余里，穿三千窖，窖容八千石以还，置监官并镇兵千人”[1]。洛口仓位于通济渠漕运的终端，江淮漕粮入洛口仓，再经由洛河转运洛阳供东都，或转陆运西至长安，或过黄河陆运至黎阳，入永济渠。

回洛仓，大业二年（606年）建，在洛阳北七里，仓城周回十里，共三百窖。大业十三年（617年）五月，瓦岗义军占据洛口，得到粮食后，向洛阳进攻。

含嘉仓，大业元年（605年）炀帝建东都洛阳城时，于城东兴建了含嘉仓，以供东都百官、皇室之需。至唐代，含嘉仓的地位相当于隋洛口仓，凡汴渠运抵的江淮漕粮都储于含嘉仓，再陆运或水运至长安[2]。含嘉仓的规模与洛口仓相近，据20世纪60—70年代遗址探勘，仓城面积43万平方米，仓窖纵横分布，有粮窖400座以上，其中已探明287个，其中一座储粮窖尚存粟约50万斤[3]。据此推断，则含嘉仓至少储粮12.5万吨。

虎牢仓，位于河阴县汴河口。来自汴河的漕船在这里卸载，或北过黄河转运河北，或转洛河至于洛阳。

以水路转运为目的的仓储分布在运河与天然河流相交或运河与陆运转交的要津。从隋仓储分布可以看出除了为长安、洛阳转运粮食外，还用于北上征高句丽途中的粮食供给。在永济渠南端的黎阳和北端的涿州是物资集散的重镇。隋朝水次仓的建设，初步形成了相当于驿站的运输管理体系，既有汉代中央政府漕运制度的继承，更是在布局上的重要完善，为后来的唐朝全盘继承（图4-5-1）。

（二）龙舟与江都宫城

隋炀帝一生与扬州关系密切，自开皇十年（590年）十一月，杨广任扬州总管，驻江都十年，直到大业元年（605年）文帝逝，继皇位后才离开扬州。隋炀帝杨广已经

---

1 《资治通鉴》卷180，中华书局，1956年，第5626页。

2 《新唐书·食货志》卷53，中华书局，1975年，第1365页：“江淮漕租米至东都输含嘉仓，以车或驮陆运至陕。”隋唐两代不懈整治黄河三门峡段，但时通时断，洛阳至长安还是以陆运为多。

3 余扶危、贺官保：《隋唐东都含嘉仓》，文物出版社，1982年，第20、35页。

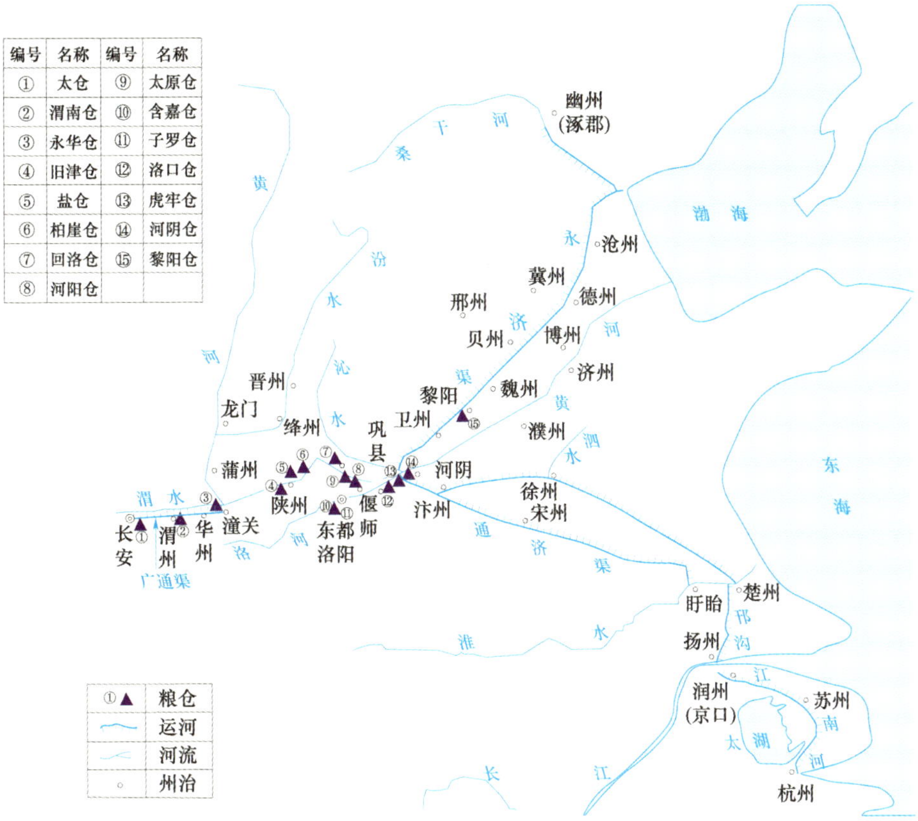

图 4-5-1 隋唐漕粮转运仓分布示意图

视扬州为故土了，继任当年和大业六年（610年）、十一年（615年）、十二年（616年）四次南幸扬州。炀帝继位同年三月，开始建洛阳东都，并派黄门侍郎王弘前往扬州监造龙舟及江都宫城。炀帝继位八个月后，建成了由龙舟、翔螭舟、浮景舟、漾水舟、艚舟、五楼船、三楼船、二楼船、朱鸟航、苍螭航、白虎航、玄武航、飞羽舫、青凫舸、凌波舸、八棹舸、舴艋舸、黄篾舫、平乘、青龙、艨艟等组成的庞大船队，从扬州始发前往洛阳迎奉炀帝并皇亲国戚、文武百官巡幸扬州。大业九年（613年）杨玄感起兵黎阳，六月围东都，焚停泊于此的所有龙舟、船舫。十一年（615年）重造起规模超过此前数量过千的更大船队。杨玄感焚龙舟九个月后，隋炀帝以更大的声势南下扬州。洛阳至江都超过一千公里的水路由通济渠（汴河）至泗州汴口入淮河，顺流至淮阴转入山阳渎（淮扬运河），南行抵扬州江都。东都至江都运河两岸榆柳夹道，每两驿置一行宫，为停顿休息之所。江都城及迤北数十里是皇家苑囿禁地，除皇宫——江都宫外，邗沟茱萸湾有北宫，长江运河运口扬子津筑临江宫，蜀岗、雷塘一带分布大雷宫、小雷宫、归雁宫、九里宫、回流宫、松林宫、枫林宫。大业十四年（618年）宇文化及、司马德戡（580—618年）发动“江都之变”，炀帝被杀，隋亡。如果不是祸起萧墙，江都说不定被隋炀帝经营成隋朝的都城。

隋帝国征讨高句丽的战争、大规模的运河河工，以及东都洛阳和行在江都的建设，极大消耗了民力，加速了隋朝的灭亡。唐朝人白居易《隋堤柳》以通济渠堤的隋柳为题，勾画了通济渠（汴河）河道经行、堤防与岸域植被，以及隋代以后两百年汴河的演变，更以生动文字描述了运河与朝代兴衰的历史。

附：白居易《隋堤柳》[1]

隋堤柳，岁久年深尽衰朽。风飘飘兮雨萧萧，三株两株汴河口。老枝病叶愁杀人，曾经大业年中春。大业年中炀天子，种柳成行夹流水：西自黄河东至淮，绿影一千三百里。大业末年春暮月，柳色如烟絮如雪。南幸江都恣佚遊，应将此柳系龙舟。紫髯郎将护锦缆，青娥御史直迷楼。海内财力此时竭，舟中歌笑何日休？上荒下困势不久，宗社之危如缀旒。炀天子，自言福祚长无穷，岂知皇子封酅公。龙舟未过彭城阁，义旗已入长安宫。萧墙祸生人事变，晏驾不得归秦中。土坟数尺何年葬？吴公台下多悲风。二百年来汴河路，沙草和烟朝复暮。后王何以鉴前生？请看隋堤亡国树！

二、唐代漕运与王朝兴衰

史学家陈寅恪先生分析大唐帝国消亡的原因时指出："（唐）自安史乱后，长安政权之继续维持，除文化势力外，仅恃东南八道财赋之供给。至黄巢之乱，破坏此东南区域之经济，断绝其汴路运河之交通。而奉长安文化为中心，仰东南财富以存立之集团，遂不得不土崩瓦解而大唐帝国形式及实质均于是告终矣。"[2]的确，随着唐朝中期华北藩镇与中央日渐疏离，汴河成为长安—洛阳政治中心的生命线。唐末中原割据势力切断汴河水路，后周对建都开封后开始汴河的治理，随即是唐朝的终止和新的王朝——宋朝的兴起。

（一）漕运制度建设及其流变

唐建都长安，高祖至太宗时（618—649年）由汴河调运长安的粮食每年约二十万石。运往长安的粮食需要从汴河西运口河阴转运至长安。开元朝对漕运制度做了重大改革，即在水陆运输交换的枢纽位置修建转运仓，通过完善运输组织，提高了运力。

唐朝水次仓的布局，初以隋代为基础，中期以后有较大的调整。唐初，通过漕运抵达关中的漕粮不过二十多万石。在裴耀卿理漕的开元年间（713—741年），年漕运量超过二百万石，已为唐初十倍。天宝二年（743年），韦坚为水陆运使，年漕山东粟四百万石。唐后期，再降至二十至四十万石不等。

唐初基本沿用隋代留下的含嘉仓、虎牢仓、洛口仓、太原仓、永丰仓等漕仓。咸亨年间（670—674年），开始在东都洛阳重建河阳仓，新建柏崖仓、洛阳仓，形成了以洛阳为中心，淮汴、河汴转输关中的转运仓格局（图4-5-2）。

开元二十一年（733年）京兆尹裴耀卿称："昔贞观、永徽之际，禄廪未广，每岁转运不过二十万石便足。今国用渐广，漕运数倍尤不能支。从（东）都至陕，河路艰险，既用陆运，无由广致。若能兼河漕，变陆为水，则所支有余，动盈万计。"[3]他因此建议在汴渠与黄河相交的洛口、河阴，在黄河、渭河、漕河中转处置漕仓。玄宗采纳了他的建议，任命裴耀卿为江淮河南转运使。在裴耀卿主持漕政期间，于黄河入汴的河阴县设输场并置河阴仓。江淮漕粮运抵输场后入仓，船自汴渠返回。然后

1 《白居易集》卷4，中华书局，1979年，第86—87页。

2 陈寅恪：《唐代政治史论述稿》，上海古籍出版社（手稿影印），1988年，第36页。

3 《旧唐书·食货志》卷49，中华书局，1975年，第2115页。

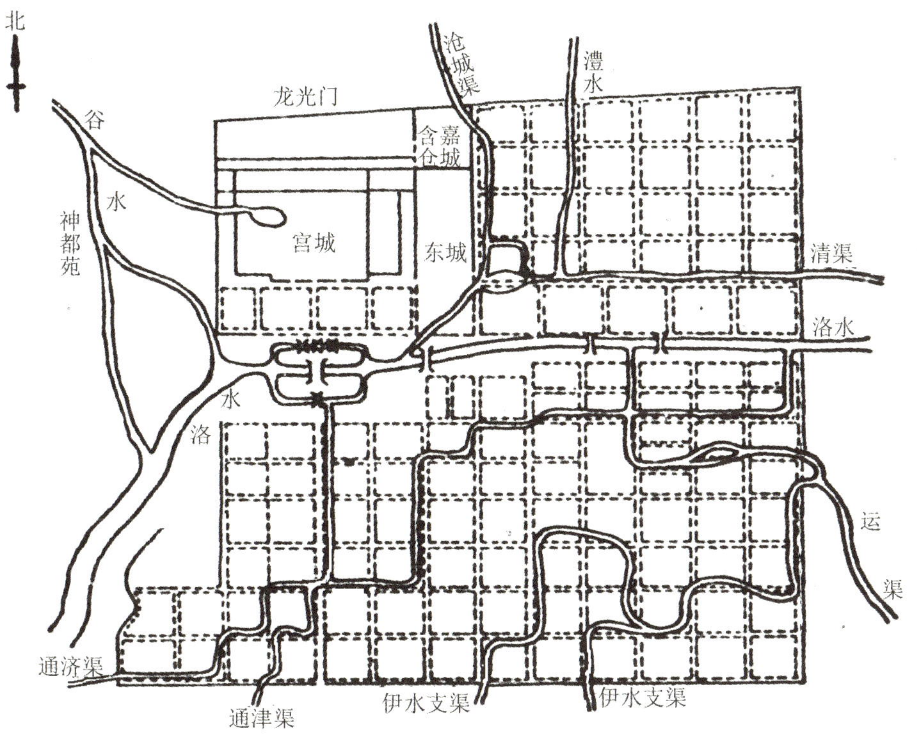

图 4-5-2　隋唐洛阳城及河湖水系

转船由黄河至洛口，由洛水至含嘉、洛口等仓，以下再由陆运，绕过三门峡河运之险，抵黄河三门峡东岸集津仓，然后过黄河运至河南岸陕州太原仓，溯河水至潼关附近的永丰仓，经漕渠或渭水直达长安。在开元二十二年（734年）至二十五年（737年）三年间，经过汴渠运往关中长安的漕粮达到七百万斛，创下隋唐时期最高漕运量，岁省陆运开支三十万贯。裴耀卿对漕仓和输场的调整意义重大，为优化运河运输组织创造了条件。自此以后在河汴交会处，由河阴仓、集津仓、盐仓，加上原有的含嘉、太原、永丰等仓，构成了河阴汴渠与黄河运口水运枢纽区域的仓储体系，加强了向关中转输的能力，从而改变了以洛阳为终端的仓储布局。汴河口原有隋留下的虎牢仓，但是汴河口水流湍急。裴耀卿放弃虎牢仓，在汴口东北岸建输场及河阴仓，并置河阴县，此后从汴河上行的漕船，可以直输河阴仓。

安史之乱时，汴渠断航。广德二年（764年）第五琦、刘晏重开汴渠。其后刘晏职掌财政管理漕运三十余年，他汲取裴耀卿漕运转输的经验，根据运河、天然河流的水流条件，创造性地制订了漕运分河段转般制，对水运交通管理作出了历史性的贡献。刘晏漕运转般制的核心是“缘水置仓”，以及与之相适应的分河段转运。刘晏于扬子县兴建了扬子仓，这里南临长江，北界淮泗，东接扬楚，西控滁濠，是江南漕粮北上的必经港口，也是连接淮汴的重要枢纽。从而在大运河上形成了三处重要仓场：扬子、河阴、永丰三仓，它们分别位于运河与长江、黄河、渭河交汇的运口枢纽。刘晏的转般制在完善的漕仓布局下得以全面实施。这就是所谓的“江船不入汴，汴船不入河，河船不入渭。江南之运积扬州，汴河之运积河阴，河船之运积渭口，渭船之运入太仓。岁转粟百一十万石，无升斗溺者”[1]。转般制充分利用河道的水流特

1 《新唐书·食货志》卷43，中华书局，1975年，第1368页。

点，使船只和船工更适应本河段航行，保障了航行安全，减少运输成本。唐后期刘晏施行的漕运转般制，通过漕仓的调整，将此前河汴转运中心南移于扬子，适应了唐后期江南漕粮日益增加的形势。

（二）唐王朝各时期水运概况

自唐高宗（650—683年）以来，一方面随着政府组织机构扩充，官员数量迅速庞大。另一方面，唐的军队由府兵制改为募兵制，官员廪禄和军队的给养急剧增加，对江淮的粮食和其他物资更为依赖。高宗至玄宗开元二十四年（736年）的八十多年间，经常因为关中粮食欠缺，朝廷和部分官员临时性搬到洛阳居住，武后时更是常驻洛阳了。

玄宗时，不得不对漕运制度进行较大的改革，并大力整治关中漕渠，以改善长安的物资供给。开元二十四年（736年）宰相裴耀卿实施漕运转般法，将运河与天然河流分开，通过中转地仓储集散，改善了江淮至长安的运输，从此唐朝皇帝及百官不再往洛阳就食。天宝元年（742年）陕州刺史韦坚循汉关中漕渠旧迹重开漕渠，这条与渭水平行的运河，引渭水西起长安宫城西的禁苑，穿过灞水和浐水，东至华阴永丰仓再入渭水[1]。又于长安开广运潭，作为运河终点的码头。关中漕渠开通后使原来的牛车运输的陆运改为水运，天宝三年（744年）运抵长安的江淮粮食达到四百万石。因漕运的改进，其他物资也由运河源源不断运至关中。韦坚曾经在广运潭举行了前所未有的博览会。韦坚预先从东京洛阳、汴州、宋州调来三百余艘漕船入长安。届时，装载有江淮各地以及南海的物产，以及随船衣着华丽的歌伎和着鼓笛次第入潭，船至望春楼下，围观者人人骇视，玄宗大喜，赐潭名“广运潭”。裴耀卿漕运制度改革，韦坚关中漕渠的建设，通过运河将大唐帝国的政治中心与经济中心紧密地联系起来，将盛唐的辉煌推向了极致。

唐天宝十四年（755年）安史之乱开始，至代宗宝应元年（762年）结束，前后八年之久的战争，使中原人口锐减，此后大唐由于各地节度使拥兵自重而走向分裂，华北、山东的藩镇所收租赋不再上交中央，唐朝维系的经济基础只剩下江淮，使得运河变得更加重要。代宗《缘汴河置防援诏》称：“自东都至淮泗，缘汴河州县，自经寇难，百姓凋残，地阔人稀，多有盗贼，漕运商旅不免艰虞。宜委王缙各与本道节度计会商量，夹河两岸每两驿置防援三百人，给侧近良沃田令其营种，分界捉搦。”[2]战乱平息后，转运使刘晏与户部侍郎第五琦管理漕运和国家财政。首先是于运河两岸派遣军队驻防，并在运河沿线大举屯田。在刘宴、第五琦的主持下，很快疏浚了汴渠，使大运河恢复全线通航。在当时运河两岸乱兵抢劫、治安混乱的情况下，刘宴将江南漕运船队组织起来，每10船为一纲，每纲300人以军将统领，其中篙工50名及押运士兵200多名，自扬州护送漕船至河阴。这一漕运管理制度，后来被用于明清时期的京杭大运河运输管理中。

德宗建中二年（781年）因中央政府在汴州筑城，激起据有淄青等州（今山东大部）的藩将李正己以及据有魏博等州（今河北、河南及山东西部）的田悦的反抗。叛军以屯兵控制运河上的重镇徐州、埇桥（安徽宿县北）、涡口（安徽怀远县）等，阻

1 《旧唐书·韦坚传》卷105，中华书局，1975年，第3222—3223页。

2 ［唐］代宗：《缘汴河置防援诏》，《全唐文》卷46，中华书局，1982年，第513页。

止江淮漕船北上，由此切断了唐朝的生命线。是年十一月唐朝军队击败叛军，汴河通航。建中四年（783年）驻守淮西的李希烈军攻陷汴州，江淮漕运再次中断。长安被叛军攻陷，德宗避难于梁州，运河中断了水运功能。兴元元年（784年）五月李晟统率的官军收复了长安，七月德宗返京，十一月收复汴州。由于四年运河不通，江淮粮食不至关中，加上连年干旱，关中发生了严重的粮食危机，几乎动摇唐朝政权的根本。贞元年间（785—805年）汴河沿线发生过五次大规模的叛乱，北运粮食和其他物资经常被乱兵抢劫而去。贞元十五年（799年）韩弘任汴州刺史，此后他坐镇汴州21年，整顿军纪及地方治安，汴河再次恢复畅通。宪宗元和年间（806—820年），随着汴州兵乱的停止，汴河畅通无阻，江淮的米大量运往关中，解决了困扰长安多年的粮食问题。

唐末，割据淮南的杨行密与以汴州为根据地的朱温两大军事集团在淮河以北的争夺，使汴河再次漕路中断。朱温篡夺帝位在汴州建立后梁政权。后梁有过打通运河的努力，但终因国力不足而失败，此后后唐、后晋和后汉也曾屡屡如此有过开通的举措，但均未能达到汴河全程恢复的目的。

附：唐代李翱《来南录》[1]

元和三年（808年）十月，翱既受岭南尚书公之命，四年正月己丑，自旌善第以妻子上船于漕。乙未，去东都，韩退之、石濬川假舟送予。明日，及故洛东，吊孟东野。遂以东野行，濬川以妻疾，自漕口先归。黄昏到景云山居，诘朝登上方，南望嵩山，题姓名记别。既食，韩孟别予西归。戊戌，予病寒，饮葱酒以解表。暮宿于巩。庚子，出洛下河，止汴梁口，遂泛汴流，通河于淮。辛丑，及河阴。乙巳，次汴州。疾又加，召医察脉，使人入庐。

又二月丁未朔，宿陈留。戊申，庄人自庐又来，宿雍邱。乙酉，次宋州，疾渐瘳。壬子，至永城。甲寅，至埇口。丙辰，次泗州。见刺史假舟，转淮上河如扬州。庚申，下汴渠入淮，风帆及盱眙，风逆天黑，色波水激，顺潮入新浦。壬戌，至楚州。丁卯，至扬州。戊辰，上栖灵浮图。辛未，济大江至润州。戊寅，至常州。壬午，至苏州。癸未，如虎邱之山，息足千人石，窥剑池。宿望海楼，观走砌石，将遊报恩。水涸，舟不通，无马道，不果遊。乙酉，济松江，丁亥，官艘隙，水溺舟败。戊子，至杭州。

自洛州下黄河，汴梁过淮至淮阴一千八百有三十里，顺流。自淮阴至邵伯三千有五十里，逆流。自邵伯至江九十里。自润州至杭州八百里。渠有高下，水皆不流。

三、宋漕运及其汴河两岸城市的兴衰

重建统一帝国的宋太祖，为着漕运便利，选择开封为都城，北宋都城因汴河而得名——汴京，又称汴梁、东京。北宋160年间，汴河带给汴京交通的便利超过长安和洛阳，使汴京商贸繁荣超过此前长江以北任何王朝的都城。1126年靖康之役北宋亡，宋室南渡后，绍兴元年（1131年）以临安（今浙江杭州）为都城，开始了150年南宋王朝的历史。随着北宋王朝灭亡，汴河水运断绝。其后以汴河为界南宋与金对峙。

决定北宋立国的关键战役发生在汴河上。唐末后梁朱温部将庞师古、葛从周

---

1 ［唐］李翱：《来南录》，《全唐文》卷638，中华书局，1982年，第6442—6443页。

率军自霍邱渡淮河占据清口（今淮安）。割据淮西的杨行密决汴河北堤，水淹后梁军，庞师古大败身亡，自此宿州埇桥东南至泗州沦为沼泽之区，汴河水路全部断绝长达五十余年。后以开封为东京的后周政权于显德二年（955年），因汴河故堤疏导开封至泗州的河道[1]。六年（959年）再发徐州、宿州、宋州、单州夫役疏浚。后周对汴河的整治，为北宋重开汴河漕运创造了条件。

北宋开国便在汴河大兴疏浚之工，很快汴河水运恢复，成为支撑宋王朝的交通动脉。北宋前期大运河自江南过长江，转道真扬运河（今淮扬运河），再穿淮河入汴河，过黄河后进入御河（隋永济渠）北上直达河北西路清河县，其沟通东西南北的水路格局一如隋唐运河。明道时（1032—1033年）山东饥馑，调江淮米由汴河北上，自河阴过黄河，陆运至黎阳，入御河转水运东北抵清河赈济，经行了大运河的所有河段并穿越长江、黄河、淮河。汴河和御河这条水路是北宋向边关运送漕粮的运输线。

宋代基本沿用唐代转般法经营漕运。北宋时漕运分四路运至汴京：江南漕粮由淮扬运河入淮水，转汴河入京；西北各路（今陕西、山西）漕粮由三门峡入黄河，至河阴转汴河，在汴京西北入城；淮南各路漕粮由惠民河转蔡河，北上汴京；京东各路（今山东、河南）漕粮由五丈河西南运抵汴京。五丈河北起梁山泊，经济州、定陶，西南至汴京。五丈河12世纪时被黄河泛道所湮。上述四河统称北宋漕运四渠，其中来自江南、东南的漕粮占北宋粮食供应大部分。北宋漕运有完善的运输管理组织：江南、淮南，两浙、荆湖各路，水运至真州（今仪征县）、扬州、楚州、泗州各仓，然后转由汴州船只运至汴京。北宋设发运司和转运司。发运司负责在粮食产地收购，再通过分段运输，进入制订的转运仓。转运司是运输管理机构，是准军事化的管理，有官兵全程押运。宋朝行使的食盐专卖，统一组织粮食和盐的运输。各路运漕粮运至指定的仓场后，回空船搭载盐返回。

北宋政权拥重兵于汴京，景德四年（1007年）定岁额运量六百万石（约四十八万吨），此外还有为数极大的专供朝廷的物资，称杂运[2]。漕粮除支付汴京的军政各费，还有部分北运至华北，供给驻扎河北的守军。太平兴国时（976—984年）岁运江淮米三百万石，菽一百万石。其他河运量一百五十万石。至道初（995年）汴河运米粮五百八十万石。大中祥符初（1008年）至七百万石，仁宗时多至八百万石，后有所减少。每年各州为漕运造船两千至三千艘。自淮南入汴河，常有船六千只，原每船载量不过三四百石，后至七百石、一千石不等，私船超载则多至一千六百石。自楚州、泗州至汴京，原定八十天一运，每年三至四运。除漕粮外，还有薪柴、炭、百货、蔬果等。北宋漕运以船十艘为一纲，押运一人；大中祥符九年（1016年）改三纲为一纲，汴河上船通常有二百纲上下。北宋“纲”这种漕运船队编组形式，在运河运输管理中发挥了重要作用，船队有组织分时段过闸过坝，有利于运河水量节制，也便于沿途驿站纤夫调度，更重要的是便于押运官兵对货物运输的集中监管。明清沿用这一制度，改“纲”为“帮”，同样按漕船起运的地域分帮。

黄河南泛使汴河淤塞速度加快，北宋末年汴河一年内只有半年时间通航。北宋末年运量增加，同时在黄河南泛汴河、水患更加频繁的困扰下，汴河运输秩序大

---

1 《资治通鉴》卷292，中华书局，1963年，第9532页。

2 《宋史·食货志》卷175，中华书局，1977年，第4251—4552页。

乱。徽宗崇宁（1102—1106年）蔡京职掌朝政时，发运使胡师文将用于采购粮食的钱作为羡余献给朝廷，同时将食盐专卖改为由商人营销的钞盐法。以致发运使无采购粮食的现钞，漕船没有食盐可以代运代销，以致船夫逃窜。北宋末只好改由同一产地的粮食编队押运直运汴京，不顾沿途各河段水情差异，使东南六路的漕粮和物资一路北上，是为直达纲。与直达纲同时兴起的是为汴京运送奇花异石的花石纲。这一改变为北宋末年的社会动荡推波助澜。

花石纲是宋王朝对民间财富掠夺的最后疯狂。崇宁元年（1102年）在江南苏州、杭州设造作局，三年后苏州再设应奉局。造作局由太师、内廷供奉官童贯（1054—1126年）主持。造作局集中工匠数千人，制作象牙、犀角、金银、玉器、雕刻、刺绣等工艺品。应奉局由防御使朱勔（1075—1126年）主持，专事搜集太湖石和东南各地奇花异木。运送造作局、应奉局贡品的船只也是十船为一纲，由起运地直达汴京，称“花石纲”。花石纲也是一船到底。朝廷上下贪腐与漕政改制的无常，使徽宗末年王朝上下人心携贰，天下解体。宣和八年（1126年）金兵过黄河，围困汴京。徽宗让位赵桓，是为钦宗，改年号靖康。靖康二年（1127年）金兵攻陷汴京，徽宗、钦宗及皇妃、太子并宗室、大臣共三千人被金人押往五国城（今黑龙江依兰县界内），最后终死于异国他乡。

靖康二年宋室南渡，此后金人多次南下江淮。建炎三年（1129年）甚至进犯杭州，次年才北撤，杭州所存户口，十存二三。宋金绍兴和议后，终于换得了南宋的稳定。绍兴八年（1138年）改杭州为临安，并以此为都城，以此开始了一百五十年南宋王朝的历史。南宋政权依托最富庶的长江及太湖流域，偏安杭州后，大量北方人口进入，短短二十年间临安安置战乱移民约两百万[1]。随着政治中心和大量人口南移，南宋一代江南、浙西、浙东、岭南等区域的农业得到了大发展。东南各路湖区大规模围田，山区及丘陵也普遍垦荒，极大地缓和了人口增加后的粮食供需矛盾。南宋有便利的水路交通和发达的商业。钱塘江东与浙东运河相连，西有水路通徽、婺、严、衢各州。蜀、江西、荆湖由长江转江南运河，闽、岭南等地水路可以抵达临安，运河与自然河流构成四通八达的水路。外地输入临安的货物以建筑材料、纺织品、土特产为主，漕粮主要来自江南润、常、苏、湖、秀以及浙东诸州，其中很大部分由运河调往淮南前方，供给守军。由于江南及浙东本土粮食充足，南宋一朝对漕运的依赖程度不高，漕运量不到北宋的一半。

汴河两岸因水运而兴起的城市，后来因政治中心的南移和汴河堙废而失去繁华。建炎二年（1128年）南宋守军将领杜充决开封黄河堤，黄河夺汴河，东南至徐州与泗水汇合后，在楚州（今江苏淮安）清口与淮河合流，由淮河入海水道经云梯关入黄海，开始了黄河夺淮七百年的历史。汴河在黄河南行期间屡屡成为黄河决溢的泛道，从此汴河走向消亡的不归路。因汴河水运而兴的城市或走向衰落，或消失在黄河泛滥后留下的泥沙中。

洛阳　隋大业元年（605年）三月，炀帝命尚书令杨素、将作大匠宇文恺于北魏洛阳故城西十八里营建新都。唐仍以洛阳为东都，北宋时为西京。洛阳以洛水为中心而营城，洛水横贯城市东西，通济渠、通津渠自城西南入城，直北至天津桥、会通桥入洛水。伊水分为两支在城南入城，折而东入运渠，运渠北至会通桥亦入洛水。

---

1 林正秋：《南宋临安人口》，《南宋京城杭州》（内部），1984年，第61—71页。

以洛水、通济渠和伊水为骨干，洛阳城分出了通津渠、运渠、谷渠、瀍渠、泄城渠、泻口渠等水道，最后汇入洛水、漕渠，洛水和漕渠东北与黄河、汴河通，在河阴黄河运口成为物资南北东西集散地。

洛阳是通济渠（汴河）的起点，洛水为运河提供水源，城市也因此而有完善的城河水系。通济渠、通津渠的进水口在洛阳城以南十八里的洛水上，通津渠渠首有分洛堰，无坝引水工程。通济堰进水口是拦河堰，于洛水中修筑，引水北流入渠，余水则由堰顶仍归洛水。在洛阳皇城以东有洛漕新潭，是供停泊船只用的河港。漕船至此可北上直达含嘉仓。由于洛阳有较好的水源条件，城河分布全城，漕船入城后有多条水道行驶。洛阳城的西苑，周二百里，引谷水为龙鳞渠，汇为周十里的塘泊。

汴州（开封） 具有依托水路沟通东南西北优越的地理位置。开封北过汴河可由泗水北上至华北东部，西北由汴河逆行直抵黄河，东南由汴河顺流而下与淮河相接，如淮扬运河。今河南开封为隋唐汴州州治浚仪城所在，北宋为都城，称汴京、汴梁或东京。开封因通济渠（汴河）水运而成为唐宋商贸发达的中心城市。北宋黄河南行期间，汴河成为经常性的泛道，随着黄河泥沙侵犯，运河逐渐堙废，唐宋城池在今城市以下，埋深8—12米。

隋通济渠的开凿，使汴州成为水运交通枢纽，唐代汴州的经济地位显著提升。唐武德四年（621年），于浚仪置汴州总管府，并为汴州刺史治所。唐代前期开封已是南北物资交流的集散地，来自北方齐鲁、燕晋，东南江淮、闽浙，西南荆湖、岭南、巴蜀等地的粮食、建筑材料、土特产在开封汇合，然后再经由黄河转输洛阳及至长安。刘禹锡《汴州刺史厅壁记》：“本朝以浚仪为汴州刺史治所。自隋酾新渠，吸黄河而东行，州舍其枢为天下剧。”[1]玄宗朝安史之乱，华北、山东成为中央政府与地方割据势力争夺的战场，汴河成为关中地区与江南沟通的唯一水路通道。战乱平息后占据淮南的藩镇为了自身的利益和扼断唐王朝的经济命脉，经常盗决汴河堤，以阻断水路；或截留漕粮和其他物资。为了保证汴河漕路，德宗建中二年（781年）设宣武军，派重兵驻守汴州。节度使李勉重筑汴州城，周二十余里，共有七座城门。建中四年（783年），淮西节度使李希烈起兵，攻下汴州，占据州城一年之久，汴河漕路阻断。次年平定李希烈的叛乱，漕运又得以恢复。此后，忠于唐朝的汴州镇将、节度使收复汴州，使唐后期的汴州水路畅通，州城重新恢复了生机。

五代时，后周政权选择了交通位置特殊的汴州建都，后周对都城开封的建设，为北宋定都汴梁创造了较好的条件。后周显德时（954—959年）多次大规模疏浚汴河，向东北开五丈河，在汴口修筑斗门。形成了以汴都为中心，东北由五丈河通齐鲁，东南通陈、颍的水运交通网。汴京的城市格局与运河关系至深。城区商业区、街坊分布格局均以汴河为中心。《东京梦华录》：“东城一边，其门有四，东南曰东水门，乃汴河下流水门也。其门跨河，有铁裹窗门，遇夜如闸垂下水面。两岸各有门，通人行路，出拐子城，夹岸百余丈。”[2]来自江南的漕粮和物资通过汴河直抵都城。汴梁的东水门两岸的通津门和上善门，西水门两岸的宣泽门和大通门之间是沿汴河的大街，它们都通往里城中心的州桥（参见图4-2-5）。临汴河的街市上，分布着官府的仓库，接待客商的客店。沿汴河两岸还有如斛斟行（米麦行）、面行、菜行、牛

1 ［宋］刘禹锡：《汴州刺史厅壁记》，《全唐文》卷606，中华书局，1982年，第6121页。

2 ［宋］孟元老：《东京梦华录》卷1，中华书局，1982年，第1页。

马行、纸行、果子行等街市。北宋末年，汴京人口约一百五十万，驻军超过十万人，是当时中国人口最多的城市。

汴京城内汴河横贯东西，汴河支流有蔡河南通颍水，五丈河北接梁山泺，东有古汴渠至泗水，形成了四通八达的水路交通网。汴京城的城市水系由三重城壕、四条城河，以及各街巷的沟渠组成。城内沟渠之水水源来自汴河，亦排入汴河。此外，汴京有凝祥、金明、琼林、玉津等池沼（参见图4-2-4）。其中金明池“周围约九里三十步，池西直径七里许”，池的水域面积相当大。城河和池沼实际上起到了调节汴河水量的功用。汴京设京城排岸司，并领护汴河兼督运。每年疏浚工役用夫30万[1]。

北宋时黄河进入了南徙前夜。时黄河分为南北两支，南支在汴河以北，与汴河大致平行，东至梁山泊折而东南至徐州入泗水。南支频繁决口，汴河成为黄河河南界内决口时经常的泛道，河道淤积更为严重。约12世纪时北宋开封被黄河泥沙所掩埋，遗址上是明清各时期复建的开封城，其规模不足北宋汴京的三分之一。

宋州及商丘　原为隋梁郡，唐武德四年（621年），置宋州，治睢阳（今河南商丘），下领宋城、宁陵、柘城、谷熟、下邑、砀山、虞城七县。天宝元年（742年），改宋州为睢阳郡。宋州所属各县治多数分布在通济渠两岸。隋开通济渠后，宋州迅速发展。唐后期刘晏改盐铁官营，设四盐场、十监和十三巡院，其中宋州为十三巡院之一。唐初，宋州有11303户，天宝时户增加到124268户。安史之乱时，宋州、汴州是中央与乱军争夺的战略要地。肃宗至德二年（757年），叛军大举进攻汴河重镇宋州治所睢阳。睢阳镇将张巡、许远等率领数不满万的士卒，抗击十倍以上的敌军。睢阳守城十个月之久，尽管睢阳最终陷落，但叛军已经无力进攻江淮。睢阳战后，野无草，里无人。因为汴河，宋州的地位和汴州一样非常重要。失去汴宋二州，也就失去了汴河，失去了汴河，也就断绝了漕粮。平定安史之乱后，唐朝派重兵把守宋州、汴州一带的防务，宪宗元和年间（806—820年）宋州逐渐恢复。

后周显德六年（959年），赵匡胤为宋州节度使，驻守通往京都开封的咽喉宋城（今河南商丘）。次年，赵匡胤发动陈桥兵变在开封建立宋朝。北宋初复置宋州，景德三年（1006年）升宋州为应天府，大中祥符七年（1014年）升为南京。北宋时，商丘是汴河出入汴京的必经之地，其繁华与汴京相当。北宋末年商丘成为黄河南侵泛道上的城市之一，汴河不通后，宋城迅速衰落。明嘉靖十六年（1537年）夏，黄河在商丘决口，河水灌归德府城（今河南商丘），三年后内城洪水才消退，其后黄河漫流多经由归德府一带。直至清咸丰五年（1855年）铜瓦厢改道北徙，商丘才免于黄河水灾，北宋南京亦掩于黄河泥沙之下。

宿州诸镇　唐中期以后，随着大运河水运发展，徐州以南位于汴河北岸的埇桥（今安徽符离县界内）成为官私漕船及商船的停泊地和南北货物的集散地。埇桥是淮北战略要地，扼制汴河以西漕路，以北扼制兖、徐水道。大历十四年（779年），于埇桥设盐铁巡院。元和四年（809年）割徐州符离县和蕲县，泗州虹县、亳州临涣等县置宿州，治埇桥。埇桥“以其地南临汴河，有埇桥为舳舻之会，运漕所历，防虞是资”[2]。至此因水运而成为州治。咸通三年（862年），于宿州置宿泗都团练观察使，以将士三千人守埇桥，以千人守徐州，以加强对这一地区的军事控制。唐末，由于藩

---

1 《宋史·谢德权传》卷309，中华书局，1977年，第10166页。

2 ［唐］李吉甫：《元和郡县图志·河南道》卷9，中华书局，1983年，第228页。

镇割据，汴河多年不加疏浚。乾宁四年（897年），汴河在埇桥东南决堤，附近沦为沼泽，漕路中断，宿州随着运河的衰败也萧条下去了。

唐宋宿州汴河沿岸因水路驿站而兴起的柳子镇（今安徽濉溪柳孜镇），又名柳江口，位于汴河南岸，宋州与宿州之间，唐宋时为商业大镇，镇有庙宇九十九座，井百眼。汴河过往商旅行人于此处宿留居停。南宋时柳孜镇开始衰败。1940年代在柳孜镇地下5米深的地方发现南北向砌石构筑物，石台阶高5米，由长2米、宽0.5米、厚0.4米的条石砌成。根据石台阶结构及位置，可能是汴河南岸的一处码头。

灵壁县是北宋因水运兴起的汴河沿岸城市，在宿州埇桥和泗州虹县之间。北宋时灵璧城内有张氏园，是当时淮北著名的私家园林。景祐三年（1036年），欧阳修贬夷陵（今湖北宜昌东南），取道汴河时，也曾游此园。元丰二年（1079年）春，苏东坡由徐州改知湖州，经灵壁时应园主张氏之子硕的邀请，撰写《张氏园亭记》，记述张氏开渠引汴河入园为陂池，将江南园林移植淮北的故事。

泗州　原治宿预（今江苏宿迁东南约25公里），唐开元二十三年（735年）迁治于临淮（今江苏盱眙北）。临淮位于淮河与汴河相交的汴口，自泗州经由汴河，西北通洛阳，东入淮河顺流直达淮阴，逆流由淮河而上，可至淮北涡颍各州。泗州地接吴楚，地卑多涝潦，岁有水害，濒临淮河，并不适合为城，唐中期泗州城的迁徙，主要是江淮漕路管理的战略考虑。唐初这里人烟稀少，汴河两岸有两个土城，由一座虹桥连接。唐中期以后江南漕运激增，这里成为淮河中转汴河、淮扬运河的交通枢纽，人口增加，城市扩大。运河横贯泗州城，城南滨临淮河，城内街道整齐，房舍密集，往来客商川流不息。泗州是东南通往都城洛阳、开封的必经之路，泗州繁华自唐中期以后持续到南宋时。

19世纪前淮河是独立入海的河流，淮河水位受潮汐上溯影响变幅极大。潮水沿汴河上溯可直抵泗州城。此外黄河泛滥洪水经常夺汴，泗州城处于黄淮洪水的多重包围下，多次发生淹城之灾，城内水深超过两米。唐贞元八年（792年）六月，连降大雨十几天，又适逢天文潮，海潮逆流而上直抵泗州。城墙被冲溃，全城被淹，高水位持续二十多天才开始消退。大水中百姓死伤无数，幸存者四处逃亡，灾后仅剩一座空城，州衙临时迁至虹县，一年以后泗州城恢复重建[1]。北宋开宝七年（974年），再次发生淮河洪水入城，水淹全城数十日不退的惨剧。这场大水摧毁城内民舍五百余家，泗州城几乎全毁。北宋景祐三年（1036年），在泗州城防堤的基础上修筑环城堤[2]。防洪堤达到了预期的目的，此后泗州多次为洪水所包围，但城池仍能安然无恙。康熙十九年（1680年）泗州城终于淹没于洪泽湖底。

附：北宋（日本）成寻中国礼佛之行及《参天台五台山记》

《参天台五台考山记》八卷，是日本入宋僧人成寻于北宋熙宁五年（1072年）三月至六年六月在中国一年多时间内所写的日记。

成寻（1011—1081年），俗姓藤原氏，出身官僚家庭，生于日本宽弘八年（1011年），即宋真宗大中祥符四年。成寻七岁时入日本岩仓大云寺出家。稍长，以转读

1 ［唐］吕周任：《泗州大水记》，《全唐文》卷481，中华书局，1982年，第4911—4912页。

2 ［宋］欧阳修：《泗州先春亭记》，《欧阳文忠公集》卷39，四部丛刊初编，上海商务印书馆，1936年，第292页。

《法华经》为常业，属日本天台宗。日本延久四年（1072年），即宋神宗熙宁五年三月十五日，成寻等一行自日本松浦郡壁岛登上中国商船。《参天台五台山记》即为成寻此行的日记。十九日，这艘开往中国的船启航。成寻此后一年多在中国游历。次年六月，成寻完成了巡礼并为寺院请回经书后归国。《参天台五台山记》自三月十五日启程开始记录，至次年六月十二日归国上船之日止。

成寻在中国一年，朝拜佛教圣地天台山和五台山。自杭州港登陆后，乘船沿浙东运河南行，至绍兴入曹娥江，逆江而行至剡县（今浙江嵊县），转陆路至天台山。返程沿原路回杭州，然后乘船沿江南运河，过长江至瓜洲渡口，转淮扬运河北上，经扬州至楚州入淮河，至泗州转汴河，经汴河至北宋都城汴京。然后继续沿汴河北行，至河阴渡黄河，然后由陆路去五台山。其中水路自南而北过曹娥江、钱塘江、长江、淮河和黄河运口，所经隋唐宋大运河即今浙东运河、江南运河、淮扬运河、汴河各段。

成寻《参天台五台山记》关于汴河的记载，详细地记录了汴河沿线城市市井风景、物产、官场与民俗。其中关于汴河漕船形制、沿途河中沉船等记录是运河史极珍贵的材料。以下是成寻在该书中对北宋熙宁五年（1072年）九月十七日至十月十二日由楚州经淮河，至泗州转汴河，溯流北上至东京水程的记录，原文如下[1]:

（九月）十七日，天晴。辰时，见鹦鹉，大如鸠，尾长一尺，嘴赤，足赤，背毛青，处处有白斑，紫毛处处交，入笼，置船。又鹿，如日本鹿，与羊置船饲。人见庄家，以驴马二疋，覆自口，悬麦粉、石臼，独回牵，无人副进。

巳时，出船。回州城（指楚州城）至闸头。巳时，过十里，至闸头。依潮干，不开水闸。申时，登州秀才与陈咏共来相人由，告之。问："命今几年？"答："可保八十余年者。"

戌时，依潮生，开水闸。先入船百余只，其间经一时。亥时，出船。依不开第二水门，船在门内宿。七时行法了。

十八日，天晴，颇翳。终日在闸头市前。

戌时，开水闸，出船。即得顺风，上帆。并牵纲手。寅一点，过六十里，至楚州淮打赌县新开驻船。七时行法，经四卷了。

十九日，雨下。卯三点，出船。过六十里，申三点至闸头，石梁镇内也。

戌时，开闸，出船。至淮河口宿。七时行法了。

二十日，雨下。寅时，出船。入淮河，牵船。未二点，至盱眙县贵山。寺塔十五重，如阁。顶见罗汉井。寺名光福寺，昔五百罗汉见住也。委知泗州大师行状。顺风，上帆。

戌时，过八十里，至泗州东淮头停船。七时行法了。

……

二十二日，天晴。巳时，以都监轿参泗州大师院。烧香拜礼了。途中千万人满路，敢无隙。买卖实物、食物，如杭州市。午二点，出船。过二十二里，宿湖口。酉一点，停船。州内七里，临淮县同十三里也。七时行法了。

二十三日，天晴。寅二点，出船。河极驶流，黄浊难饮。

戌时，过五十五里，至下易县宿。终日牵船，河驶船重，里数非几。七时行法了。从泗州至宿州，四百二十里。

---

1 ［宋］成寻：《参天台五台山记》第三，白化文、李鼎霞校点，花山文艺出版社，2008年，第93—106页。

二十四日，天晴。卯一点，出船。终日牵船。

戌时，过八十里，至青阳驿宿。七时行法了。

二十五日，天晴。寅一点，出船。

辰时，见青阳驿馆舍等，最广大也。同二点梢工盾福持来酱一柸、姜一柸、萝卜一柸。梢工者，日本梶取名也。

申时，崇班来向船，点茶。

戌时，过四十二里，至通海镇停船宿。七时行法了。

二十六日，天晴。寅二点，出船。申一点，过三十八里，到宿州虹县。有大桥。即出船。

戌时，过七里，至店家前，为驻船宿。七时行法了。

二十七日，天晴。寅四点，出船。卯三点，得顺风，飞帆。终日驰船。酉四点，过七十三里，至史头县大桥下宿。七时行法了。

二十八日，天晴。卯一点，出船。终日牵船。

亥时，过四十五里，至静安镇宿。七时行法了。

二十九日，天晴。寅三点，出船。终日牵船。

戌时，过四十五里，至宿州宿。七时行法了。

三十日，天晴。寅二点，出船。

辰时，过十五里，至州舣舟亭。知府送酒三瓶，送返事，与使钱三十五文。知府并通判示送云："今日可逗留，欲储斋者。"答云："早可上京，斋无用"由。

巳时，出船。……

戌时，过四十里，至寄宅镇宿。七时行法了。

十月一日，雨下。寅三点，出船。……

巳时，过柳子（柳孜）驿；未四点，至柳子镇。有大桥。

申时，一里停船宿。七时行法了。今日行五十里。

二日，天晴。寅三点，出船。终日牵船。

戌时，过六十里，至亳州永城县甫城县甫城甫亭停船。从宿州至当县一百五十里。从县至南京（即今河南商丘）二百里。七时行法了。

三日，天晴。辰时出船。从大船下拽船。桥无柱，以大材木交上，以铁结留。宿州以后大桥皆如是。未四点，过三十四里，至酂阳镇，去亳州一百里云云。有大桥石。酂阳市桥过三百步又有大桥。此镇，亳州酂县内也。不停船，过镇了。

戌时，十六里，至甫中宿。七时行法了。今日行五十六里。

四日，天晴。卯一点出船。辰四点，过十八里，至南京迎应亭停船。有大桥。辰三点出船。得顺风，上帆并拽船。

酉时，过五十二里，至十八里店宿。今日行七十里。七时行法了。

五日，天晴。卯一刻，出船。

巳时，过宋州谷熟县。从县官许，以兵士十人送之。从大桥下过，行，终日拽船。酉一点，过七十四里，至南京大桥南停船宿。宋州内有南京官，名扬持读。从南京至东京三百二十里。从越州至楚州八州河，不流河也。河左右殖生杨柳相连。从泗州至东京，驶流河也。河左右殖生榆树成林。大桥上并店家灯炉大千万也。伎乐之声遥闻之。七时行法了。

六日，天晴。辰时，拽船从桥下过。店家卖买不可记尽。经二里，至次大桥外停船。梢工宿积千姜，取上市头了。五十石许上了。于宿州三十石许上市了。梢工眉福最可云富人。

巳时，大河亭；次过六百步，过望云亭。河中有损沈船，凡此驶河，见损船及二十余只。……酉三刻，过三十五里，至宋州葛驿，停船宿。七时行法了。

七日，天晴。卯一点，出船。

巳时，至宋州府。有大桥。河边有宁陵县驿。即拽过一里，停船。乘崇班轿，过一町半，到象厩。一屋有三头象，一屋有四头象。先见三头象，有饲象人教象："有外国僧等来见，可拜。"第一象屈后二足，垂头拜踞。次教"可称诺"由，即出气出声。象高一丈二尺许，长一丈六尺许；鼻长六尺许；牙长七尺，曲向上。以鼻卷取刍，食之。象师与钱五十文了。……今日过三十八里。酉二刻至府中宿。七时行法了。

八日，天晴。卯一点，出船。过七里，辰一点至东京宋州襄邑鸲县舟亭停船。有大桥，广大县也。卖买店家繁昌，庄严异他县。崇班志[致]送馒头二十九，即分与一船人——船梢工、水手等了。同三点，出船。过七十三里。酉二点，至府中驻船宿。七时行法了。今日行八十里。

九日，天晴。卯一点，牵船过八里，至东京汴州雍丘县停船。有大桥。崇班告送云："此县有女子，暂可逗留者。"即女子与夫共乘马来，当县官人也。共人兵士等二十余人也。午一点，陈都衙照宁借钱十贯，依员持来返纳。通事陈咏十贯同返了。梢工三贯持来返了。终日在县留宿。七时行法了。

十日，天晴。辰二点，出船。终拽船。酉时，过八十里，至东京陈留县宿。有大桥。七时行法了。去洛阳城四十五里。

十一日，天晴。卯一点，从东京陈留县拽船。申一点，过三十八里，到著锁头。去洛阳城七里，停船。使臣崇班前立使者，奏"日本僧参著"由，并"安下处，待宣旨间，宿此所"。七时行法了。内殿崇班来，入船内。数刻殷勤，取遣茶共吃。……见数百大小船，并著河左右避。梢工、兵士等各来悦：到著京。由出国清寺，六十五日至洛城。诸僧喜悦，何事如之！进奉皇帝念珠五串、银香炉等，内殿崇班见沙汰了。……

十二日，天晴。虽宣旨未下，旦辰时拽船，过二里，至开封县水门，问官前止船。巳时，内殿崇班具甥来向，点茶。

午时，官人来。梢工眉福卖物取上堤上如山，但豆蔻等贵物隐船内。依日本僧船，不入见，过了。午时，出船未剋，至同县下土桥停船。见从桥上牛悬车过行，虽似日本车，屋形，前后左右有四柱窗，尽柱也。

申时，拽船过三里，见丽景门：七间高楼，有三户。过一里，至相国寺前延安桥下停船。侍中一人来船。崇班来会，拜礼，点茶。宿船。七时行法了。汴河左右前著船不可称计，一万斛、七八千斛多多，庄严！大船不知其数。两日见过三四重著船千万也。侍中用金带，最甚妙也。黄门，女声。

第五章
王朝水利的最后篇章（13世纪至19世纪）

1128年，北宋守军杜充在金兵进逼汴梁的情势下，决开封黄河堤。这一决口开启了黄河南行700年的历史，改变了黄河与淮河、海河、运河原有的水系格局。黄河改道后主流水道先夺汴河，至徐州与泗水汇合后，行泗水水道，再至淮安夺淮河水道，黄淮合流至云梯关入黄海。与黄河南行同期的中国大陆行政版图此刻也发生了重大变迁。宋王朝南迁，最后定都杭州，更名临安，开始了南宋王朝的历史。偏居淮河以南的南宋王朝与具有广大北方的辽金政权在持续长达150多年的对峙与妥协后，最终为蒙古军队的铁骑所破，蒙古人建立的元朝再次将中国版图扩张到长城以外、白山黑水之间，并将都城设在了北京。其后除明朝前期44年一度建都南京外，北京作为元明清三朝都城长达600年。随着政治中心北移，漕运亦以北京为目的地。自此国家水利的重点围绕着确保漕运开展了持续数百年的水利建设和河工管理。

社会与自然的演变，造就了南北大运河——京杭运河的诞生。运河600年的运行期间，始终处于黄河南北决溢、多股泛道并存的干扰之下，维系水道通畅异常艰难，元明清各朝无不将河工视为至关紧要的国事，投入巨资和人力兴建江河堤防、大型水闸，修筑大坝水库等，在大运河关键区域构成了具有调水、蓄水及节制功能的水利工程体系。大规模的水利工程与黄河泥沙的共同作用下，黄淮之间河流水系发生了沧海桑田的巨变：淮河以北泗水、沂水产生了微山湖、骆马湖等人工湖，在淮河中游末端形成了洪泽湖，原为淮河支流的泗水、沂河、沭河最终归于独立水系。而应运河需要而兴建的山东汶河戴村坝—南旺分水枢纽、清口—洪泽湖枢纽等工程体系，将数千年的传统水利技术推向发展的顶峰。

钱塘江防洪工程——石工海塘始于宋，成就于清。13世纪以来，中央政府在粮食上对江浙的依赖超过任何区域。明代时运抵北京的额定漕粮一般是年400万至500万石，其中北粮（河北、山东两省漕粮）占总数约23%，南粮（江苏、浙江、江西、湖广）超过70%，而特供朝廷的粳米、土特产等主要来自江浙两省。清代对江南粮食依赖程度更高。以康雍朝为例，其时漕粮中特供白粮（糯米）全部来自松、常、太、嘉、湖六府，而浙江漕米则是红白兼收，秈粳并纳，且以干圆洁净为准[1]。随白粮北上的，是鲜船（水产品和时令蔬果）、贡船（苏杭丝织品）。潮灾是杭嘉湖平原最严重的自然灾害。每当东海天文潮与内河洪水相遇形成大潮，逆钱塘江而上，大潮所到岸崩城

1 ［清］王庆云：《石渠余纪·纪漕粮》卷四，北京古籍出版社，1985年，第153—156页。白粮指糯米，本书载：康熙朝达到年输北京二十一万石，乾隆二年（1737年）以民间负担太重，将部分王公俸米及并禁城兵士米改为普通米，白粮额数减半。其实漕粮总量依然不变。

毁，耕地浸泡与咸水之下，数年寸草不长。五代十国时便开始兴建海塘防御大潮，自9世纪至15世纪长江口至钱塘江口逐渐形成了海塘护卫的格局，至18世纪时江南府松江至海宁一线海塘已由永久性砌石海塘取代了柴草海塘，其中在土木技术史上具有重要地位的重力砌石海塘——鱼鳞石塘这时出现在钱塘江左岸受大潮威胁最重的海宁至海盐的险工段，尤其是海宁鱼鳞石塘塘高度10—20米，超过了当时世界最高的大坝，这道水上长城至今仍在发挥作用。

清嘉庆时黄淮运交汇的清口已经为泥沙淤垫，道光朝不得不在洪泽湖与黄河之间筑起一个个串联的水塘，逐段将漕船送过黄河，即所称“灌塘济运”。灌塘济运是漕运最后的回光返照，此后十年间淮河、黄河先后大改道。1851年淮河自洪泽湖礼坝决口，经由淮扬运河入长江。1855年黄河在铜瓦厢改道，夺大清河水道自山东利津入黄海，回复北行水道，即现代黄河下游水道。与黄淮大改道同时，爆发了撼动清朝根基的太平天国运动（1851—1864）。浩劫之下，淮扬运河、江南运河中断10年，黄河泛滥与社会动荡更将延续2000年的漕运推向终结。平定太平天国后清朝重启漕运，1855年黄河改道，至张秋冲断运河；1898年运河南运河沿线有义和团之乱，天灾人祸逼使当局放弃漕政。1901年清廷宣布终止漕运，京城粮食供给全部改为商办。1911年民国诞生，宣统帝溥仪退位，与帝制相始终的两千多年的漕运制度同时终止。

第一节　13—15世纪大运河重构与完善

德祐二年（1276年）二月初九日在元朝兵将的押解下，南宋王朝退位的恭宗及谢太后，与宣奉大夫左丞相吴坚率领属官200人、随从3000人组成的特殊使团——祈请使团，自杭州出发至元上都开平府。随行的右丞相文天祥至瓜州逃脱后，参加到扬州宋军最后的抵抗中。祈请使团经江南运河至镇江，渡长江至瓜州港。由于扬州仍有南宋守军，改陆路绕道天长、宝应至淮安清口，转黄河水路，经宿迁、邳州，至徐州。然后转车行，经沛县、谷亭、济州、东平，至临清过卫河，改舟行，一路北上至杨村，改车行经潞州、大兴至燕京[1]。燕京盘桓一月后，再启程往上都。一行人由杭州至燕京北上，水陆兼行三个月，除扬州至淮安绕道天长至宝应外，几乎都是后来京杭运河的线路。这是南宋丧国后的屈辱之行，也是宋朝南迁后赵氏宗室唯一的北上。北上之行他们目睹了江南运河死尸塞河的惨烈，以及泗水以北江山易主百年之后风俗大异的景象[2]。这一行人绝对不会想到，不久纵贯中国东部的大运河诞生在他们北上的线路上。其中徐州至临清的一段陆路便是其后十余年开凿的会通河；而杨村以上过大兴折而西行，直抵燕京阳春门的驿路上，便是通惠河的线路。这条大运河即为今人所称京杭运河。

12世纪黄河改道南行，改变了战国以来运河与黄河、淮河、海河的连通格局。以北宋汴京（今河南开封）为目的地的水运体系，随着11世纪以来日渐频繁的决溢泛

1　贞元元年（1153年）金迁都燕（今北京），为中都，亦称燕京。元太祖十年（1215年）克金燕京后，设燕京路，至元四年（1267年）迁都后更名大都。

2　［元］刘一清：《钱塘遗事》卷9，江苏广陵古籍刻印社，1990年，第196页。随行书记官严光大记“（德祐二年）二月十六日，早，舟次常州。爇余之屋塞路，杀死之尸满河，臭不可闻，惟此最多次。过奔牛镇，夜泊吕城，白骨堆积如山”。

图 5-1-1　元明清京杭大运河水道经行（19 世纪至今）

运河全长约 2000 公里，图中运河线路系康熙二十五年（1686 年）开中运河后的水道。图中以▼标注河段系元明清所开运河，北运河、南运河由隋永济渠（唐宋御河）、淮扬运河由战国时期邗沟（隋山阳渎）、江南运河由隋江南河演变而来。

滥，汴河淤积速度加快，及至辽金时依靠疏浚只能维系部分河段或部分时间的通航。元建都北京后，便开始了在淮河以北开凿沟通黄淮海的会通河，另一段运河是通惠河，将大都城河与永济渠连接起来（图5-1-1）。14世纪开会通河、通惠河后，与前代运河构成了纵贯中国东部自北而南的大运河，即今天所称的京杭运河。大运河按河段自北而南为通惠河、北运河（永济渠北段）、南运河（永济渠南段）、会通河、中运河（18世纪以前徐州至清口为黄河水道）、淮扬运河、江南运河、浙东运河。

一、南北大运河北端：通惠河

元重开大运河水道，通惠河是最北端的一段，西起北京积水潭，东至通州（今北京通州区）与潞河接。潞河或称白河，今称北运河，是隋永济渠黄河以北至河北霸州水道[1]。北京位于永定河与潮白河冲积扇平原上，呈西北高东南低地形，坡降比降

1　隋永济渠，即北宋御河，明清称卫河，连接海河流域支流，天津三岔口以北为海河南系干流，以南至通州称北运河，又是海河北系干流。

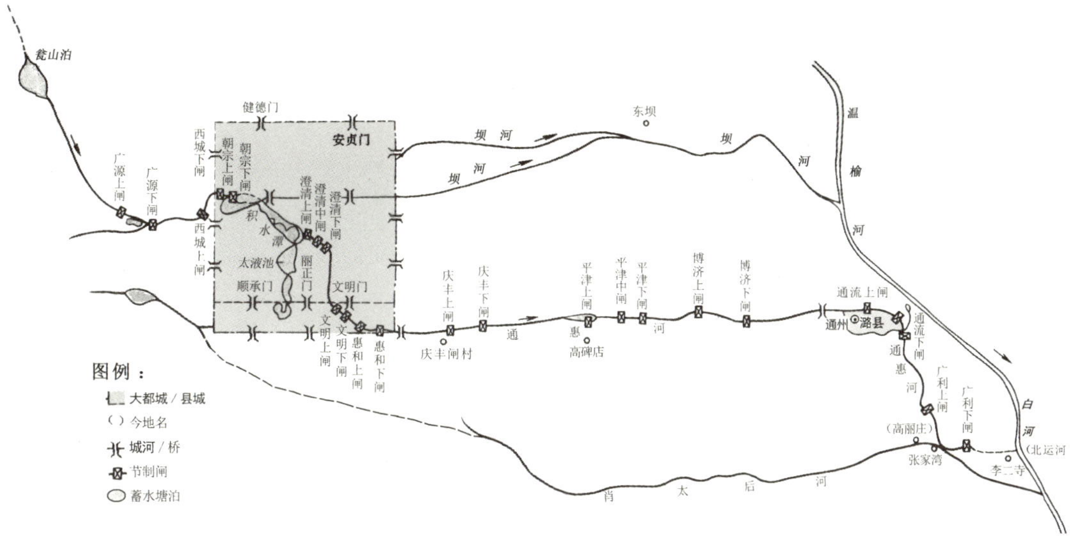

图 5-1-2 元通惠河及水道节制闸[1]

明清通惠河节制闸只保留了庆丰、平津上下（今称高碑店闸）、普济、通流五闸。

在1‰左右。北京中心城区没有天然河流通过，开运河既有水源也有地形高差的难题。金建中都在今北京后，在今北京西南石景山口引永定河水下入金口河，东南经三里河东行至通州，是为金漕河。但是永定河是高含沙的浑水河流，洪枯水量变幅极大，加上较大的地形比降，金口河的水源和水道都不成功。元开通惠河改以昌平白浮泉和北京玉泉山泉水为源，运河则在金漕渠以北，通过沿途节制闸，形成适合通航的水道，圆满解决了北京至通州运河的关键问题（图5–1–2）。

通惠河有详尽的规划，它出自元代著名的科学家郭守敬之手。郭守敬（1231—1316年）出任过元朝的太史令、都水监，以创立当时世界最先进的立法《授时历》而被誉为中国古代著名的天文学家、数学家。郭守敬在水利方面的贡献同样卓越，他设计的通惠河的规划包括水源工程、运河水道工程。蒙古中统时（1260—1264年），因左丞相张文谦的推荐，郭守敬至上都向世祖忽必烈陈水利六事。其中有两事涉及大都水运：其一，开河引玉泉水，东至通州；其二，疏浚通州以南白河、御河，恢复通州至临清的水运。至元二十八年（1291年），郭守敬在上都，再陈水利事，对运河水源的引取、水量调蓄、运河节水等提出了全面规划："上自昌平县白浮村引神山泉，西折南转，过双塔、榆河、一亩、玉泉诸水，至西门入都城，南汇为积水潭，东南出文明门（大都城东门，在今崇文门北0.5公里），东至通州高丽庄入白河。总长一百六十四里一百四步。塞清水口一十二处，共长三百一十步。坝闸一十处，共二十座，节水以通漕运，诚为便利。"[2]至元二十九年（1292年）时为都水监的郭守敬主持通惠河施工。郭守敬的规划得以全部实施。什刹海以上为通惠河的水源工程，包括引泉、输水和蓄水调节工程三部分。通过水利措施将北京西山的泉水引入瓮山泊（今颐和园昆明湖），再通过输水渠道进入市区的积水潭及内城各海子，形成了包括今北海、中南海内城水域的北京诸海。城内诸海子对水量进行再次调节，有控制地

1 引自蔡蕃：《北京古运河与城市供水研究》，北京出版社，1987年，第109页。

2 《元史·河渠志》，二十五史河渠志注释本，中国书店，1990年，第237页。

向运河供水。北京至通州高差约20米，在通惠河上修建了20座连续闸，节水并保障通航水深（参见图5-1-2）。

元末通惠河失修，全面恢复是在明建都北京70年后。永乐四年（1406年）明成祖朱棣改北平为北京，十九年（1421年）改建康为南京，并以北京为都城。宣德七年（1432年）明王朝大兴土木重建北京城。明北京城向南扩张，将通惠河正阳门以北圈入皇城，从此通惠河北端由积水潭移至东便门大通桥。成化十一年（1475年）平江伯陈锐主持大修通惠河，自大通桥至通州张家湾全长六十里（约合今制30公里），一律为宽十丈（约合今制30米）的标准水道，水道上的节制闸只保留五闸：庆丰闸、平津上下二闸、普济上下二闸。其后为了调控运河水量，在通惠河开月河、蓄水陂塘等。但是，明代自迁都北京后，在昌平建陵寝不再引昌平白浮泉水，通惠河的水源只

图5-1-3 爱新觉罗·弘旿[1]《（乾隆）都畿水利图卷》中的通惠河

图中场景大约是17世纪时北京东便门外通惠河庆丰上下闸的一段。

图5-1-4 江萱《（乾隆）潞河督运图》中的北运河[2]

图中场景大约是通州东关大街一段。

1 爱新觉罗·弘旿（1743—1811年），康熙帝孙，爱新觉罗·胤祕二子，能诗，工书，善画。原图收藏于北京故宫博物院。

2 潞河，明清指北京通州北关闸至天津海河直沽港，其中天津三岔口以北又称北运河。原图收藏于中国国家博物馆。

图 5-1-5 （嘉庆）油画《中国大运河日出》中的南运河[1]

从画面岸坡和河道判断应是南运河德州—沧州的一段。元明清大运河的山东临清至北京通州段是隋唐永济渠、北宋御河（卫河）演变而来。元代开会通河后临清以上卫河成为南运河的水源河。

图 5-1-6 通惠河东便门码头实景（20世纪初）[2]

图中桥是大通桥，远处是东便门东南角楼。大通桥畔的漕仓及码头见证着通惠河曾经繁忙的漕运。

有西山玉泉山泉水。受水源短缺制约，明清漕粮不再全部由通惠河直接入城，而是北运河至通州后分为水陆两运。大宗漕粮由北运河通州起岸后，走驿路运抵北京各仓。通惠河水路供朝廷专用的白漕船、贡船和官船通行。清光绪二十七年（1901年）京津铁路通车，漕粮可以自天津直沽港转铁路至北京，通惠河的水运功能消失，闸坝管理废弃，最终演变为北京的排水水道。

元开通惠河后北运河连通，与海河流域北系白河（潞河）、潮河、温榆河构成了大运河北端的最终格局（图5-1-3~图5-1-9），是为元明清三朝纵贯南北的骨干水道即今所称京杭运河。

1 作者威廉·哈维是英国阿美士德使节团的随团画家，油画被收入《中国内陆旅游记》，1818年出版，引自李崇寒：《运河上的中国》，《国家人文历史》2014年第11期，第66页。

2 林语堂：《大城北京》，陕西师范大学出版社，2008年；原书著作时间估计是20世纪50—60年代。

二、黄淮运博弈的最终走向：从会通河到中运河

黄河大改道后最初100年，尚未形成相对稳定的水道，经常多支泛道并流。其中流经时间较长的主要有：①黄河的主流，经长垣、东明、曹州，至徐州夺泗水（即金及南宋的南清河），黄河与泗水合流至淮安入淮河，再夺淮河入海水道，黄淮合流入黄海；②主流迤北的北支经自河北滑州东行，至山东嘉祥南下，入南清河，折而南至徐州与黄河主流汇合；③黄河南支，夺沁水、涡水、濉水、汴河等淮河支流水道，东南而下入淮河[1]（图5-1-10、图5-1-11）。

金（1115—1234年）建中都于北京，漕粮主要征自河北、山东，水运部分走前代御河，部分由海运，水陆并行北运漕粮。贞祐二年（1214年），金以北宋故都开封为南京，试图重建以

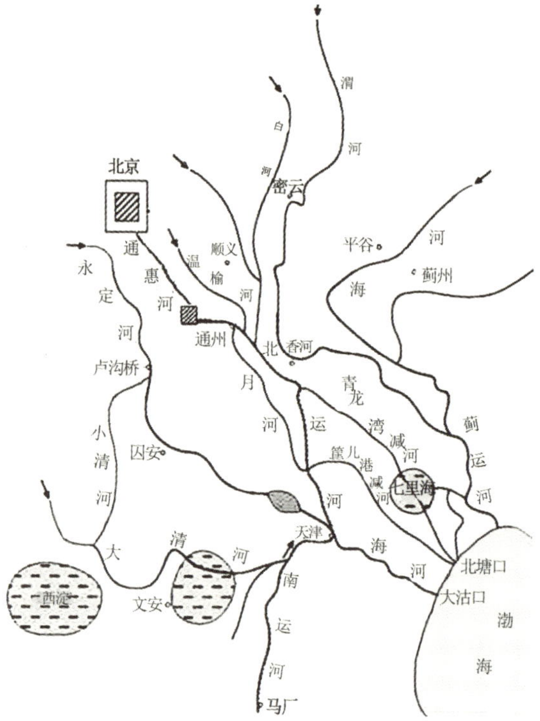

图 5-1-7 北运河与通惠河、南运河的连接

北运河，元明清时或称潞河、白河，与海河、南运河相接。漕行海运多由天津大沽入海河，逆行至天津三岔口转入北运河

图 5-1-8 北运河及兵堡（1893年）[2]

英国威廉·亚历山大绘。北运河河道弯曲，宽度不过20米左右。清代北运河堤每三里设兵堡，负责防汛抢险和水上交通治安。原图作者记：图上中经过兵堡的船上挂双层伞盖，这意味着有显官要员在船上。

1 谭徐明等：《13至19世纪黄淮之间运河自然史研究》，《中国水利水电科学研究院学报》2014年第2期。

2 1793年为乾隆皇帝80岁生日祝寿，英王乔治三世派出的以马戛尔尼勋爵为首英国使团。随团画家亚历山大绘画记录沿途所见。刘潞、[英]吴芳思编译：《帝国掠影——英国访华使团画笔下的清代中国》，中国人民大学出版社，2006年，第12页。

图 5-1-9　北运河及其水运（20 世纪初）

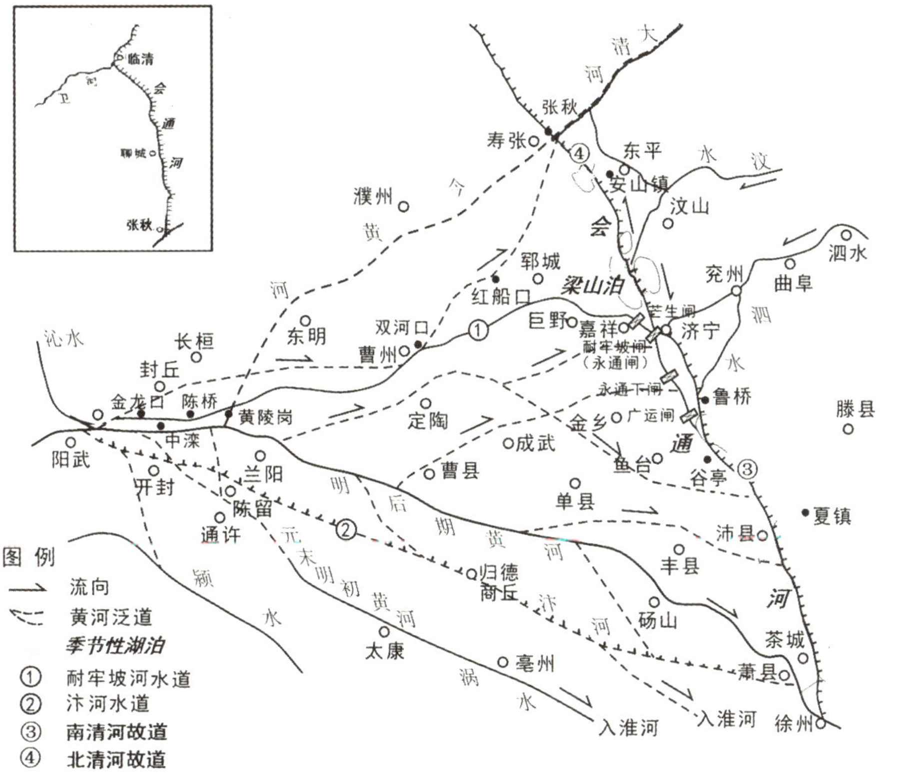

图 5-1-10　12—16 世纪运河与黄河、汴河、御河（卫河）的关系

南宋建炎二年（1128 年）黄河改道南行后，在汴河、大清河之间泛道呈三角分布，以河南阳武为原点，泛道主流最远至淮河支流涡河，北入大清河（原济水流路，1855 年黄河回复北行后为黄河下游干流）。元开会通河后以黄河为水源，直到 15 世纪山东汶上南旺及微山湖诸湖水柜形成。

图 5-1-11　张秋运口：会通河与大清河平交（19 世纪 80 年代）

本图绘制时间距 1855 年黄河夺大清河回复北行水道过了约 30 年，图上仍标注大清河，并详尽标注了大清河南北运口工程及其淤垫情况。

汴梁为中心的水路。次年开渠引沁水入汴河，汴沁合流为一，来自山陕和豫西北的漕粮可经枋头由沁水过黄河，自河阴县入汴河至汴梁。

金与南宋以淮河为界，屯军于淮北，迫于军事需要启用黄河—汴河—泗水水路。经由黄河调京东西路军粮运至徐、邳、宿、泗诸州，年运粮超过十万石（约合今制15000吨）。这条水路因为黄河时冲时淤，加上水陆转运，转运军民不堪其苦。金元光时（1222—1223年）将漕粮启运地改在今山东南部，并在归德府（治今河南商丘）置通济仓，于是山东漕粮由泗水南下至沛县，转大泽水过黄河经由汴河而达归德府，这条水路尽可能地利用泗水，而极大缩短汴河和黄河水路。同时期又在宿州灵璧潼郡镇设仓储粮，山东的漕粮还可通过泗水（宋元称南清河）南下徐州，过黄河转陆运至灵璧入仓。灵璧仓漕粮由汴河入淮，可输往淮河边界各军镇。

辽金时期黄河迤北的驿路沿南清河（泗水）、北清河直抵山东临清，其间济宁以南亦通水运。南宋末代皇帝恭宗帝、谢太后祈使团的一行人走的就是这条路线。元至元十三年（1276年）为了南下征战征集南方粮食的需要，开济州河，南自今济宁北至东平安山，打通了泗水与大清河的水路。至此可由黄河过徐州转泗水，至今济宁北入济州河，由济州河或转陆路至御河，或由大清河经海运至直沽。

构建以大都为目的地的大运河的建议出自中书省左丞相伯颜（1236—1295年）。元至元十二年（1275年）伯颜征南宋，命都水少监郭守敬考察泗水、汶水与御河沟通之势。郭守敬“自陵州（今山东德州）至大名，又自济州至沛县，又南至吕梁，又自东平至纲城，又自东平逾黄河故道，至与御河相接，又自卫州御河至东平，又自东平西南水泊至御河”[1]。考察所及涉及黄淮海三河相交的广大区域，指出由水泊（即北宋梁山泊，今山东梁山县界内）至陵州可以实现黄淮海沟通，是为后来会通

1　[元]苏天爵辑：《元朝名臣事略·丞相淮安忠武王》卷二，中华书局，1996年，第192—193页。

河济宁以北的线路。至元十三年（1276年）伯颜统帅元军攻入南宋都城临安后，立即向世祖忽必烈提出了开运河，形成纵贯全国水路的建议：“今南北混一，宜穿凿河渠，令四海之水相通。远方朝贡京师者皆由此致达，诚国家永久之利。”[1]忽必烈采纳了这个建议，至元二十六年（1289年）命都水监于济州河以北过大清河继续向北开渠，直抵临清与御河接[3]。此役征夫3万，用工250余万，中统钞150万贯，仅半年时间开渠132.5公里，将黄河以北水路延伸至临清接御河。元开会通河在济州（今山东济宁）以南主要利用泗水水道。在济州以北有北宋以来黄河北泛形成的北支水道，在梁山和东平之间黄河北泛留下了梁山泊。元开会通河时部分利用了泛道作为水道，并将梁山泊残余的塘泊洼地辟为水柜。世祖赐新河名“会通”，后与济州河合称会通河，全长350公里。

会通河，北起山东临清与御河相接（明代始称卫河、南运河）[4]，南至徐州与黄河相接，沟通海河、黄河、淮河三大水系。开会通河以后，徐州至临清间较之隋唐宋由汴河（通济渠）和御河水路缩短60%，会通河纵贯黄河中游冲积扇及山东丘陵西缘，地势以山东济宁南旺镇为最高，地面平均高程约43米，分别向南、向北倾斜，地形纵坡降2‰左右，与京杭大运河南北的最低点（分别位于扬州长江运口和天津静海附近）的高差约50米，全长350公里（参见图5-1-11）。

黄河直到16世纪中期前一直是会通河的主要水源。黄河济运是通过决溢形成的两条主要泛道，一条是唐宋入济水（大清河）泛道，经由曹县、郓城入梁山泊后东出入大清河；一条金代泛道耐牢坡河，经由江苏丰县、沛县、鱼台入泗水（参见图5-1-10）。开会通河以后黄河既是会通河水源的重要补充，又带

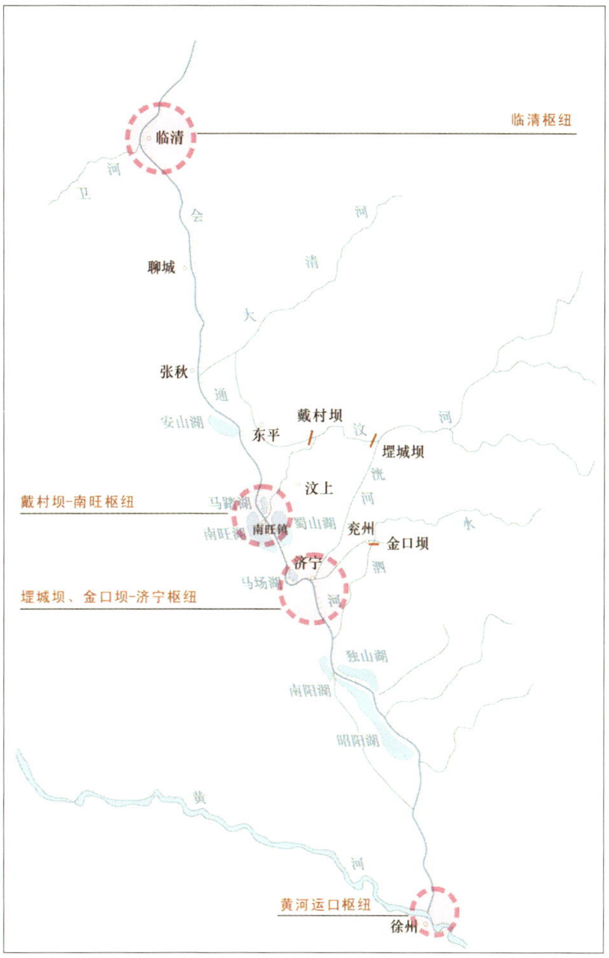

图5-1-12　14—16世纪会通河与卫河、黄河连接及枢纽工程（微山湖尚未形成）

1 ［元］苏天爵辑：《元朝名臣事略·丞相淮安忠武王》卷二，中华书局，1996年，第20页。

2 《山东运河全图》局部，引自李孝聪《美国国会图书馆藏中文古地图叙录》，彩图三十二。据编著者考证，图中有注记“光绪三年新修（张秋）新运河口”，绘图的时间应在光绪三年（1877年）至光绪七年（1881年）停河漕改行海运之间。

3 大清河由济水演变而来。3世纪以来黄河屡夺济水，约9世纪济水演变为黄河支流，东平以来为大清河，水源来自黄河渗流、汶河等。1855年黄河改道夺大清河后，成为今黄河的北行水道。

4 御河即隋唐宋永济渠。元开会通河，至临清与御河汇合。明清称临清闸以上御河为卫河，以下则改称南运河，天津卫三岔口以北称北运河。

来了巨量的泥沙，更严重的是黄河洪水屡屡冲断运河，以及年复一年的巨大疏浚工程。至16世纪会通河以西区域终于普遍淤高，会通河茶城至徐州运口段逐渐废弃，在这个过程中，泗水因为下泄黄河水道受阻，16世纪70年代时在今济宁夏镇、南阳镇泗水流域先后形成了南阳、独山、昭阳、微山湖，即今所称“南四湖”。万历二十二年（1594年）开泇河，十年间泇河微山湖湖口、韩庄等节制闸八座陆续建成。泇河全线开通后，避开了会通河沛县至徐州黄河的干扰。从1410年昭阳湖建闸成为运河水柜开始，到1604年微山湖湖口闸、韩庄闸建成，泇河终于替代了会通河南端水道。而同时期形成的具有水量调蓄节制功能的南四湖，成为新运河水道的水柜，运河对黄河水源的依赖终于走向了终结（图5-1-12、图5-1-13）。

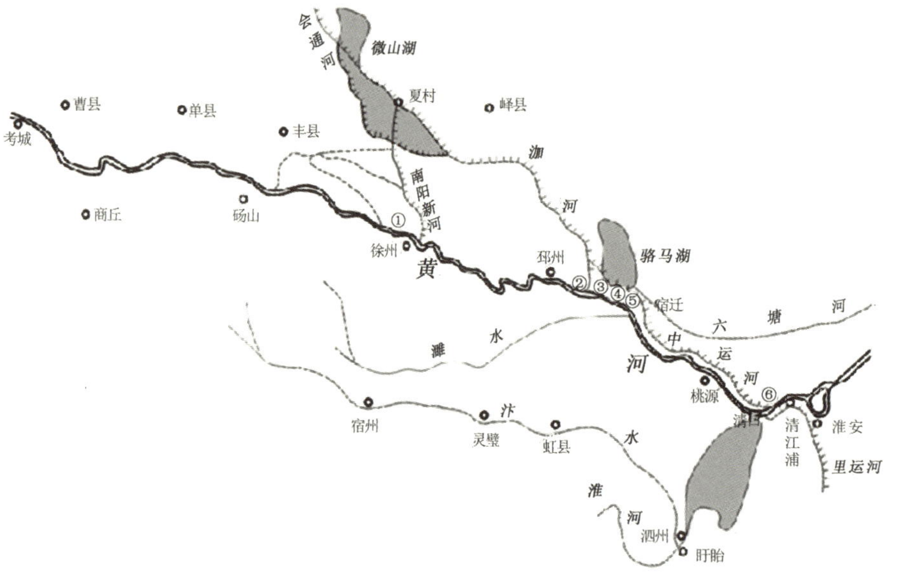

图 5-1-13（1）　16—17 世纪黄河运口逐渐东移：运河与黄河的分离

------ 黄河泛道①茶城运口②直河口③皂口④董口⑤陈口⑥仲庄运口

自明中期以来会通河徐州运口淤积加快，随着开南阳新河、泇河起黄河运口不断东移。最终泗水衍生出微山湖等南四湖，沂水产生骆马湖。新湖泊为运河提供水柜，终于运河得以避开黄河，清康熙朝以后黄河以北的运河得以持续运用 200 年。①②③为 16 世纪运口，④⑤⑥为 17 世纪运口。

图 5-1-13（2）　现代中运河

会通河开通后的两百多年，徐州至淮安行黄河水道作为漕运水道，史称“河行漕运”。嘉靖四十四年（1565年）沛县大决使黄河徐州以下徐州洪、吕梁洪全部淤平，邳州上下一百公里二百余水道俱淤[1]。次年二月，工部尚书兼总理河漕朱衡筑沛县至徐州黄河堤，并堵泛道支河，疏浚徐州上下黄河及运河水道。但是不到四年，隆庆三年（1569年）七月，黄河再决沛县，徐州、沛、丰、虞城、考城俱被水患，茶城运口上下水道淤。是年，两千多艘漕船被阻邳州。第二年黄河又决邳州，宿迁至徐州黄河漕路再次中断。五年（1571年）总河潘季驯主持邳州堵口。大工告成后不久黄河再决邳州王家口，双沟以下黄河南北两岸决口十余处，淜邳州以下水道四十公里，溺死运粮官兵上千人，损失漕粮四十万石。黄河连续五年在徐州至邳州间北决，甚至使明朝廷一度停运河漕运而重启海运。黄河徐、吕二洪是漕行河运的卡口，这段水道由急流险滩到淤塞的演变是黄河河势发生质变的重要标志。

隆庆六年（1572年）总河侍郎万恭大兴河工，筑徐州茶城至清河黄河北岸缕堤及遥堤，并茶城至开封两岸大堤。此后邳州以上黄河稍安。《明史·河渠志》：“河漕者，即黄河，上自茶城与会通河会，下至清口与淮河会。其道有三：中路曰浊河，北路曰银河，南路曰符离河。南近陵，北近运，惟中路去陵远，于运有济。而河流迁徙不常，上流苦溃，下流苦淤。运道自南而北，出清口，经桃、宿，溯二洪，入镇口，涉险五百余里。”[2]此段所述是明嘉靖至万历时即16世纪末黄河与运河的关系（参见图5-1-13）。徐吕二洪的淤塞，终于迫使明朝廷放弃会通河徐州运口。

万历二十五年（1597年）开泇河后，会通河至夏镇湖东入微山湖，经湖口韩庄闸入泇河，至邳州（今古邳镇）直河口入黄河。其时黄河作为漕行河运的河段从14世纪的275公里，已经缩短至100—130公里（参见图5-1-13）。据当时人的描述，由于400年的淤积，这段水道已经不利于水运了，“黄河三四月间，浅与泇同。五月初其流汹涌，自天而下，一步难行。由其水挟沙而来，河口日高。至七月初，则浅涸十倍。统而计之，无一时可由者。溺人损舟，其害甚剧”[3]。开通泇河后，黄河至徐州运口仍然维持，只是用作南下回空船水道。泇河运口则采取了拒黄蓄清的工程运行方式，即泇河直河口由坝和闸节制泇河水量，浅时使深，拒黄河浊流进入运河。漕运期过黄河的北上重船由闸入泇河；冬十月过黄河的南下回空船仍由徐州走黄河，直河口闭闸蓄水。万历四十四年（1616年）河决徐州东狼矢沟，改道后的黄河大溜由微山湖东南而下，至直河口归黄河。泛道主溜均在邳州直河口附近急流，北上漕船一天过溜不过十船，1船纤挽要200人以上。此后数年间，直河口急溜阻运。天启三年（1623年），在直河口积船数千，不得转入泇河。万里朝以来疏浚成为维持黄河运口的唯一措施，此时直河口疏浚也难以维系了，不得不将运口移至下游宿迁窑湾董口。

明末的黄河运口——董口运用了30年，直到清顺治十五年（1658年）董口终因淤塞而废弃。是年，河道总督朱之锡将董庄运口向下游移800米。康熙七年（1668年）新董口再淤。河道总督靳辅接泇河向东开新河——皂河。新运口皂口在董口以东二十公里宿迁窑湾骆马湖以南入黄河。二十年（1681年）七月黄河大水倒灌皂河、泇河，运河及黄河水道并淤。二十五年（1686年）筑宿迁以下至桃源黄河北岸遥堤。

1 《明史·河渠志一》，二十五史河渠志注释本，中国书店，1990年，第349页。
2 《明史·河渠志一》，二十五史河渠志注释本，中国书店，1990年，第389页。
3 《明史·河渠志一》，二十五史河渠志注释本，中国书店，1990年，第441页。

二十七年（1688年）开中河，至此运河由骆马湖南沿黄河北岸遥堤，经宿迁、桃源至清河仲庄运口即黄河北运口，对岸即淮扬运河的南运口——淮安清口（参见图5-1-13）。开中河后基本实现了黄运彻底分开，黄淮运相互纠结局面发生了根本性转变，“粮船北上，出清口后，行黄河数里即入中河”[1]。运河漕行河运终结，形成了此后长达两百年运河在黄淮间平交的格局，即今天京杭运河的水道。

三、会通河技术成就：水源工程与闸河

会通河是运河工程中面临技术问题最多的河段。会通河北端是与御河交汇的临清运口，南至徐州是与黄河交汇的徐州运口。南北两运口都有运河高而自然河道低，两河交汇处水位衔接的问题。运口也是引江河水济运的进水口，自然河流补给同时也带来泥沙，尤其是黄河、御河高含沙的河流。此外，会通河还是运河史上垂直爬升最高的河段。在会通河长350公里的水道上全程穿越地处黄淮海三河流域边缘的山东地垒，最高地段位于山东汶上县南旺镇，这里水分南北，与两端运口的地形高差约30米，水源供给同样决定会通河乃至大运河的畅通（参见图5-1-13）。此外，会通河所在的鲁西南地区多年平均降水量836毫米，主要集中在6—9月，年际变化丰枯水量比2∶1。地形高差和水资源分布不均，造就了运河史技术的最高成就：完善的枢纽工程即水源工程以及闸河的设计、建筑及管理。

（一）临清枢纽：会通河与卫河、南运河的交汇

会通河与卫河、南运河在临清汇合。会通河南下水源来自汶水和大清河。黄河南行后大清河水源区间地表汇流，汶河水量丰枯变幅大。从张秋运口至临清约125公里，全靠堰闸控制。卫河是海河南系的干流，通常水量大于会通河来水。临清运口由于三河运口地形高差以及不同水源来水的季节差异，必须通过工程措施调整平衡运口水位差。元代临清运口已经基本完善，通过闸启闭提供了良好的水运条件。元明清时期的临清是大运河重要的交通枢纽，北上和南下船只在此编组，通过南北道有序通行。彼时的临清具有内河港口的功能，是漕粮北运和南北物流集散地，因此成为当时华北平原商贸重镇。

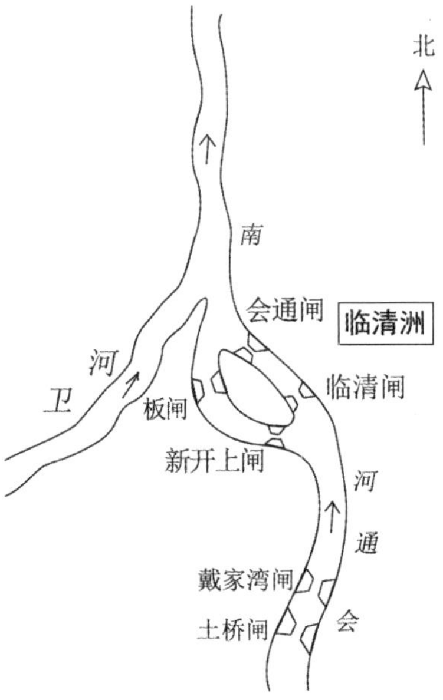

图5-1-14　枢纽工程示意图（15世纪）[2]

临清枢纽由分水坝、节制闸构成（图5-1-14、图5-1-15、图5-1-16）。即

1 《清史稿·河渠志》，二十五史河渠志注释本，中国书店，1990年，第563—564页。

2 引自［明］王琼：《漕河图志·漕河之图》；南运河名称大约清中期出现，本图根据今河名做了标注。

图 5-1-15　临清枢纽及鳌头矶：会通河与卫河、南运河的衔接[1]

作者描绘的是其随军船北上，停泊在会通闸与临清闸之间塘河中观社火的场景，被运河环绕的区域即鳌头矶。

图 5-1-16　船队过闸（1793 年）[2]

在会通河与两河的交汇处设置分水坝，称“鳌头矶”，会通河至此分成南北两道分别与卫河、南运河连接。位于鳌头矶两侧南北水道上的会通闸、临清闸主要控制运河水量和维持运口水深。当会通河来水微弱时，闭会通闸、临清闸积水，通过开板闸和新开闸引卫河补水，积水到一定深度，开闸过船。

1 引自［清］麟庆：《鸿雪因缘图记·临清社火》第三集，北京古籍出版社，1984年。

2 刘潞、［英］吴芳思编译：《帝国掠影——英国访华使团画笔下的清代中国》，中国人民大学出版社，2006年，第26页。

临清运口闸坝启闭主要取决于卫河来水。卫河水少，会通河口高于卫河，可以通过闸门启闭调整。但是当卫河洪水时，急流之下冲毁闸坝，损坏漕船，时有数百船在此毁坏。明清漕运规定漕船失事押运官以俸禄赔偿。临清枢纽被视为运河过淮后第一险阻。

（二）戴村坝—南旺枢纽和济宁枢纽

山东汶上南旺镇位于会通河中部，也是水分南北的最高点，南北大运河海拔最高的地方。南旺南至济宁、北至东平这一段还是鲁西南地垒南北的分水岭，既无水源，还有约20米的地形高差。会通河南旺和济宁枢纽，不仅解决了水源问题，也通过工程的运用解决了运河最高点南北分水即水资源配置最棘手的问题。会通河水源工程先有元代的济宁枢纽，后有明代南旺枢纽（图5–1–17）。元开引汶泗济运工程在济宁，济宁以北至东平还要靠陆运，终元之世这一段运河的运输量不过年四十万石。在运河最高段修戴村坝–南旺枢纽后，这两处引汶泗济运水源工程的运用，才真正实现南北大运河即今京杭运河的全线贯通。

发源于山东泰安莱芜山的汶水，经宁阳至东平北入大清河；发源于泰安陪尾山的泗水，自东而西至济宁折而南流，两河一南一北相背而行。元开会通河，以汶泗为水源，在山东宁阳县界内建堽城坝，导汶河入洸河入府河至入会通河；在兖州建金口坝分泗水一支入洸，西南至济宁汇入洸河，通过济宁上中下三闸，向北供水[1]（图5–1–17、图5–1–18、图5–1–19）。

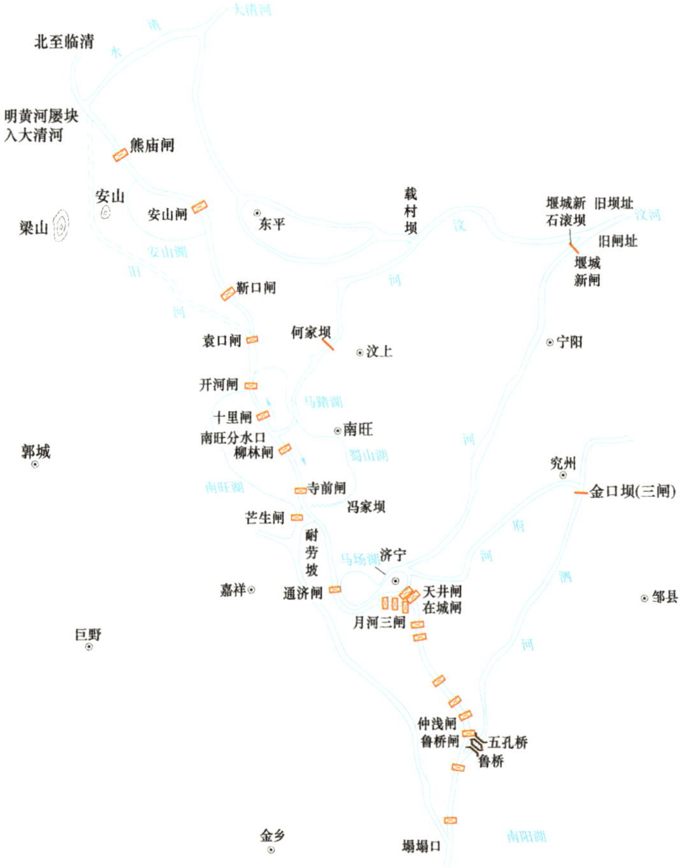

图 5–1–17　引汶泗济运的南旺枢纽与济宁枢纽

明永乐九年（1411年）工部尚书宋礼在东平坎河口修汶河戴村坝，并利用梁山泊遗留的洼地建闸筑堤形成南旺、蜀山、马踏、安山等湖，运河穿湖而过。这些被用作水柜的湖泊成为会通河临清至济宁的主要水源。15世纪戴村坝—南旺分水枢纽建成后，会通河成为基本独立的工程体系，通过工程管理确保运河畅通。此后运河

---

1 洸河是汶河的支流，原属济水（大清河）水系，1855年黄河夺大清河以后，属于黄河水系。泗水源出山东蒙阴陪尾山，至淮安入淮河，黄河南行，徐州以下经由泗水水道。

图 5-1-18　兖州引汶泗济运工程金口坝与进水涵洞出水口（2010年）

图 5-1-19　兖州引汶泗济运工程金口坝进水闸（2010年）

的年运输量达到400万—600万石，漕粮全部通过运河北上。

戴村坝—南旺枢纽是引汶河济运工程，主要由戴村坝、引水河（小汶河）、南旺水柜、分水口组成。戴村坝横截汶河，壅水入小汶河，通过小汶河将水引自南旺水柜——蜀山湖、南旺湖、马踏湖，由引水渠在南旺分水龙王庙前入会通河（图5-1-20~图5-1-24）。再通过会通河最高段南闸柳林闸和北闸十里闸的启闭，将水分流南北（参见图5-1-17）。戴村坝是大运河上规模最大也是最重要的坝工建筑，在山东东平界内，先为土坝。汶河是山溪型河流，戴村坝汛期往往冲毁，冬季岁修时重建。16世纪时改为拦河石坝，17世纪重建后为砌石—抛石坝，即两端为砌石坝，中部为抛石坝。抛石坝是透水的称玲珑坝，汶河水小时可以向下游泄水，汛期部分冲毁，冬修时做局部修复。这一坝型沿用至21世纪初。2002年戴村坝被洪水冲毁后，改为砌石—混凝土坝，但中部最低，左坝段次之，右岸最高的坝型布局没有改变（图5-1-25、图5-1-26）。

南旺蜀山湖、南旺湖、马踏湖是10世纪时黄河下游决口泛滥留下梁山泊，会通河的建设者利用洼地辟为济运水柜。这三个湖泊水域面积达到188.5平方公里，按平均水深2米计，库容达到总蓄水量3.7×10^8立方米。从戴村坝引来的汶河水被蓄积到这些水柜里，可以使会通河全年维持通航9—10个月的时间。200—300艘的船队经济宁过南旺至东平安山闸，要耗用一个湖的水量。按地域编队的漕船称漕帮，必须在闸官的指挥下候闸按秩序北上或南下。

济宁枢纽实现了引黄、汶、泗济运，在其运用一百年后，黄河北支泛道耐牢坡河淤、永通闸废。明永乐九年（1411年）戴村坝—南旺枢纽建成后，汶泗成为会通河的主要水源。南旺分水枢纽十里闸和柳林闸成为会通河南北水量配置的关键。

在水资源最短缺、地势最高的山东汶上南旺段，不仅有最具创造力的戴村坝—南旺枢纽工程，还有最为权威的强制性水资源和工程管理制度，确保了四百多年大运河畅通。以下通过清代一个案例来看看会通河连续闸和水柜的管理。

康熙四十二年（1703年），康熙帝第四次南巡，回京途中特意选择了经由济宁至东平的一段会通河水路。初夏抵达济

图 5-1-20　南旺分水龙王庙前南旺湖进水渠（1915 年）

南旺分水龙王庙是会通河全段最高段点，这里水分南北。明在这里设南旺分司。清在南旺分司旧址建分水龙王庙及宋礼祠。乾隆帝《辛卯暮春题分水龙王庙》“吾汶挟来二百泉，到斯分注藉天然。南流水作北流水，上溜船为下溜船”，对南旺分水枢纽水源和运行机理都有描述。

图 5-1-21　南旺运河西堤（砖工）(2009 年)

图 5-1-22　南旺龙王庙前明代砖堤

宁时，济宁道张伯行[1]为了保证康熙帝船只北上，令北上数百艘漕船在南旺湖一律停泊长达三十多天，以水柜积攒足够的水量供御驾过闸。当康熙帝船队抵达台儿庄时，张伯行令闸官关闭寺前铺闸和袁口闸，开启柳林、十里、开河三闸，并开利运闸放水北注，使这段水道达到通航水位。张伯行以为如此御船便可以顺利过南旺分水岭，“心穷喜之，遂赴台庄接驾”[2]。岂料闸官擅开寺前铺闸数日，以致水尽南下。御船船队不得不在济宁五里铺下营候闸。见运河水位低浅，“一夜之间，内侍到闸数次问水大小”[3]，张伯行紧急中全开南旺各水柜进水斗门，将各湖放空，并闭南旺分水龙王庙以北开河闸、袁口闸（参见图5-1-17）。当御船抵寺前闸时方许开闸板，入南旺段运河后闭寺前闸，再放水令水道维系通航水位，每闸启闭间，将龙舟送过南旺抵东平，转陆路。应急调水之后，张伯行修改启闭制度：规定柳林闸、十里闸之间须积船超过200艘，方可开闸放船。南旺水道南下第一闸柳林闸须常闭。当南行

图 5-1-23　南旺龙王庙前运河砖堤细部（有“明弘治拾年造”题款）

图 5-1-24　南旺运河堤东堤（埽工）

元至明前期黄河北泛有两条主要水道，一为耐牢坡河，由巨野、嘉祥入会通河；另一条由巨野至梁山泊水道，东北至梁山入会通河，因此会通河南旺湖区的西堤多为砖堤或石堤，东堤为埽工堤。其中图5-1-22、图5-1-23、图5-1-24系2009年南旺考古现场清理出来不同地段不同结构材料的运河堤。

1 张伯行（1651—1725年），河南仪封（今兰考县）人，康熙四十二年（1703年）授济宁道，随河道总督张鹏翮治理山东界内黄河、运河，四十五年（1706年）任江苏按察使，官至礼部尚书。著《居济一得》，记载会通河、中运河水道、水柜、闸坝，以及工程管理最为详尽。

2 ［清］张伯行：《居济一得》卷2，丛书集成初编本，上海商务印书馆，1939年，第26—27页。

3 ［清］张伯行：《居济一得》卷2，丛书集成初编本，上海商务印书馆，1939年，第26—27页。

图 5-1-25 汶河汛期戴村坝过流实景（2010 年）

水道供水时，启寺前铺板，开利运闸放水，水位一到即行下板，不可多放。当分水龙王庙以北水位不到额定水位时，则闭寺前铺闸，启柳林、十里、开河三闸之板，开利运闸放水，以济北运，水势足用即行下板，则诸水柜之水可兼济南北。由于南旺以北只有南旺一处补水，十里闸分水较柳林闸多四成，至今本地百姓中还流传着为引汶之水七分朝天子、三分下江南之说。

17世纪时，英国传教士斯汤通（Staunton）记载了他过会通河水闸的经历："因为水位不平，运河航线上有些水闸主要是为调节水量的。船只通过水闸时需要相当的技巧。一个水手拿着一个大桨站在船头指挥，船上客人都站在船旁护板两边。护板是用兽皮做的，当中塞进头发，避免船只碰到石头上的震动……水闸只在每天固定时间开。聚集的船只通过时需要交一点通行税。这项通行税专门用来修理船闸和河堤。"[1]他对船队过闸同样印象深刻："每次开闸所消耗的水量不大，水位只下降几英寸，很快可以由同运河合流的水补充起来。在水流急、水闸与水闸距离大的地方，开闸的时候水位可能降低一二英尺深。运河是沿着旧河道挖的，因此它的深度不一致，河道弯曲，河面宽。再往南走，两岸地带通过水门沟适当调节倾入或放出运河的水，使其不太大也不过小，水闸的需要就不大了。一般一天航行经过不到六个以上水闸。"[2]正是完善的水源工程、合理的水柜设置和补水措施，严格的水道上下闸启闭制度，使会通河维持了五百多年的漕运。

会通河连续闸与水柜的设置，以及水源的调度和节制达到了古代运河工程技术及管理的最高水准。尤其是会通河，从地势最高的南旺向北至临清闸水道长约150公里，南北地形高差约30米；自南旺南至徐州镇口闸长145公里，地形高差约50米，在没有石化动力的古代，漕船全靠水道上的节制闸北上和南下。元会通河300

1 刘潞、[英]吴芳思编译：《帝国掠影——英国访华使团画笔下的清代中国》，中国人民大学出版社，2006年，第25页。

2 刘潞、[英]吴芳思编译：《帝国掠影——英国访华使团画笔下的清代中国》，中国人民大学出版社，2006年，第25页。

公里的水道上建闸40座，明最多时达到48座，且全部是石闸，至今会通河上石闸闸座多数仍有遗存。在运河南旺段水道两侧分布湖泊，被称为水柜，其实都是有控制工程的水库。通过水柜与运河之间的进水闸、减水闸或接纳水源入库，或向运河供水或退水。

图5-1-26 戴村坝坝头（基本保留18世纪形制，2010年）

（三）运河节制闸

元开会通河时，便采用节制闸平衡水位差，通过闸启闭使船只过山东地垒。其时运河上建有40座石闸，明清时期随着水道或水柜变化而闸有兴废（表5-1）。运河水道上的连续闸有节制水量和控制航道水深的功能，直接关系到船只通航，在工程管理上有严格的启闭和维修制度。它主要是从五方面去实施管理：

第一，相临上下闸联合运用。启闭原则是一启一闭。《清史稿·食货志》记载："漕船到闸，须上下会牌俱到，始行启板。如河水充足，相机启闭，以速漕运。不得两闸齐启，过泄水势。"[1]以会牌传达闸门的启闭指令，达到节水运行的目的。运河上的闸门多是叠梁闸，闸门启闭的块数、启闭方式、启闭的时间都与运河航深有关。

第二，船队编组过闸。这样的规定是尽量减少闸门启闭次数，节约用水。在会

图5-1-27 阳谷段阿城七级闸下闸的遗址（2009年）

1 《清史稿·食货志》卷122，中华书局，1977年，第3578页。

图 5-1-28（1） 考古发掘的运河节制闸（2007 年）

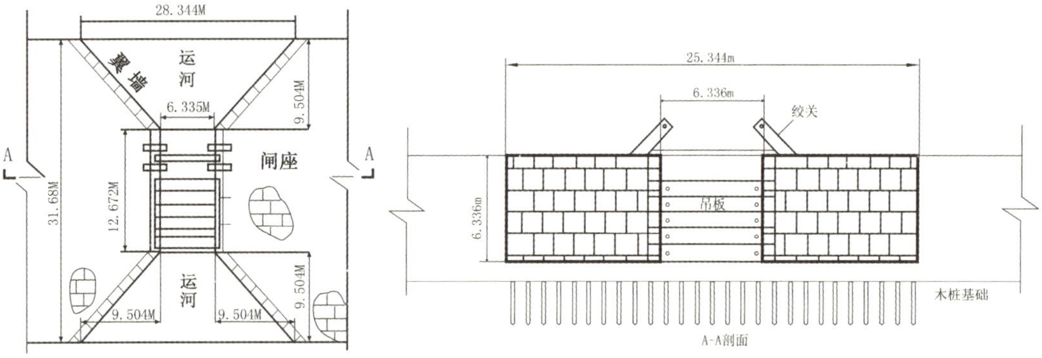

图 5-1-28（2） 石闸结构图

图 5-1-29 会通河七级闸前水道及闸墙上的镇水兽（2010 年）

阳谷段阿城七级闸为上下闸，此为上闸（所在位置参考表 5-1）。

图 5-1-30 微山湖中的运河水道（1793年）[1]

英国威廉·亚历山大绘。本图描绘的是船队过微山湖的情形。使团副史斯当东记载了所见微山湖段运河工程情况："从这里开始两面都有堤了。……运河在这一带地势非常高，两岸有很多水门，目的是把运河里多余的水排到附近的沼泽中。"[2]

通河南旺向南的第一闸柳林闸，规定必须积船二百只以上方可启板，船过完立即闭板。闸板间用草塞边缝，尽量减少漏水。

第三，控制闸板开启板数和次数。明宣德四年（1429年）规定："除进用紧用的船不在禁例，其余运粮、解送官物及官员、军民、商贾府船到闸，务俟积水至六七板，方许开放。"[3]

第四，闸坝联合运行。枯水期、岁修期或局部河段下闸堵水，或筑草坝闭河，船只由月河绕行，或盘坝上下，以此抬高水位，使河道维持通航。

第五，控制关键地段的过水断面，重点是闸门段。明万恭根据漕船重载入水至少三尺五寸，漕船宽一丈五寸的标准，提出闸门前后段疏浚的规定尺度是深不过四尺，宽不得过四丈（以便两船并列），"务令舟底仅余泛舟之水，船旁绝无闲旷之渠"。闸门段过水断面减少，必然增加了河道段水深，达到节水通航的目的。万恭将这一经验总结为："以少浅治多浅，以下水束上水。"[4]

1 刘潞、[英]吴芳思编译：《帝国掠影——英国访华使团笔下的清代中国》，中国人民大学出版社，2006年，第28页。

2 [英]斯当东（Sir George Staunton）著，叶笃义译：《英使谒见乾隆纪实》，群言出版社，2014年，第491页。此书1797年在英国伦敦出版。中文版有商务印书馆版（1956年）、香港三联书店版（1994年）。

3 [明]王琼：《漕河图志》，姚汉源、谭徐明校点，水利电力出版社，1990年，第160页。

4 [明]万恭：《治水筌蹄》，朱更翎整编，水利电力出版社，1985年，第80页。

表 5–1　会通河水道上的节制闸分布情况表

序号	位置	闸名	距上闸（公里）	始建年代	
				元代	明代
1	山东临清	会通闸		至元三十年（1293年）	
2		临清闸	0.50	元贞二年（1296年）	
3		板闸	1.50		永乐十五年（1417年）
4		新开上闸	0.75		永乐十五年（1417年）
5	山东清平	戴家湾闸	15.00		成化元年（1465年）
6	山东堂邑	土桥闸	24.00		成化七年（1471年）
7		梁家乡闸	25.00		宣德四年（1429年）
8	山东聊城县	通济桥闸	17.50		永乐十六年（1418年）
9		李海务闸	10.00	元贞二年（1296年）	
10		周家店闸	6.00	大德四年（1300年）	
11	山东阳谷县	七级下闸	12.00	大德元年（1297年）	
12		七级上闸	1.50	元贞元年（1295年）	
13		阿城下闸	6.00	大德三年（1299年）	
14		阿城上闸	1.50	大德二年（1298年）	
15		荆门下闸	5.00	大德三年（1299年）	
16		荆门上闸	1.50	大德六年（1302年）	
17	山东东平县	戴家庙闸	31.50		嘉靖十六年（1537年）
18		安山闸	15.00	至元二十六年（1289年）	
19		靳家口闸	15.00		嘉靖四年（1525年）
20	山东汶上县	袁家口闸	9.00		正德间（1506—1521年）
21		开河闸	70.00	（后）至元年间（1335—1340年）	
22		南旺北闸（十里闸）	7.50		成化间（1465—1487年）
23		南旺南闸（柳林闸）			成化间（1465—1487年）
24		寺前闸	7.50		正德元年（1506年）
25	山东济宁州	分水闸（上闸）	55.50	大德五年（1301年）	
26		天井闸（中闸）	1.50	至元二十一年（1284年）时称会源闸	
27		在城闸（下闸）	1.00	至元二十一年(1284年）	
28		赵村闸	3.00	泰定四年（1327年）	
29		石佛闸	3.50	延祐六年（1319年）	

续表

序号	位置	闸名	距上闸（公里）	始建年代	
				元代	明代
30	山东济宁州	新店闸	9.00	大德元年（1297年）	
31		新闸	4.00	至正元年（1341年）	
32		仲家浅闸	2.50		宣德五年（1430年）
33		师家庄闸	3.00	大德二年（1298年）	
34		鲁桥闸	2.50		永乐十三年（1415年）
35		枣林闸	3.00	延祐五年（1318年）	
36	山东鱼台县	南阳闸	6.00	至顺二年（1331年）	
37		八里湾闸	4.00		宣德八年（1433年）
38		孟阳泊闸	9.00	大德八年（1304年）	
39	江苏沛县	湖陵城闸	4.00		宣德四年（1429年）
40		沽头上闸（隘船闸）	35.00	延祐二年（1315年）	
41		沽头中闸	3.50		成化二十年（1484年）
42		沽头下闸	4.00		成化二十年（1484年）
43		谢沟闸	5.00		宣德八年（1433年）
44	江苏徐州	新兴闸	9.00		宣德八年（1433年）
45		黄家闸	8.00		天顺二年（1458年）
46	山东微山县	夏镇闸			隆庆元年（1567年）
		韩庄闸	35		万历三十二年（1604年）
		台儿庄闸	4		万历三十二年（1604年）

本表资料来源：［明］王琼《漕河图志》；《明会典》；《山东全河备考》。

运河上的节制闸都是统一制式的石闸，会通河段水道宽度25—30米，是大运河最窄的水道，主要受制于水源短缺。在大运河中断漕运后，会通河归属所经各地政府管理。因为水源中断，不再得到重视，但是局部水运功能一直延续到20世纪30年代。20世纪60年代以后，随着水运的退出，会通河工程全部失修。至今阳谷至临清大部分河段和石闸依然保留（图5-1-27、图5-1-28、图5-1-29）。

除了运河水道上的拦河节制闸，在接近水源的地方顺运河堤上设置水闸（或称斗门），这些闸既向运河补水也消纳运河洪水。会通河过南旺、微山和淮扬运河过江苏宝应、高邮诸湖，运河水道都是穿湖而过，以充分利用水柜向运河补水（图5-1-30）。

第二节　治水如治天下：王朝最后的国家工程

清代皇帝对水利的重视超过历史上任何王朝。康熙、乾隆二帝各有六次下江南巡视河工的经历，南巡推动了水利工程的建设与管理。清代三百年黄淮运交汇的清

图 5-2-1 《康熙南巡图》表现的宿迁黄河运口祭祀河神场景

口枢纽工程得到完善，设置洪泽湖水志桩和建立黄河淮河报讯制度，开中运河使运河与黄河分离，兴建海宁鱼鳞大石塘，建成永定河防洪工程体系等。康熙乾隆二帝南巡期间在河工现场指画，返京后对工程的部署，以及工程施工阶段派出钦差大臣的监督，对当时的河工建设和管理产生了极大的效用。

康熙帝（1654—1722年）是清朝入关后的第二任皇帝，8岁登基，16岁亲政，在位61年。康熙帝亲政不久便将“三藩、河务、漕运”作为问政的三件大事[1]。康熙二十年（1681年）三藩平定后，河工和漕运是他主要关注的政务（图5-2-1）。自康熙二十三年（1684年）康熙帝第一次南巡，到四十六年（1707年）最后一次南巡，黄淮运河工都是巡视的重点（表5-2）。康熙称：治水如治天下。他本人堪称皇帝治水的典范，开河工凡事谨遵圣训的先河。有清一代河道总督和漕运总督只对皇帝负责，加上清代河工立法既多且严，工程失事问责处罚极重，这样的后果是河臣不敢作为，而但求无过，长此以往上下欺瞒渐成风气。乾隆帝以后诸帝治水乏善可陈，而河工却积弊日多，河臣贪墨亦成风气，集权统治下河工制度紧随时代也一步步走向没落。

1 《（清）圣祖实录》卷154，中华书局影印本，1985年，第701页；康熙帝原文：“朕听政以来，以三藩及河务、漕运为三大事，夙夜厪念，曾书而悬之宫中柱上，至今尚存。”

表 5-2　康熙帝南巡阅视河工纪事表

序次	时间		纪事
	年号（公元纪年）	行期	
第一次	二十三年（1684 年）	自九月二十八日至十一月二十九日	**经行：**陆路至济南、泰安、宿迁、桃源，渡黄河过清口；由淮扬运河水路经清河、淮安、宝应、高邮、扬州，过长江入江南运河，经镇江、苏州，由苏州折返，仍水路经无锡、丹阳，转陆路经句容至江宁（今江苏南京），由江宁陆路至镇江。过长江，经江都邵伯镇入淮扬运河北上，再至清口，过黄河；陆路返京 **祭祀活动：**济南，观趵突泉，题“激湍”；泰安，登泰山顶，祀泰山之神，曲阜孔庙祭孔，免次年曲阜县地丁钱粮；江宁，祭明孝陵 **河工巡视：**宿迁至桃源：视察黄河北岸一百八十里黄河大堤及各处险；清河及淮安：考察清口天妃闸（惠济闸）、高家堰伍家墩险工及清口御黄坝；淮扬运河、江南运河
第二次	二十八年（1689 年）	自正月初二日至三月十九日	**经行：**济南、泰山、苏州、杭州，过钱塘江，浙东运河水路至绍兴 **主要活动：**济南，观趵突、珍珠二泉；泰安，祀泰山；江宁，祭明孝陵；绍兴，祭大禹陵 **河工巡视**：中运河、下河，谕微山湖开支河口减洪水，（开中运河后）黄河运道可仍存之；清口及高家堰河工
第三次	三十八年（1699 年）	自二月初三日至五月十七日	**经行：**由运河水路南下，经天津、沧州、德州、东昌，二月二十二经南旺、济宁 **河工巡视：**视察黄河堤工、高家堰、归仁堤以及洪泽湖各工 自杭州由水路返京。五月初五日经南旺，至通州转陆路由会通河北上返京，考察南旺枢纽，由南运河水路至武清转陆路抵京
第四次	四十二年（1703 年）	自正月十六日至三月十八日	南下至济南，观趵突、珍珠二泉；至泰安，登泰山 自杭州经运河返京。三月初八经南旺，自天津杨村登岸转陆路 以黄淮运河工告成，书“四海奠安，民生富庶”，诏告全国
第五次	四十四年（1705 年）	自二月初九日至闰四月二十八日	自运河行水路南下。二月三十日经南旺。 康熙谕：“初次到江南，船在黄河，两岸人烟树木皆一一在望；康熙三十八年时则仅见河岸；四十二年时则河比岸甚低，可见河身日益加深。以前山东百姓流离失所，不堪寓目，如今服饰颜面已大异往时。” 自杭州由运河返京。闰四月十七日经南旺，至河西务转陆路
第六次	四十六年（1707 年）	自正月二十二日至五月二十二日	自运河南下。二月十一日过南旺；至杭州仍由水路返京。五月初六进入山东界；初十过南旺，十六日出山东界。至天津转陆路，二十二日返京

康熙南巡河工为雍正、乾隆二帝效仿。雍正帝在位只有13年，由于政务和身体的原因不曾有过一次南巡，但他在上任后的第三年即派出他最信任的怡亲王允祥会同大学士朱轼考察永定河河工及畿辅水利，二人自隆冬十二月至次年春三月，考察直隶地方东西南三面数千里之广。雍正四年四月允祥连上十疏，包括永定河治理方略、畿辅地区水利营田、设置水利管理机构及主管官员。因此而推动了雍正朝淀泊治理和京畿地区农田水利建设，将水稻种植扩大到华北平原。乾隆皇帝一生六次至江南巡视河工，五次西巡五台山，三次东巡泰山。每次时间长短不一，多在三个月左右。康熙帝六次南巡轻车简从，携皇子及主持河工的少数大臣随行，每处所费不过一二万金。较之河工岁费三百余万，不及百分之一。乾隆帝则是大批后妃、王公亲贵、文武官员相随，沿途行宫无数，一路舳舻相接。为搬运途中所需物品，每次用马6000匹，骡马车400辆，骆驼800只，征调夫役近万人。一路都是地方官不断进献的土特产，以及全国各地调运的物资，甚至饮水也是来自北京、济南、镇江等地的著名泉水。当然乾隆帝南巡，依然强调的是河工。前朝积蓄的财力除支撑他南巡期间持续大规模的黄淮运河工建设外，还成就了他在浙江海宁鱼鳞大石塘的重要建树。

一、康熙南巡：清口—洪泽湖枢纽与黄淮运河工完善

清口是黄淮运交汇的关键区域，漕船若不能过黄河，直接影响当年漕粮抵京的时间和数量。漕帮过黄是明清漕运管理的关键时限。清口—洪泽湖枢纽是大运河关键性的枢纽工程，由高家堰（又称洪泽湖）、洪泽湖引河、御黄坝、减水闸坝等工程组成，是明清蓄清刷黄的关键工程（图5-2-2）。明万历六年（1578年）总河潘季驯兴建高家堰后洪泽湖因此形成。由于洪泽湖拦蓄淮河洪水的功能，加剧了泗州及明祖陵趋于的内涝。明万历以后清口河工掣肘明祖陵，不敢加高高家堰，加上黄河淤积积累，至清康熙时洪泽湖清口地区黄河倒灌洪泽湖日渐频繁，且黄河在山东曹

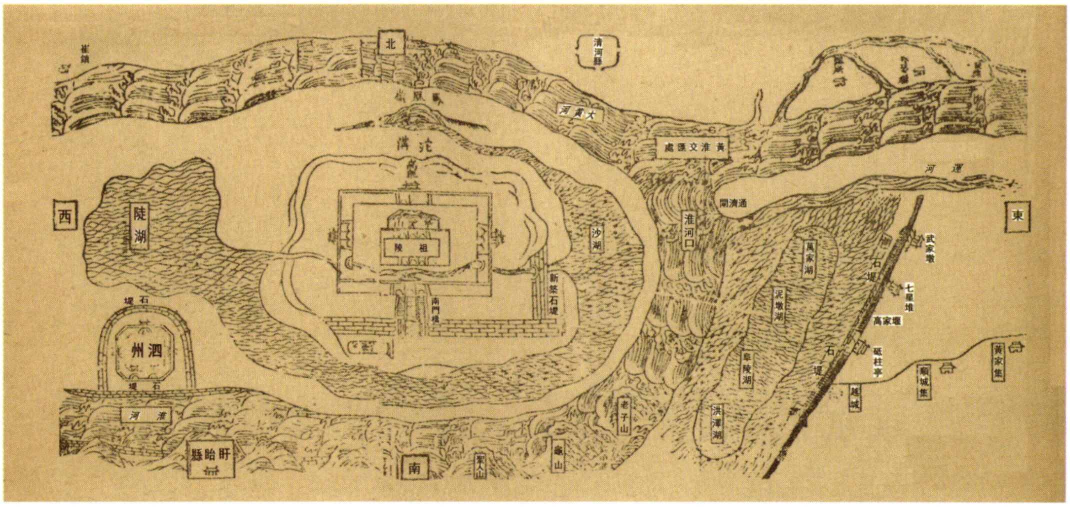

图5-2-2　16世纪中清口黄淮运形势与关键工程[1]

此图原为潘氏陈述明祖陵防洪压力奏折的附图，反映出16世纪清口区域黄淮运关系，此时泗州城尚在，洪泽湖正处于形成的初期。黄河清口至徐州仍河行漕运，明中后期在祖陵的防洪压力下，始终掣肘高家堰的修筑高度。

1 据明朝潘季驯《河防一览》改绘，中国水利珍本丛书，中国水利工程学会藏版，1936年，第46—47页。

单和江苏徐沛间频繁决溢，使以北、以南的运河几乎年年中断。自顺治元年（1644年）至康熙十五年（1676年）历任河道总督只能补苴修守，无益大局回转。

康熙十五年（1676年）黄河决溢倒灌洪泽湖。此次倒灌造成洪泽湖高家堰决口34处，洪水自高良涧决口东泄，溃高邮清水潭运河堤，洪水漫流里下河地区，高邮至扬州以东全部被水，此后数年内水不消[1]。江南财赋之地被淹，运道受阻。这次大灾促使康熙帝下决心整治清口河工。十六年（1677年）康熙帝任命安徽巡抚靳辅为河道总督[2]。次年，靳辅上《经理河道事宜八疏》，这是一个自徐州至清口，以黄淮运交汇区域为整体的，具有现代洪水调度概念的综合治河规划。八疏要点是：第一，尽堵黄河南北岸决口，加固和增修黄河北岸徐州以下遥堤、缕堤、格堤，稳定岸坡，使水归槽，减少淤积；第二，开中运河，自微山湖韩庄闸东南而下，然后沿骆马湖南岸，依黄河北岸遥堤，经宿迁、桃源至黄淮交汇清口对岸的杨庄运口，终止徐州至清口的漕行河运，使运河与黄河分离；第三，加高高家堰，开洪泽湖引河，增加洪泽湖出清口水量，以清刷沙减轻南北运口的淤积；第四，修高家堰南端高良涧等减河泄洪闸坝，分洪泽湖洪水入宝应、高邮、白马诸湖，以保淮安；第五，黄河南岸修减水闸坝，汛期分黄河水入洪泽湖。靳辅治河疏，引发群臣异议，但是与康熙帝急于求成，且企望一劳永逸的愿望正好契合，康熙帝允准靳辅所奏各项，拨帑金二百五十万两，限靳辅三年告竣。靳辅治河方略多出自幕友陈潢[3]。靳陈将潘季驯以洪泽湖蓄清刷黄、以黄河堤防体系束水攻沙的规划理念付诸实践，由于没有明代河臣对泗州明祖陵的顾虑，靳辅加高加固高家堰后洪泽湖迅速扩展，康熙十九年（1680年）泗州城没入湖中，其时洪泽湖库容约40亿立方米，达到了高家堰建成形成洪泽湖后至今的最大库容。

康熙二十三年（1684年）康熙帝首次南巡阅视河工。其时自康熙十七年（1678年）靳辅治河已经六年，但是治河成效并不如康熙帝所愿。康熙二十一年（1682年）五月黄河北岸宿迁多处决口，运河一度中断。二十三年（1684年）发生清口黄河倒灌洪泽湖，淮扬一带再次被水淹。康熙帝多次下诏斥河臣治河失法。正是这次出巡康熙帝才有了对黄河问题的切身感受。康熙二十三年九月二十八日，康熙帝出京。由陆路至山东泰安祭孔后，经由沂州于十月十九日抵江苏宿迁。在靳辅的陪同下，康熙考察自宿迁至桃源黄河北岸险工。十月二十日，康熙帝至清口，步行十余里泥泞路至天妃闸，勘察水情。康熙帝对靳辅说："朕向来留心河务，每在宫中细览河防诸书，及尔历年所进河图与险工决口诸地名，时加探讨。虽知险工修筑之难，未曾亲历河工，其河势之汹涌漶漫，堤岸之远近高下，不能了然。今详勘地势，相度形势，如肖家渡、九里岗、崔家镇、徐升坝、七里沟、黄家嘴、新庄一带皆吃紧迎溜之处，甚为危险，所筑长堤与逼水坝须时加防护。"[4]康熙帝南巡前，对黄淮运河工的确已有比较

1 《清史稿·河渠志》，二十五史河渠志注释本，中国书店，1990年，第501页。

2 靳辅（1633—1692年），字紫垣，汉军镶黄旗人，国史院编修出身，历任内阁中书、兵部郎中、内阁学士，康熙十年（1671年）任安徽巡抚。康熙十六年至二十七年（1677—1688年），三十一年（1692年）两任河道总督。著《治河方略》八卷。

3 陈潢（1638—1689年），字天一，浙江钱塘人，长于地理、水利、农桑。康熙十二年（1673年）为靳辅延为幕府。康熙二十七年（1688年）因黄河泛区水涸田出，招灾民垦殖发生属官贪污枉法事，为御史明珠弹劾，押送北京时病死。

4 《（清）圣祖实录》卷117，中华书局影印本，1985年，第222页。

详细的了解，在现场可以与靳辅这样熟悉河工的河道总督有深入的交流，他的指画基本精准到位。二十一日康熙帝一行舟船过高邮、宝应，见运河东岸民间田庐仍在水中，又登岸召见当地耆老问灾故，并命两江总督王新命除涝通流。二十三日康熙御船过长江，沿江南运河南下，二十六日至苏州府。然后由运河北上，经无锡、丹阳登岸至句容，十一月初至江宁拜谒明太祖陵及明故宫。初六康熙过长江，泊江都邵伯镇。次日继续北上，初十日至清河县再次登清口天妃闸，视察高家堰，及黄河南岸险工段河工工程。令靳辅上“至妥之策，务令黄河之水永不倒灌运河”。康熙帝过黄河北返途中至沂河上游山东费县行宫，再次召见靳辅，勉励黄河河工早告成功，向靳辅赐《阅河堤诗》。

康熙帝南巡前后，靳辅主持黄淮运河工九年。堵塞黄河和高家堰决口六十多处，疏浚清口至云梯关黄淮水道，筑徐州以下至云梯关南北岸大堤八百里，安徽砀山以下至清河黄河南北岸减水石坝七座。清口—洪泽湖枢纽兴建工程之多，规模之大更是超过明万历数十年。高家堰大堤增筑二十五里坝段，并一律加筑护坦，修高家堰仁义礼智信五减水闸坝；开洪泽湖烂泥浅引河。加高后的高家堰和洪泽湖引河增加了淮河出清口的刷沙能力，延缓了清口淤积。康熙二十七年（1688年）靳辅主持的最后一项工程中运河竣工，至此中运河、淮扬运河在清口与黄河一河之隔。黄淮运三河的关系因中运河与清口—洪泽湖枢纽的建设达到了历史最好时期（图5-2-3、图5-2-4、图5-2-5）。中运河的开凿使漕运船舶得避黄河一百八十里风涛之险。以泗水、沂水为水源，以微山湖、骆马湖为水柜的中运河，使大运河维持了

图 5-2-3　清舆图上的清口及高家堰[1]

舆图绘制时间上限应是康熙二十八年（1689年）开中运河后，下限为康熙四十二年（1703年），其时黄河北岸有仲庄运口、陶庄运口。高家堰自南而北有仁义礼智信五减水坝。其时黄河下游及洪泽湖出口淤积加速，淮河清口一带南高北低地形发生改变。1851年淮河在高家堰礼坝决口，自此改道入长江，1855年黄河在铜瓦厢改道，回复北行水道。

1　本图成图时间、作者不详。原图绘制黄河西自潼关三门峡东至响水县黄海河口。图现藏台湾台北“中央图书馆”。

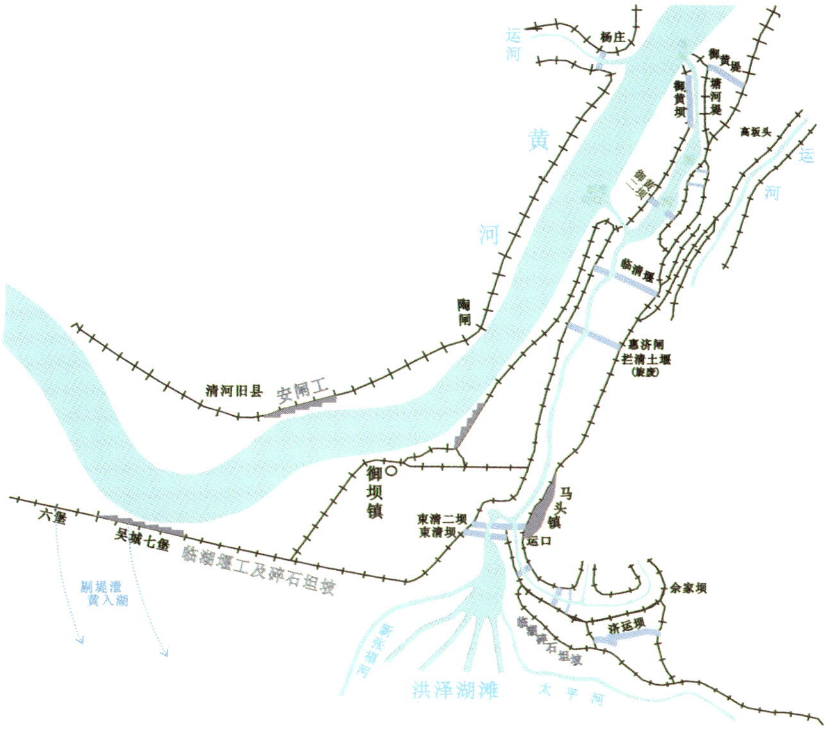

图 5-2-4　清口枢纽工程示意图（19 世纪后期）

图 5-2-5　淮安运口：黄河口门内外的船队[1]

图中可见淮河与黄河汇合的运口御黄坝之间口门。

三百年畅通。

靳辅治河形成了黄淮间新的运河工程体系，经过加高加固高家堰并重修仁义礼智信减水五坝，清口—洪泽湖枢纽完善，洪泽湖蓄水能力提高，清口淤积减缓。但是，中运河开通的当年靳辅和陈潢便被御史郭琇弹劾，以河工浩大而成效甚微获罪，靳辅罢官，陈潢押送北京不久后病死。康熙二十八年（1689年），康熙帝南巡对

1　［英］托马斯·阿罗姆：《大清帝国——19世纪英国铜版画（中译本）》，上海古籍出版社、上海科技出版社，2002年，第167页。

高家堰、清口河工大加赞赏，还京后，复靳辅河道总督职，三十一年（1692年）靳辅去世，康熙痛惜授骑都尉世袭其衔。黄河是高含沙河流，决定了善徙善淤的河性。康熙帝对河工一劳永逸的期待，才有了耗资巨大的治河工程。任何治河工程，如果基于当时的河道形势，都会因为黄河水沙的改变其功能发生变化，与当时的规划相悖。靳辅在徐州至清口黄河南北两岸修减坝，分流黄河洪水，在规划上已有失误。南岸归仁坝等泄洪入洪泽湖，使湖区淤积加速。乾隆时洪泽湖湖区南移，道光时淮河已经难出清口，1851年淮河在高家堰礼坝决口，全河改道归江。靳辅在黄河北岸修建的双金闸原是分流黄河洪水，后来演变中运河减水闸。因为中运河开通后，原来入黄河的泗水、沂水、沭水最后由中运河下泄，双金闸乾隆时改为中运河泄洪闸，又在骆马湖东开六塘河，至此原为淮河支流的泗水、沂水、沭水成为中运河的主要水源，经过骆马湖的调剂，部分经六塘河至苏北入海，逐渐演变为独立入海，即今中运河—沂沭泗水系。

二、从无定河到永定河

永定河属海河水系南系，17世纪前多称㶟水，浑河、卢沟水、桑干河、无定河。康熙三十七年（1698年）永定河南北堤工成，自顺天府宛平卢沟桥以下束于堤防之间，康熙帝更名永定河。永定河有两个源头：一发源于内蒙古兴和县，一发源于山西宁武县。两河在今河北怀来县朱官屯汇合，出官厅峡后进入北京，至河北霸县入三角淀，出淀后与北运河、南运河、大清河汇合为海河干流。永定河上中游河道平均比降2.9‰，流经太行山、黄土高原交汇区域，是高含沙量河流，且洪枯水量相差悬殊大，善淤、善决、善徙的河性，与黄河类似。

约五千前，永定河在石景山以下曾经多条水道并流自西北而东南流经北京，其中主要水道经今八宝山、紫竹院、积水潭，北海、中南海，出海后东南而下入北运河。现代北京诸多被称为“海”、“淀”的塘泊洼地就是这条故道的遗存。随着永定河下游西移，约8世纪时永定河下游完全退出了现在北京城区。据《明史·河渠志》记载，16世纪前后永定河在宛平以下看丹口分为两派，“其一东由通州高丽庄入白河（今北运河），其一南流霸州，合易水，南至天津丁直沽入漕河”[1]。东支的流路至明后期逐渐淤塞，演变为经常行洪的泛道。湮塞后卢沟桥北岸但有溃决洪水仍多由宛平、大兴直入北京城南，自西而东经今安定门、左安门、右安门，东南入凉水河、凤河，最后在武清入北运河[2]。17世纪起卢沟桥以下西支逐渐成为主流，永定河南流尾闾合大清河，在霸州入西淀、东淀、文安洼。18世纪时永定河东移至天津丁直沽与南运河汇合（图5-2-6）。

金自北京建中都便开始了永定河下游北京段的防洪堤建设。金明昌三年（1192年）在卢沟渡口建石桥——广利桥，即今所称“卢沟桥”。卢沟桥因此即为北京门户

1《明史·河渠志·桑干河》，二十五史河渠志注释本，中国书店，1990年，第453页；易水，即拒马河，在霸县界内称大清河。

2《（康熙）通州志·祲祥》卷二十记：“明天启六年，卢沟水发，从京西入御河（明通惠河内城段），过五闸至通州，民多溺死。”永定河北支泛道，洪水流路多自宛平入城，然后东南经大兴、武清、安东入淀。灾区包括北京城南至武清。

的标志，亦同为北京防洪堤的起点。元代永定河北岸石景山至霸县已有长约160公里的土堤。明代迁都北京后，有些地段防洪堤改为石堤。自宣德九年至正统三年（1434—1438年）在卢沟桥上下十里范围内石堤基本取代了此前的土堤。嘉靖中永定河决卢沟桥堤，其后河道又向西南改道，洪水所过石景山一带田地尽淹，房屋尽毁。嘉靖四十一年（1562年）拨帑银三万五千两重修这段防洪石堤。这段位于今石景山永定河北岸险工的高标准堤防长4公里，高3米，底宽6米，据记载这段石堤"崇基密楗，累石重甃，鳞鳞比比，翼如屹如，较昔所修坚固什百矣"[2]，北岸强南岸弱，利于河流主流向西偏移。石堤不长而效益显著，成为此后数百年北京重要的防洪屏障。万历十六年（1588年）九月刚亲政不久的神宗帝朱翊钧至石景山查勘永定河。在卢沟桥上见永定河浊浪翻卷，涛声轰隆，感叹"今见河流汹涌如此，知黄河经理倍难"[3]，令选用得力河臣既慎守河工且勿以劳民伤财，他真实的想法大约是不能让永定河成为黄河以外又一个耗资巨大的河工。至明末清初永定河下游卢沟桥至武清县三角淀尾闾，约一百多公里长的河道上，仍然是不过二十里的石堤且多年失修，两岸大部分是民间自保修筑的私堤。

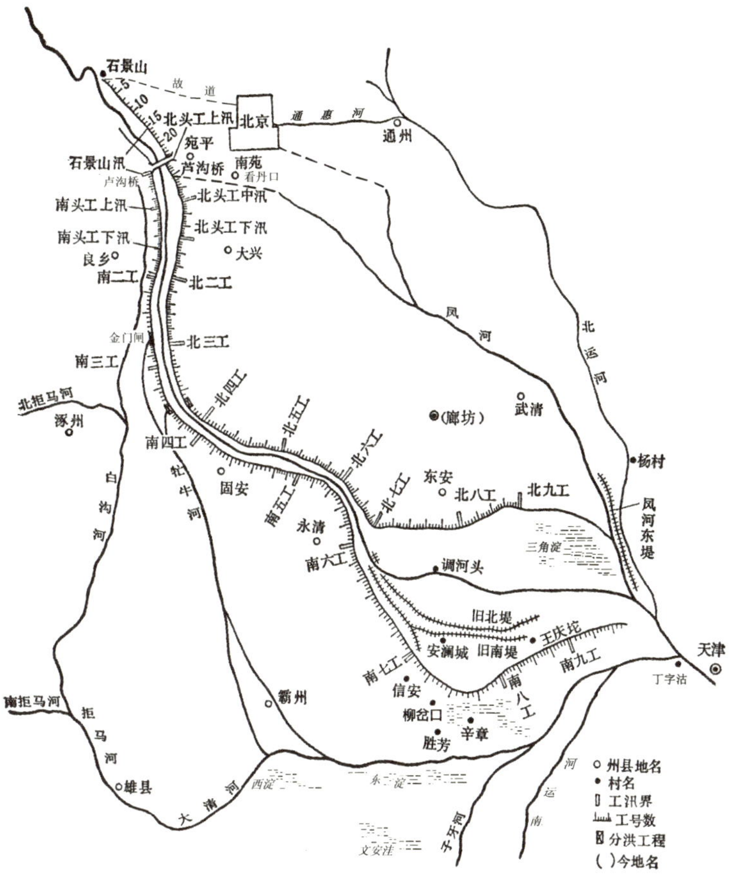

图 5-2-6 永定河下游防洪工程体系（18世纪）[1]

清顺治十一年（1654年），河决固安，这支西向的泛道在涿县与白沟合流后，东南入霸州，与文安洼、西淀、东淀合为巨浸。此次改道永定河泛流长达十七年，直到康熙十一年（1672年）才堵口恢复故道[4]。有清一代永定河经历了14次大改道，随着京畿地区人口增加，土地垦殖越来越多，至康熙朝固安以下因浑河数百年的泥沙

1 引自贾振文：《永定河堤防工程考》，《水利水电科学研究院科学论文集》第31集，水利电力出版社，1990年，第158页。

2 ［明］袁炜：《敕修卢沟河堤记》，引自明沈榜《宛署杂记》卷20，北京古籍出版社，1982年，第241页。

3 《明史·河渠志·桑干河》，二十五史河渠志注释本，中国书店，1990年，第455页。

4 《畿辅安澜志·永定河》卷3，武英殿聚珍本，嘉庆十三年（1808年），第6页。

淤塞，水路不畅，下游分出多支水道，泛道西侵拒马河，尾闾入文安洼；向东泛滥于霸州、武清，经年在三角淀一带渍涝成灾。康熙中期永定河下游防防洪工程建设与河道管理开始引起中央政府的关注。康熙二十九年（1690年）直隶巡抚兼管浑河河道，是年巡抚郭世隆主持了首次下游水道疏浚，使漫流的河道归于一槽入东淀。三十七年（1698年）二月，康熙帝称：“霸州、新安等处此数年来水发时，浑河之水与保定府南之河水常有泛涨，旗下及民人庄田皆被淹没。详询其故，盖因保定府南之河水与浑河之水汇流于一处，势不能容，以致泛滥。此二河道，着左都御史于成龙往保定府南河，着原任总督王新命往。作何修治，令其水自分流，详看绘图议奏。今值农事方兴，不可用百姓之力，遣旗下丁庄备器械，给以银米，令其修筑。伊等往时，部院衙门司官、笔贴式酌量奏请带往，于十日之内即令启行。”[1]三月，于成龙、河道总督王新命主持永定河有史以来第一次系统的治理，包括修筑自卢沟石堤以下至东安狼城河口南北两岸土堤。疏浚固安、永清至霸州柳岔口三角淀，以及出淀后至西沽入海水道。当年大工告成，康熙帝令在卢沟桥永定河南岸建庙祀河神，并敕封河神“永定”，并更河名“永定”（图5-2-7）[2]。同年定永定河南北两岸堤防岁修银三万两，自此永定河岁修工程纳入国家工程，岁修成为定制。永定河神庙在永定河卢沟桥南岸，今称南惠济庙（河北岸石景山下有北惠济庙），原为卢沟河神庙，金大定中（1161—1189年）建，明正统时为龙神庙。康熙三十七年（1698年）重建，敕封河神：永定河神，并更庙名永定河神庙。乾隆十六年（1751年）加封安流广惠永定河神。康熙帝在碑文中记载了三十七年卢沟河治理及更名事。

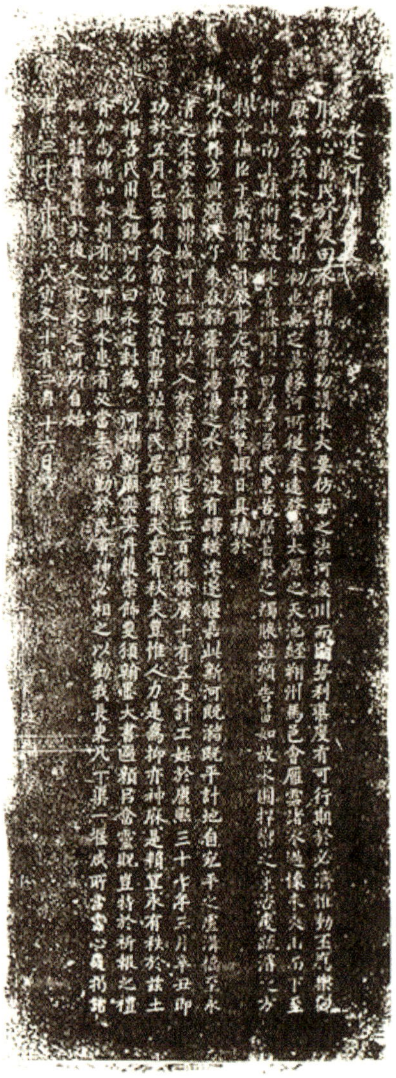

图5-2-7　康熙帝永定河神庙碑

康熙三十八年（1699年）十月康熙帝巡视永定河工，自北京石景山卢沟桥至直隶霸州，行程共六日。在永清县郭家务村南大堤上，河道尚未开冻，康熙帝命河工用豹尾枪立冰上，测验河道淤垫深度。要求管河的官员冬修时在大堤前下埽，加帮增高堤防，还特别关照施工时不可近堤取土，以防破坏堤脚。其时康熙帝有过南巡视察黄淮运河工的经历，对永定河多沙、善淤的河道特性有准确的认知，他在给河道

1　[清]李逢亨等：《永定河志》卷12，嘉庆二十年（1815年）刻本，第1—2页。

2　[清]李逢亨等：《永定河志》卷12，嘉庆二十年（1815年）刻本，第5—6页。

总督王新命手喻写道:“此河性本无定,溜急易淤,沙既淤则河身垫高,必致浅隘,因此泛溢横决,沿河州县居民常罹其灾。今欲治之,务使河身深而且狭,束水使流,藉其奔注迅下之势,则河底自然刷深,顺道安流,不致泛滥。今遍观两岸,将紧要应修处,逐一详审,务期次第修筑。”[1]康熙帝正是基于永定河高含沙的特点,提出了与黄河类似的束水攻沙方略,并依此规划河工工程。三十九年(1700年)鉴于永定河在霸县安澜城入淀尾闾河槽已经严重淤积,汛期难以行洪。康熙帝命直隶巡抚李光地、河督王新命开新河,以永定河南岸为北岸,新筑南岸大堤自永清郭家务起,北岸自廊坊何麻子营起,期望通过人为改道,将永定河入淀口固定在柳岔口(参见图5-2-6)。

康熙帝三十八年(1699年)视察后,三十九年(1700年)两次,四十年(1701年)一次,三年内四次率皇子,并直隶总督、河道总督到河工现场。康熙帝视察河工重点主要集中在北岸石景山至南苑段和南岸卢沟桥以下至良乡金门。这两岸防洪工程是保障北京城南安全的险工段和重要泄洪工程。考察以后险工段全部改为石堤。在北京以下河北段,直隶总督于成龙疏浚与筑堤兼施,筑南北岸大堤90余公里,疏浚河道72.5公里。“自是浑河改注东北,无迁徙者,垂四十年。”[2]

康熙四十三年(1704年)二月,永定河自上游至下游分置石景山同知、南岸北岸同知,并三角淀通判,沿河两岸置汛,建立了同黄河河工的修守制度。管河同知领河兵汛期防守,沿河府州县地方官有在管辖范围内协同巡防河工之责。石景山同知专管良乡以上两岸石工堤防;南岸同知专管河南岸南上、南下、南二、南三、南四、南五、南六共七汛;北岸同知专管北上、北中、北下、北二、北三、北四、北五、北六八汛;三角淀通判管南七、南八、南九三汛,以及北七、北八二汛[3]。四十五年(1706年),永定河南岸大堤外,各筑遥堤。遥堤、缕堤中挖遥河,宽二三丈,深二三尺,以分泄河道漫溢洪水。

自康熙三十七年至四十二年(1698—1703年)连续五年的建设,永定河形成了南北两岸防洪工程体系(参见图5-2-6),结束了汛期漫流、多支并行的河道形态,实现了康熙帝以堤束于一河的既定目标。康熙五十一年(1712年),康熙帝出京自南苑渡永定河,沿永定河南岸大堤考察河工。此行康熙帝见到永定河两岸大堤约束下,永定河不再漫流横冲,曾经或水或旱的两岸,已经是肥沃的农田。其后他在《阅河长歌》中记:“朕阅河出郊,自南苑过卢沟,顺永定河之南岸,见十五年前泥村水乡,捕鱼虾而度生者,今起高屋新宇,种谷黍而有食矣。水淀改成沃野,溜沙变为美田。”[4]康熙帝在长歌中总结他的治河心得,“开河端在辩高低,堤岸远近有准则,未终一年永定成,泥沙南溜直南顷”[5]。此后各朝在永定河治理中,疏浚河槽中泓、筑堤束河归槽、向南岸分洪成为不能撼动的原则。而永定河两岸筑堤后,泥沙集中下行,加快

1 《(清)圣祖实录》卷195,中华书局影印本,1985年,第1061页。

2 《清史稿·河渠志》,二十五史河渠志注释本,中国书店,1990年,第605页。

3 永定河防汛工段编号自石景山开始,南(右)岸:房山至良乡为石景山汛,南头工上、下汛;良乡至固安为南二工、南三工、南四工;固安至永清为南五工,永清至信安王庆坨为南六工、南七工、南八工、南九工。北(左)岸:宛平界内为北头工上、中、下汛;良乡至固安为北二工、北三工、北四工;固安至永清为北五工,永清至东安为北六工、北七工、北八工、北九工。

4 [清]玄烨:《阅河长歌》,引自《康熙诗选》,春风文艺出版社,1984年,第196—197页。

5 [清]玄烨:《阅河长歌》,引自《康熙诗选》,春风文艺出版社,1984年,第196—197页。

了下游霸县淀泊的淤积，自18世纪起下游武清、天津防洪压力逐渐加重。

永定河筑堤后，下游尾闾淀泊淤积加快，洪水调蓄的空间缩小。康熙朝末年地跨京畿南部，以及直隶雄县、霸州十余县的西淀、东淀已经多半淤积，一遇大水南起天津丁直沽、西自文安洼、东至三角淀滞涝数月不退。曾经五次随康熙帝巡视永定河工的十三子允祥，（1686—1730年），即雍正帝亲政后的怡亲王是力主治河治淀并重的第一人。雍正三年（1725年），允祥、大学士朱轼奉旨查勘永定河工，前后历时三个月。次年奏陈畿辅西南水利情形，提出永定河尾闾由柳岔口入东淀，改道北入三角淀的方案。怡亲王注意到了河淀相互依存和制约的关系，他建议：凡能存水者淀泊无论大小均应疏浚深广，并多开引河，使淀淀相通；对承担蓄水功能的已经淤废的淀泊则“四面开渠，中穿沟洫，洫达于渠，渠达于河、于淀”，变废淀既为良田[1]。雍正朝开始在永定河下游通过开引河、筑格堤等工程措施，将永定河的下口改在王庆坨入三角淀（参见图5-2-6），不仅换来了更大淀泊调节洪水吞吐，更赢得了近百年永定河尾闾的稳定。

尽管雍正朝以来，永定河下游治理引起朝廷上下的关注，但是确保北京段北岸大堤的安全依然是永定河治理不渝的最终目标。乾隆朝将黄河防洪工程体系格局落实到在石景山以下永定河两岸修筑遥堤、缕堤，并将金门、集贤等减水坝改为石闸（图5-2-8）[2]。永定河不再左右游荡，基本实现了康熙帝更河名“永定”的企望。嘉庆朝以来永定河时有大洪水发生。洪水所至主要影响北京南城及京畿西南地区。嘉庆六年（1801年）永定河大水，卢沟桥以上石景山段北岸大堤五处决口，卢沟桥以下两岸决口18处。洪水入北京城南，右安门桥被冲断，永定门、右安门外房屋尽毁，无居所灾民两万多人。在永定河尾闾，洪水与大清河、子牙河相遇后进入海河，造成天津全城被淹，水深及二十级城砖，渍水数月不退。光绪十六年（1890年）五月北京暴雨二十余日，沟渠壅塞，水无去路，大清门各部院皆浸水中。内城水深过马腹（约0.7—1米）。六月，永定河北上汛

图5-2-8 永定河金门闸遗址（2013年）

金门闸在河北固安界内，为多孔砌石结构，是永定河17—19世纪最重要的分洪工程。20世纪60年代永定河上游水库和石景山三家店分洪闸等工程陆续兴建后，金门闸退役。

1 ［清］允祥：《敬陈水利疏》，《畿辅河道水利丛书·怡贤亲王疏钞》，农业出版社，1963年，第181—184页。

2 金门闸在良乡界内永定河西岸。闸以下为牤牛河，原是房山琉璃河诸水入永定河之口，康熙三十七年（1698年）筑堤后，琉璃河改道南下，合白沟河、拒马河，下入大清河，成为永定河西向分洪道。乾隆二年（1737年）于此处建减水坝，汛期分流入牤牛河。自此金门闸及牤牛河成为保障北京西南防洪安全的重要分洪道。

各工决口六百丈（约2000米）。泛流一支经看丹口、草桥、马家堡，入右安门，下入凉水河；一支南下经大兴黄村直入东安境。内涝加外洪使得北京西南平地水深丈余，永定门、右安门、左安门城门不能启闭[1]。七月，紧急征集数十州县灾民以工代赈，封堵北岸决口，在南岸疏挑引河三十余公里，开金门闸引主流入引河，消减永定河尾闾滞涝。九月，堵口各工合龙。此次永定河抢险共用银二十四万余两。19世纪永定河发生两次流域性大洪水，北京淹城之灾前后相隔89年，都超过了防洪工程所能防御的极限[2]。

随着18世纪以来永定河下游尾闾三角淀泥沙淤积，淀泊调节洪水的能力不断降低，当上游北岸发生堤防溃决后，在北京以南地区引发的水灾后果变得严重起来。地处九河下稍的天津，因为淀泊调蓄功能的不断降低，至19世纪后期更是但有洪水便渍涝成灾，积水往往长达数月不退。这是康熙帝当年指定永定河两岸筑堤束水为一河的治河方略并付诸实施时没有预料到的。20世纪50年代以来在海河治理中，上中游修建了32座大型水库，控制了83%的产流面积，洪水被层层拦截的同时，也为流域提供灌溉和生活用水的保障。同时带来的后果是20世纪70年代以后包括永定河在内的海河各水系平原区基本断流，流域水环境蜕化成有河皆干的境况。永定河七百年的治理中，通过水利工程不断调整着人与自然的关系。但是无论何种方略都不能超越自然规律。

附录：（玄烨）永定河神庙碑

朕劳心万民，于农田水利诸务常切讲求。大要仿古之决河浚川而因势利导，度有可行，期于必济。惟勤丕应，乐观厥成。念兹永定河，其初也无定。盖缘河所从来远，发太原之天池，经朔州马邑，会雁云诸水，过怀来夹山而下，至都城南，土疏冲激，数徙善溃，颇坏田庐，为吾民患苦，朕甚愍之。蠲赈虽频，告灾如故。永图捍御之策，咨度疏浚之方。特命抚臣于成龙董司厥事。庀役量材，发帑诹日，具告祷于神，乃率作方兴。庶民子来，畚锸云集，汤汤之水，湍波有归，横流遂偃。嘉此新河，既潴既平。计地自宛平之卢沟桥，至永清之朱家庄，汇郎城河注西沽以入于海，计里延袤二百有余，广十有五丈。计工始于康熙三十七年三月辛丑，即工于五月己亥。自今蓄泄交资，高卑并序，民居安集，亦克有秋。夫岂惟人力是为，抑亦神庥是赖。宜永有秩于兹土，以福吾民，用是锡河名“永定”，封为河神。新庙奕奕，丹雘崇饰，更颁翰墨，大书匾额，以答灵贶。岂特于祈报之礼有加，尚俾之水利有必可兴，水患有必当去。而勤于民事，神必相之，以劝我长吏，凡一渠一堰，咸所当尽心。爰揭诸碑，纪兹实事，监于后人，视永定河所自始。康熙三十七年岁次戊寅冬十有二月十六日。

三、乾隆帝南巡：海宁鱼鳞石塘兴建及其技术成就

海塘是河口海岸防御潮水侵袭的堤防工程。在地势平衍的滨海平原和河口三角州，即使1—2米的潮位，也会引起海岸坍塌和海潮内侵，一次大潮侵袭之后濒海

1 周天霖、褚成博、李鸿章等奏折，引自《清代海滦河洪涝档案史料》，中华书局，1981年，第541—545页。

2 有研究指出：是年北上汛决口全河夺溜，洪水由决口至马家堡，淹北京城南。不得已于秋汛时堵口。郑连第：《1890年北京大水》，《水利水电科学研究院科学研究论文集》第25集，水利电力出版社，1986年，第171—182页。

平原数年寸草不生。记载中最早的海塘是东汉钱唐县（今浙江杭州）华信海塘[1]。唐大历年间（766—779年），淮南西道黜陟使李承“于楚州置常丰堰，以御海潮，屯田瘠卤，岁收十倍”[2]。宋代由范仲淹继续筑堤，是为著名的苏北海塘——范公堤。至17世纪初范公堤长度超过400公里。黄河南徙夺淮河入海后，濒海滩涂泥沙沉积，海岸线向外不断推移。魏晋南北朝以后随着杭嘉湖平原和萧绍平原逐渐开发，环长江口及杭州湾陆续筑塘。

地处东海杭州湾的钱塘江口，是世界上涌潮高差最大的河口。钱塘江口地形平面呈喇叭口，河口段底部有隆起的沙坎，河口过水断面的急剧收缩，使进入钱塘江的海潮产生巨大的潮位差，形成特有的自然景观——钱塘江潮。钱塘江涌潮每月朔望，潮波高达3米，潮速每小时20公里，在台风季节潮头可达8米以上。潮灾的直接后果是岸滩坍塌，咸潮倾泻杭嘉湖平原。南宋以来粮食主产区和经济中心移至东南沿海。随着土地普遍垦殖，人口密度上升至全国首位，钱塘江潮灾也成为浙东及杭嘉湖平原的主要自然灾害，海塘建设和管理成为南宋以来中央及地方都不能忽视的水利工程。明清江浙粮赋占到全国的40%以上，海塘更是与黄河堤防和运河同等重要的国家工程。

钱塘江大潮袭来时首当其冲的是浙江海盐县，进入河口以后北岸海宁、余杭及南岸上虞、萧山、绍兴岸滩皆在大潮冲突中。受河口地形、东海天文潮与钱塘江洪水

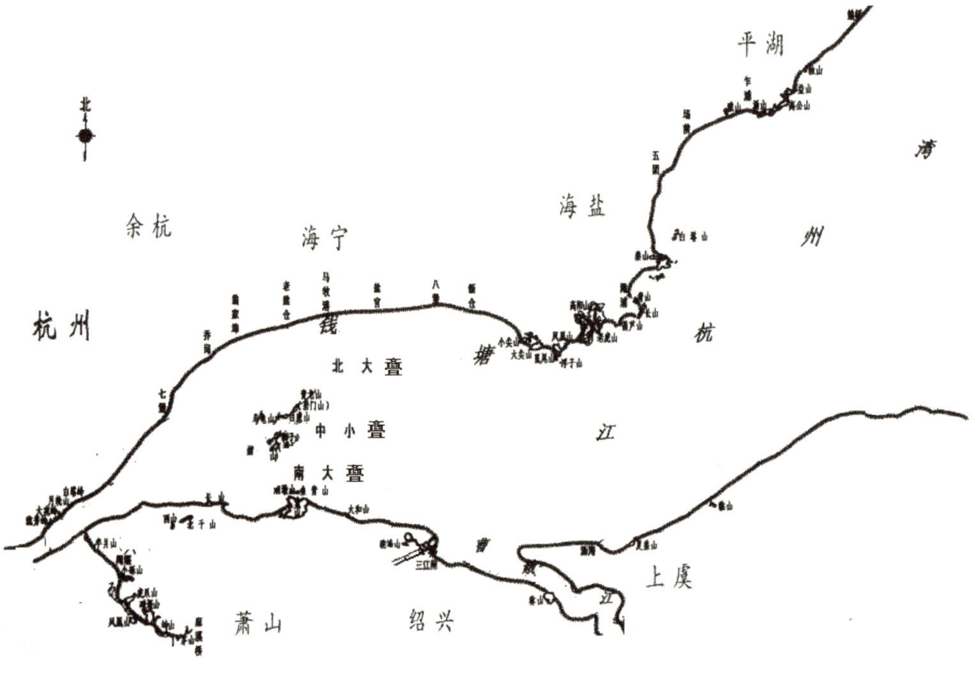

图 5-2-9 钱塘江口暨环杭州湾海塘工程分布（18世纪）[3]

1 ［北魏］郦道元：《水经注》卷40，巴蜀书社，1989年，第604页；引南朝宋人刘道真元嘉年间(424—453年)《钱塘记》：“防海大塘在县东一里许。郡议曹华信家议立此塘以防海水。始开，募有能致一斛土者即与钱一千。旬月之间来者云集，塘未成而不复取，于是载土石者皆弃而去，塘以之成，故改名钱塘焉。”刘道真南宋元嘉时任钱塘县令，华信筑海塘事根据他所见海塘石碑所记。

2 《旧唐书·李承传》卷115，中华书局，1975年，第3379页。

3 引自《（康熙）浙江海塘全图》。

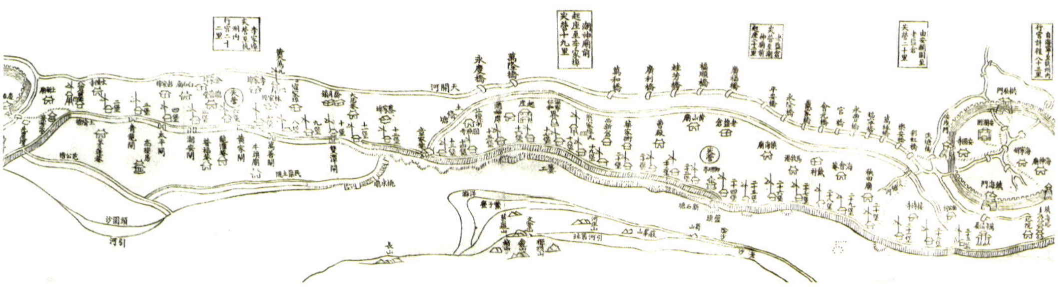

图 5-2-10 海塘工程分布图

自安澜园至杭州府行宫道里图说（局部）[1]，此为1780年至1784年间的工程图，彼时海宁鱼鳞大石塘尚未全部建成，险工段还有篓工堤。

的影响，大潮主流多变，不同阶段河口海岸险工险情不尽相同。13—16世纪最严重的潮灾发生在海盐。海盐县地处杭州湾口门，唐代县城离海47.5公里，到了元代，出城东门即是大海，岸线向北坍塌，一直到今上海浦东的金山、漕泾一线。南宋以盐业而繁荣的盐官县城(今浙江海宁西南)，原与海相距20多公里，嘉定时(1208—1224年)，连年潮灾，致使“数年以来水失故道，早晚两潮，奔冲向北，遂使县南四十余里尽沦为海”[2]。明代大规模的海塘建设有过5次，多集中在海盐，“洪武以至万历，海凡五变，塘五修”[3]。永乐九年（1411年）一次特大潮灾之后的塘工建设，“尽役苏湖九郡之夫，赀累巨万，积十三年堤成，其患始息”[4]。明代在海盐最早建成了重力结构砌石海塘，在南岸上虞、萧山、绍兴一线清康熙朝也基本完成了土海塘向埽工海塘、砌石海塘的过渡。唯有海宁滩涂和主流北向等多个不利因素的组合，只能靠草塘维系海岸。

在海宁、萧山间钱塘江水道自南而北有三道隆起石质低山：龛山、赭山、河庄山，因此而形成了三股形态各异的潮流，称为三亹，龛山、赭山间为南大亹；赭山、河庄山之间为中小亹；河庄山与海宁岸之间为北大亹（图5-2-9）。钱塘江江口潮流受三亹影响，主流南北迁徙。当钱塘江主流行南大亹，钱塘江口南岸上虞、萧山、绍兴沿海土塘冲坍无存；北行北大亹，则岸沙淤成陆，海宁岸滩塌陷，海塘倒坍决口，海水登岸。17世纪以来钱塘江大潮主流多行北大亹，海宁是受大潮顶冲险工段，老盐仓更是正当顶冲，潮灾尤其严重。清代康熙、雍正、乾隆三朝钱塘江口两岸规模较大的海塘工程建设有14次，唯有海宁段屡建屡塌（图5-2-10）。乾隆皇帝在1762年、1765年、1780年、1784年四次到海宁，推动了钱塘江北岸最关键险工段鱼鳞大石塘的建设（图5-2-11），重力海塘工程技术达到历史时期的顶峰。

康熙五十七年（1718年），浙江巡抚朱轼奏请修海宁石海塘：“海宁县海塘俱属浮沙，塘脚空虚。请用木柜之法，以木为柜，横贴塘底，实以碎石，以固塘根。又用大石高筑塘身；附塘另筑坦水石以附塘脚，毋使潮水侵入。再查，塘内向有小河，名备塘河。居民筑坝，遂淤为陆。今应去坝、疏河，即以挑河之土培岸。”[5]奏准允行，朱

1 李孝聪编著：《美国国会图书馆藏中文古地图叙录》，文物出版社，2004年，图七十四。

2 《宋史·河渠志》，二十五史河渠志注释本，中国书店，1990年，第194页。

3 ［明］陈善：《捍海塘考》，引自清翟均廉《海塘录·艺文》卷21，四库全书，上海古籍出版社影印本，2003年，第698—699页。

4 ［明］陈善：《捍海塘考》，引自清翟均廉《海塘录·艺文》卷21，四库全书，上海古籍出版社影印本，2003年，第698—699页。

5 《（清）圣祖实录》卷278，中华书局影印本，1985年，第727页。

氏塘工在海盐明代建成的直立、斜坡石海塘基础上，强调了基础工程和石塘砌石间的连接。塘式基础是：基宽一丈二尺，下木桩以圆一尺五寸、长一丈九尺马牙排桩两路。塘体砌石，凡长五尺，阔二尺，厚一尺；砌为二十层或十七层不等，共高二十尺左右。塘体砌石丁顺相间砌筑，自第十层开始，塘迎潮面每丈顺石接缝处嵌生铁锭。丁顺石接缝处嵌扣熟铁锔。各层宽度、砌式、收分和嵌扣铁锭、铁锔个数、重量各有定规。石塘外修筑护塘，塘高一丈，宽二尺。海塘迎水面岸滩再用梅花桩三路，以三合土冲填坚实以固塘基。塘基向江中筑坦水，用以护滩，坦水顺滩地下马牙桩二路。马牙桩前后有圆一尺二寸、长一丈八尺梅花桩七路。桩间隙处填筑碎石，墁以灰土，使桩石稳固[1]。六十一年（1722年）二月，海宁塘工告竣。但是石塘实修筑了五百丈，长八百四十丈老盐仓至姚家堰段因滩涂不能下桩砌石，仍筑柴塘[2]。工程完工后朱轼参照黄河河工管理，规定工程保固三年，并在钱塘江河口南北两岸编工号，建立了海塘巡防制度。

图 5-2-11　海宁盐官鱼鳞大石塘实景

雍正二年（1724年）七月，钱塘江大潮，海宁沿岸塘工全部溃决殆尽，淹没农田，冲漂庐舍，郭店、袁花、诸桥等镇无一存者。此距康熙六十一年大修只过了两年五个月。其后或疏浚南大亹，使主流南趋；或以柴草木石等埽工修复残塘，聊以应付潮水；或建潮神庙、海神庙以镇潮水等等，就是搁置重建鱼鳞大石塘之议，直到雍正朝终结。然而，海宁草塘年复一年的浩大岁修挡不住大潮侵袭。滨江乡村城镇一年数场大潮洗劫，迫使当局在乾隆四年(1739年)停海宁草塘岁修，改建鱼鳞石塘[3]。乾隆五年（1740年），海宁塔山堵口竣工。为制导潮流，由海塘外筑长二百丈的挑水坝，是为钱塘江口第一座挑水石坝，制导主流冲击岸滩，为建石塘创造了条件。八年（1743年）六月，海宁州城险工西普儿兜大石塘工尾至城东尖山鱼鳞石塘竣工，塘长20公里。海宁鱼鳞石塘工程历时六年，共计耗工银112.71万两。但是仍有海宁老盐仓至戴家桥险工因为基础原因不得不维持埽工[4]。

1 《清会典事例》卷920，卷923，中华书局，1991年，第579、609—610页。

2 ［清］翟均廉：《海塘录》卷4，四库全书，上海古籍出版社影印本，2003年，第7页。

3 ［清］翟均廉：《海塘录》卷5，四库全书，上海古籍出版社影印本，2003年，第12—13页。

4 《清高宗实录》卷225，中华书局，1986年，第906页。

乾隆二十七年（1762年），乾隆帝南巡第一次视察海宁塘工，对大石塘之间所剩老盐仓至戴家桥2.8公里的草土塘极为不甘，于海塘工次查勘下桩情形。他所见滩涂打桩施以重200斤大硪，然所入木桩不及寸许。待桩下既深，又有流沙，不能齿桩。下桩不成，石塘基础则无法施工。乾隆帝只能认罢，下旨“戴家桥段仍筑柴塘，加筑坦水保护。待将来沙涨渐远，宜即改筑条石坝工”[1]。此次海宁塘工考察，准浙江在上年地丁钱粮内，每年拨银十万两为塘工岁修专款。

乾隆三十年（1765年）春，乾隆帝南巡再至海宁。这次要求海宁绕城海塘约1.5公里改为鱼鳞塘工。谕曰：“绕城石塘五百三十余丈，实为全城保障。而塘下坦水，尤所以捍卫石塘，但向来止建两层。今潮势顶冲，外沙渐有汕刷，二层之外，应须豫筹保护。该抚等上年所奏，加建三层坦水六十余丈，止就尤险要处而言，于全城形势，尚未通盘筹画。若一律普筑三层石坦，则于护城保塘尤资裨益。著将应建之四百六十余丈均即一律添建。”[2]次年三月，海宁绕城海塘工竣，石塘外筑三层坦水护卫。是年，在塔山坝下滩涂立标记，测量岸滩淤沙变化情况。最后剩下滩涂下面有流沙层老盐仓一段。改进石塘基础工程，设置塔山挑水坝，为全线建设鱼鳞大石塘奠定了基础。

乾隆四十五年（1780年）三月，乾隆帝南巡第三次至海宁，这次是特为最后一段鱼鳞大石塘建设而来。称：“海宁州石塘工程尚多完好。惟绕海宁城之鱼鳞石塘内有工二十余丈，外系条石作墙，内填块石，历年久远，为潮汐冲刷，底桩霉朽，兼有裂缝蹲矬之处。又城东八里之将字号至陈文港密字号止有石塘工七段，约共长一百五六十丈，地当险要，塘身单薄，亦微有裂缝。此塘为全城保障，塘下坦水，所以捍护塘工，皆不可不豫为筹办。著将两处塘工均改建鱼鳞石工，俾一律坚稳，并添建坦水，以垂永久。”[3]令浙江总督、巡抚将该工内可以改柴塘为石塘之处逐段勘估。如本岁秋前可以完工，即赶紧拨帑兴修，否则俟秋后兴工[4]。

乾隆帝不计成本，决计将海宁一线全部建成鱼鳞大石塘。八月，海宁老盐仓鱼鳞大石塘开工。十二月，大学士阿桂、南河督陈辉祖奉命赴浙江勘查海塘工程。准阿桂等奏石塘兴建有关工料组织、施工监察，民居迁移等事宜[5]。此次大工由杭嘉湖、宁绍台二道稽查工料及主持施工，条石由浙江、江苏二省采购及趱运。木桩及施工人员由钱塘江南北岸各州府组织。阿桂奏折中特别强调了塘工基础工程木桩施工技术要求：“每桩下桩一丈八尺，用硪夯打至四个半时辰，入土一丈四五尺，周围沙土，即合拢平桩，方可筑砌。”[6]四十八年（1783年）七月，海宁老盐仓鱼鳞大石塘竣工。这段石塘共长约13.13公里，砌石17—21层（图5-2-12、图5-2-13、图5-2-14）。浙江巡抚陈辉祖向乾隆帝奏报称：“塘体测准齐平，屹如山立。”[7]朱氏塘工新砌

1 [清]翟均廉：《海塘录》卷2，四库全书，上海古籍出版社影印本，2003年，第12—13页。
2 《清会典事例》卷920，中华书局，1986年，第584页。
3 《清高宗实录》卷1102，中华书局，1986年，第749页。
4 《清高宗实录》卷1102，中华书局，1986年，第749页。
5 《清高宗实录》卷1125，中华书局，1986年，第43—44页。
6 《清高宗实录》卷1125，中华书局，1986年，第43—44页。
7 《清高宗实录》卷1125，中华书局，1986年，第44—45页；卷1131，1986年，第119—120页；闽浙总督兼管浙江巡抚陈辉祖奏折：奏为恭报塘工三四两限办理情形仰祈，乾隆四十六年八月初二日，《宫中档·乾隆朝》奏折，第四十八辑，台北故宫博物院，1986年，第327—329页。

图 5-2-12　鱼鳞石塘海宁盐官段（陈方舟摄，2017 年）

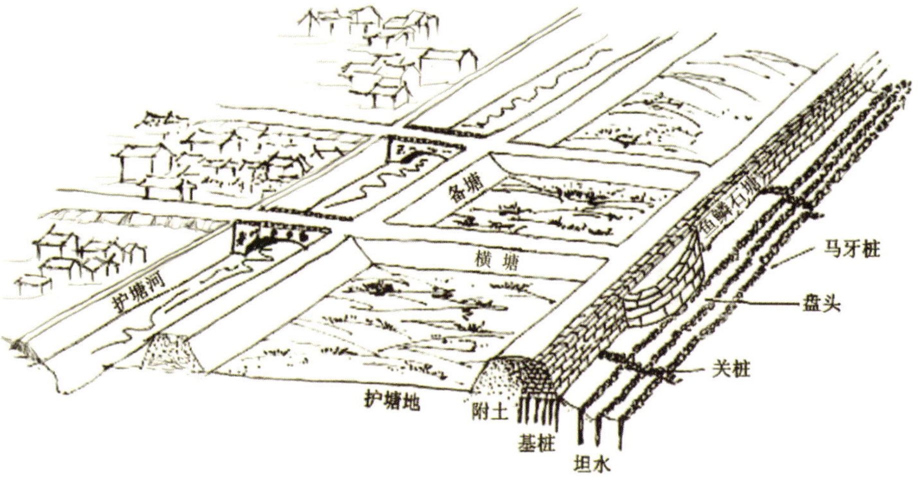

图 5-2-13　鱼鳞石塘工程体系

式，重视基础工程及砌石之间的连接、保护滩地的坦水工程的设计，为乾隆朝海塘建设所继承，但是鱼鳞石塘的基础工程和施工工艺有了更多的改进，将原来木柜抛石的基础工程改为全部木桩工程，木桩打到滩涂以下的地基，深度达到2米。以梅花桩、排桩加抛石地基工程最终战胜了流沙地基，大型重力海塘得以成功。至此钱塘江鱼鳞大石塘全线建成，并沿用至今。

老盐仓险工段鱼鳞石塘之筑，历时四年。此前其流沙层木桩难以下桩，其上不能修筑重力石塘，因此阻碍施工约50年，老盐仓石塘的成功，首先是对流沙底层重力下空隙水压力的认知，然后是施工工艺的突破。四十九年（1784年）三月，乾隆帝至海宁老盐仓鱼鳞石塘，得知了流沙下桩的施工工艺，在他的《命老盐仓上下相地仍建石塘，诗以志事》文间自注曰：“改建鱼鳞石塘初开工时，仍有已钉复起之患。旋有老翁指点，云用大竹探试，俟扦定沙窝；再下木桩，加以夯筑，入土甚易，因依法扞筑。又梅花桩以五木攒作一处，同时齐下，方能坚紧，不致已钉复起。试之果有成效。”[1]乾隆帝所记披露的这段史实其实是18世纪时海塘工程建设在技术上的重要成就。用现代土动力学理论来解释浮桩，即为孔隙水压力产生和释放过程中的物理现象。在高含水粉砂地基下桩时，夯筑过程中的动力作用，粉砂中已经饱和的孔隙水向四周挤压，动力作用消失后，有压力的孔隙水释放过程中对木桩底部产生顶托，桩愈深孔隙水压力愈大，即产生所谓软基液化现象。后来改进施工流程，先在下桩之处下竹竿对沙土进行扰动，孔隙水压力部分被释放出来，然后再下木桩；又将木桩改为五根一组的梅花桩，夯筑过程中有先有后的相继振动使残存的孔隙水压力不断释放出来。在动力土力学发展进程中，或许海塘施工实践中最早对液化现象进行了描述，并提供了成功解决软基施工液化的工程实例。

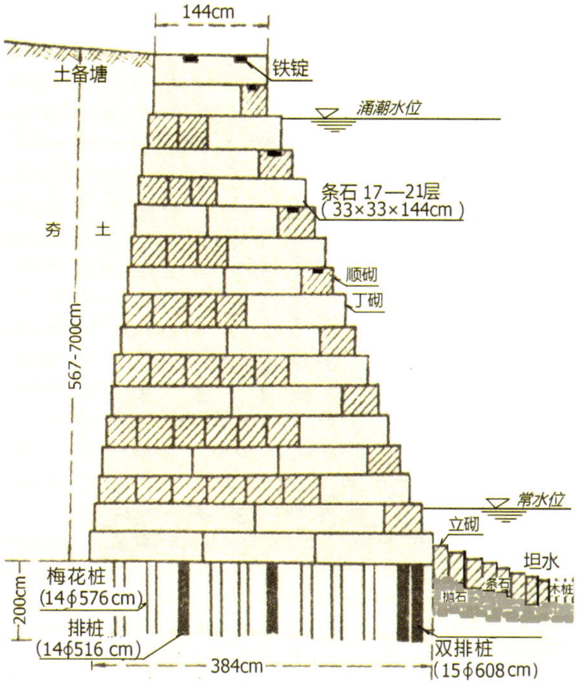

图 5-2-14　乾隆海宁鱼鳞大石塘结构

海塘工程由土塘、柴塘、竹笼塘、石囤塘发展到鱼鳞大石塘，在工程技术领域则向两个层面发展：塘体建筑材料的改良和工程结构的演进，旨在提高塘体抗冲刷能力；护岸工程的进步，则是体现在基础保护和海岸稳定上。护岸工程的实施直接作用于海岸，形成了新岸坡和潮流运动的新形态。因此，海塘护岸工程技术发展反映了当时对发生岸蚀的潮流动力力学和海岸地质力学的认识和工程实践的水准。清乾隆以后，石塘的护塘护滩工程逐渐融为一体，称之“坦水”，以排桩与砌石结合，自塘基开始由高趋低，向滩涂前缘延伸长达数百米。近海塘部分坦水与塘体浑然一体，成功地解决了附属工程与海塘主体工程结合的关键问题，并使人工控制海岸稳定的性能提高，构成了重力型海塘完善的工程体系。

第三节　水利对北京的造就

北京地处永定河和潮白河之间的冲积平原，地势自北向南倾斜。北京总面积16800平方公里，山地约占总面积的54.8%，丘陵占7.1%、平原占38.2%。北京北部以八达岭关沟为界，以西属太行山系的西山，以东属燕山山系的军都山。永定河在平原起点曾经有一条支流——高梁河自石景山分出，自西北而东南横贯北京，至今通州南入白河。迄今约8000年，随着永定河水道西移，高梁河湮废。高梁河故道及

1 ［清］翟均廉：《海塘录》卷首，四库全书，上海古籍出版社影印本，2003年，第354、357页。

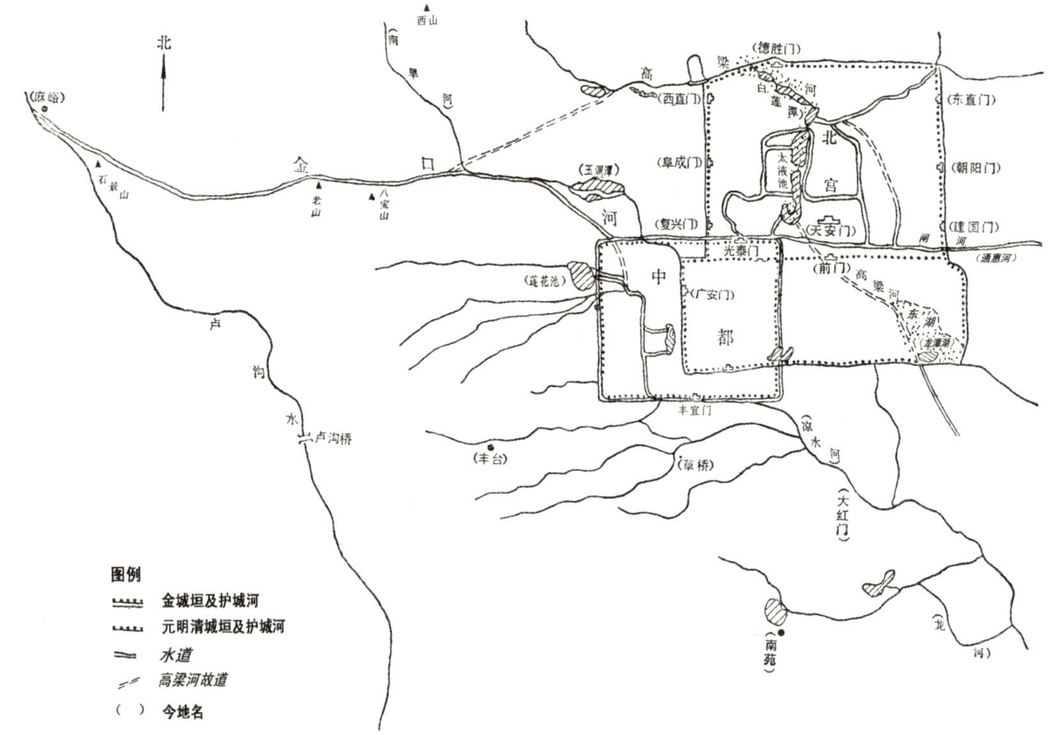

图 5-3-1　金中都水利工程体系及其与元明清北京城的关系

金以永定河和高梁河为依托的水利工程建设构成了北京河湖水系的骨架，对元明清北京城市发展影响深远。

其遗留的塘泊洼地，汇集泉水和雨洪，成为北京平原区的区间河流，正是这条河道对12世纪以来北京城市发展和水利建设至关重要（图5-3-1）。

一、金中都城市河湖水系的形成

距今约两千多年前战国的燕都蓟城，即今北京西南广安门一带，此为北京为城之始。贞元四年（1156年）金主完颜亮于今北京西南部建中都城，内城大致在今北京西城区范围。中都建设规划者是降金的原北宋内侍梁汉臣，工程实施是北宋降金后成为完颜亮宠臣的孔彦周，因此中都及宫城一切仿北宋汴京格局，甚至多数城门名称与汴京相同或略有改动。孔彦周利用高梁河的南支故道开凿了横贯中都的莲花河及绕城的护城河，宫苑内利用湿地修太液池（今北京广安门青年湖）。这些工程使中都皇城具备一座城市起码的基础设施。南宋乾道六年（1170年）六月至九月范成大以资政殿大学士、崇信军节度使身份出使金国。此时经过20年建设，中都已经初具规模。都城城墙周长七十五里，城门十二，每面一正两偏门。范成大经由良乡、大兴，自南门丰宜门（今广安门外铁匠营）入中都。中都宽阔的驰道，两侧顺直的城河，以及柳岸深处琉璃瓦的宫阙门户，令充满故国情结的南宋特使范成大不屑金中都对汴京开封的抄袭，“虏既蹂躏中原，国之制度，强慕华风，往往不遗余力，而终不近似”，但是他也不能不称道金皇城极尽工巧。金营建中都役民80万，兵夫40万，数年大兴土木，死者不胜其数，建成了一切规制仿汴京的都城。范成大不会想到的是，“终不近似”的中都，在其后元朝建成了更为宏大的大都城，金中都的城河湖

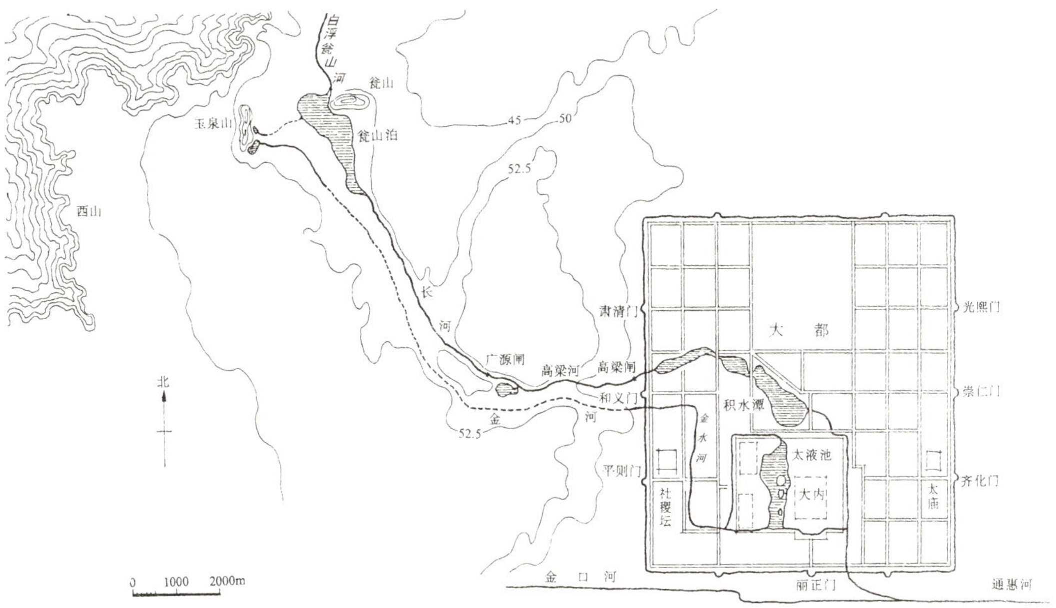

图 5-3-2　元大都及其河湖体系

元通惠河水源工程实施后，城市河湖获得了稳定水源，这一水利系统为明清北京所继承。

沼是后来大都城河的部分（图5-3-2）。

金中都水利对北京城市发展最重要的贡献是北苑离宫的水利建设。金在营建中都之前，于皇统元年（1141年）开始建设离宫——北宫。北宫以白莲潭为依托而兴建。白莲潭是高梁河故道水域面积最大的洼淀，即今北京积水潭至中南海的部分海子。金后期为了将朝宫移至这里，在此大兴土木，疏浚池沼、修筑湖堤和兴建园林工程。疏浚弃土堆土成山，称寿乐山（元代称万寿山），山上建广寒殿，为宫城登高处。池内另一处堆土成山的岛为瑶光台（即今北海公园的团城），上有瑶光楼，四面环水。苑中的山石皆从汴梁的“艮岳”搬运而来。金贞元元年（1153年）中都府至这里，称北宫。又在太液池东岸营建宫殿太宁宫（后改万宁）。北宫作为朝宫，金世宗、章宗时常驻跸于此处理朝政。北宫山水园林与宫殿浑然一体，其后中南海园林水系在此格局上不断完善。

白莲潭原为季节性的湖塘洼地，通过疏浚、筑堤，水域面积扩大，蓄水量增加，除了作为北宫的景观水域外，更重要的是为闸河提供水源[1]。金利用古高梁河的水道开金口河、闸河（参见图5-3-1），以打通中都的漕运水道。金口河在永定河石景山左岸引水，因为泥沙淤积很快废弃。以白莲潭和高梁河为水源的闸河因为有了较为稳定的水源，得以成为中都重要的漕渠，并重新架构起黄河以北山东、河北至中都的水路。白莲潭水源主要来自高梁河，彼时高梁河上游淤废不与永定河连通，水道自今紫竹院以下接纳地表径流和泉水，白莲潭水源支撑闸河运行仍然不足，漕运

1 《金史·河渠志》，二十五史河渠志注释本，中国书店，1990年，第226页；金闸河又名漕渠，即元明清通惠河。《金史·河渠志》：“金都于燕，东去潞水五十里，故为牐以节高良河、白莲潭诸水，以通山东、河北之粟。”高良河即高梁河，潞水即白河，通州以南纳温榆河、凉水河，至天津三岔口与南运河、永定河合为海河。潞水历经隋唐宋元明清整治，为永济渠北段水道，明清又名白河、北运河。

船队自通州入闸河至中都需要十余日。30年后元都水监郭守敬在闸河基础上开通惠河，以北京西山、昌平泉水为源，建设昆明湖—长河—积水潭水源工程后，通惠河通航能力得到较大改善。

二、元大都水利卓越成就与明清市政功能的完善

金贞祐三年（1215年）蒙古兵攻入中都，金宣宗完颜珣迁都汴京，中都尽毁于兵燹。五十多年后即至元四年（1267年）元朝开始营建大都。大都城抛弃了中都的废墟，新城在中都的东北重建。元的皇城则继承了金北宫，以白莲潭水域为中心营建（参见图5-3-1、图5-3-2）。至元十三年（1276年）大都城建成。至元三十年（1293年）通惠河通航，这也是大运河南北全线最后贯通的河段。至此大都营建主要工程全部完工，大都城区范围是金中都的二倍。经过五十多年战乱，大都城依然是人烟稀少，土地荒芜。忽必烈为贵族功臣敕封大都土地，命在城内修建宅第，并强制性迁移金中都旧城居民入新城。凡王公贵族院宅八亩一区，分布在皇城周围，其后因此形成了规整的坊巷。大都城在其后三十年间迅速成为繁盛的大都市。

大都的建设有预先的计划和准备。光禄大夫、参领中书省事刘秉忠主导了大都规划的制订和实施，都城漕运水路的沟通以及通惠河的水源工程则由都水监郭守敬主持。大都皇城选在了金北宫，这是大都中心偏西南的位置。皇城北临海子——积水潭，昌平和西山的泉水经过瓮山泊调蓄，由长河注于海子（时亦称积水潭）。海子东岸是中心阁，这是大都的地理中心，在今北京地安门大街，迤北依次坐落钟楼、鼓楼。积水潭是大运河北端港口，北上和南下的船队汇集于此，形成了以中心阁为中心的四面扩散物流集散区域。以商品类型形成市集和作坊分布在海子东岸、北岸以及中心阁大街周围的坊巷中。大都也因此奠定了其后明清北京的皇城及市井格局。

来自西北郊的泉水通过水渠输入大都，进入积水潭、太液池，开阔水域超过金的北宫。岸堤和节制闸逐渐配套，使这片水域成为可以调节水量的城市水库型湖泊。明清两朝在此基础上不断营建，成为紫禁城的西苑。大都的城市河湖对北京以后城市发展意义重大。元皇城太液池即今所称的北海和中南海，不仅为北京营造了气势宏大的湖泊，以及与之相映生辉的宫廷建筑，更重要的是形成了良好的生态环境。为保护大都宫苑水系及诸海水源，元朝以绝对威权主张水权。天历三年（1330年）大司农司、都水监奉旨严禁自瓮山泊至大都城引水渠沿河各寺观、权势豪强之户在水道上设水碾、决堤引水。世祖忽必烈时规定了凡大内引水渠不得市民洗手的苛律[1]。大都河道提举司巡查河岸，赋予更为权威的执法权："金水入大内，敢有浴者、浣衣者、弃土石瓴甋其中、驱马牛往饮者，皆执而笞之；屋于岸道，因以陋病牵舟者，则毁其屋；碾硙金水上游者，亦撤之。"[2]

---

1 《元史·河渠志》："隆福宫前河（又名金水河），其与太液池通。英宗至治二年五月奉敕云：'昔在世祖时，金水河濯手有禁，仅则洗马者有之，比至秋疏涤，禁诸人毋得污秽。'"二十五史河渠志注释本，中国书店，1990年，第241—242页。

2 ［元］宋本：《都水监事记》，《国朝文类》卷31，四部丛刊初编本，上海商务印书馆，1936年，第320—321页。

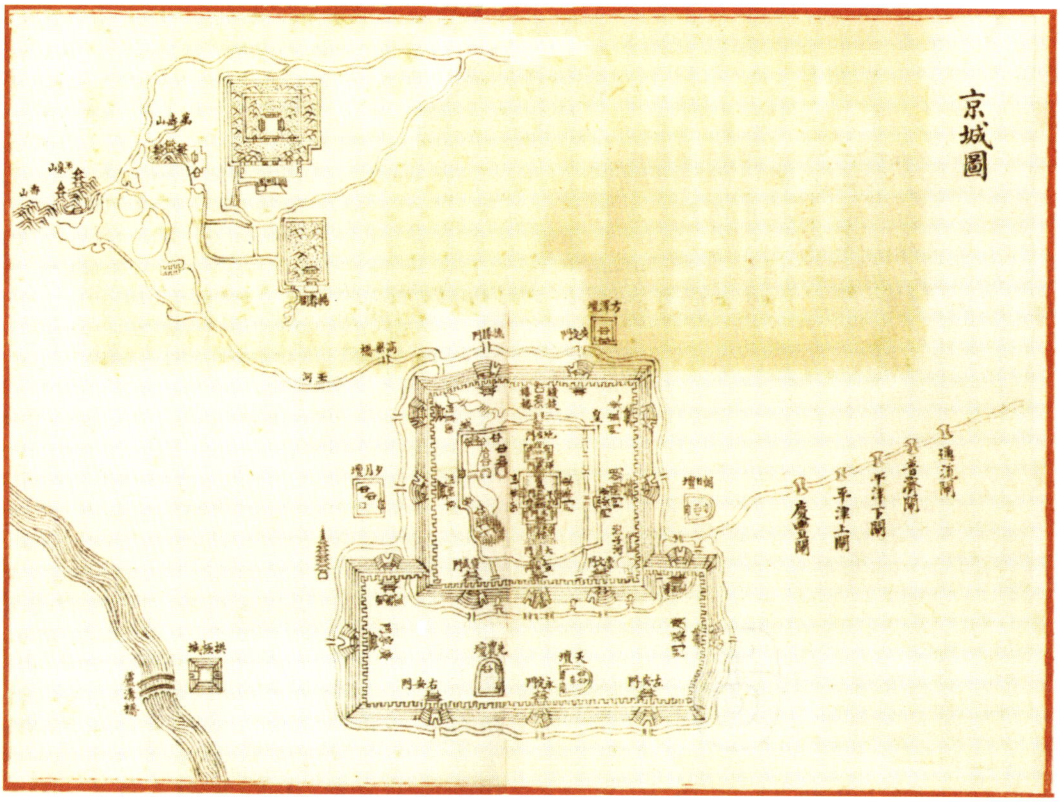

图 5-3-3 明清北京及其水利工程体系（约 18 世纪中期，引自《（清）一统志·京城图》）

无疑元大都拥有同时期世界规模最大最富魅力的宫城和园林。其后明清两代王朝的皇城继承了前朝的这片水域和园林（图5-3-3）。明永乐十五年（1417年）定都北京后，城区南移并利用金中都东部城区，形成了品字形的都城（图5-3-4）。明朝废弃了元皇城重建，却全面继承了元代水利工程体系。明清北京城市格局更强调中轴线两侧市坊街区的布局，由外城南门永定门至钟鼓楼长达八公里的笔直街道，配以九重门阙直抵三大殿，宫城和街区对称形成了宏伟壮丽和威严的都城气势。清代对前代的皇城和都城全盘接收，只将太液池向南扩展，形成最后皇城的河湖格

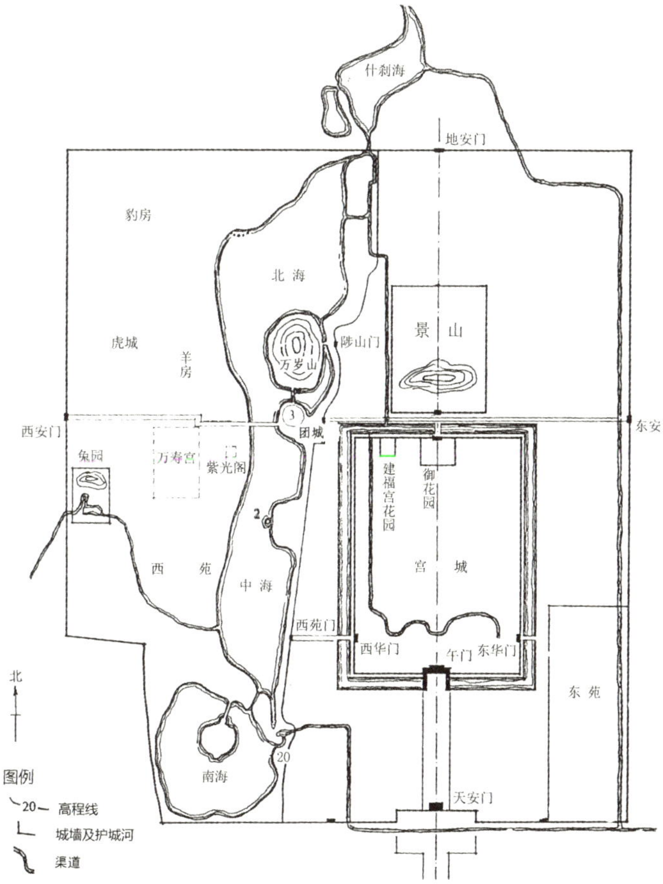

图 5-3-4 明清北京紫禁城三海及内城供排水体系

图 5-3-5 万寿山与昆明湖（2015 年）

万寿山在清乾隆朝以前称瓮山，山如其名。元都水监郭守敬开渠引泉，于瓮山下筑堤成湖，建成北京最大的人工湖，湖亦因山而名瓮山泊。1750 年乾隆帝更名万寿山、昆明湖。

局。清代以南海、中海、北海之名逐渐取代了太液池，与什刹海、后海、西海并称六海（参见图5-3-4）。

元通惠河的兴建为北京城其后市政建设奠定了基础。通惠河自元经明清至今都是北京的市政排水通道。元大都具有两套供水系统：玉泉山—高梁河—内城诸海（金太液池）构成宫苑用水系统，由环绕大内的护城河系完成水量输送（参见图5-3-3）；内城诸海——通惠河构成漕运供水和城市排水系统（参见图5-3-2）[1]。大都内城南北主干大街有石砌的明渠或暗沟。沟渠承接城市污水，通过城墙四门多处排水涵洞，汇入护城河，最后经由通惠河排走。经过其后明清两代持续经营，北京内城形成了干沟、大沟和小沟三级城市排水系统。金水河、内外护城河及大明濠属于干沟。大沟沿主要街道布置，小沟垂直大沟布置，如同触角伸入城市的街头巷尾。干沟和大沟多是明渠，在道路相交处采用暗沟。北京建城七百年内城和紫禁城少有暴雨后积水数日不退的记载。

金中都设街道司，管理街道沟渠。元大都由大都河道提举司，明清由工部统一管理北京河湖及内城供排水沟渠。元明清三代都由军队巡视京师街道沟渠，看管水关。清末，漕运终止，水利工程亦疏于管理，城市河流湖泊淤塞日渐严重，尤其是城南很多断头河、死水塘，市政排水系统趋于瘫痪。

三、昆明湖：北京水源工程的完善与演变

瓮山泊，元明两代又称西湖、西湖景、大泊湖[2]。清乾隆朝大修颐和园后更名昆明湖（图5-3-5）。元瓮山泊的水源来自北京西山和昌平白浮、一亩等泉。20世纪50年代地下水枯竭，昆明湖水源改由密云水库供给，在元代白浮瓮山河的故道上重开京密引水渠。21世纪南水北调工程完工后，长江水成为北京水源之一。昆明湖毗邻

1 蔡蕃：《北京古运河与城市供水研究》第五章，北京出版社，1987年，第173—200页。

2 ［明］蒋一葵：《长安客话》卷三，北京古籍出版社，1960年，第50页。

图 5-3-6 昆明湖东堤及十七拱桥（2015 年）

乾隆十四年（1749 年）扩湖，筑昆明湖东堤。在原西湖中留下孤岛，建十七拱桥相连。岛上有龙神祠（照片右侧建筑物），是祈雨场所。扩湖后乾隆帝更名为广润祠，今称龙王庙。

图 5-3-7 昆明湖和西堤（2013 年）

西堤上有六桥南北向纵贯昆明湖，六桥下水通昆明湖、西湖。图中为六桥之一的柳桥，为四孔一闸的桥闸建筑。

的团城湖成为水源工程的终端调节水库。

西山山麓玉泉山一带曾经分布众多的泉眼，玉泉山以东地势低洼，泉水和来自西山的洪水汇集在这里，形成了季节性的塘泊和溪流，自西北而东南在今北京紫竹院附近入高梁河。瓮山泊水源工程原为通惠河供水而兴建，开渠引泉，筑西堤蓄水，在玉泉山以东形成了湖区[2]。距至元三十年（1293年）通惠河开通仅20年，至延祐元年（1314年）时，“自白浮瓮山，下至广源闸堤堰，多淤淀浅塞，源泉微细，不能

1 乾隆二十一年（1756年），乾隆帝《御制界湖楼诗》，引自《日下旧闻考》卷八十五，北京古籍出版社，1983年，第1428页；昆明湖、高水湖、养水湖属于乾隆十四至十九年扩湖工程的一部分，在玉泉山裂帛泉出水方塘拓展成湖。

2 《元史·世祖本纪》：“中统三年（1262）八月乙丑，郭守敬请开玉泉水，以通漕运。”

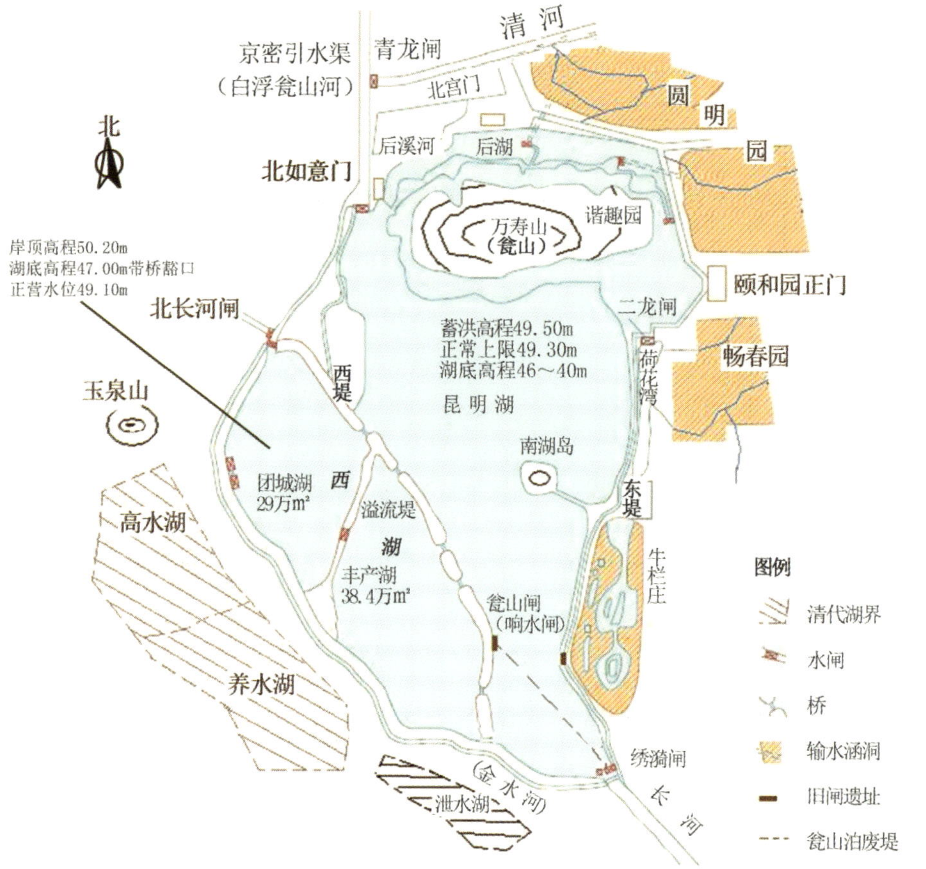

图 5-3-8（1） 昆明湖工程体系及其区域水环境演变（14—19世纪末）

西堤六桥自北而南为柳桥、桑苎桥、玉带桥、镜桥、练桥、界湖桥，桥下昆明湖与西湖两湖相通。昆明湖以西山诸全为源，乾隆帝有诗描述了昆明湖诸湖与金水河、长河关系："金河高长河，玉泉高倍蓰。设非次第蓄，一泻无余矣。裂帛本有湖，方塘数亩尔耳。接上扩充之，此湖殊渺㳽。"依西北高东南低地势分布的诸湖利于节蓄水量。

通流"，已经影响到漕运，后派军夫千人疏浚[1]。元末时人描述瓮山泊不过仅有水面一顷的陂塘而已，湖区库容有限，且工程体系和管理都不完备，是调控功能有限的半天然的塘泊。昆明湖工程体系完善，应是在明永乐中期。明代不再引昌平诸泉入瓮山，水源减少，而北京城却在扩大，实际上明清两代昆明湖市政供水的需求已经优先于漕渠供水。

明永乐四年（1406年）建西湖景牛栏庄、青龙、华家、瓮山四闸，其中青龙闸在西湖北界，是清河的

图 5-3-8（2） 昆明湖东堤、南湖岛及牛栏庄稻田

1 《元史·河渠志》，二十五史河渠志注释本，中国书店，1990年，第245页。

进水闸；瓮山闸又名响水闸，位于西湖南界，是长河的进水闸；华家闸在湖西岸，牛栏庄闸在长河干渠的左岸。建闸意味着环湖区堤岸工程体系已经完善，闸控制昆明湖水量的调节，而不再任由附近农户引水灌田。

现代昆明湖是清乾隆朝即18世纪后期形成的。乾隆皇帝为迎接其母孝圣皇后60岁寿诞，动用448万两百银于昆明湖畔、瓮山下修清漪园。清漪园规模最大的工程是乾隆十四年（1749年）实施的西湖疏浚和扩湖工程。湖区东扩是将原东堤外稻田辟为湖区，新筑东堤（图5–3–6），原堤成为西堤。扩湖后龙王庙变成了孤岛，修十七孔桥相连。孤岛被命名为凤凰墩，即今南湖岛。西堤将水面分成昆明湖和西湖两部分，西堤上有6桥，下面两湖相通（图5–3–7）。扩湖以后，环昆明湖岸周长约15公里，水面增加2倍。出水闸南移，废瓮山闸，在下游建漪秀闸（图5–3–8、图5–3–9）。乾隆十五年（1750年）三月，祝寿之时乾隆帝更西湖为“昆明湖”、瓮山为“万寿山”[1]。乾隆十八年（1753年）在后溪河进水口建惠山园闸。后溪河引昆明湖水至万寿山后湖，经过调蓄后输水至圆明园。乾隆二十九年（1764年）在东堤上建二龙闸（图5–3–10），并开四处灌溉涵洞，二龙闸是昆明湖的泄水闸，承担了汛期排洪功能。至此形成了昆明湖完善的引泉、蓄水和水量节制工程体系。

乾隆十四年（1749年）扩湖后湖区水域是原来的两倍，湖成水通，汪洋漭沆，气势非凡。据20世纪初测量，湖区面积130公顷，以平均水深2米计，湖容2600000立方米。扩湖实施前有大臣质疑扩湖水源不足，扩湖后又质疑夏秋洪水泛溢。乾隆帝作《御制万寿山、昆明湖记》记载此次扩湖工程，并为工程正名，“今之为牐，为坝、为涵洞，非所以待泛涨乎？非所以济沟塍乎？非所以启闭以时东南顺轨，以浮漕而

图 5-3-9　昆明湖出口闸：漪秀闸（2013 年）

漪秀闸也是长河进水闸，现在昆明湖和长河水源皆由京密引水渠供给。照片箭头为京密引水渠水入长河处。

1《（清）高宗实录》卷三六〇，“（乾隆帝）谕：瓮山著称名万寿山，金海著称名昆明湖，应通行晓谕中外知之”，中华书局，1986年，第966页。金海即清西湖称谓之一。

图 5-3-10 昆明湖东堤及二龙闸（2011年）

利涉乎？昔之城河水不盈尺，今则三尺矣。昔之海甸（即今海淀）无水田今则水田日辟”[1]。这番议论对昆明湖工程体系运行机理的阐释倒是准确的。

昆明湖扩湖和整治后，为了扩大水源，又在西湖以西的台地开高水湖、养水湖。两湖其实是将玉泉山静明园裂帛泉蓄水方塘扩大，既蓄泉水，也蓄滞西山洪水。高水湖、养水湖与昆明湖以金水河相隔，并有闸与昆明湖相通。金水河在漪秀闸前与长河汇合。乾隆二十四年（1759年）乾隆帝在他的《御制影湖楼诗》中记：“灵泉蓄水拓池宽，灌输期资稼穑艰。楼据湖心揽湖外，客惟舟往亦舟还。”[2]高水湖和养水湖建成后实现了西山—玉泉山诸湖间的水源调节，可以按地形次第蓄积和节制水量。即两湖在低水期向昆明湖和长河补水，汛期可以将西山洪水排入金水河，保障昆明湖的防洪安全。此外，两湖设灌溉涵洞，将稻田扩大到玉泉山地势较高的地方。高水湖、养水湖以及金水河水利工程体系，实现了以昆明湖为中心，东至圆明园，西至西山各水路的沟通，乾隆诗里描述的诸湖间舟来舟往的情形，实在是18世纪西山—昆明湖这处皇家园林气势不凡，山水胜景美不盛收的写照。

通过扩湖、疏浚和筑堤，增加了库容；通过建闸，玉泉山诸湖水量节制和调控能力提高。乾隆帝所称海淀种稻，其实始于明代，不过昆明湖、高水湖、养水湖渐次扩湖和整治后，稻田种植面积有大的扩展。乾隆朝以后玉泉山、六郎庄一带生产北方水稻——京西稻，品质超过南方品种。玉泉山下京西稻的种植一直延续到20世纪70年代（图5-3-11）。咸丰十年（1860年），清漪园宫殿建筑被英法联军焚毁。光绪

1　[清]于敏中等：《钦定日下旧闻考》卷八十四，北京古籍出版社，1983年，第1392页。其实北京西山种稻始于明代，《长安客话》卷三，西湖条记载：“近为南人兴水田之利，尽决诸洼，筑堤列塍，为菑为畲，菱芡莲菰，靡不毕备”，北京古籍出版社，1960年，第50—51页。

2　[清]于敏中等：《钦定日下旧闻考》卷八十五，北京古籍出版社，1983年，第1427页。该书作者于敏中按语：“影湖楼在高水湖中，东南为养水湖，俱蓄水以溉稻田。复于堤东建一空（孔）牐，泄玉泉诸水，流为金河，与昆明湖同入长河。”

图 5-3-11　昆明湖及高水湖、养水湖（20世纪20年代）

图中水田自左而右原为高水湖和养水湖，19世纪以后随着水源减少，两湖逐渐蜕化为水田。至今原湖堤上的石牌坊还在。

图 5-3-12　长河紫竹院段（2014年）

此段水道位于广源上闸以东，依然保留元代长河的形制。

十四年（1888年）皇太后慈禧60岁寿辰，在清朝内外交困的情况下，实际控制清廷权力的慈禧仍然不惜重金重修清漪园，完工后改称颐和园。这次重修白银大多耗费在宫室、佛堂和亭台楼阁之类建筑上。

北京玉泉山是西山自然环境最好的区域，这里峰峦叠嶂，山涧流水潺潺。在西山山麓玉泉山以南的海淀镇、万泉庄、紫竹院（图5-3-12）、玉渊潭分布众多泉水和沼泽洼地，并多数分布在输水渠长河的沿线。自金代以来在西山陆续兴建了寺庙，元明清三代起对这一水利工程的经营，不仅满足了漕运的需求，还因为长

图 5-3-13 广源下闸（2014 年）

右闸系元广源闸，左闸是 1998 年拓展长河时新建。

河——高梁河的开通，构架起了北京内城供排水工程体系，同时也为皇城园林提供了可靠的水源保障。

北京西部地形坡降较大，元代在高梁河上修会川闸（明清称高梁闸）[1]，在长河上建广源上下二闸、麦钟桥闸，通过类似船闸的运行，形成了平水行舟的水路（图5-3-13）。明代在广源闸建万寿寺，明神宗在此礼佛，平日广源闸“（水）深不盈尺，宸游则堵水满河，可行龙舟”。万寿寺还是明代官方祈雨的场所，凡通惠河水涸，粮运不进，遣官在此致祷祈雨[2]。清乾隆十六年（1751年）为皇太后六十寿辰庆典，乾隆帝重修广源闸万寿寺，并在高梁闸北建倚虹堂、乐善园，供太后一行由长河水路至高梁桥易辇改行陆路入宫时中转休息用[3]。

元明清文献中有各时期皇帝出京城后至高梁桥转水路以及游幸昆明湖的记载。成书元末的《析津志》记载广源闸有英宗、文宗二帝龙舟码头[4]，凡龙舟出行，挽舟兵士300人上下。游幸西山兴师动众、耗费巨大。明朝皇帝开始在玉泉山和西湖建别墅，作为休憩去处。《长安客话》记载了明万历十六年（1588年）神宗皇帝率群臣、皇后及妃嫔在西湖的一次游幸。为了让皇帝在西湖看到波光粼粼的十里水面，管理者先期在西湖下游出口下闸蓄水，使水与岸平。还预先系大鱼于水中，皇帝到时方才举网，“紫鳞泼刺波面，天颜亦为解颐”。元明两朝西湖不只是供皇帝游幸的去处，玉泉山下到处有农家开沟种稻，京城的贵族或文人墨客甚至可以载酒泛舟，恣意寻乐。清代更是将行宫搬到了昆明湖畔（图5-3-14）。康熙四十八年（1783年）在毗邻

1 在今西直门高梁桥下，闸桥结合建筑，20世纪70年代建北京地铁后，部分河道被填埋，剩余河段部分改造后称转河。

2 《长安客话》卷三，北京古籍出版社，1960年，第46—47页；万寿寺条：“寺在广源闸数十五武，为今上代修僧梵处，璇宫琼宇极其宏丽。”

3 ［清］于敏中等：《钦定日下旧闻考》卷七十七，北京古籍出版社，1983年，第1286—1287页。

4 ［元］熊梦祥：《析津志辑佚》，北京古籍出版社，1983年，第102页。

图 5-3-14　昆明湖船坞（2014 年）
位于昆明湖西北，临西堤界湖桥，始建于乾隆朝。船坞前有护渠，可以停泊更多船只。

兴建圆明园，自万寿山后溪河，并凿诸湖，将水引至圆明园。经过康熙乾隆朝经营，清漪园和圆明园成为专属清朝皇帝及近臣办公和生活地方，即使普通官吏也不能涉足的禁地了。

从13—18世纪持续500年的水利工程兴建和管理，在北京西山、海淀营建出由河渠贯通的大大小小湖泊，通过长河、高梁河、金水河，将西山昆明湖和紫禁城中南海为两个端点联系起来。在西山至皇城的水道上，沿程分布的众多淀泊与沟渠的联动，形成了北京水源工程和市政工程的最佳结合：水量蓄积多点分布，水系贯通使城市雨洪蓄泄相宜，节制调蓄可控。

北京特有的自山地向平原过渡的地形地貌，也使水利工程的美学功能发挥到了极致。西山诸峰环抱下，或开阔的湖泊，或幽静的淀塘构成了一处处风景纷呈皇家苑囿的核心。自昆明湖至中南海的城市输水道上，同样有若干经典之作。自元代至清代持续在长河和高梁河沿岸的园林和寺观建设，形成了西山湖及园林带状外延。水道与众多具有调蓄功能的湖泊的串联，构成了帝国都城严整对称却不失灵动的风貌。在半干旱区的华北平原，古代水利工程技术显现出独特的创造力，为北京造就了世界最壮美的园林和城市河湖。

20世纪50年代以后，东西护城河、太平湖、积水潭先后消失，还有更多沟渠被填埋。在人口激增和市场经济潮流的裹胁下，北京环境面临日益严峻的挑战。一座有生命力的都市必然是建立在文化基石上的。北京的河湖不是普通的水道和塘泊，它们构成了北京的文化基因。美丽的河湖与城市共存，才是北京应有的未来。

第四节　贵州鲍屯：乡村水利的典型案例

贵州安顺大西桥镇的鲍屯是明统一云南战争中的数百个屯堡村落之一（图5-4-1）。明洪武年间（1368—1398年），为消灭盘踞西南地区的元朝梁王把匝瓦尔密，朱元璋派30万大军两路进攻，史称“调北征南”[1]。元朝残余势力消灭后，14万征南的军队官兵连带家属留在贵州，实行军屯。鲍屯形成于14世纪末，即明洪武十五年至三十一年间（1382—1398年）[2]。由战争时期驿站到军屯，再延续为宗族村落，鲍屯乡村水利工程的始建与完善便贯穿于该进程中[3]。

鲍屯位于有“八山一水一分田”之称的贵州安顺地区岩溶河谷平坝区，海拔在1200—1400米之间，年降水量约为1300毫米。散布于崇山中的坝子，土地肥沃，溪流纵横，具有从事农耕的先天优势。鲍屯就是众多这样的坝子之一。来自江南地区的留守大军和移民在安顺屯堡定居后，随之将稻作农业的耕作方式和生活习俗带到这里。至迟在明末鲍屯灌溉工程已经具有完善的工程体系。迄今工程运行约400年。起源于军屯的背景，使鲍屯这个移民村寨有强烈的集体意识，在水利工程兴建和管理中，这一文化无疑发挥了重要作用。

图5-4-1　鲍屯乡村水利工程俯瞰图（鲍忠贤摄，2008年）

老河和新河是两条干渠。老河为型江河河道，有大小青山堰两道拦河坝分水。新河是开挖渠道，有小坝（拦河坝）、门前坝（顺坝）、水碾房等。

1　[清]谷应泰：《明史纪事本末·太祖平滇》，中华书局，1977年。据该书记载，明统一云南的战争始于洪武十四年（1381年）。是年九月，朱元璋命傅友德为征南将军，蓝玉、沐英为左、右副将军，率步骑30万人由贵州进入云南，对云贵地区发展历程影响深远的战争由此拉开帷幕，是为征南战争。明军首先攻克贵州普定、乌撒，然后进入云南曲靖，随即占领昆明、大理等地。次年二月，平定云南，战争历时仅半年。

2　朱伟华：《黔中鲍屯水文化探考》（内部资料），2008年。朱伟华研究指出：安顺第一个驿站饭笼驿（今安顺天龙镇）的设驿时间为洪武十五年（1382年）。战争后期开始以驿为基础置屯。如果以安顺第一个驿站设驿的时间为上限，以征南战争结束的洪武三十一年（1398年）为下限，则鲍屯最早建于14世纪80年代。

3　无论是文献还是地方志，关于鲍屯水利工程的记载几乎是空白。鲍屯水利研究基于既有的贵州屯堡文化研究成果、（民国）鲍氏家谱和田野调查。

一、堰坝工程体系

鲍屯水利工程体系位于长江上游乌江水系的三级支流型江河（鲍屯人称大坝河）。鲍屯古代乡村水利工程以型江河为水源，以驿马坝为渠首枢纽，采用引水、蓄水、分水结合的方式，将上游河道一分为二，形成老河和新河两条输水干渠、3个水仓、1个门前塘，再经过二级坝分水，将水量分配到下级渠道，实现了全村不同高程耕地的自流灌溉（图5-4-2）。另外，还充分利用河水落差和地形条件兴建多处水碾，为村民提供生活用水和粮食加工的便利，是具有综合效益的水利工程体系。

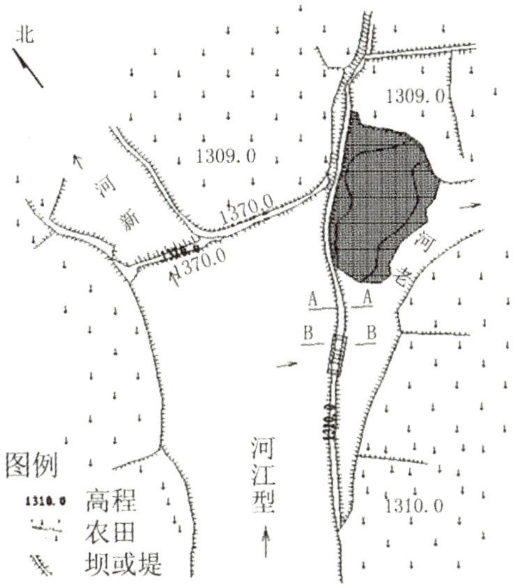

图 5-4-2　鲍屯水利工程渠首枢纽平面布置图

（一）渠首工程枢纽——驿马坝

驿马坝是由顺坝（与大坝河方向同向）和横坝（横截大坝河方向）构成的“L”型拦河坝，构成了区间蓄水池水仓，深1—2米，水域不大，在水稻栽种用水之际，可以做到水量的日调节。顺坝是主坝，长128米，高1.4米，堰顶宽1米，堰顶高程1310.4米，坝下为老河，即型江河故道。横坝长30米，高1米，宽0.7米，下为新河。顺坝和横坝上均设有不同高程的龙口，使不同高程的农田都能获得灌溉水源。汛期大坝河主流由顺坝分流，经老河下泄，仅有少量洪水入新河（图5-4-3、图5-4-4）。

（二）新河

新河是向鲍屯地势最高的耕地供水的干渠，小坝和门前坝是其二级分水坝，向斗渠分水（参见图5-4-1）。小坝位于新河中间位置，长17米，高1.5米，堰顶宽1.1米，堰顶高程1309.5米（图5-4-5、图5-4-6）。门前坝位于鲍屯南端，长81米，高2米，堰顶宽1.4米，坝顶高程1308.5米（图5-4-7）。坝上设分水龙口，低水时向下游分水。分水龙口分布在堰的不同高程，可以在水位最低时向农渠分水。

新河至门前塘，与来自鲍屯的排水渠汇合。村子排出的雨水和生活污水汇集在村口堰塘中。堰塘种植荷花、蒲草等水生植物，经过过滤后进入排水渠，再由门前塘下泄至回龙坝入型江河（图5-4-8）。这个枢纽实现了灌溉、粮食加工、生活污水处理与排水多方面的效益。

（三）老河及工程设施

老河有大小青山堰两道，坝后引水渠分出一支，灌溉鲍屯地势最低区域的农田。大青山堰长60米，高1.6米，堰顶宽1.3米，堰顶高程约1306.53米。小青山堰在大青山堰下游250米处，长19米，高1.6米，堰顶高程约1306.4米。

（四）水量控制的最后关键——回龙坝

新、老河在回龙坝汇合。回龙坝长77米，堰顶宽1.6米，顶高程1306.2米，形成水利系统最后一个水仓。枯水期，回龙坝可蓄积来水，维持水仓和新老河道的水位，满足灌溉和生活用水需求；汛期洪水经由长达77米的溢流面，可在较短的时间内将上游洪水及时下泄，保障了村落的防洪安全（图5-4-9）。

图 5-4-3 鲍屯渠首工程驿马坝（2006年）

低水位时龙口过水，蓄水和输水并行。

在鲍屯乡村水利工程体系中，坝是关键工程，因地制宜地布置成顺坝和横坝，再利用地形形成具有蓄水功能的水仓。它主要通过坝线走向、坝的高度对水资源总量进行控制；又通过坝上不同高程的龙口进行水量的再次分配，从而使得水稻栽插季节各用水户都可以同时获得灌溉用水。位于坝底的龙口则有排沙孔的功能。整个工程体系简洁且功能完备，具有灌溉、生活供排水和水能利用等综合效益，且没有一处闸门，不须常规管理人员，以极低的运行和维护成本持续运用了400年。

图 5-4-4 驿马坝溢流实景（2006年）

汛期全坝过水，快速将洪水排入老河。

鲍屯水利系统的堰坝长者数百米，短者数十米，高1—3米。其中，驿马坝和回龙坝最为典型。它们以低坝和优美的曲线型坝轴线，延长了溢流堰过流长度，减小了堰顶单宽流量，却可以获得最大瞬间溢洪效益，同时降低了洪水时的垮坝风险。鲍屯各堰均建在基岩上，这赋予坝体稳定的基础。堰体用本地石灰岩条石干砌，以黄泥混合石灰勾缝，以减少枯水期渗水。

（五）分水龙口

鲍屯水利工程的水量节制工程主要由坝和龙口来实现。鲍屯的每一道坝都有龙口，设在坝的不同高程上（图5-4-10、图5-4-11）。龙口有两个主要功能，一是在枯水和低水期向下游供水，保障了春灌之际上下游用水的需要；二是排沙，设坝最低位置的龙口是排沙底孔，过水时可以将底河的部分泥沙带走，减少干渠的淤积。鲍屯水利工程没有一处闸门，却以最少的工程设施实现了最便利的管理和供水公平。

图 5-4-5　门前坝龙口与水碾（2010 年）

坝上不同高程的龙口有不同的功能，最低位置的龙口是排沙底孔，分水时可以将渠道底部的泥沙带走，减少上游干渠的淤积。水碾房设龙口，用以引水冲击水轮，灌溉之余，水力用于加工稻谷。

图 5-4-6　小坝过水实景（有人处为支渠进水口，2006 年）

汛期龙口、坝顶全过水，提高行洪能力，枯水期龙口过水，满足上下游春灌需求。

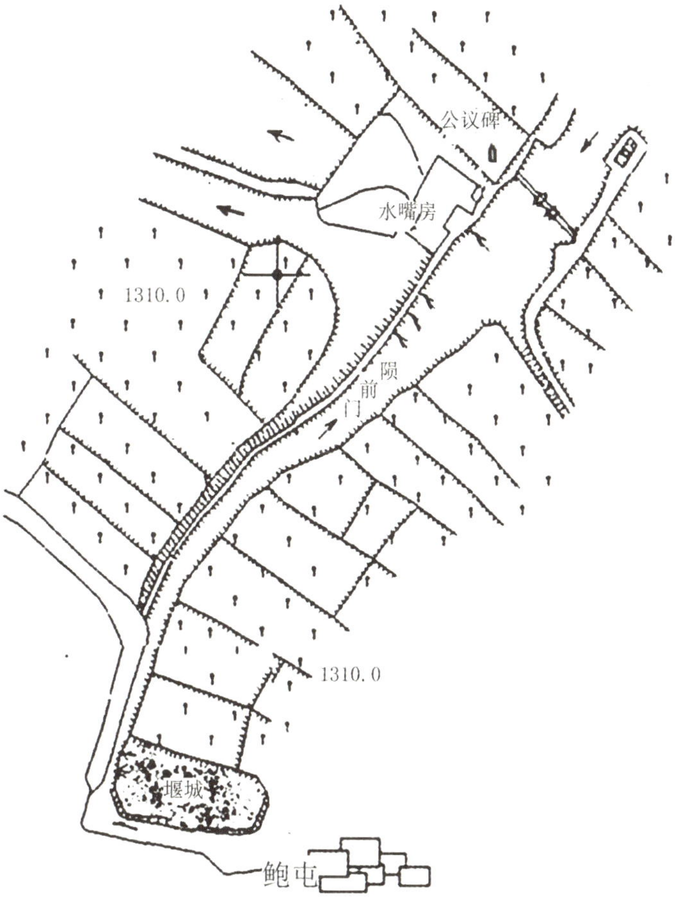

图 5-4-7　门前坝枢纽工程图

图 5-4-8　蓄水与节制工程工作实景图（自北而南，2006 年）

碾房前水塘可以对水量作日调节，水碾不工作时，可以自门前坝上龙口向下游放水。现在此水碾的拥有者是建造者的六代孙，至少有 150 年历史，至今仍可运转。

图 5-4-9　鲍屯水利工程之回龙坝泄洪实景（2006 年）

图 5-4-10　青山坝龙口过流实景（2006 年）

二、干支渠系

鲍屯乡村水利拥有完善的渠系配套工程，新河和老河两条干渠分出支渠七条，经过20世纪70年代的改造后，并为驿马井、小果园、大西桥三条支渠。

鲍屯渠系配套工程有引水渠系和排水沟（图5-4-12、图5-4-13）。新河和老河是两条骨干渠道，新河长1613米，老河长1009米。两河平均引水量2.1立方米每秒，灌溉面积3250亩。二河共分出七条支渠，分布在不同的高程，总长约5080米。经改造，部分支渠合并。20世纪80年代后，新老河岁修制度逐渐中断，目前最大的问题是河道淤积。其中，新河淤积1—3米，老河淤积0.3—3米，渠道过流能力降低。

排水沟分为干沟、支沟和毛沟三级。干沟平行等高线布置，分为两级，地势较高的主要排泄坡面洪水。干沟之间有纵向的支沟连接，毛沟兼有灌排双重功能。干沟呈窄深的断面形态，利于渍水排出。排水沟汇集的雨水或灌溉弃水最后回归新河，再排至老河中。

图 5-4-11　龙口（2006 年）

渠系规划是鲍屯水利系统的又一特点。新河是人工河，以输水为主，平均纵比降为1.8%。这一比降，能够使其获得最大供水范围。新河最后一次清淤距今已30年，虽淤积严重，但仍能工作。老河是天然河道，平均纵比降为3.2%，以行洪为主，兼有灌溉输水功能，较大的比降能够满足行洪的需要。老河河床是基岩，不存在淘刷问题，淤积主要发生在弯道和水仓回水

图 5-4-12　鲍屯水利工程渠系配套工程之田间灌渠（2006 年）
渠高于田，便于自流灌溉；沟低于田，利于排水。

图5-4-13 鲍屯水利工程渠系配套工程之排水沟（2006年）

排水沟分为两级，干沟一侧利用基岩，一侧筑堤，以拦截和排泄坡水。稻田中可看到与干沟走向垂直的较低级的排水沟。

图5-4-14 农田提水灌溉

在不能自流灌溉的地方，用水车提水。图为鲍屯妇女操作手摇龙骨水车灌田。

段，河道基本冲淤平衡[1]。

鲍屯古代水利工程规划和建筑形式不仅体现出工程体系对区域环境的适应性，更通过工程措施达到了河流上下游水资源公平分配的原则。这一水利体系以最少的工程设施满足了灌溉、生活用水和防洪的需要（图5-4-14），其工作机理可以用村民的一句话来概括：“一道坝一沟水一坝田。”即以坝壅水，在河道上形成水仓；沿等高线开渠引水，一条渠道可以灌溉在同一等高线范围内的稻田。坝是节制水量的关键工程，低水位时壅水，达到一定高程后开始泄水。设在坝上不同部位的龙口可在不同水位时过水，是春季灌溉用水高峰之际调节上下游用水的主要设施。

三、乡村水利的自治管理及其运行

鲍屯古代水利工程至少已有400年的历史，支持这一工程持续运行的是良好的村民自治管理制度以及用水户对乡规民约的普遍支持和遵守。

鲍屯留存至今的明清石碑见证了乡规民约在工程管理中的作用，一在驿马坝附近，为明正德年间（1506—1521年）的残碑（图5-4-15），碑文是：“因一时无知，××泉水退缩，亢旱禾苗，见之不忍××，自知情愧，愿××后不敢侵犯。倘后有××如有放水××勿谓言之××。”从这段文字中可大致推断出，碑文内容是干旱时有人不遵守村规，私自盗水灌溉，事后遭到谴责并被勒令刻石立碑，以示惩戒。碑上同时重申遵守用水制度的乡规。另一石碑立于水碾房前水仓，是清咸丰六年（1856年）的石碑，碑文内容主要是关于水质保护的约定。

鲍屯是鲍姓宗族聚居的村落，有官田用于家族祠堂祭祀、堰坝维修、沟渠疏浚、道路整治等公共事务开支[2]。据《（民国）鲍氏家谱》记载，除官田外本村公共事务经费（即公费）还有一个来源：水费。根据各户水田亩数、有无水碾等情况，每年秋收后按比例收取谷子。公费的管理选择家境较好、德高望重且热心公益事业者执

1 谭徐明等：《贵州鲍屯古代乡村水利工程研究》，《工程研究》2011年第2期。

2 《（民国）鲍氏家谱》详细开列了各用水户的田坝亩数，又记载官田共133块，年收租25石，“用作祭祀以及修理各费”。

行，每年春秋两季公开收支情况。水利工程的维护工作主要由用水户承担。每年冬十月，在族长的主持下，各用水户出工打坝。所谓打坝，即加固坝身，疏浚沟渠。水利工程的公有性质和土地的私有制在宗族性质的乡村管理中融为一体，从而使鲍屯工程得以持续运用。

清代在屯堡的军事性质消退后，鲍屯的集体意识在水利工程的维护中依然存在，水利还是村民重要的集体活动和公共事务，并演变为以乡规民约为保障的灌溉秩序：如先远后近、先高田后低田的水田泡田的顺序；捕鱼时全村统一行动，严禁私下个人行动。鲍屯乡村水利工程管理在古代基层或乡村水管理中具有普遍性，反映历史时期村民自治管理的有效性。

图 5-4-15　鲍屯水利工程之乡规民约石碑（2006 年）

石碑上刻文字："咸丰五年五会公议：禁止毒鱼、挖坝、不准鸦子打鱼、洗澡不准赶罾、赶鱼。违者罚银一两二钱。"

第六章 水管理及其文化基础

在土地私有的古代中国，水利工程作为公益性设施，多数通过地方政府和宗族世家主导区域水利工程的兴建和管理。政府管理与用水户通过权、责、利来平衡各自的利益关系。官方水管理随着工程兴建和运用延伸至城镇或乡村社会管理的末端，并衍生出有利于工程维护、水源分配的民间自治组织。

根据文献记载，至迟在唐代形成了水利的民间自治组织与政府督导相结合的管理体制。《唐六典》“每渠及斗门置长各一人。至溉田时，乃令节其水之多少，均其灌溉焉。每岁府县差官一人以督察之。岁终录其功以为考课”[1]，这是地方水利比较通行的管理机制。因水利的权责利而分出官堰和民堰。官堰或官渠通常是由政府组织或地方公共资金出资维护，官方具有水资源分配权；民堰或民渠是由民间自建、自行管理的中小水利工程。官方在两者都有或深或浅的介入，但是在水利组织的底层，无论是官堰还是民堰，自治性质的管理仍然发挥重要作用。政府对基层水利的干预主要是在上下游左右岸存在用水纠纷的时候，民间水管理组织失去权威性、公正性后，面对用水户，官方具有最终裁决纠纷的处置权。

古代水神崇拜是产生于水旱灾害恐惧的宗教表达形态，经过数千年的演化，不仅成为祈求风调雨顺和面对灾害时祈祷消灾弭害的仪式，更在水利工程管理中体现政府权威性，以及工程管理与受益方的道德约束。汉代以来的逐渐制度化，凡是大江大河重点河段、官堰民堰都有自己特定的河神，水神崇拜演变为程式化并具有仪式感的活动，是农耕社会水利建设与管理中官民沟通的纽带。

第一节　水行政与河工行政管理体系

隋代重新建立了一统的中央政权，条块清晰的水利管理体系自此形成。元中央政权继承这一体制，在中央六部之一的工部，完善了隋唐都水监水行政职能，在运河、黄河设都水分监，分段管理河工，这种与现代河道管理类似的管理组织在明清得到继续完善。中央政府的御史台外派御史行使河工督察。明清设置河道总督衙门，与地方政府的水行政管理构成了自上而下的国

1 ［唐］李林甫：《唐六典·将作都水监》，中华书局，1988年，第599页。

家水利工程的管理体系和重要河工的稽查系统。清代雍正朝开始，对黄淮运河工以及关系重大的工程施行中央拨款然后核销的制度。重大水利工程如黄河、运河，长江荆江段的河工，以及浙东海塘、都江堰等关键水利工程都实施保固，建立起了大修工程赔修及主管官员问责制度。

一、中央水行政管理体系

隋唐中书、门下、尚书三省同为国家最高行政机构，负责决策、审议和执行。政务分为六部来分理，即吏、户、礼、兵、刑、工。至此，隋唐由尚书、中书、门下三省构成了中央政权主体，运作机制概括起来就是中书出令，门下封驳（审议），尚书受而行之，使决策、审议和行政三方互相牵制，体现出事权分立的制度设计。中书是掌管皇帝印玺的机构，置中书令，侍郎为正副首长，属官有谒者、通事谒者；门下设侍中、平章事等。尚书省总理政务，制度规定设尚书令一人、左右丞相（或仆射）各一人，是正副首长。以下设吏、礼、兵、都官（后来称刑部）、度支（后称户部）、工六部。尚书省的六部为此后各代国家政务机关设置所遵循。六部各设四司，共二十四司。除工部以外，中书省各官作为皇帝特使，巡视水利，制订规章制度。

北宋继承了唐代三省六部及司监制，后来逐渐变为中书省（主管政务）、枢密院（军政）、三司（盐铁、度支、户部）三者鼎足而立的中央官制。三司中盐铁司下设兵胄、商税、盐茶、铁冶、河渠等案。度支司对水利工程建设的经费筹集及经营负直接责任。户部管漕粮征收和仓储。司的行政长官称“使”。三司派出河渠使、发运使、转运使，行使农田水利建设、运河管理和漕粮运输的管理。宋代九寺诸监仍被保留，但是并无实质事权。北宋初太宗时为收复幽州，两次征辽两次失败。此后宋辽以白沟（拒马河）为界，宋为了边防，也为解决守军部分粮食供应，大兴塘泊水利，设置河北屯田司、沿边安抚使经略华北相关事宜。淳化时（990—994年）宋守军18000人在霸州、雄州、定州等种水稻。这些大大小小的塘泊和稻田形成了长六百里、宽五十至一百里、水深五尺至一丈的水域，构筑起夏有浪，冬有冰，浅不能行船，深不能载马的防御屏障[1]。塘泊水域最大时达到11002.5平方公里，相当于今天海河流域上游水库的总库容[2]。真宗景德元年（1004年），宋辽在澶州（治今河南濮阳）定下了停战和议，宋以每年赠辽银十万两、绢二十万匹为代价议和后，塘泊逐渐淤浅废弃。神宗时王安石为相期间，赋予了司农寺主持仓储和农田水利等职责。中央政府再次在华北大兴水利，疏浚塘泊，多沙河流开渠放淤。放淤既有灌溉之利，还兼有肥田功效，除黄河、漳河、滹沱河外还推行到汴水、泗水、泾水、汾水等河的下游平原，遍及今河北、山东、河南、陕西、陕西。熙宁二年（1069年）王安石颁布了《农田水利约束》（又称《农田厉害条约》），三年（1070年）“诏司农寺专主天下常平、广惠仓，农田水利差役事”[3]，并规定了农田水利例行奏报的内容：“天下水利兴修过若干处所；役过若干人功，若干兵功，若干民功；淤溉到田若干顷亩，增到税赋若干数目；天下农田开辟到若干生荒地，增到若干赋税，天下差役更改过若干事

1 《宋史·河渠志》，二十五史河渠志注释本，中国书店，1990年，第147—148页。

2 谭徐明：《海河流域水环境的历史演变及其主要影响因素研究》，《水利发展研究》2002年第12期。

3 《宋会要辑稿·职官》二六，中华书局，1957年，第2921页。

件，宽减得若干民力。”[1]这些举措强化了中央对水利的行政和财政职权。

元代废除门下和尚书省。由中书省、枢密院、御史台分掌政务、军务、监察三权。此外，地方设行中书省，为中央的派出机构。元代的行省制度在明清继续延续，是为今天升级行政区划的开始。元代中书令只是位高的虚职，以左右丞相、平章政事主持行政。元中央行政机构中，大司农司行使对水资源、重要农田水利工程的行政管理权。如陕西泾渠（即元代郑国渠名称）的分水权归属大司农，《泾渠图说》记载：“诸渠至元十一年九月初二日，准奉大司农司劄付呈准中书省劄付，先后讲究定条画使水法度内一款节文。……并令河渠司官管属听授节制。每渠直渠长一名，依泾水例请给申破水直。”[2]元代河渠司与宋河渠司性质有所不同，元河渠司是工部屯田司派驻地方监管区域性水利工程的机构，长官称屯田总管兼河渠司事，官阶较低。大司农批准的分水方案在河渠司的监督下，直渠长负责实施[3]。

明洪武十三年（1380年）废中书省，设以大学士为首的内阁，内阁下隶六部。六部的职权和地位比元代有所提高。其中工部下有四个属部：总部、虞部、水部、屯田部，洪武二十九年（1396年）改称为营缮、虞衡、都水、屯田四清吏司。工部设尚书、侍郎、郎中、员外郎、主事等。内阁工部的职能主要是工程款稽核、估销，河防官兵的俸饷、皇差均在稽核估销之列。明清除黄河、运河河工外，其他的水利事务均归地方，工部的主要责任是督导，除工部之外，六部中户部、兵部、吏部也外派官员充当御史，行使施工督导或灾后调查问责等特殊使命。清代延续明工部的建制和职能，但是内阁职权消弱，对重要工程如都江堰、海塘这样的工程大修的督察或工程严重失事、水事纠纷等多是皇帝直接过问或亲自指派督察御史，或责成各省总督就近前往。

元明清定都北京，对南粮北调的依赖，使中央政府对大运河及其相关河工高度重视。元代都水监和明总理河道（清称河道总督）是特定为黄河、淮河和运河河工设置的机构或专官，直接对皇帝负责，不仅在发生黄河决口和运河决口、漕运中断的关键时刻，进驻工地主持堵口，还要负责重建工程规划和实施。如黄河、运河、永定河的关键工程堤防、减水坝、分洪闸；会通河水源工程戴村坝—南旺枢纽、洪泽湖枢纽等大型工程都是河道总督主持完成的。

二、政府河工管理体系：从都水使者到都水监

汉代以都水使者，或称谒者，代表皇帝巡视黄河河工、主持堵口，开中央政府对河工直接管理之先河。魏晋南北朝中央置都水台，设都水使者。隋代改使者为监，官至四品。隋唐中央设四监（司），受三省领导。四监即国子、少府、将作、军器。其中将作监负责宫城营建和修缮。唐贞观时增都水监，下属舟楫署、河渠署。都水监长官称使者（正五品上）、都尉，属吏有主簿、录事、府、史、掌故等。《唐六典》记载都水监属的官员职责：

都水使者：“都水使者掌川泽、津梁之政令，总舟楫、河渠二署之官署。辨其远

1 《宋会要辑稿·职官》二六，中华书局，1957年，第2921—2922页。

2 ［宋］宋敏求：《长安志·泾渠图说》，1931年刻本，第10页。

3 《元史·河渠志》，二十五史河渠志注释本，中国书店，1990年，第285页。

近，而归其利害；凡渔捕之禁，衡虞之守，皆由其属而总之。”[1]

监丞、主簿：“丞掌判监事。凡京畿诸水，禁人因灌溉而有费者，及引水不利而穿凿者。其应入内诸水，有余则任王公、公主、百官家节而用之。主簿掌印，勾检稽失。凡运漕及渔捕之有程者，会其日月，而为之糺举。”[2]

史料记载唐代都水监派出官员，或就地临时任命地方官并赋予职权，处理水利事务最多的是关中郑白渠（即秦郑国渠，其时或称三白渠）。都水监派出的泾堰监、渠堰使，参与灌渠分水口工程大修和水源分配[3]。如大历二年（767年）郑白渠灌溉用水发生纠纷，由高陵令刘仁师任渠堰使前往处理。贞元时（785—805年）都水监命京兆少尹郭隆任渠堰使，巡视京兆各县水利情况。

元代的都水监主要行使对黄河、运河以及大都水利工程的兴建和管理职责。都水监设监二员、少监一员、监丞二员，兼领大都河道提举司。《元史·河渠志》记：“元有天下，内立都水监，外设各处河渠司，以兴水利，修理河堤为务。”[4]实际元代都水监外设机构根据需要有的是常设机构，有的是临时设置。都水分监，或行都水监主持黄河、运河河工修守，为常设。为管理大都河道，置大都河道提举司，是常设机构。为了疏浚太湖下游出口吴淞江，泰定二年（1325年）置松江都水庸田使司，后几罢几置，逐渐成为常设。至正十二年（1352年）为了减少北粮南运，于汴梁立都水庸田使司，掌种植稻田之事，庸田使司有使二员，副使二员，佥事二员，首领官、经历、知事、照磨各一员，司吏十二人，译吏二人，也成为常设机构。

元在河工的关键河段设“都水分监”，这是河工分河段管理机构之始。至元二十六年（1289年）南北大运河最关键的河段会通河建成后四年于山东寿张设都水分监，专管会通河河道疏浚、维修，设闸官负责启闭。都水分监职掌官为都水丞，五品官，既执河工工役及工料征集，并负有巡行周视监察工程、处置运河沿线治安事件等职责。会通河的各节制闸由都水分监各吏监管。都水分监既是衙门还是往来官员驻跸的官舍[5]。后来都水监的派出机构延伸到黄河河工。至正六年（1346年），因河决为患，增设河南、山东行都水监，专黄河疏塞之任。两年后又在济宁、郓城分别设行都水监。

三、明清河道行政长官演变：从总理河道到河道总督

明代废都水监，初由皇帝委派朝廷大员以都察院都御史或佥都御史职衔前往主持重大河工，“凡诸水要会，遣京朝官专理以督有司”[6]。成化朝制度发生了改变。成

1 《唐六典》卷23，中华书局，1992年，第598—599页；又《旧唐书·职官》对都水监职能的记载略有出入：“凡虞衡之采捕，渠堰陂池之坏决，水田斗门灌溉皆行其政令。”

2 《唐六典》卷23，中华书局，1992年，第599页。

3 据《玉海·陂塘堰湖堤埭》，唐泾堰监、渠堰使条记载，泾堰监非常设职官，《唐会要》大历四年三月十五日敕：泾渠监先废，会复置。贞元四年六月二十六日，泾阳三白渠限口京兆尹郑叔则奏，六县分水之处实为利害，请准诸堰例，置监及丁夫守监。

4 《元史·河渠志》，二十五史河渠志注释本，中国书店，1990年，第236页。

5 ［元］揭傒斯：《建都水分监记》，《揭文安公全集》卷10，四部丛刊初编本，上海商务印书馆，1939年，第93—94页。

6 《明史·职官一》，中华书局，1974年，第1761页。

化七年（1471年）设总理河道，简称“总河”。王恕为首任总河，领侍郎衔[1]。总河一职作为负责河工的最高长官从此被固定下来。

明正统朝（1436—1449年）以来黄河频繁决溢，为保漕运而进行的疏浚、堵口、筑堤、置闸等大工的兴举愈加频繁。为强化河工的中央事权，设总河统领黄淮运河工。从明正统至万历重大河工兴举，可以看出这一制度逐渐完善的过程。明正统十三年（1448年）黄河于新乡八柳树决口，泛道洪水冲断张秋会通河西堤，泥沙淤塞运河，是年漕运中断。朝廷派工部侍郎王永和前往治河。治河不成，临清以南运道受阻。此后数年在沙湾决口。自正统至景泰运河中断七年。景泰四年（1453年）徐有贞以佥都御史衔前往治河。徐动用夫役5800人，施工550天，疏浚运河水道，整治黄河决口后的泛道，使成为北行分支，下入梁山泊，汇于大清河。此后黄河稳定30余年。弘治二年（1489年）黄河开封金龙口决口，再次冲断张秋运河，漕运中断。户部侍郎白昂授命主持黄河、运河河工，并特敕山东、河南、北直隶三省巡抚共领其事[2]。弘治六年（1493年），黄河在开封、封邱间金龙口决口，北行泛道经山东曹县郓城至张秋冲断运河西堤，洪水入运河，派兵部尚书刘大夏为副都御史，治张秋决河[3]。刘大夏治河采取了稳定黄河全河南入淮的水道的策略，封堵黄河北流，修筑西起河北大名府东至山东曹县全长一百八十公里的黄河大堤——太行堤。

自嘉靖朝（1522—1566年）起总河（全称总理河道）以佥都御史、都御史衔，可以跨省调度军队、劳役及工料，开始具有了统领多省河工的实权。嘉靖四十四年（1565年）黄河在江苏沛县决口，主溜改道东北入昭阳湖，徐州上下漕运水道淤塞百余里。是年十一月潘季驯以佥都御史总理河道，辅佐督理河漕尚书朱衡疏浚大工[4]。次年潘因母去逝守孝离任。隆庆三年（1569年）黄河再决沛县，黄河漕路中断，当年2000余艘粮船受阻邳州。次年潘季驯二任总河，领都御史衔有提督军务事权。隆庆六年（1572年）潘季驯坐以粮船漂流被弹劾，削职为民。万历二年（1574年）黄河决砀山，全河改道入淮，决高家堰，断淮扬运河，漕运中断。万历六年（1578年）内阁首辅张居正启用潘季驯，这是他第三次任总河，并升擢刑部右侍郎，领工部尚书衔。潘季驯束水攻沙的治河方略在他这次复出中得以实践。潘季驯筑高家堰三十余公里，高家堰即后所称洪泽湖大堤，北起淮安码头镇南至盱眙三河闸，在淮河右岸是防御淮河决溢保障淮安的屏障，也拦蓄淮河形成黄淮运三口蓄清刷黄之势，洪泽湖因此形成。这一工程体系维系了黄淮间运河畅通约200年。在黄河徐州上下，潘季驯堵黄淮决口130余处，筑徐州以下至宿迁黄河北岸遥堤一百九十公里，使河归槽以冲淤塞。这次治河耗帑银56万。万历八年（1580年）潘季驯以治河之功，进太子太保南京兵部尚书。万历十六年至十九年（1588—1591年）潘季驯第四次出任总河。这一次他要面对的是黄河徐州以下至淮安河床普遍淤高，黄河北泛冲断运河，南决或入涡、颍入淮，或倒灌洪泽湖，东冲淮安，不仅徐州至淮安间漕运难以维计，淮扬运河也时有冲断。潘季驯坚持筑黄河大堤束河归槽，加高高家堰拦蓄淮河尽出清口。万历十九年（1591年）九月淮河大水，泗州城水淹三尺，明祖陵浸于洪水之中。次年

---

1 ［明］王琼：《漕河图志·漕河职制》，姚汉源、谭徐明校注，水利水电出版社，1990年，第171—172页。

2 《明史·河渠志》，二十五史河渠志注释本，中国书店，1990年，第329、331页。

3 《明史·职官》，中华书局，1974年，第1773页。

4 郭涛：《潘季驯》，水利水电出版社，1985年。

正月潘季驯解职。

潘季驯总河任上，束水攻沙的理论付诸于黄淮运治河实践中。他主持兴建的高家堰及其束水攻沙运行方式，蓄积淮河清水出淮安清口，在一段时间缓解了黄淮运交汇区域水道淤积。但是高家堰形成的洪泽湖，水位抬高必然加重濒临淮河的泗州渍涝灾害。万历八年（1580年）高家堰建成后不久，泗州乡官常三省等联名告潘季驯治河不当，洪水危及泗州和祖陵。这时正值张居正当政时机，他不仅委潘以重任更鼓励实施蓄清刷黄的方略，于是顾及泗州利益的常三省被削为民。万历十二年（1584年）张居正去世后，时任刑部尚书的潘季驯因党庇罢官。万历二十年（1592年）复出再任河道总督的潘季驯上《议处泗州积水疏》，遭朝臣猛烈攻击，自请罢黜后，仍被南京河南道监察御史弹劾。万历以来徐州至淮安之间黄河频繁南北决溢，漕运难以为继，才有潘季驯这样通水利、知河性的河臣施展的机会。

总河向上对皇帝负责，对下集数省河工事权于一人，事权愈重，朝廷上下被攻讦愈烈，河工成败往往也沦入政争的漩涡。万历以后“河漕诸臣惧湖害，日夜常惴惴”[1]。清代沿袭了以总理河道为首的中央河道管理体系，总河改称河道总督。康熙时逐渐简化，河工事权归于总督，总督对皇帝负责。明代的总河这时改称河道总督。黄淮运关键河段根据行政区划，在河道沿线设道、厅、汛等管理层级。雍正时将河道总督职能与分司合并，不再由一位河道总督统领黄淮运，而是分设四河道总督衙门。四河道总督分别是：南河河道总督（驻淮安清江浦），简称南河，管理江苏、安徽界内运河、黄河、淮河河工；河东河道总督（驻济宁），简称东河，管理山东、河南界内会通河、中河，以及黄河：北河河道总督（驻临清），简称北河，管理南运河、北运河；直隶河道总督（驻天津）[2]，管理通惠河、永定河河工并兼管直隶界内水利营田。

河道总督以下，按河段设置道、厅，这是对应所辖州（府）、县层级的专业管理机构，如通永道，管辖直隶界内的通惠河、永定河。康熙三十七年（1698年）永定河堤防建成后，设南岸分司和北岸分司，下设四厅：石景山厅、南岸厅、北岸厅、三角淀厅。

四、清代河工保固制度

清代强化了中央对重要河工、运河、海塘等工程建设或维护经费的控制，施行工程报销和审核制度。清工部的都水清吏司握有工程款稽核、估销的大权，凡河道、海塘、江防、沟渠、水利、桥梁、道路、渡船等工程经费以及河防官兵俸饷、皇差均在稽核估销之列[3]。工部都水清吏司拥有对工程审计的权力。国库拨款的黄河、运河河工、农田水利工程在500两以内者，每年工程项目造册备案，完工后稽核、估销。工料银超过1000两的岁修和抢修工程，要奏报皇帝御批，另派大臣督修。特许国库开支的江防抢修工程也在此例。清代建立了工程款的审计制度。工部是这项制度的执行部门，御史则负有工程款拨发、开支是否合理的监察职责。雍正二年

1 《明史·河渠志》，二十五史河渠志注释本，中国书店，1990年，第408页。

2 《清史稿·职官》，中华书局，1977年，第3341—3342页。

3 《清会典事例》卷904，中华书局，1991年，第434页。

（1724年）规定了岁修及抢修经费预估和工款题销的时限：①岁修工程于当年十月内题估，次年四月内题销。逾限不销者，令授受各官赔修工费；②抢修工程规定将冲决丈尺、动用钱粮项报部。工完之日，汇册题销，迟至次年不题销者，如前赔偿[1]。

清初顺治朝（1644—1661年）建立起来的河工保固条例，这是对从中央到地方水利官员最严格的追责制度。即对河防工程岁修大修规定工程保证期，这期间工程失事，对有关官员追责，根据责任轻重或降级或罚赔。受河工保固惩罚约束的官员从河道总督到县的管河官员。依据保修时限来决定处罚等级：①一年内冲决，管河同知、通判降三级调用；分司道员降一级调用；总河降一级，留任。异常水灾冲决，专修、督修官员停俸并修复。②堤防被冲毁，而隐匿不报，管河同知等官降一级，分司道员降一级调用，总河罚俸一年。③冲决少而上报多，分别降三级调用，分司降二级，总河降一级。④有冲决必须在十日内上报，超过规定时间者降二级。⑤沿岸修防不及时，以致漕船受阻者，经管官降一级调用，该管官罚俸一年，总河罚俸六个月[2]。后来对顺治河工考成保固条例多次修改。顺治十六年（1659年）增加河官离任交接，任职期间差错追诉条款。康熙十五年（1676年）规定凡是堤防被冲决，责任皆由修守两方共同承担。并对黄河半年、运河一年期内发生冲决，作更严厉的处分，增加了革职、戴罪修筑、停俸督修、工完开复（遣走）、降级罚俸等处罚细则。道光二十一年（1841年）河南祥符漫口，南河同知高步月、协备许镳、祥符上汛县丞秦华曾、千总高振等革职，河道总督文冲亦枷禾河干[3]。因为黄河决口的处罚非常严厉，以致后来堤防失事的奏报多以漫堤、漫溢描述来淡化堤防被毁的实情。

清《河工考成保固条例》尽管有很多不合理之处，但它从制度上规范了问责处罚，对建成工程的安全运行年限、失事责任和相应的处罚提出了定量的依据，这在此前的河工管理制度中是没有的。清代黄河河工施行严厉保固制度，河工问责自河道总督而下及至堡夫。然统治不能遏制社会衰落于前，河工经费贪污日盛于后。黄河改道为河势所制，河工腐败则与制度互为因果，魏源谓“竭天下之财赋以事河，古今有此漏卮填壑之政乎”[4]。

五、河工官吏稽查机制

河工维修或堤防兴建涉及浩大的经费开支，握有事权的官员被视为肥缺。元明清继承并强化了自西汉以来就有的御史稽查制度来选拔河工人才和遏制贪污。御史对官吏的考稽直接关系官员的升迁甚至机构的置撤。元至大三年（1310年），河北河南道廉访司（元行省的御史机构）对都水监的考察之后，予以了谴词用句非常严厉的评价：“水监之官，既非精选，知河之利害者百无一二。虽每年累驿而至，名为巡河，徒应故事。问地形之高下，则懵不知；访水势之利病，则非所习。既无实才，

1 《清会典事例》卷904，中华书局，1991年，第434页。

2 《清会典事例》卷917，中华书局，1991年，第551—552页。

3 《清史稿·河渠志》，二十五史河渠志注释本，中国书店，1990年，第527页。

4 ［清］魏源：《筹河篇》，盛康《皇朝经世文续编》卷一〇五，台湾“中央研究院”翰典文献检索本，第26页。

又不经练。乃或妄兴事端，劳民动众，阻逆水性，翻为后患。”[1]为此，廉访司建议在汴梁设都水分监，任用懂水利之人，“专职其任，量存员数。频为巡视，谨其防护。可疏者疏之，可堙者堙之，可防者防之。职掌既专，则事功可立”[2]。此后，设行都水监，分管巡视御河和黄河。

对河官考察是御史的重要职责之一。御史的职权是皇帝赋予的，积极的方面是形成了国家管理的监督机制。行政长官与监察官的矛盾和冲突是经常的，有时皇帝赋予行政官员以特权，使其独立事权而不必顾忌。明万历帝曾经授予总理河道潘季驯这种特权，“今特命尔前去督理河漕事务，将河道都御使暂行裁革，以其事专属于尔。其南北直隶、山东、河南地方有与河道相干者，就令各该巡抚官照地分管，俱听尔提督。……如有违抗不服，及推诿误事者，文官五品以下，武官四品以下迳自提问；应奏请省，奏请定夺。其提督军务事宜，查照河道衙门原管行事”[3]。清康熙二十七年（1688年）靳辅罢官就是一例。河道总督靳辅治黄，采用多重堤防，以实现其期望的刷沙、淤滩和保堤的目标。御史郭琇弹劾靳辅，说他的举措“内外臣工亦交章论之。耗资巨大而治河无绩，令停筑重堤，免辅官，以闽浙总督王新命代之”[4]。

明清漕运总督和河道总督由朝廷直接委任，总督属官的升迁主要通过长官保举。河道总督离任前，可以推荐一批河官；河工完成后，河道总督在奏报中推荐熟悉河务、勤勉能干的官员，使之受到封赏或优先补缺升迁。对河道总督奖励主要是提升官阶或授衔。一般河道总督最高的奖励就是获得一、二品官并予都御史衔，有调动数省河工物资和劳动力的权力。

第二节　水管理法规与制度体系

秦汉以来一统的中央集权体制下，中央政府除有关漕运或大江大河重要防洪工程外，并不直接过问地方水管理事务。地方政府对水利工程的管理主要通过两条途径：一是经费、劳动力调配，二是法规制度约束。至元明清三代地方政府水管理通常由府、县二级实施：县级管理在跨行政村或镇的水利工程或水事务中发挥作用，跨县则权属在府或道（清代较大的府往往析出道一级行政区）。州（或省）层级政府对行政区水利纠纷调节，工程管理及用水制度制订，工程经费征集和劳动力调配具有主导地位。

政府管理的水利工程中，水利效益直接获得者——用水户往往在承担官方的劳役或水费外，负责受益范围内的渠道或工程设施维护。此外，乡村组织如宗族在乡村水利的兴建和管理方面一直发挥重要作用，在水利工程规划建设逐渐完善和管理的过程中，形成了以水为中心的乡村社会组织，它们是乡规民约的制订者和实施者，维护村落或市镇的用水秩序。

1 《元史·河渠志》，二十五史河渠志注释本，中国书店，1990年，第272—273页。

2 《元史·河渠志》，二十五史河渠志注释本，中国书店，1990年，第274页。

3 ［明］潘季驯：《河防一览·敕谕》卷1，中国水利珍本丛书，1936年，第25—26页。

4 《清史稿·河渠志》，二十五史河渠志注释本，中国书店，1990年，第504页。

一、水管理的国家法规制度的演进

唐代以降，水管理的法规体现在律、令、式（规）三个层级。律属刑法，违律则定罪。令则是规章制度，部门或个人应该遵守，违令问责受罚，如唐代的《营缮令》、金代《河防令》。式是针对公共工程或公共资源如山林江河湖泊的管理制度，式在各朝代少有制订，唯唐代《水部式》是一例。

战国前礼法一体并无严格的界限，如战国时期《礼记》《周礼》都有管水职官职责，而无法则的阐述[1]。秦国李悝、商鞅变法，开始定“律”，各诸侯国纷纷参照。秦统一六国后，颁发律令凡十八种，其中涉及“水”的主要是水雨情和农作物生长情况的奏报制度，以及山林和河道管理规定[2]。水雨情及粮食作物生长奏报最为详尽：“雨为澍，及诱（秀）粟，辄以书言澍稼，诱粟及垦田、暘毋稼者数顷数。稼已生后而雨，亦辄言少多，所利顷数。旱及暴风雨、水潦、螽虫虫群它物伤稼者，亦辄言其顷数。近县令轻足行其书，远县令邮行之，尽八月口口之。”[3]这一条律涉及农作物全部生长周期的水雨情，并明确规定了奏报内容包括时令好雨的受益田土面积，作物生长情况，农作物生长季水旱虫等自然灾害受灾情况。律令还规定水雨情报告由各乡里视距离远近或专程递送或通过驿站传递至县令处的方式。自秦以后各朝代都有水雨情奏报制度，元明清时期增加了黄河、长江以及淮河洪泽湖汛期水位奏报制度。

在《秦律·田律》中有关水土保持和河道管理的规定也定位比较准确：“春二月，毋敢伐材木山林及雍（壅）堤水”[4]，入律事至少包含两方面的危害：正值草木发芽生长的春天，砍伐山林使林木不能茂密，或致山地水土流失；春灌期拦河筑堤壅水，必然造成上下游用水纠纷。汉承秦制，未见到更细致更多的条款，却有成帝时因黄河决溢而获罪的典型案例，反映了皇帝威权在发生重大决溢时的作用。汉建始三年（公元前30年）黄河魏郡、东郡境内金堤决口，洪水泛滥兖、豫二州四郡三十二县。御史大夫尹忠在朝廷上应对治河方略“疏阔”，为成帝问责，尹忠畏罪自杀[5]。尹忠坐河决开因河防修守问罪的先河。

西汉农田水利管理中出现了专门规范灌溉用水制度的“令”。最早水令为儿（音“倪”）宽为关中六辅渠所订，“定水令，以广溉田”[6]。六辅水令失传，与之类似的有西汉元帝时召信臣的“均水约束”。召为南阳太守期间大修水利，使郡内有灌溉条件的农田达到二百万亩，“（召信臣）为民作均水约束，刻石立于田畔，以防分争”[7]。

汉至唐以前诸律令大多失传，流传下来最早为唐律。唐律针对水权的条款规

---

1 《礼记·月令》：“（司空）决水潦，通沟渎，修障防，安水藏，使水虽过度，无害于五谷。岁虽凶旱，有所粉获，司空之事也。”类似管水的官员在《周礼·秋官》记载中还有雍氏。

2 1975年12月在湖北省云梦县睡虎地秦国墓葬发掘秦代竹简，其中整理出秦律十八种，根据考证，系秦昭王元年（公元前306年）至始皇三十年（公元前217年）。

3 《睡地虎竹简·田律》，文物出版社，1978年，第24—25页。

4 《睡地虎竹简·田律》，文物出版社，1978年，第26页。

5 《汉书·沟洫志》，二十五史河渠志注释本，中国书店，1990年，第26页。

6 《汉书·儿宽传》卷58，中华书局，1962年，第2630页。

7 《汉书·召兴臣传》卷89，中华书局，1962年，第3642页。

定：诸占固山野陂湖之利者，杖六十。其时长孙无忌等对此律阐释是"山泽陂湖物产所植，所有利润，与众共之"[1]，将公共资源保护列入刑律。同样作为公共工程的江河堤防亦有相应的条款，如"诸不修堤防，及修而失时者，主司杖七十，毁人家，漂失财物者坐赃论，减五等。以故杀伤人者，减斗杀伤罪三等。即水雨过常，非人力所防者，无论"。决堤盗水无论官用还是私用，杖一百；决堤以致发生漂失刑三年，有人畜死伤及财物损失者，以盗窃及故意杀伤人论罪。在同时期的唐《营缮令》中规定了修守堤防的责任人和论罪细则，"近河及大水有堤防之处，刺史、县令随时维修及巡视堤防；凡遇暴雨堤防溃决时，不拘时限即刻组织抢修，因抢修不及时造成重大伤亡及财产损失时，比照贪污、械斗杀人罪量刑。有因引水灌溉等情而有意决堤者，无论公私皆处脊杖一百；故意毁堤而致人死亡，问以故意杀人罪"[2]。

唐代国家水管理重要制度是《水部式》。《水部式》是盛唐时玄宗朝早期诞生的水利法。开元三年（715年）兵部尚书、中书令姚元崇等主持制订，七年（719年）尚书右丞相宋璟再修，二十五年（737年）礼部尚书、中书令李林甫三修。《水部式》有针对京兆府地区（今西安及关中地区）引泾、引渭诸渠水管理的多项条款。盛唐时京兆地区王公大族、富僧大贾竞相在灌渠上筑堰，架设水磨、水碾，致原有灌溉面积减少75%，高宗时（650—683年）就曾令尽毁渠上碾磨，不几年几乎又全部恢复[3]。《水部式》在农业生产与私家粮食加工的激烈冲突中颁布，这是为确保农业，而制订出灌溉优先的用水原则，表达了水权用水优先的原则。唐《水部式》已经具有现代水法的基本精神，综合起来它包含以下几个要点：第一，均水原则，根据耕地面积规定灌溉水量，从分水斗门和轮灌制度实现，并根据用水量摊派维修工费。第二，用水优先秩序，规定灌溉优先，水磨水碾用水、水运和漂木次之。第三，规定官方权力与用水户义务，凡引水斗门不得私自建造，必须有官方监督和许可。第四，不得在干支渠上修私堰截水，用水户只能在毛渠上修堰壅水。第五，设渠长、斗门长，以主持工程维修，并接受地方官员的监督。灌区内派出男丁和工匠修守工程。

《水部式》对关中诸灌溉工程水权的条款规定非常具体，如禁止在输水干渠上筑堰，架设水磨水碾；在可以使用碾磨的支渠上，规定了灌溉与粮食加工用水的优先秩序，《唐会要》记开元九年（721年）地方政府将京兆三辅诸渠一切毁之，至德二年（757年）拆白渠王公及寺观碾磨70处，显示出《水部式》推行的力度。《水部式》对河西诸州（今甘肃张掖、酒泉、玉门）屯田区灌溉工程，也有类似关中诸渠对管水官员的职守、灌溉用水秩序条款。此外《水部式》还包括运河工程及水运管理的条款，如对淮扬运河扬州扬子津斗门启闭，岭南至扬州水陆转运，海运与内河转运，登州港、莱州港与永济渠之间水手差役配备与征调方式等皆有严格的条规（参见本节附录）。

唐代灌溉管理制度中水权概念被普遍推行到政府参与管理的灌渠中。在敦煌出土的文书中有《沙洲敦煌县行用水细则》，细则全文约2200字，针对沙洲五十多

1 ［唐］长孙无忌等：《唐律疏议》卷第二十六，国学丛书，商务印书馆，1933年，第36页。

2 ［唐］长孙无忌等：《唐律疏议》卷第二十七，国学丛书，商务印书馆，1933年，第44—45页。

3 ［唐］李吉甫：《元和郡县志》卷一，记："大唐永徽六年（655年），雍州长史长孙祥奏言：'往日郑白渠溉田四万余顷，今为富僧大贾竟造碾磑，止溉一万许顷。'于是高宗令分检渠上碾硙，皆毁撤之。未几，所毁皆复。"中华书局，1983年，第11页。

条灌渠的水量配置和轮灌制度做了详细的规定[1]。这些条规包括了对各渠分水口的限制、对灌溉秩序既有乡规民约的确认，以及政府与用水户各自责任与义务的规定（图6-2-1）。

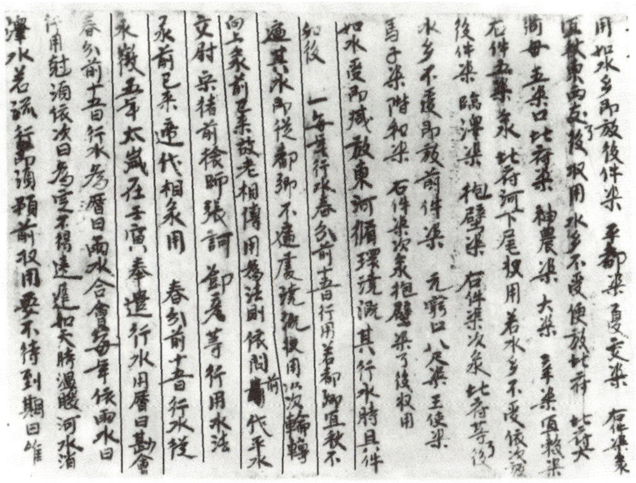

图 6-2-1　《（唐）沙洲敦煌县行用水细则》部分条文（影印）

下划线部分的原文：如水受，即减放东河，循环浇溉。其行水时，具件如后：一每年行水，春分前十五日行用，若都乡宜秋不遍，其水即从不遍处浇溉收用，以次轮转向上。承其已来，故老相传，用为法则。依问前代平水交（校）尉宋猪，前旅帅张诃、邓彦等。行用水法，承前已来，递代相承用。春分前十五日行水，从永徽五年太岁在壬寅，奉遣行水用历日勘会。

唐以后的王朝再无“式”的制订。宋代的《农田水利约束》是鼓励地方水利的各项政策。金以后中央政府亦不再颁发《河防令》，河防演变为地方官的职责。明清时中央政府层面主要针对黄淮运河工、海塘工程等制订工程管理的条例，如《明会典》《清会典》及《大清会典事例》，有河工工料或工程构件规格及材料质量技术标准、闸坝建筑程式、工程保固等管理条例。

唐以后《水部式》被沿用的特定水源占用罚则，在各代的法律中都有更为严厉和更为详尽的条款。明永乐重开会通河后，在法制上强调了中央拥有济运水源的绝对水权，“凡故决山东南旺湖、沛县昭阳湖堤岸及阻绝山东泰山等处泉流者，为首之人并遣从军，军人犯者徙于边卫”[2]。清代更对南运河水源河卫河上游卫辉府界内诸泉主张管制权，康熙三十年（1691年）规定：每年三月初一至五月十五期间，三日民堰水口闭闸，全水济运，一日可开闸引水灌溉。规定时间之外，以竹络装石堵引水口，使主流下行济运，余水灌溉。三月至五月期间正当水源短缺且灌溉用水的高峰期，在漕运与民争水的矛盾冲突中，国家动用公权确保水资源的优先占用。

元明清时对黄淮运河工问责或治罪更为严苛。明隆庆、万历时（1567—1620年）四任总理河道的潘季驯，是治河卓有成就的河道大臣，不仅在黄河河性认知基础上提出了束水攻沙治河方略，更是黄淮运关键工程的规划和实施者，先后因黄河决溢，漕运受阻、淮河洪水淹没泗州危及明祖陵三次遭弹劾罢官。清嘉庆十七年（1812年）七月，两江总督百龄参南河总督陈凤翔洪泽湖礼坝堵口不力，致使洪泽湖蓄水不足，不能实施蓄清刷黄，嘉庆帝命陈凤翔革职并枷示河干。不久以百龄参陈凤翔不实，降其二品顶戴，革太子少保，陈凤翔仍发配新疆[3]。以致河臣大员不求有功，但求无过。治河最终成为河臣与地方官吏上下欺瞒、左右相贪的名利场。

1　唐耕耦、陆宏基编：《敦煌社会经济文献真迹释录》，1986年，第396页；本书原始文书的来源主要是北京图书馆、大英博物馆、巴黎图书馆等馆藏缩微胶卷。

2　［明］王琼：《漕河图志·漕河禁例》卷之三，本志成书于弘治九年（1496年），此条例在明重开会通河不久，姚汉源、谭徐明校注，水利电力出版社，1990年，第166页。

3　《南河成案续编》，《续行水金鉴》卷四十，商务印书馆，1936年，第874—877页。

附录：唐《水部式》条款节选[1]

京兆府高陵县界清白二渠交口，着斗门堰。清水恒准水为五分：三分入中白渠，二分入清渠。若水两过多，即与上下用水处相知开放，还入清水。二月一日以前，八月卅日以后，亦任开放。

泾渭二水大白渠，每年京兆府少尹一人检校。其二水口大斗门至浇田之时，须有开下。放水多少，委当界县官共专当官司相知，量事开闭。

河西诸州用水溉田，其州府镇官人公廨田及职田计营顷亩，共百姓均出人功，同修渠堰。若田多水少，亦准百姓量减少营。

沙州用水浇田，令县官检校。仍置前官四人，三月以后，九月以前行水时，前官各借官马一匹。

同州河西县瀵水，正月一日以后，七月卅日前，听百姓用水，仍令分水入通灵陂。

诸水碾硙，若拥水质（致）泥塞渠，不自疏导，致令水溢渠坏，于公私有妨者，碾硙即令毁破。

诸溉灌小渠上，先（现）有碾硙，其水以下即弃者，每年八月三十日以后，正月一日以前听动用。自余之月，仰所管官司于用硙斗门下，着烁封印，仍去却硙石，先尽百姓溉灌。若天雨水足，不需浇田，任听动用。

皇城内沟渠拥塞停水之处及道损坏，皆令当处诸司修理。其桥，将作修造；十字街侧，令当铺卫士修理。其京城内及罗郭墙各依地分，当坊修理。

扬州扬子津斗门二所，宜于所管三府兵及轻疾内量差，分番守当，随须开闭。若有毁坏，便令两处并工修理。

沧、瀛、贝、莫、登、莱、海、泗、魏、德等十州，共差水手五千四百人，三千四百人海运，二千人平河。宜二年与替，不烦更给勋赐，仍折免将役年及正役年课役，兼准屯丁例，每夫一年各帖一丁。其丁取免杂徭人家道稍殷有者，人出二千五百文资助。

桂广二府铸钱及岭南诸州庸调并和市、折租等物，递至扬州讫，令扬州差纲部领送都。应须运脚，与所送物内取充。

二、农田水利管理的政府行为：监督与巡视制度

安徽芍陂、四川都江堰、陕西郑国渠以及更多分布于城乡规模不一，功能多样的区域性水利工程，在其存续期间，多有因为社会动乱屡屡失修数十年不能发挥灌溉效益的时候。然而，一旦社会走向安定，中央或地方政府必然先期着手恢复水利工程，重建工程管理体系，灌溉效益随之逐渐发挥。区域性水利工程大都有世代传承的管理组织及制度作为保障。在土地私有的社会形态下，政府的参与不仅可以做到兴修水利时大量劳动力的快速征集，更在常规管理涉及多方利益需求时，扮演灌溉秩序权威维护者的角色。图6-2-2是一份10世纪时河西地区地方水官发给灌渠各渠人（渠道管理者）的转帖。这类转帖是强制性公文，代表政府发声，要求渠人在春

1 刘俊文：《敦煌吐鲁番唐代法制文书考释》，中华书局，1989年，第301—335页。据本书考证《水部式》历经11次修订，留存至今的是甘肃敦煌千佛洞唐开元修订本的残卷，共29条2600余字。《（开元）水部式》残卷系20世纪初为法国人从敦煌掠走，现藏于法国巴黎国家图书馆。

汛到来和春灌开始前组织夫役修治泄口（泄洪口门，渠道节制工程），并规定了须携带的物料、工具等，还有对违反通知各项的处罚措施。在同年自二月至十月，该帖渠人收到的转帖还发现了另外九份，内容除修渠、征集工具、物料外，还有给给录事输纳的实物（酒、肉、菜、粮食等）[1]。

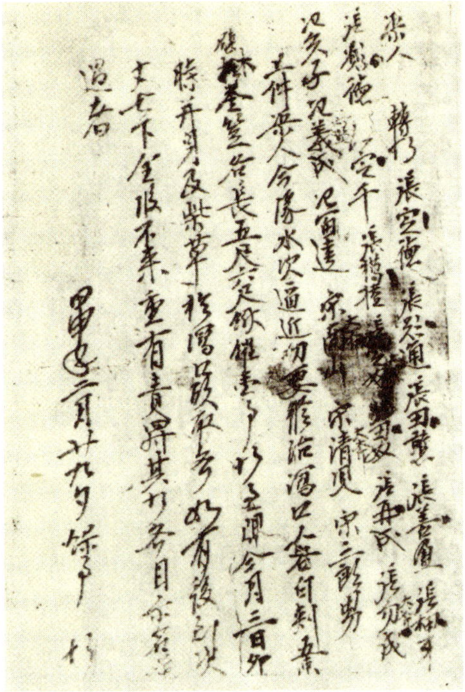

图 6-2-2 敦煌渠人转帖（984 年）

原文：渠人转帖张定德、张愿通、张丑憨、张善盈、张押牙、张愿德、张定千、张撝搓、张定奴、张丑奴、张再成、张勿成大斧、氾员子、氾义成、氾富达、宋南山大斧、宋清儿大斧、宋三郎男。

上件渠人，今缘水次逼近，切要修治泻口，人各白刺五束。壁木叁茎，各长五尺、六尺，锹鑺壹事。帖至，限今月三日卯时，并身及柴草於泻口取齐。如有后到，决丈七下，全段不来，重有责罚。其帖，各自示名递过者。甲申年二月廿九日。

国家对地方水利的参与还有一个重要途径来体现，即通过官员稽察及其相应的奖惩制度来实现。清鄂尔泰《授时通考》：“国家司空有总职，水利有专官，省以督之府，府以督之县，而县之陂塘圩堰又莫不有长。重役宪臣之稽查。”[2]这段话概括了国家水行政和监察两大管理体系。宪臣则是御史台官员的泛称。

御史官制源于战国，是诸王身边以治文书、记事为职的官员，因为经常被差遣外出稽核官吏下属违法之事而具有监察官的职能。秦汉御史大夫位置相当于副丞相，御史属官有侍御史、监御史等，是直接受命于皇帝的中央监察机构。隋唐以后除了直属于皇帝的御史台之外，地方有独立于行政长官的御史建制。宋代国家对水利工程的管理从稽查、行政管理和工程管理三个方面参与，即“差宪臣提举，守臣提督，通判提辖。县各置籍，凡堰高下、阔狭、浅深，以至灌溉顷亩，夫役工料及监临官吏，皆注于籍，岁终计效，赏如格”[3]。即提举官由御史充任，常规性的地方水利巡视；地方行政长官即路和州共同负责灌区的水政，县官主持岁修及日常的工程管理。

明代将历代相承的御史台改为都察院，并按照当时的行政区划设立13道监察御史（明末增加为15道）。各道御史巡视范围与省同。明代御史权力之大、人数之多超过前代。在中央都察院设左右都御史，左右副都御史、左右佥都御史；地方称某道御史。各道御史分别承担对本道地方政府的监察任务，还要分别承担中央各衙门不定期的监察任务。其中巡按以纠察地方官为职，称巡按御史。巡按之外，朝廷派遣朝臣以都御史、佥都御史衔到地方监管军民和财政，如巡视防洪和漕运。清代继承了明御

1 唐耕耦，陆宏基编：《敦煌社会经济文献真迹释录》，北京图书馆敦煌吐鲁番资料研究中心，1986年，第404—408页；敦煌考古发现转贴中有灌渠、道路、佛寺、社司（祈雨道场、年节祭祀）等公共设施或公共事务的公差、物料交纳等内容，其中灌渠维修、社司占了较大比重。

2 ［清］鄂尔泰：《授时通考》，中华书局，1956年，第319页。

3 《宋史·河渠志五》，二十五史河渠志注释本，中国书店，1990年，第168页。

史系统建制，但中央不设都御史，地方监察御史增为22道。御史的主要职责是大型工程建设和大修工程的财务稽查，以及江河重大决溢或水事纠纷的核查。

以宋代至清代都江堰管理为例，可以看出区域性的水利工程自中央、省、县各有管理的事权。中央、州郡（元代以后为省）、成都府以及都江堰所在的灌县（今四川都江堰市）共同负责灌区的水政，岁修经费随粮赋征收，州郡（省）统一拨付，由灌县政府（清乾隆时设水利同知衙门，或称水利厅）主持岁修及日常的工程管理。自宋代至清代都江堰从干支渠分水工程形制、岁修劳役工料，到岁修主持的官吏等工程及人事情况均造册以供稽查。凡故意加大工程的预算，然后侵吞工款的行为有严厉制裁规定。如超额预算，剩余部分作贪污论，已经收入私库者按监守自盗罪论处。宋徽宗时曾经针对当时都江堰岁修经费浩大，民不堪其扰的情况，在大观二年（1108年）七月发诏书："自今如敢妄有检计，大为工费，所剩坐赃论，入己准自盗法，许人告。"[1]

元代都江堰岁修，例行工程项目1333处，兵役、劳役多者上万少也有数千人，工期70日，年征费7万缗，巨大的经费难以遏制严重的贪污，"十九藏于吏，而利所及，不足以偿其费矣"[2]。元统二年（1334年），佥四川肃政廉访司事吉当普奉命巡行周视，"得要害之处三十有二，余悉罢之"。次年吉当普主持大修，石工、金工、木工250人，劳役3900人，兵役2000人，耗工费4万缗。吉当普将官库所藏二十多缗交河工款由灌县贷款生息，作为岁修及祭祀费用，全部蠲免灌县的兵民劳役。后来省御史台上奏表彰吉当普整肃之功，元顺帝下诏制文立碑以表彰[3]。吉当普对都江堰岁修工程和经费的干预，是国家对水利工程和地方政府稽查的典型案例。在明弘治时也发生过这样的事例，都御史丘鼐以都江堰灌渠上豪权势要多私建碾磨或开小渠引水，要求四川增加宪臣专门提督水利。为此，弘治三年（1490年）升刑部员外郎刘杲领四川按察司佥事，提督水利[4]。清光绪三年（1877年），四川省总督丁宝桢动用省库12.9万两白银大修都江堰，将分水鱼嘴、飞沙堰、金刚堤等竹笼工改为砌石，工费极大超过额定数额。可是次年春大修后不到3个月，岷江洪水将新修堤堰全部冲毁。十二月军机大臣恩承奉命入川调查。并未查出地方贪污公款情节，但是，由于大修竣工当年工程冲毁，丁宝桢由一品官降为三品并革职留任，成绵道道员、灌县知县等革职留用、罚赔工银。地方政府对水利工程管理拥有绝对的权力，同时又受制于中央的监察，为我国都江堰、郑国渠等地方水利工程世代延续提供了制度基础。

三、地方河防管理体系

西汉黄河沿岸地方政府开始河防管理[5]。尽管地方河防官屡设屡废，但是仍然代有延续。后晋天福七年（942年）石敬瑭令开封府尹、各处观察防御史、刺使等兼

1 《宋史·河渠志五》，二十五史河渠志注释本，中国书店，1990年，第168—169页。

2 《元史·河渠志》，二十五史河渠志注释本，中国书店，1990年，第310页。

3 《元史·河渠志》，二十五史河渠志注释本，中国书店，1990年，第310—314页。

4 《明实录·孝宗》卷36，台北"中央研究院"历史语言研究所影印本，1962年，第3页。

5 《后汉书·王景传》，中华书局，1965年，第2465页："（明帝）诏滨河郡国置河堤员吏，如西京旧制。"这是在东汉永平十三年（公元70年）王景治河成功后恢复的制度。

河堤使，负责河防，“差选职员分擘勾当，有堤堰薄怯、水势冲注处，预先计度，不得临时失于防护”[1]，从官员配置上保障了防洪防汛的常规管理。

北宋乾德五年（967年），“诏开封、大名府、郓、澶、滑、孟、濮、齐、淄、沧、棣、滨、德、博、怀、卫、郑等州长吏，并兼本州河堤使”[2]。开宝五年（972年）在开封等沿汴河17州府置河堤判官1名，由本州通判兼任。金大定二十七年（1187年）在黄河、汴河、御河（今卫河）“沿河四府十六州之长贰皆提举河防事，四十四县之令佐皆管勾河防事”[3]。此外，在黄河下游险工段设二十五埽，每埽置都巡河官，下领散巡河官，散巡河官管埽兵若干负责险工段的监管。此后元明清沿袭这一制度，以州县长官兼任河防官职。

北宋开始荆州长江段筑堤防洪，明代在有洪水威胁的临江城镇设防，清康熙朝形成了长江中游和汉江下游长江江防管理体系。清康熙中期设荆江河工厅，“专司防洪，不得委派州县代办”[4]。康熙五十四年（1715年）废荆江河工厅，将江堤全部交由地方管理，“康熙五十四年谕：江堤与黄河堤塍不同，黄河水流无定，时常改移，故特设河官看守。江水并不致移，故交与地方官看守”[5]。但荆江大堤的抢修经费仍列入河工专案，在国库拨出。

康熙十三年（1674年）设汉阳、武昌、黄州、襄阳、荆州、安陆、德安江防，以州府同知领江防事。府属11县的典史各领县界内各段江防。康熙三十九年（1700年），“责令地方官于每年九月兴工，次年二月告竣。如修筑不坚，以致冲决，将督抚照总河例、道府照府督催官例，同知以下照承修官例议处”[6]。清康熙五十五年（1716年）和雍正六年（1728年）先后两次动用中央财政资助江汉平原和洞庭湖区修筑圩垸，这些关系区域防洪的圩垸，由地方官主导维修，称官垸。

明清地方防洪工程及河防管理体系架构完整，由属地分省、府（道）、县构成行政管理层级，即总督（或巡抚、布政使）、同知、通判，主簿等行政长官责任体系，由水利或河防厅，配备守备、千总、把总等构成工程管理或河防巡查专业队伍。在黄河、长江、珠江的重要险工段或城市河段都有河防管理体系。在苏南、浙东、福建、广东等河口海岸城市，府县层级都有类似的工程管理和工防和巡防体系，这些常规化的专业管理组织，在区域防洪、防汛中同样发挥重要作用。

第三节　灌溉工程管理的制度体系：浙江通济堰为例

浙江通济堰是官民共同管理的区域性水利工程。工程始建于南朝梁天监时（502—519年），此后工程不见记载，自北宋重修后水利存续上千年，北宋以来随着政府对工程管理的逐渐渗入，使最初的民堰最终成为超越宗族、水利效益遍及碧

1 《册府元龟·邦计部·河渠二》，中华书局影印本，1957年，第5956页。
2 《宋史·河渠志》，二十五史河渠志注释本，中国书店，1990年，第39页。
3 《金史·河渠志》，二十五史河渠志注释本，中国书店，1990年，第215—216页。
4 《大清会典事例》卷919，中华书局影印本，1991年，第572—573页。
5 《大清会典事例》卷931，中华书局影印本，1991年，第688页。
6 《大清会典事例》卷931，中华书局影印本，1991年，第688页。

图6-3-1　通济堰渠首工程（2014年）

湖平原的灌区工程。自上而下的管理组织将农业社会的千家万户联系起来，形成了独特的水利社会，维系区域用水的公共秩序。

一、工程简史

通济堰以瓯江支流松荫溪为水源，渠首为拱形砌石坝（图6-3-1），引水口位于松荫溪左岸，引水干支渠呈枝状分布，渠系主要工程设施有干渠砌石渡槽、分水概（或置闸或设堰），泄水斗门等。通济堰至今仍灌溉碧湖平原四十多个乡镇，灌溉面积约五万亩，以稻作农业为主。

通济堰最早的记载出自北宋元祐七年（1092年）时任处州太守关景晖的《丽水县通济堰詹南二司马庙记》。碑刻记南朝天监朝（502—509年）修堰引水灌溉事，此后工程不见记载，直到北宋才有通济堰工程建设和管理的记载。此后至20世纪初通济堰也时有多年失修废弃的情况。通济堰之名以及北宋明道时（1032—1033年）丽水知县叶温叟、元祐七年（1092年）县尉姚希大修通济堰并制订堰规等最早的信息均出自关氏的碑刻[1]。至迟北宋时通济堰的修复和管理由地方政府介入，并在管理上发挥主导作用。通济堰的前身可能是民间自建自管的小堰，成为区域性的水利工程以后，政府参与管理与否成为工程存废的关键[2]。政和时（1111—1118年）干渠与山溪相交处建石函。石函上部是砌石结构的渡槽，山洪经由渡槽泄入下游，使通济堰免去了动辄万余人疏浚，灌溉效益得以扩展到碧湖平原[3]。石函的建成标志着通济堰工程体系的完善。

二、范成大堰规及后续影响

以11世纪石函建成为标志，通济堰灌区形成。绍兴八年（1138年）丽水县丞赵学

1　北宋处州太守关景晖撰《丽水县通济堰詹南二司马庙记》："去县而西至五十里有堰曰通济，障松阳、遂昌两溪之水引入堰渠。"《（宣统）通济堰志》卷1，清宣统印本，第6页。又《通济堰志》成书明万历三十六年（1608年），有清同治、光绪、宣统等重修本。

2　陈方舟：《通济堰史研究》第三章，中国水利水电科学研究院2015年博士生论文。

3　南宋叶份《通济堰石函记》："（建石函前）岁率一再开导，执畚镬者动万数。堰之利，人或不知，而反以工役为惮也。"《（宣统）通济堰志》卷1，清宣统印本，第7页。

图 6-3-2　通济堰全图（据《（同治）通济堰志》重绘）

老通过实地勘测，完成《通济堰图》，通济堰渠系图被刻石存于司马庙（明清以后称龙庙）中。南宋《通济堰图》已经佚失，现存通济堰图是明洪武三年（1370年）和清同治九年（1870年）重刻。通济堰图反映出灌区渠系在12世纪已经相当完善，灌区效益遍及整个碧湖平原（图6-3-2、图6-3-3）。现代通济堰与12世纪差别较大的是当时灌区分布众多湖塘，这些与沟渠互为连通的湖塘起到了丰枯水量调节的作用。20世纪60年代以后在通济堰的水源区修建了水库，这或许是湖塘消失的主要原因。

宋南迁后，浙东地区成为南宋政权最重要的支撑。南宋的处州（治今浙江丽水市）彼时人口快速增加，平原区的土地已经开垦殆尽，但是其时的通济堰还不能做到常规性工程维护，工程时有多年失修的情况。乾道五年（1169年）处州太守范成大记灌区失修状况：“往迹芜废，中下源尤甚。”[1]范与处州军事判官张澈共同主持了工程大修，为今后通济堰管理计，重修堰规。范成大通济堰堰规是迄今为止我国古代少有的制度严谨、表述规范的灌区管理条例。自此以后灌区管理组织、渠首拦河坝、干支渠、分水工程等主要工程设施及名称亦因袭至今。彼时通济堰成为区域性水利工程，且在碧湖平原农业经济中日趋重要，利益相关的田户不再局限于一村或数村或宗族间，政府区域水利管理中具有调动物资和劳动力，开展规模较大的工程建设，以及协调用水管理的权威地位。

范成大通济堰堰规分为堰首、田户、甲头、堰匠、堰工、堰夫、堰司各条。堰规构建起堰首、田户和甲头组成的用水户管理组织，三个层次彼此衔接各司其责，有各自的权利与义务。堰规规定了堰首由灌区下游田产十五工以上（每工以稻秧500把

1　[南宋]范成大：《通济堰碑》，《范成大佚著辑存》，中华书局，1983年，第174页。时范成大以左奉议郎发遣处州军州主管学事监管内勤农事。通济堰三源：松荫溪为一源，另二源在灌区中部，引山溪水入渠。

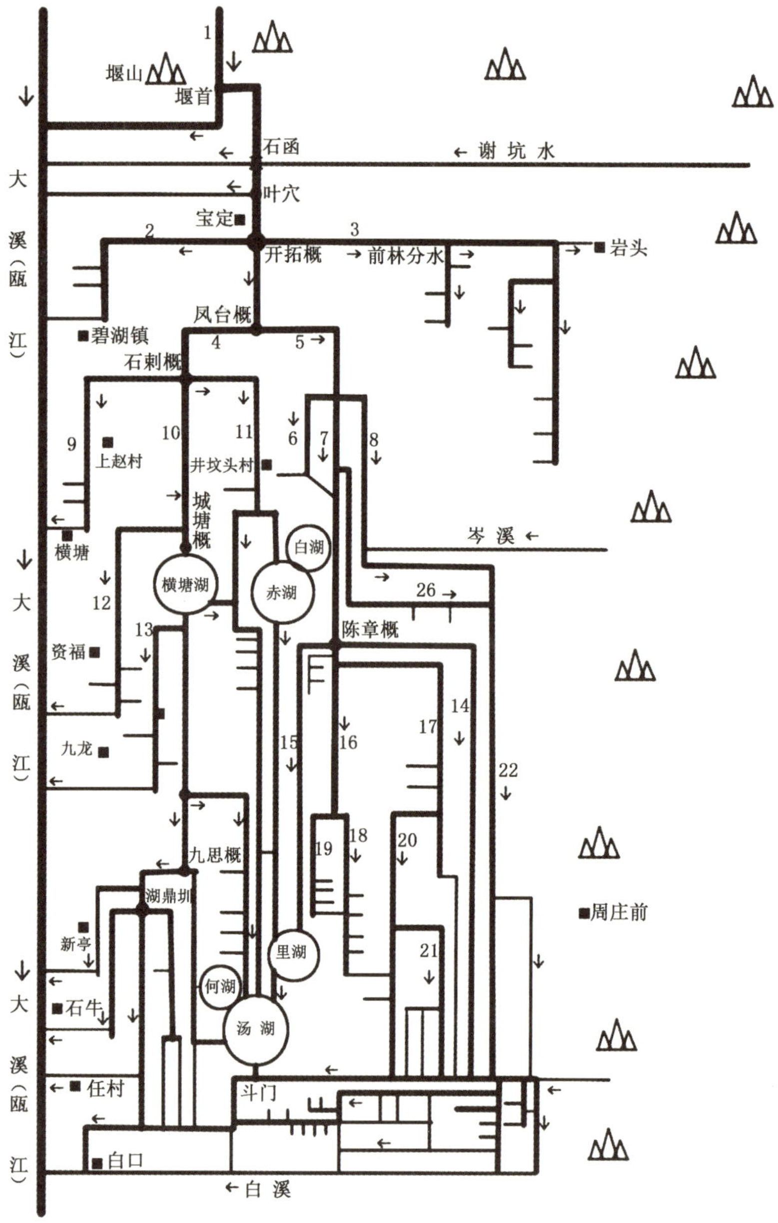

图 6-3-3　古代通济堰渠系工程概化图[1]

1. 松荫溪 2. 开拓概南支小渠 3. 凤台南支 4. 凤台北支 5. 湖东东支 6. 湖东中支 7. 湖东西支 8. 石刺南支 9. 石刺中支 10. 石刺北支 11. 城塘概小渠 12. 城塘概大渠 13. 西支古圳 14. 陈章东支 15. 陈章中支 16. 乌石渠 17. 翁宗渠四支 18. 莲荷渠 19. 毛塘衡四支 20. 陈渠 21. 舍康渠二支

计）田户充任。两年一轮，堰首负责工程常规巡视，并随时组织修护。任堰首期间不当州县执差，若有过，许田户告官，州县断罪后改替。堰规还有轮灌制度、关键工程及其维修质量要求，经费、劳动力来源，以及堰产处置和用途。南宋地方政府正是通过工程维护拨款和堰规制订深度参与到通济堰的管理中，并在灌区水量分配方面逐渐拥有了绝对的话语权。

1　陈方舟：《通济堰史研究》第三章，中国水利水电科学研究院2015年博士生论文；本图以同治通济堰图为底本，论文作者依据资料作了订正和修改。论文研究指出：12—19世纪末通济堰主要工程及渠系分布没有大变化。

元明清700年通济堰也多有管理松弛而致工程失修、渠道淤塞，或发生水事纠纷，或发生洪水灾害工程损毁等情况。凡有重大工程处州、丽水县往往成为大修的组织者，其后往往针对时弊对堰规有所补充。如明万历三十六年（1608年）丽水知县樊良枢在多年失修后重修灌区诸堰[1]。嗣后续订《新堰规八则》《修堰条例四则》《三源轮放水期条规》。新堰规对水神祭祀作了规定："每年备猪羊一副，于六月朔日致祭，须正印官同水利官亲诣。"[2]强化了官方在水管理中的地位。清光绪三十二年（1906年）处州知府萧文昭的《颁定通济西堰善后章程碑记》是在大修后强调官方水利事务处置程序、岁修轮值及堰谷征收办法。

南宋范成大堰规为通济堰其后的管理奠定了完备的制度基础。将田户的利益、权力与责任结合起来，构成了支撑灌区管理严谨而清晰的制度体系。堰规确定了渠首龙王庙（即北宋司马庙）和叶穴龙女庙作为堰庙，树通济堰创建者詹、南二司马为水神，成为灌区官方与民间的共同祭祀。明代以来更在堰规中确立了州县行政长官和水利知县为主祭的制度，使官方与民间自治管理的文化纽带愈加紧密。南宋以后通济堰管理组织得到确立并世代相袭，元明清七百年间少有工程数十年失修的情况发生。

通济堰灌区政府为主导的自上而下的管理组织，具有组织和协调的权威性；用水户组织使工程管理制度化，通过堰规维护了用水公平。管理组织的堰首负责制在制度设计上严密且合理，堰首由灌区下游具有相当田产的田户出任，保障了全灌区灌溉用水公平性，为灌区轮灌制、岁修工程管理提供了实施的社会基础。通济堰的堰庙还有作为灌区管理常设机构的功能，政府颁布的堰规在这里刻石保存，官民共同参与的水神祭祀在这里举行。灌区用水户通过祭祀活动树立了共同的信仰，水管理的权威性因此得以深入人心。

附：南宋范成大《（乾道）通济堰规》

堰首：集上中下三源田户，保举下源十五工以上，有材力公当者充。二年一替，与免本户工。如见充堰首，当差保正长即与权免，州县不得执差。候堰首满日，不妨差役，曾充堰首，后因析户工少，应甲头脚次与权免。其堰首有过，田户告官追究，断罪改替。所有堰堤、斗门、石函、叶穴，仰堰首寅夕巡察。如有疏漏倒塌处，即时修治。如过时以致旱损，许田户陈告，罚钱三十贯，入堰公用。

田户：旧例十五工以上，为上田户，充监当。遇有工役，与堰首同，共分局管干。每集众，依公于三源差三名，二年一替。仍每月轮一名，同堰首。收支钱物人二，或有疏虞不公，致田户陈告，即与堰首同罪。或大工役，其合充监当人，亦仰前来分定窠座管干。或充外役，亦不蠲免，并不许老弱人抵应。内有恃强不到者，许堰首具名申官追治，仍倍罚一年堰工。

甲头：旧例分九甲，近缘堰田多系附郭上田户典卖，所有堰工，起催不行。今添立附郭一甲，所差甲头，于三工以上至十四工者差充，全免本户堰工，一年一替。委堰首集众上田户，以秧把多寡次第流行，依公定差。如见充别役，即差下次人，依别役满日，仍旧脚次。仍各置催工历一道，经官印押收执。遇催到工数抄上，取堰首佥人。堰首差募不

1 ［明］汤显祖：《丽水县修筑通济堰记》，《（宣统）重修通济堰志》卷1，第13—14页。
2 ［清］樊良枢：《丽水县通济堰新规八则》，《（宣统）重修通济堰志》卷1，第26页。

公，致令陈诉，点对得实，堰首罚钱二十贯，入堰公用。

堰匠：差募六名，常切看守堰堤。或有疏漏，即时报堰首修治。遇兴工日，支食钱一百二十文足。所有船缺遇舟船上下，不得取受情幸，容纵私拆堰堤。如疏漏，申官决替。

堰工：每秧五百把敷一工，如过五百把有零者亦敷一工。下户每二十把至一百把，出钱四十文足；一百把以上至二百把，出钱八十文足。二百把以上敷一工。乡村并以三分为率，二分敷工，一分敷钱。城郭止有三工以下者，并敷钱。其三工以上者，即依乡村例，亦以三分为率，每工一百文足。如有低昂，随时申官增减。官给赤历二道，二道一年一易。内一道充收工，一道充收钱粮。并仰堰首同，论月上田户，逐时抄上，不得容情增减作弊，不许泛滥支使。如违，许田户陈告官司，勘磨得实，其掌管人量轻重断罪外，或偷隐一文以上，即倍罚，入堰公用。至岁终结算，有余钱桩管在堰。其堰工，每年并作三限催发。谓如田户管六十工，每限发二十工，设使不足，又量分数催发，田户不得执定限。如遇大兴工役，量事势轻重，敷工使用。值年分堰堤不损，用工微少，堰首不得多敷工数，掠钱入己。如违，即依隐漏工钱例责罚。田户不如期发工纳钱，仰堰首举申勾追，倍罚一年工数。

船缺(出行船处，即石堤低处是也)：在堰大渠口通船往来，轮差堰匠两名看管。如遇轻船，即监梢公挪过；若船重大，虽载官物，亦令出卸空船拔过，不得擅自倒拆堰堤。若当灌溉之时，虽是官员船并轻船，并合自沙洲牵过，不得开堰，泄漏水利。如违，将犯人申解使府，重作施行。仍仰堰首以时检举，申使府出榜约束。

堰概：自开柘概至城塘概，并系大概，各有阔狭丈尺。开柘概中枝，阔二丈八尺八寸，南枝阔一丈一尺，北枝阔一丈二尺八寸。凤台两概，南枝阔一丈七尺五寸，北枝阔一丈七尺二寸。石刺概阔一丈八尺，城塘概阔一丈八尺。陈章塘概中枝阔一丈七尺七寸半，东枝阔一丈八寸二分，西枝阔八尺五寸半。内开柘概遇亢旱时，揭中枝一，以三昼夜为限。至第四日，即行封印。却揭南北概荫注三昼夜讫，依前轮揭。如不依次序及限落概，概首申官施行。其凤台两概不许揭起外，石刺、陈章塘等概，并依放开柘概次第揭吊。或大旱，恐人户纷争，许申县挪官监揭。如田户辄敢聚众持杖恃强，占夺水利，仰概头申堰首，或直申官，追犯人究治断罪，号令罚钱二十贯，入堰公用。如概头容纵，不即申举，一例坐罪。其开柘、城塘、陈章塘、石刺概皆系利害去处，各差概头一名，并免甲头差使。其余小概头与湖塘堰头，每年与免本户三工。如违误事，本年堰工不免，仍断决。

堰夫：遇兴工役，并仰以卯时上工，酉时放工。或入山砍篆，每工限二十束。每束长一丈，围七尺。至晚，差田户交收。一日两次点工，不到即不理工數。

渠堰：诸处大小渠堰，如遇淤塞，即请众田户。众田户分定窠座丈尺，集工开淘，各依古额。其两岸并不许种植竹木。如违依使府榜文施行。

请官：如遇大堰倒损，兴工浩大，及亢旱时上役难办，许田户即时申县委官前来监督。请所委官常加钤束，随行人吏不得骚扰。仍不得将上田户非理凌辱，以致田户惮于请官修治及时旱损。如违，许人户经县陈诉，依法施行。

石函、斗门：石函，或遇沙石淤塞，许破，堰工开淘；斗门，遇洪水及暴雨，即时挑闸，免致沙石入渠。才晴水落，即开闸放水入堰渠。轮差堰匠，以时启闭。如违，致有妨害，许田户告官，将堰匠断罪。如堰首不觉察，一例坐罪。

湖堰塘：务在潴蓄水利。或有浅狭去处，湖堰首即合报堰首及承利人户，率工开淘，不许纵人作捺，为塘及围作私田，侵占种植，妨众人水利。塘湖堰首如不觉察，即同侵占人断罪，追罚钱一十贯，入堰公用，许田户告。

堰庙：堰上龙王庙、叶穴龙女庙，并重新修造。非祭祀及修堰，不得擅开，容闲杂人作践。仰堰首锁闭看管，洒扫崇奉，爱护碑刻，并约束板榜。堰首遇替交割，或损漏，即众议依公破工钱修葺。一岁之间，四季合用祭祀，并将三分工钱支破，每季不得过一百五十工。

水淫：一处，在地名宝定。大堰路边、通荫溪边田合留外，有私创处，并合填塞。其争占人，许被害田户申官追断。

逆扫：诸湖塘堰边，有仰天及承坑塘，不系承堰出工，即不得逆扫堰内水利，田户亦不得容纵偷递。其承堰田各有堰水，不得偷扫别堰水利；及不许用板木作捺，障水入田，有妨下源灌溉，亦仰人户陈首重断，追罚钱一十贯，入堰公用。

开淘：自大堰至开柘概，虽约束以时开闭斗门、叶穴，切虑积累沙石淤塞，或渠岸倒塌，阻遏水利。今于十甲内，逐年每甲各桩留五十工，每年堰首将满，于农隙之际申官，差三源上田户将二年所留工数，并力开淘，取令深阔，然后交下次堰首。

叶穴头：叶穴系一堰要害去处，切虑启闭失时，遂致冲损，兼捕鱼人向后作弊。今于比近上田户，专差一名充穴头，仰用心看管。如遇大雨，即时放开闸板；或当灌溉时，不得擅开。所差人两年一替，特免本户逐年堰工。如违误事，断罪倍罚本户工，仍看管龙女庙。

堰司：于当年充甲头田户，议差能书写人一名充，三年一替。如大工役，一年一替，免充甲头一次，不支雇丁钱。或因缘骚扰及作弊，申官断替。

堰簿：堰簿，已行攒造都工簿一面，堰首收管；田秧等第簿一面，请公当上田户一名收管。三年一替。遇有关割，仰人户将副本自陈并砧基，先经官推割，次执干照，请管簿上田户对行关割。至岁终，具过割数目、姓名，送堰首改正。都簿如无官司凭照，擅与人户关割，许经官陈告，追犯人赴官重断，罚钱三十贯，入堰公用。

第四节　“水”社会的典型案例：以山西两个引泉灌区为例

山西东南部汾河流域的霍渠和温泉渠是两处延续1500年的引泉灌区，前者的霍渠水法与后者的霍例水法却有着共同的水权管理原则和条款，它们具有区域水社会同质的文化基因。这是两个跨行政区的古老灌区，灌区分属不同县，因此加重了水利纠纷复杂性，多次水权诉讼直至中央政府。以乡绅为核心的民间水管理组织在共同服从的政府威权和水神崇拜中不断调整和完善水源配置机制。霍渠产生了霍渠水法，温泉渠依例制订了霍例水法，这是古代灌区可持续性堪称典范的两个乡村自治水管理制度。

一、霍泉引水工程及其灌区管理

山西洪洞县位于临汾盆地北部，东依霍山，西临吕梁山，年平均降水量400—500毫米，属于半干旱区。这里丰富的地下水资源成为汾河流域最适宜农耕的区域。

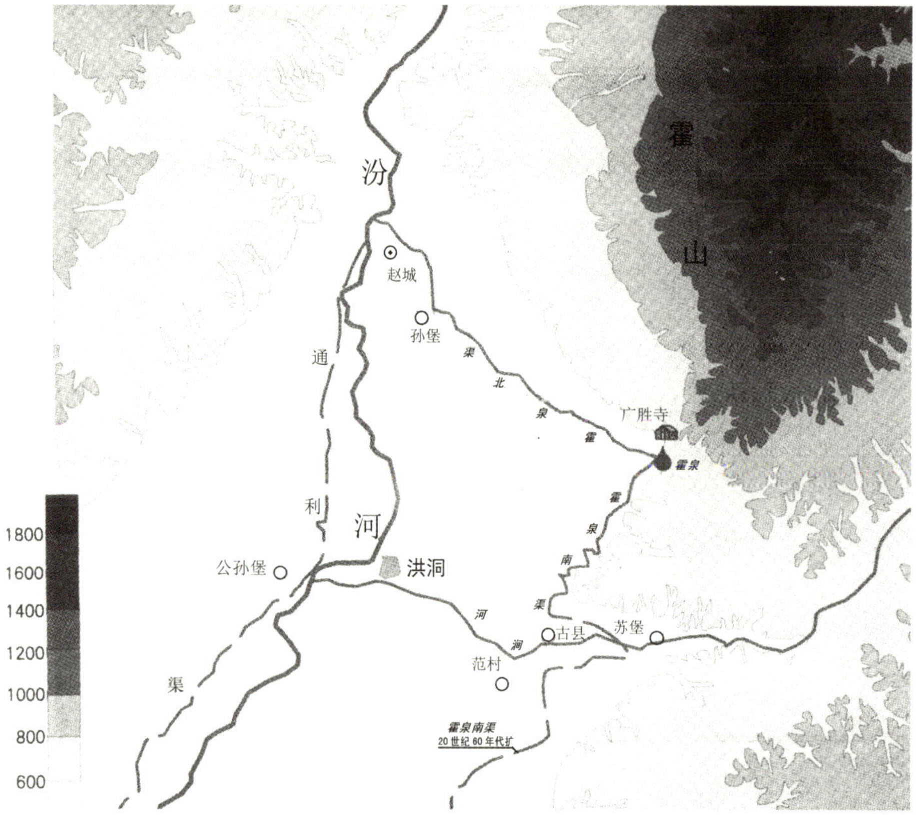

图 6-4-1 霍泉灌区干渠分布图

泉水灌溉水源稳定，水温适宜农作物生长，自然成为有产者竞相占有的资源。霍渠以霍山山麓霍泉为水源，灌溉洪洞、赵城两县。两县自秦设县，此后或分或合。金代同属平阳府，元代洪洞属晋宁路（今山西临汾市），赵城属霍州。直到1958年再次合为洪洞县。历史上为两县或分属不同府州时，灌区水资源管理的冲突就愈加尖锐。

霍泉位于洪洞县东北约15公里霍山西南，泉水出露的地方筑堤成方池，称“海场”，霍泉出海场以后分为霍泉南渠、霍泉北渠（图6-4-1）。南渠灌溉洪洞、北渠灌溉赵城。汾河流域引泉灌溉历史悠久，唐代已有南霍渠、北霍渠、润民渠等，灌溉面积达到4万多亩。历经宋大中祥符元年（1008年）、金天会二年（1124年）、元至元八年（1271年）及至大元年（1308年）四次规模较大的持续建设，有引水渠42条，灌溉面积达到16万亩。宋元时期引泉灌区基本达到现有规模。明清时期仍有新渠出现，灌溉面积增加六千多亩。

霍泉灌区经过唐代的扩展，至北宋时灌溉受益已达到130村1747户，水浇田九百六十四顷十七亩，沿程水磨45轮。宋庆历五年（1045年）南霍泉的洪洞与北霍泉灌溉的赵城两县因分水发生争水械斗，两县各有死伤。经平阳府调停，赵城得水七分，洪洞三分，并在两县取水口设置分水堰。自此两县相安。金天会十三年（1135年）赵城县用水户虞潮状告洪洞县用水户在分水口筑拦河石堰，壅高水位，使南渠得以多引水二成。水权官司导致两县官府互讼，最后诉至金中都（今河南洛阳）。天眷二年（1139年）河东南路兵马都总管完颜谋离也奉命处置。完颜谋离也率两县官吏及用水户共千余人现场勘验，赵城县出具了被洪洞县拆去的北宋判决分水碑的碑文。最后完颜仍依北宋三七分水的判定对分水堰及两县进水斗门形制做了规定。为今后“免使更有交争者”，参与水权纠纷处置的平阳府判官杨丘行撰写了《都总管镇国定两县水碑》，以镇国上将军平阳府尹兼河东南路兵马都总管完颜谋离也名义立石，嗣后在南北渠分水处和平阳府衙内各建碑亭，作为两渠利益相关方共同遵守的法定依据[1]。

当霍渠灌溉效益不再是几家几村，而是一个区域农业的支撑时，水神庙便应时而生。霍山上的广胜寺是一座建于汉代的佛教寺院，唐开始供奉霍山山神，并在西南山麓霍泉出露建水神庙，为广胜寺下寺，祀霍山泉水神“明应王”。明应王被认作霍山山神之子，于唐天宝十年（751年）封应灵公，北宋政和四年（1114年）加封号灵应王，元大德二年（1298年）封崇德应灵王。水神庙附近的水神祭祀建筑还有龙王庙、郭公祠等。这是不同功能的祭祀场所，龙王庙用于祈雨，郭公祠是赵城县人纪念北宋庆历时（1041—1048年）死于两县争水械斗中的赵城人郭逢吉的祠庙。元重建的水神庙，塑忽必烈禅像，供佛舍利，还有世祖赐藏经，俨然是一座具有佛教特质的水神祭祀官庙。

由山神衍生其子，由山神之子而为水神，下寺之设原为看守霍泉。后来，与所有水利工程的堰祠一样，建庙被赋予了使命：利用神权维护南北霍渠分水比例。水神庙金贞祐时（1213—1217年）毁于兵祸，元初属北霍渠灌区的赵城县县令及渠长就着手重建。经过金天兴三年（1234年）、元至元十五年（1278年）两次大修后，水神庙的规模超过前代。今天水神庙还保留了元代修复后的壁画。水神庙存放的第一块碑刻是金代《都总管镇国定两县水碑》，碑刻上的两县分水比例条款：“北霍渠水口宽一丈六尺一寸，得水七分，溉赵城县永乐等二十四村，共田三百八十五顷有奇，西北入汾。”“南霍渠渠口宽六尺九寸，得水三分，溉赵城县道觉等四村，南溉洪洞县曹生等九村，共田六十九顷有奇。”通过官方额定的两渠进水口尺寸，确立了洪洞和赵城用水户水权。此外，水碑确立了渠长、沟头、水巡管理层级。这块具有法律效力的碑刻，历经元明清三代分水条款“斑斑若日星，又谁敢增减一字哉！”在水权分配上发挥了重要作用。直到明末清初因为引水渠水道演变，分水石废坏，以致既定的南北渠分水比例被破坏，两县开始频起争水械斗。时有官司各由两县知县诉讼至知府、省督，直到中央按察院派出御史调节纠纷。但是依然不能制止相互破坏分水门限石、分界石桩事件发生。雍正二年（1724年）终于在大规模的争斗之后，采纳平阳府代理知府刘登庸建议，于渠口分水界石，立铁柱11根，下铺铁梁，分为十洞，洪洞占三赵城占七，而进口广狭高低一律以梁为准。于南北渠相邻的第三洞与第四洞之间还修了数丈界堤。铁栅分水方案经由山西布政司及按察司所属衙门获准得以实施，自此平息了上百年因分水设施而起的纠纷（图6-4-2）。嗣后两县于雍正四年（1726年）各立纪事碑，洪洞县的《建霍泉分水铁栅记》存分水亭南侧，在分水亭北侧是赵城县的《建霍渠分水铁栅详》及分水铁栅图。

金代和清代分水碑刻是水神庙重要的水利碑刻，涉及到中央、省、府县及用水户对水权的裁定和认可。水神庙还有元明清留下的有关灌溉用水制度，管理组织、维修及工费征集如元延祐六年（1319年）赵城县尹兼管本县诸军奥鲁劝农事王剌哈剌《重修明应王殿之碑》，明万历四十八年（1620年）《水神庙祭典文碑》，清康熙四十三年（1704年）《北霍渠功竣碑记》，乾隆五年（1740年）《治水均平序》、乾隆

1 《都总管镇国定两县水碑》，金天眷二年（1139年），引自黄竹三、冯俊杰等《洪洞界休水利碑刻辑录》，中华书局，2003年，第4—5页。

（1）霍渠渠首引水干渠

（2）分水铁栅及分水堤近景

以铁栅控制渠进水口高度，以分水堤决定分水渠宽度。

（3）分水亭水权碑

分水亭分水口北侧和南侧分别由赵城县和洪洞县兴建，亭里立有分水铁栅纪事碑，碑阴刻分水铁栅图。

图 6-4-2　霍渠渠首分水工程及分水亭

十一年（1746年）《督水告竣序》，嘉庆二十二年（1817年）《督水勤劳碑记》，道光二十二年（1842年）《北霍渠碣记》《历年渠长碑》。

存于霍渠水神庙的水利碑刻和存于用水户的霍渠水法是水权的象征，谁拥有水权，谁就有解释权和控制权。每年的水神庙祭祀是对水权例行的确认，为南北渠（或两县）用水户共同遵守，一旦有一方破坏，就打破安宁，发生争水械斗。水神庙的水利碑刻，实际是以"水"为中心的社会契约，在灌区管理中这里就是议事中心。

二、霍渠水法及其实施

元代霍渠灌区两县同属晋宁路，霍渠水神庙经过元代多次大修成为京城大都以外首屈一指的官庙，大殿之上是"世祖薛禅御容，佛之舍利，恩赐藏经在焉，乃为皇家祝寿之所由"，岁时皇帝遣使致祭[1]。水神庙地位更加尊崇。大德七年（1303年）八月初六，河东发生大地震，水神庙毁坏，渠堰震损严重，水不得通流。当年十一月，本路总管命府委霍州及县官吏主持修复大工，南北两渠水投工投物，两年后水神庙重建竣工，并开渠浇灌。

元代霍渠管理堪称完善，霍渠水法刊刻成册，称"水册"，上面将各陡门、夹口（石砌分水堰）、堤堰形制一一列入。水法将渠道所经各段受益村落定为一节，一节为一个水程。水册上记载了各程长度、水浇地田额、额定岁修夫役数以及各程的渠长、沟头职掌。各村有各自的水册，水册登记了用水户水浇地面积，根据面积确立各户"水例"[2]。水程是重要管理单位，自上游而下游分为上中下三节，各节依时定量灌溉，并遵守先下游后上游的原则。所有各节沟长持水册组织灌溉和工程修守，以此约束富户豪强不敢恣情妄为[3]。各渠渠长、各节沟头或水巡负有维护本管理区域内灌溉秩序的责任。渠长人选是有勤谨公正口碑和有恒产的乡村精英。地方官员的作用是预设标准，保证是有产且声誉好的人充当。乡间贡生、监生等出身的乡绅往往是政府解决纠纷的依靠对象。政府同样主导了管理制度的建立。水册历经元明清各时期都有修订，并得到政府确立，成为维护灌区上下游左右岸公平用水的制度保障。自元代以来各时期的南北渠渠长、沟头名录碑在矗立，对管理者道德的约束置于神灵的威严之下，赋予了霍渠水利管理可持续的文化基因。

水神庙是灌区事务公议场所，也是当地百姓的精神家园。每年三月八日是水神的诞辰，官员到水神庙行水神祭祀并祈雨之礼，对百姓而言则是一年中最喧哗的庙会。元代《重修明应王殿之碑》记其时"远而城镇，近而村落，贵者以轮蹄，下者以杖履，挈妻子、舆老羸而至者，可胜既哉"。庙有田产以及民众捐资，足以维护其运行。但是，作为霍泉的专庙，南北两渠不仅参与庙的维修，还要资助水神庙的庙会。水神庙所陈元至正二十七年（1367年）《祭霍山广胜寺明应王殿祈雨文》，明万历四十八年（1620年）《水神庙祭典文碑》《校正北霍渠祭祀记》，康熙十二年（1673

1 元延祐六年（1318年），赵城县尹兼管本县诸军奥鲁劝农事王剌哈剌：重修明应王殿之碑。

2 《洪洞县水利志》（1993年）。洪洞县渠册最早集中收录在《洪洞县水利志补》（1917年），本书收入了诸渠图说，渠例三十二种及水利碑刻等文书。

3 《洪洞县水利志》（1993年）。洪洞县渠册最早集中收录在《洪洞县水利志补》（1917年），本书收入了诸渠图说，渠例三十二种及水利碑刻等文书。

年)《水神庙清明节祭典文碑》、康熙十六年(1677年)《北霍渠掌例》等祭典碑反映各时期水神崇拜的程式以及祭品来源、数量的限制。祭祀费用按灌溉面积摊派。明万历四十八年(1620年)《水神庙祭典文碑》记:其时“每亩甚有摊至四五钱者。神之所费什一,奸民之乾没十九,百姓苦之”。为此赵城县知县裁革繁缛,酌定祭品只银四两,牲一羊、一豚、果品等物。但是这类借祭典而行搜刮的行径难以禁止。清代祭祀碑反映出祭祀所费已经远超明代。

附录:明代北霍渠禁约(节选)

北霍渠各坊里水地,据志共五万九千二百有余,今止报三万余,虽有□结,隐匿尚多。今后人夫簿办祭者,得公明永水,如系隐藏者,与旧例无夫地同罪(隐匿不入用水名册的土地)。

各村沟头已有额设工食盘费,不得仍复科派地亩。

各村沟头已领工食,须用心看守陡门,不得偷惰,以致浸破渠堰。如有浸破,本名承当许地亩。

各村沟头浇灌地完,即闭塞陡口,挨次兑流,不许重浇,亦不得以余水骗钱射利。

三月、八月祭祀,渠长率领沟头斋戒致祭,不许杂项员役参入亵神。

下寺之设,原为看守霍泉,应承庙祀往来人等,往常科验无数,今已酌定住歇公费,主持僧再不许在各里绰收秋夏。

北霍渠一带上下树木原为护渠,以防浸破,除本县公用,民间敢有擅自伐取者,渠长秉县究罪。

无夫地本不得用水,但即征地粮,姑将余水照本等日期浇灌,渠长等不得索措勒。未征水地粮者,不准此例。

渠长每年春季率沟头沿渠空闲处,补栽树木,共栽若干,如数执结报县,以凭稽查,如违究罪。

北霍渠上下一带芦苇,除公用,余存贮以备修庙柴栈之用,庙户收掌。

——引自明代《水神庙祭典文碑》

三、温泉渠轮灌制度与《霍例水法》

汾河流域下游的山西曲沃界内温泉渠,是灌溉面积不到两千亩的灌区,却是河东少有的水稻产区,它更以著名的霍例水法在水利史上占有特殊的地位。温泉出曲沃县东北三十里海头村,又名龙泉、七星泉,有七个泉眼汇集成渠,自东北而西南至曲沃县城,尾水最后流入汾河[1]。温泉水资源在唐代已经开发利用,永徽元年(650年)曲沃县令崔翳开渠引水溉田,即《新唐书·地理志》所记的新绛渠[2]。至北宋温泉灌区含翼城、曲沃二县,与霍渠同处汾河谷地的引泉灌区。天圣二年(1024年)两

1 《(乾隆)新修曲沃县志》卷十九,第2—11页:温泉渠在明嘉靖三十四年(1555年)前东北入曲沃县城儒学泮池,出池后西南出城,最后注入汾河,渠道也是县城多功能的水道。嘉靖三十四年、三十五年连遭地震后渠道中断,不再入城。两百年后乾隆二十一年(1746年)知县张坊重修泮池及引水渠后,温泉水遂入县城。

2 《新唐书·地理志》:曲沃东北三十五里有新绛渠,永徽元年(650年)令崔翳引古堆水溉田百余顷,北宋时灌溉面积只有十三顷六十三亩,可能温泉渠是唐代引古堆水灌渠之一。

县因灌溉发生持续20多年用水纠纷，直到嘉祐四年（1059年）经由朝廷判决灌区上游属翼城的10个村落连同土地划归曲沃，曲沃则划出相应村落和土地置换。由礼部尚书曾公亮、工部尚书平章事韩琦、礼部尚书平章事富弼具名发布文告，准温泉河水权为曲沃县水户拥有，刻石县龙王庙，永为遵守[1]。依灌区调整村落和耕地后，消弭了数百年因县域行政区划在水管理中的纷争。

北宋水权裁定了温泉渠灌溉范围为21村，官渠21道，灌溉面积十三顷六十三亩，用水户按亩摊派水费。其后在灌区内部还是不可避免经常发生争夺水源纠纷。元初曲沃县将诉讼一直打到朝廷，最终大德十年（1306年）十月十五日，由大都发出的圣旨成为最终裁定："差权达鲁花赤提河水官，言说与曲沃县提河所长官，今后渠工公事照坐此《霍渠水法条例》，依理施行，无得有顺人情，不得违犯。奉此须者开款于后，永为遵守施行。"在曲沃县令主持下，一部完全参照《霍渠水法》制订的《霍例水法》在灌区施行。《霍例水法》历经元明清三朝并无大的修改，及至民国才增加了21村的冬灌水程。《霍例水法》刻石立碑，分别存于上游温泉村和下游曲沃县城的两处龙王庙中，还刻印成册，取名水册，由灌区21村持有。

霍例水法含轮灌制度，水权，工程修守好祭祀管理等条款，条款额定灌溉水亩数，将全灌区二十一村分为上中下三节，每年三次轮灌，各村持水册按规定的时辰"使水"（图6-4-3）。霍例水法规定温泉上中下三节灌渠渠长由张亭村"使头水人举保"产生[3]。从用水秩序和渠长推举制度两个方面确保了上下游用水公平。

水神崇拜在维系轮灌制度中有不可或缺的作用。位于温泉海场附近的温泉村龙王庙是温泉渠的专庙（图6-4-4、图6-4-5），根据《霍例水法》各村社渠长、沟长有必须参与一年一度的灌区水神祭祀活动的义务。这天也是灌区供水灌溉的日子，是灌区特定的灌溉节日。由主祭官年复一年地宣读《温泉龙神祀文》，其实这是灌区轮灌在水神祭祀这样庄重的时间和地点的确认和强调，祭祀的例行议程标志着管理制度的世代延续。

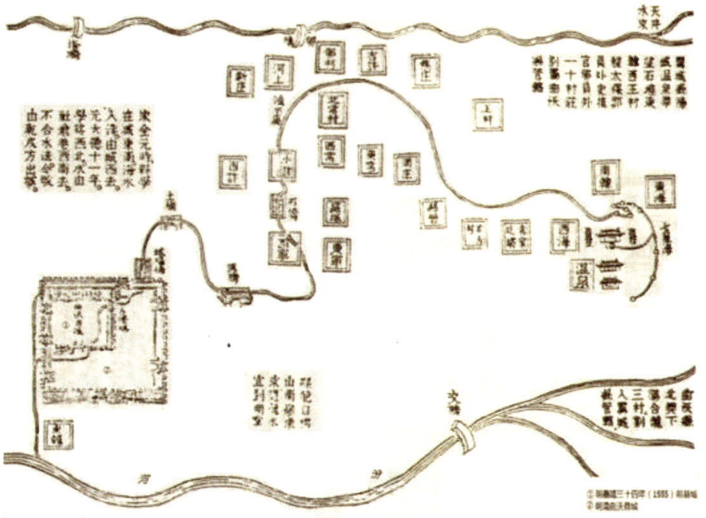

图6-4-3 18世纪曲沃温泉渠经行及灌区二十一村三节[2]

下节七村：张亭村（西宁村）、东宁村、西许村、东许村（小许），听城村、靳庄村、河上村。

中节六村：西常村、东常村、北常北村、郇村、吉许村、西县册村。

上节八村：东县册村、北王西村、北王村、西杨城村、郭寺村，温泉村、郇庄村、东韩村。

1《霍例水法》："温水人户浇溉田土，条制备录在后，永为遵守实行。"

2 据《（乾隆）新修曲沃县志》卷十九及《（民国）霍例水法》。

3《霍例水法》轮灌条款对时间规定层次严谨，水册规定：不依大小月，按日、时辰记，水册一一开列各村依日时的灌溉时间，称："无差误讹谬之忒，免思错疑胡赖。"

图 6-4-4　温泉龙神庙正殿

庙前的泮池与庙后温泉蓄水池相通，参见图 6-4-3。

图 6-4-5　温泉龙神庙左庑嵌在壁上的《霍例水法》

2004 年随着最后一滴泉水流出后，再无泉水出露。温泉灌区已经名存实亡，龙神庙见证着它的历史。

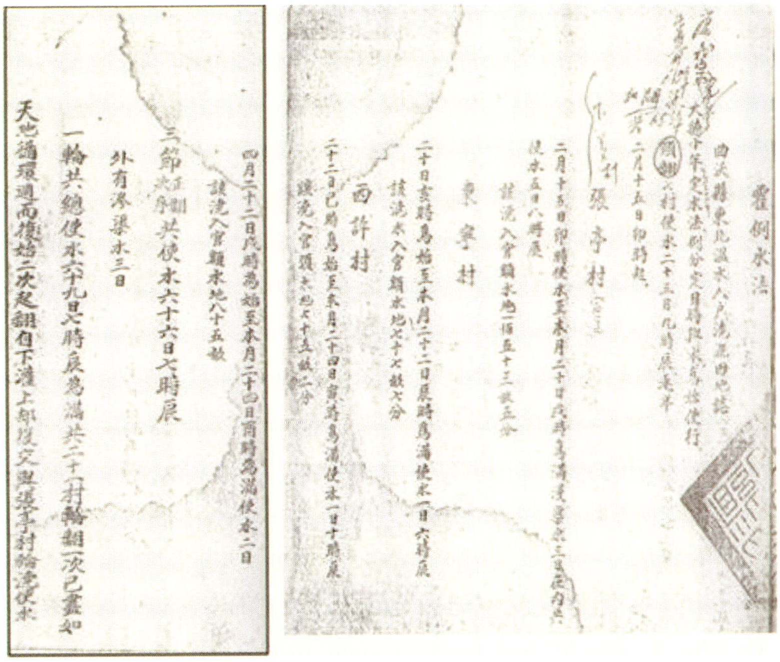

图6-4-6　西常村保留的《霍例水法》水册：开列轮灌日时（部分）

祀文如下：

新田良方出温泉，恩及二十一庄口，分为三节迎神社，每年三翻轮周旋，清明之日祭海庙，各村甲首皆得全，三节渠长把香上，帅领众村参神虔。张亭村内是首祭[1]，东宁小许听城连[2]，一村一村有次序，不得取便胡占先，二十一村皆祭毕，上节才得将神搬。二月十五放头水，放至张亭起了翻，浇至八月初十后，水能进城方安然[3]。三节渠长西宁举，周靳海头自古传。各管一节分上下，上八中六下七联。惟愿龙神多保佑，水渠满流浇百川。

从祀文可以看出温泉灌区实行一年三灌，自下游而上游的灌溉制度，每年二月二十五日，三次轮番，分三节，每番以下节张亭村为首灌，至八月十五日止。每年的首轮灌溉有隆重的仪式，水神的牌位随着灌溉的秩序逐村传递，最后“上节才得将神搬”，地处上游的温泉村接神后，第一番灌溉完成，祭祀完成并水神归位。

《霍渠水法》已经佚失，现存《霍例水法》为1943年刻本，系灌区21村之一西常村水册。除了21村的轮灌日时(图6-4-6)，还有禁例条款，是用水户自律的准则，也是政府问责或治罪的法律依据。

附录：《霍例水法》禁例要点

禁止温泉渠沿途各村放养渠内家禽六畜；各村打井供人畜饮用，不许牛羊渠内饮水。违者罚白米三石；

1　张亭村，又名西宁村，地处灌区最下游，是轮灌头翻第一村，为下节七村灌溉之首。

2　原文作“东凝”。水册轮灌下节共七村：张亭村、东宁村、西许村、东许村，听城村、靳庄村、河上村，凝是宁之误。

3　下节共八村，在灌区的上游，系温泉出口，轮灌最后一村是东韩村，时间是八月初九申时至初十日未时，一天时间。

各村有破堤开沟盗水事，看守地方官、水甲头及所属地主均罚白米十五石并科罪；

渠式额定深三尺，宽四尺，各村照式挑浚，堤岸修筑牢靠。两岸管水各官随时巡查，违期误时不修，罚米三石；

有意破坏堤岸，盗水浇地每亩罚银三两，断罪；

不按轮次使水，或断下村水路，本村人应报官，隐情者或河官亲见，捉拿人犯加倍科罚问罪；

灌溉时不得擅动水磨。不得因较低破官水轮渠堰；

神社祭祀之时有误行香者，罚白米五石。

第五节 水神崇拜：水利可持续的文化基因

在本章几个典型灌溉工程案例中，可以看到水神祭祀的社会功能是多方面的。其实在国家层面，水权的主张，面临水旱灾害时的社会稳定，山林保护何尝不是这样文化在起作用。

水神是一个众神杂陈的神灵群体，大致可以分作自然神和人神两大类型。水神崇拜源于远古部族社会，商周时期已经成为宗法宗教的重要部分，彼时与水有关的信仰主要在山川江河崇拜和水神祭祀两个方面。[1]山川神和水神都不采用造像的形式来表现。来自巫觋祭祀的山川神祀，经过汉代以来儒、道、释的文化改造，至魏晋南北朝时逐渐形成崇拜的礼仪，且偶像出现。水神主要是建立在儒教基础上，参差以巫觋、道教、佛教宗教仪式的诸神崇拜仪礼，其基本架构在唐朝终于以国家仪礼法的形式得以保留并固定下来。[2]不过及至唐代从来就是以皇帝为主体的宗法祭祀活动，与民众自然神信仰互不相涉。

在魏晋南北朝三百余年动荡中，各割据政权各有祭祀制度，因地域不同、文化不同，诸神及其祭祀形式发生了异化。隋重建一统的国家后，开始制订礼仪祀典，以形成合乎国家利益诉求的自然神崇拜祭祀礼制。隋文帝、炀帝，唐太宗、高宗、武则天先后征天下大儒制订新礼，最终玄宗朝集各礼之大成，制订并颁布了《大唐开元礼》。《大唐开元礼》分中央到地方诸神祭祀层级为大祀、中祀、小祀，清代将小祀改为“群祀”，从而形成了皇帝、大臣、州县地方官、民众参与的祭祀，至此国家水神崇拜体系形成（图6-5-1）。

唐宋以来，比照朝廷大祀、中祀、小祀的太庙、太社和诸神祠庙等礼制建筑形制和祀典仪礼，形成了地方州县神祠、龙庙的建筑格局，其诸神形态、祭祀仪也逐渐趋同。随着唐以来地方祭祀体系逐渐固化，州县城池祈雨的城隍庙、龙庙、水利工程的堰祠成为地方公共建筑的标准配置。“告至”即地方官到任的首祭，常规岳渎及诸神祭祀，以及重特大旱灾的雩礼，严重洪涝的禜城门都是地方官和民众共

1 常玉芝在《商代宗教祭祀》一书第九章第一节论及商代宗教的性质，“商人的宗教表现为农业性质的宗教，并且还带有某些原始宗教的特性：末期则多表现是宗法性质的宗教”。作者的这一结论来自对商人上帝、自然神、祖先神祭祀的研究，本人认同这一观点。常玉芝：《商代宗教祭祀》，中国社会科学出版社，2010年，第553页。

2 古代祭祀神山，主要功能是祈求风调雨顺，为表述便利，文中统称水神崇拜。

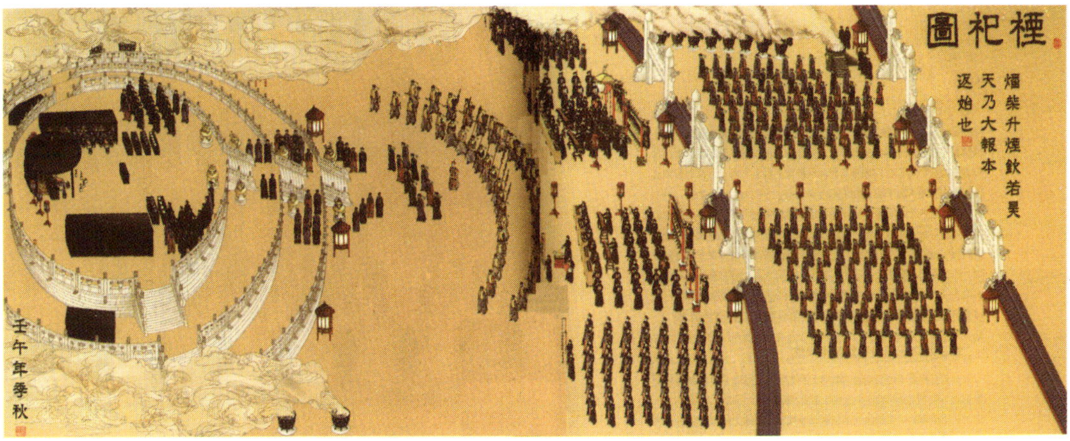

图 6-5-1 清代禋祀图[1]

图中反映的是清代北京天坛郊祀的场景。郊祀包括天神（云、雨、风、雷）、地祇（岳、镇、海、渎），燔柴升烟源自殷商望燎，将风调雨顺的愿望传至上天之意。

同参与的祀神活动。尽管水神祭祀仪礼分主次、分阶层，但是并不减少民众对神灵信仰和参与的热情。水神崇拜以宗教、文化、习俗的形式渗入到“水”社会管理的各环节，通过仪式感极强的仪式，国家权力与地方精英结成同盟，与民众相互沟通，这是潜在的文化力量，在面对灾害时稳定人心，水利工程的维护、灌溉秩序的维护有着至关重要的作用（图6-5-2）。不可否认这是古代水利得以延续重要的文化基因。

一、水神及其祭祀的文化嬗变

春秋至汉前期由淮、蜀、楚等地祠官写就的《山海经》[2]，记载了远古社会重要文化形态——山神信仰及其祭祀之礼，演化出古代国家的宗教信仰，构筑起历代水利工程兴建和管理的文化基础。考古发现商大量的祭祀文献和器物，至迟商宗教性态已经大致具备。

商由始祖契到帝辛，经历了二十三世三十三王共496年。商代后期至战国时期的甲骨卜辞、青铜器铭文及商人文化遗址都揭示出商后期中兴的武丁时代崇拜的神灵，已经分出天神、人神、地神相对独立又上下有序的三个体系。天神为上帝—四方神（为相）—风雨雷电（为使者）组成的自然神信仰系列；人神是祖宗神；地祇神由山岳河湖构成[3]。商人以上帝为诸神之宗，人间意愿由高山和江河通达，因此祭祀场所设在特定神山，洹河、漳河特定河岸滩地上。商人祭山祭河目的是祈风祈雨。祭山用燎礼，或称燔礼、煨桑，专用的燔柴升起浓烟，在缭绕的烟雾中，巫师率领下

1 北京市古代建筑研究所：《坛庙》，北京出版集团公司，2014年，第18—19页。

2 《山海经》的作者与成书年代，最早说法出自东汉刘歆（秀）《上山海经表》，称书出唐虞之际，系禹、益所作。北魏郦道作《水经注》，发现《山海经》佚失错落，又加后人增删，认为此书非出于一人一时之手。当代较为一致的结论是，《山海经》主要是东夷、楚、蜀等地的祠官所做，其中以《山经》为春秋至战国时作；《海经》为西汉所作；《大荒经》及《大荒海内经》为东汉至魏晋所作。虽然《山海经》成书晚于《周礼》《左传》《尚书》，但是记录了山川神及其祭祀的最古老形态。

3 常玉芝：《商代宗教祭祀》，中国社会科学出版社，2010年，第28—43页。

开始或歌或蹈的祭祀仪式。“瘗”和“沉”是祭河的仪式，向河中投玉、帛和牺牲，仪式在岸边举行。自武丁后商王也在宗庙举行祭先王、祀天地的仪式，郊外祭祀不再每每亲往而是派使臣代祭。后世将两种仪式称为郊祀和宗祀。部分商卜辞有祀山川神与祖祭的字句出现在同一卜辞上，显示出商人尚有部族社会人神合一的遗风。商人的巫觋祭祀典仪，以战俘（妇女或儿童）、牛、羊、猪等为牺牲，直到汉代血腥的人祭才逐渐消失。

（1）黄河铁牛

（2）淮河洪泽湖铜牛

图 6-5-2　河工水兽

（1）（2）是堤工上的镇水兽，奉牛为神。

春秋战国时仍延续商的山川信仰及其祭祀方式，但是更多具有了王国或侯国宣示法统的政治功能。《尚书·舜典》：“肆类于上帝，禋于六宗，望于山川，遍于群神。”[1]山川代表着诸神，望是不亲到而遥祭之礼。《礼记》：“天子祭天地，祭四方，祭山川，祭五祀，岁遍；诸侯方祀，祭山川，祭五祀，岁遍；大夫祭五祀，岁遍；士祭其先。”[2]这是祭祀有等级而山川无主后的儒家等级理念在国家祭祀制度上的体现。《礼记》以儒家的礼制区分出山川及祖先神祭祀礼仪，对唐国家岳镇海渎祭祀体系的最后完善有至关重要的影响[3]。

直至隋唐，山川祭祀的国家祭祀制度逐渐建立。《旧唐书·礼仪》有一段文字追溯了春秋至唐代国家祀典演变的历程，称东周完美的礼制到了诸侯国的东周佚亡，虽西汉时有孙叔通订朝仪，然失于郊坛与宗庙之礼，批评秦汉“宗庙无定主，乐悬确金石，巡狩非勋华之制，封禅异陶匏之音”[4]。汉末王莽时尊儒术，大搜经籍，得周旧典。王莽时鸠集诸子之说，为礼书此即《曲台集礼》，后世称《礼记》，为各朝制订礼仪的依据。东汉光武帝定仪章，将儒家学说纳入经邦大典中，并将郊祀和庙祀的制度化，即为都城南北设坛，南祭天，北祀地的自然神祭祀制度，这一以皇权为

1　《尚书·舜典》，引自《十三经注疏》，中华书局影印本，1979年，第126页。

2　《礼记·曲礼》卷1，四部丛刊初编本，上海商务印书馆，1936年，第17页。

3　《礼记》，西汉礼学家戴圣所辑，记载和解释周礼，论述先秦的礼制。自东汉郑玄作注后，《礼记》地位上升，唐尊为“经”，宋代以后，位居“三礼”之首。戴圣生卒年不详，曾任九江太守，汉宣帝时立为博士，曾参与石渠阁议。

4　《旧唐书》卷21，中华书局，1973年，第816页。

中心的祭祀，历经东汉末及至隋前数百年，东汉光武帝制订的礼仪祀典消失殆尽。隋文帝时重修礼制，定《五礼》。炀帝时修《江都集礼》，由是周汉之制得以绪承。唐太宗贞观，诏中书令房玄龄、秘书监魏徵等礼官学士制订国礼，定吉礼、宾礼、军礼、嘉礼、凶礼、国恤，是为唐《贞观礼》。自《贞观礼》开始所有祭祀列入吉礼，由是山川神、水神的祭祀全部纳入了国家礼典。以原始巫觋宗教为基础的诸神祭祀归于礼制，尽管还带有宗教的色彩。其后高宗、则天朝再修国礼，后认为都不及《贞观礼》。玄宗开元十四年（726年）右丞相张说以《贞观礼》及《显庆礼》差别太大，建议重修。起居舍人王仲丘撰一百五十卷唐新礼《大唐开元礼》。《大唐开元礼》主要《礼记》的祭祀架构上，进行了系统整理形成了国家祭祀体系，将以往皇帝祭祀演进为国家礼制。对中央到州县祭祀时间、议程、着装、禁忌等做了详细规定，开元二十年（732年）九月，正式颁布实施。从此《大唐开元礼》各朝代沿用，成为国家祀典核心构成。

《大唐开元礼》定祭祀为大祀、中祀、小祀。即："昊天上帝、五方上帝、皇地祇、神州宗庙皆为大祀，日月星辰、先代皇帝、岳镇海渎、帝社、先蚕、孔宣父、齐太公、诸太子庙并为中祀；司中、司命、风伯、雨师、诸星、山林川泽、五龙祠等并为小祀。州县社稷、释奠及诸神祠并同小祀。"[1]《大唐开元礼》规定了大中小三个祀典层次中各祭祀主体。大祀是皇帝祭祀，诸如新皇帝登基、祀天祇地、宗庙祀祖、先皇帝及直系皇亲婚庆丧仪等。自然神祭祀也有与传统农事有关、与水旱灾害有关的祭祀（见表6-1、表6-2）；中祀为大臣、亲王祭祀；小祀的主祭是地方官。小祀成为地方官和民众联系的纽带。县州的小祀形制参照大中祀而定，州县官主要祈社稷、祈诸神、禜城门。祀礼典仪规定的设坛、设庙祠在州县逐渐成为固定祭祀场所。由此州县治所设置地方祭祀庙祠，城隍庙、堰祠成为一个城池标准配置。贞元九年（793年），太常丞王泾撰《大唐郊祀录》。集历代郊庙享祀及唐代因革。如雩礼，祈岳镇海渎及诸山川，有大中小祀各有视旱情严重和干旱的季节，规范祈雨官员层级、祭物规格，以及得雨后报祀的规定，但是长安、洛阳各有区别，地方州县亦有不同，《大唐郊祀录》引经据典，阐释唐制各郊祀享礼之要，补遗《大唐开元礼》所不足。

《大唐开元礼》是《礼记》以后的集大成，区别了不同层级祭祀规格，统一了各级别祀典定名，祭祀议程、祝文、祀典着装及佩饰，以及礼乐、仪仗、祭物和祭品陈设。大祀之礼郊礼一是皇帝巡狩或望秩之礼，如巡狩泰山，亲祭神山，山上燔柴告至；或于城郊望秩山川，行燔燎之礼。二是皇帝太庙和太社的祭祀，设坛于常规节令祭祀外，重要的祭祀如大旱雩礼，由皇帝节食素服的亲祭。中祀由皇帝遣使为祈官，庙祀祈于太庙太社，郊祈岳镇海渎于北郊。久雨祈晴为禜礼，即在都城四城门设神座，祀礼祭神，称"禜城门"。大祀、中祀是国家祭祀，除太庙、太社专祭的场所外，岳渎镇海在指定的神山、江河有专祠专庙，由各州刺史及朝廷命谒者代皇帝祭祀（表6-1、表6-2）。

---

1 《大唐开元礼·序例上》卷第一，民族出版社（洪氏公善堂刊本影印），2000年，第12页。

表 6-1 （唐）大祀、中祀祀风雨星四方神及其常祀之礼[1]

	风师	雨师	司星	司中、司命、司人、司禄
祀日	立春后丑日	立夏后申日	立秋后辰日	立冬后亥日
祝文要义	风调雨顺		三时不害，祐农穑	天下安宁国富民强
祀法	于太庙设坛，明水火，即取水于阴鉴，取火于阳燧。柴积于燎坛，设望燎位。水积于洗坛。设风师神位及盛放牺牲及各州敬献，设尊、簋及酒器。太常府官帅宰人割牲烹于厨。太常府帅主祭官及随员颂祝文。生火望燎，行拜天神及水神之礼。久汉祈雨为雩礼，得雨后报祠			
祭五龙禜国门	祭五龙，于兴庆宫，燔于斋所[2]。久雨禜国门，与都城四门设神座，祈官祭，雨止，报祠[3]			

表 6-2 （唐）大祀郊祭岳镇海渎及其祭祀本祠的所在地[4]

五岳	四镇	四海	四渎
东岳岱山 兖州乾封县	东镇沂山 沂州沂水县	东海 莱州掖县	江渎 益州成都县
南岳衡山 衡州衡山县	南镇会稽 越州会稽县	南海 广州南海县	河渎 同州朝邑县
西岳华山 华州华阴县	西镇吴山 陇州吴山县	西海 同州朝邑县	淮渎 唐州桐柏县
北岳常（恒）山 定州曲阳县	北镇医无闾山 营州柳城县	北海 洛州济源县	济渎 洛州济源县
中岳嵩山 洛州登封县			
祭　法	每年一祭，各以五郊迎气日祭之		

唐武则天时开始给山川神加爵封王。武则天垂拱四年（688年），则天皇帝为洛水封侯置庙。"（洛水）封其神为显圣侯，加特进，禁渔钓，祭享齐于四渎。改嵩山为神岳，授太师、使持节、神岳都督、天中王，禁断刍牧。其天中王及显圣侯，并为置庙。"[5]宋代，不仅为更多的山川封王，更谥以帝号，祭祀规格一再攀升，祭祀仪式或道或佛，供奉牺牲无度。明洪武三年（1370年）朱元璋朝以岳镇海渎自然天成，封王封帝有违礼制，下诏："凡岳镇海渎并去其前代所封名号，止以山水本名称其神。郡县城隍神号一体改正。历代忠臣烈士亦依当时初封以为实号，后世溢美之

1 《大唐开元礼》卷27，民族出版社（洪氏公善堂刊本影印），2000年，第162—164页。
2 《大唐开元礼》卷51，民族出版社（洪氏公善堂刊本影印），2000年，第288—289页。
3 《大唐开元礼》卷67，民族出版社（洪氏公善堂刊本影印），2000年，第350—351页。
4 《大唐开元礼》卷35、36，民族出版社（洪氏公善堂刊本影印），2000年，第199—202页。
5 《旧唐书》卷二四《礼仪志四》，中华书局，1975年，第925页。

称皆与革去。”[1]

《开元礼》规范了州县政府的祭祀，主要包括春秋二社、州县释奠、孔子、风师雨师、地方山川。地方祭祀中除了没有先皇外，增加了地方诸神祭祀。《国语》：“夫圣王之制祀也，法施于民则祀之，以死勤事则祀之，以劳定国则祀之，能御大灾则祀之，能扞大患则祀之。”[2]这一表述成为《开元礼》为表彰地方官兴修水利而立祀的依据。《开元礼》的地方诸神，开创了特定的水神体系，从而完成了水神架构，也使山川及水神祭祀成为国家礼制的重要部分，这一文化体系一直延续到清末。

《开元礼》规定了五岳四渎四海四镇以外，各路州府在各自辖区的举行规程相同的山川神及诸神祭祀。由此地方官从到任的告至开始了第一次祭祀，而在任诸神祭祀更是礼制规定的职责所系。白居易任杭州刺史，记其祭钱塘江：“居易祗奉玺书，兴利除害，守土守水，职与神同。是用备物致诚，躬自虔祷……敢以醴、币、羊、豕，沈奠于江。”[3]可以反映出水神崇拜仪式神圣肃穆，主祭官携皇帝玺书，以少牢之礼告于浙江神。地方小（群）祀对官员是为政一方山川水土、人文风俗知识和道德的洗礼，更有地方官负有兴利除害的职责约束，这种文化对古代官员的道德影响力是深刻且有益的。

自唐以降尤其是北宋以来，越来越多州县兴建了大禹庙。禹或成为地方诸神的主要祭祀。北宋首开人神封王谥帝号的先河，前代治水官吏被认为列入具有御灾防患的水神，经过朝廷册封纳入国家祀典，这种全国范围的册封，鼓励了地方官兴建水利和修祠建庙的积极性，对前代治水有功官员或河工立像祭祀，使水神人神崇拜更有道德褒贬功能。而奉为水神列入祀典者，越来越多的是治河有功的河工官员、创建或重建地方水利工程的地方官，甚至有某一特长或发明某一技术的河工，到了明清已经集中了数目庞大被认为是能够御大灾大难的前代治水功臣的水神或河神。黄河上的河神甚至有些来自某次堵口时的纵身一跳，抑或溺水而亡换来了决溢立止这类荒诞传说中的人物。这些得到各朝皇帝敕封、进入官方祠庙的水神，很容易为当地百姓接纳并演绎为无所不能的神灵。

唐建立起的小祀制度，使原皇帝的岳渎海镇祭祀，扩展的各路州府山川祭祀，地方官的山川和诸神祭祀成为职责所系。南宋至明清时长江以南和黄河河工出现很多新水神，反映出区域水利工程大量增加，而黄河、运河河工成为国家水利工程的重点。如明清以来太湖流域及长江中游江东部分地区奉湖州人张勃为水神。他大概是五代时太湖流域疏浚溇港、筑圩治田卓有成就的官员或士绅，经过茅山道教派系的神化演变成水神，成为太湖流域以及江苏、安徽之间即江东地区的民间信仰，至南宋纳入祀典，享受官祭。黄河下游自13世纪时奉南宋战将谢绪为河神，封号四大

1　明洪武三年（1370年）六月癸亥太祖诏曰：“如五岳五镇四海四渎之封，起自唐世，崇名美号，历代有加。在朕思之，则有不然。夫岳镇海渎皆高山广水，自天地开辟以至于今，英灵之气萃而为神，必皆受命于上帝，幽微莫测，岂国家封号之所可加？渎礼不经，莫此为甚。至如忠臣烈士虽可加以封号，亦惟当时为宜。夫礼之所以明，神人正名分，不可以僭差。今宜依古定制，凡岳镇海渎并去其前代所封名号，止以山水本名称其神。郡县城隍神号一体改正，历代忠臣烈士亦依当时初封以为实号，后世溢美之称皆与革去。……庶几神人之际，名正言顺，于礼为当，用称朕以礼事神之意。”《明实录·太祖》卷53，台北“中央研究院”历史语言研究所（校印），1962年，第1034—1035页。

2　《国语·鲁语》卷四，丛书集成初编，上海商务印书馆，1939年，第55—56页。

3　［唐］白居易：《祭浙江文》，《白居易集》卷40，中华书局，1979年，第902页。

金龙王。明清衍生为运河、淮河和洪泽湖的河神。随着清嘉庆以来黄河决溢频繁，堵口大工连年不断，金龙王封号不断增加，供奉的专庙也随着决口和堵口地点不同而陆续增加。尤其是清中后期朝廷上下对黄河决溢泛滥无可奈何，不仅对河神封王无度，修祠庙也不再控制。水神祭祀演变成河官和地方官寻求精神寄托和推卸责任最后防线。

二、雩礼：商汤王罪己与全民祈雨

雩是农耕社会最古老也是流传久远的祈雨祭祀，殷商遗址考古中发现了有较多祈雨和占卜问雨内容的甲骨卜辞（图6-5-3）。祈雨也是农耕社会，从政府到百姓普遍参与的社会活动，既有面对灾害的无奈也寄托着希望。

发生在约公元前1600年的商汤王祈雨无疑是中国历史上一次最重要的水神祭祀。正是这次祈雨将民众与国家联系起来，成为此后历朝历代上至皇帝下至一县县令的公共活动之一，形成了中华民族面对自然灾害的集体意识，民众认同水利的文化基础。

商汤王的初期发生连年大旱，史称商七年大旱[1]。数年连旱，河枯井涸，赤地千里，饿殍遍野。商王汤设坛桑林，每日伊尹行郊祭祈雨。祈雨无果，问卜被告之是为天遣。大旱至第七年，史官占卜称祭天需用人牲，方可通达天地鬼神。汤王祷告：“余一人有罪，无及万夫；万夫有罪，在余一人。无以一人之不敏，使上帝鬼神伤民之命。”[2]汤遂坐柴堆上，命左右点火时，乌云翻腾，狂风大作，一场大雨骤然降临。商王对上天的告白，成为帝王最早最著名的“罪己诏”。其后因旱下诏罪己还有好几例。西汉文帝后元元年（公元前163年），“间者数年比不登，又有水旱疾疫之灾”下诏罪己。文帝执政以减少劳役赋税、休养生息为国策，开其后20余年的文景之治，将西汉带入全盛时期。唐朝太宗皇帝李世民登基之时，旱灾、蝗灾并至，李世民于贞观二年（628年）下罪己诏：“若使年谷丰稔，天下乂安，移灾朕身，以存万国，是所愿也，甘心无吝。”太宗励精图治也造就了唐朝的贞观之治。唐宪宗于元和三年（808年）因冬讫翌年春滴雨不降，亦下罪己诏。白居易（772—

图 6-5-3　殷墟出土的祈雨卜骨

卜骨刻有：“巳酉卜，稷年，有足雨。”[3]

1 商汤大旱年数先秦及秦汉文献记载有所不同，《竹书纪年》卷上，记自汤王十九年至二十四年大旱凡六年；《吕氏春秋》一作五年，一作七年。

2 《吕氏春秋集释》卷九，文学古籍刊行社（影印本），1955年，第363—364页。

3 罗振玉：《殷墟书契前编》。此处“年”通“稔”。

846年）《贺雨》记：宪宗帝下诏罪己的同时，还有罢敬献，赈饥穷，宥死囚，减宫女，减驿站等举措（见附录）。下罪己诏七日后，三昼夜连降春雨[1]。这场大旱发生在唐朝从全盛走向衰落的中后期。明崇祯十年（1637年）闰四月，崇祯帝朱由检以旱之名下罪己诏，这道“诏”痛陈官场腐恶。与汉唐两朝大旱之年的罪己诏后果不同的是，崇祯大旱持续七年之久，甚至山陕两省旱灾核心区达到十年，延续至清顺治三年（1646年）才告终止[2]。

在数千年的农耕社会中，祈雨主要是与农时相关的重要祭祀。《诗经·小雅》“琴瑟击鼓，以御田租，以祈甘雨，以介我稷黍，以谷我使女”，这是孟春时节以巫师及众人以歌、乐、舞祈雨的场景[3]，亦称为“雩祀”或“雩礼”。雩礼祭祀崇拜一般有图腾、天地祭祀两种，是西周以降历代王朝最具宗教仪式感的活动，在都城郊野筑圜丘作为祭祀场所，祈雨的水神崇拜从先秦时的以女子或奴隶为人牲，汉代以牛、羊、猪、鸡等牲畜为祭品，宋以来演变为以龙、柳枝等为图腾的祈雨仪式，龙可以是某一龙王庙龙的牌位，或是布、草制作，这样的祈雨便有了娱乐的成分，广大民众参与其中，演变为官方与民间共同参与的年节活动。

龙是远古时期人们想象的神灵，在秦汉时是有足的蛇的形象，汉代以来抽象的水神图腾成为祈雨的主角，其时春旱求雨舞青龙，夏舞赤龙、黄龙，秋舞白龙，冬舞黑龙，宋代祈雨舞龙成为民间年节活动，供奉龙王的龙王庙遂自都城而及乡间僻壤。明清龙代表皇权，演化成为繁杂的集蛇、蜥蜴、鹿、牛等动物外形特征为一体的图腾，但是民间更认可它是呼风唤雨的水神。柳树是代表物候的树种，随春风而来，当皇帝、官员祭祀于圜丘、寺庙，而百姓便抬龙王牌位，或舞布、草龙于街市、乡野，持柳枝戴柳圈穿行其间[4]。

自秦王朝开始雩礼成为特定的国家水神崇拜活动，纳入礼制范畴。宋以后雩礼的祭祀仪式基本程式化了，民间逐渐娱民俗化，祈雨演变成上自朝廷下至民间，全社会共同参与的活动。官方通过仪式感极强的活动，体现人神对话，从而表达政府在社会管理中的话语权。民间则通过祈雨仪式化解焦虑缓和矛盾。《清会典》记载的清朝廷雩礼参照唐制，与汉《礼记》的记载并无本质的不同。清雩礼分为三个层级：常雩、特雩和大雩。每年立夏时行常雩之礼，礼部遣官行祀礼，祈求风调雨顺。孟夏以后无雨，行特雩，即遣大臣祷告天神、地祇、太岁；再七日不雨，祷告社稷；仍不雨，再复告神祇、太岁。如此仍不雨，便行大雩。大雩之礼由皇帝主祀。先是皇帝着常服，不用礼乐、不开道、不设仪仗至斋宫致祀一日。然后次日素服至天坛祈祷于圜丘。行大雩后直到降雨，才进入最后仪式，礼官着朝服行礼报祀[5]。

在水利工程管理中，祈雨活动更为用水户与政府提供了沟通的通道。几乎所有的灌溉工程都有祈雨活动的记载。“天雨知时总不忙，都江堰远候栽秧。通城折柳供龙位，要水敲锣上宪堂”，这是19世纪时，都江堰灌区成都平原求水的场景：既

1 《白居易集》卷一，中华书局，1979年，第1—2页。

2 谭徐明：《近500年我国重大旱灾及规律的研究》，《防灾减灾工程学报》2003年第2卷。

3 《毛诗正义》疏曰：“孟春月，以琴瑟及击其士鼓，以迎田祖先啬之神而祭之，所以求甘澍之雨，以大得我稷之与黍。”引自《十三经注疏》，中华书局影印本，1979年，第747页。

4 向柏松：《中国水崇拜·水崇拜的仪式》，上海三联书店，1999年。

5 清大雩之礼定于乾隆七年，其祭礼仪程一应参照唐朝制度，《清会典事例》卷420，中华书局影印本，1991年，第709—710页。

向老天爷祈雨，也向省城的总督府、成都府、成绵道等与都江堰管理有关的衙门请愿。成都平原的农户在粮赋之外，还有特定的按亩均摊的水粮，因此保证春溉供水历来被视为地方政府天经地义的责任。清代因灌溉供水，官员被弹劾或革职时有发生。

附录：祭河神、祈雨文

[唐]白居易《祭浙江文》

维长庆四年，岁次甲辰，五月，己酉朔，四日壬子，朝议大夫、使持节杭州诸军事、守杭州刺史、上柱国白居易，谨以清酌少牢之奠，敢昭告于浙江神。滔滔大江，南国之纪；安波则为利，泽流则为害。故我上帝，命神司之。今属潮涛失常，奔激西北。水无知也，如有凭焉。侵淫郊廛，坏败庐舍，人坠垫溺，籲天无辜。居易祗奉玺书，兴利除害，守土守水，职与神同。是用备物致诚，躬自虔祷。庶俾水反归壑，谷迁为陵，土不骞崩，人无荡析。敢以醴币羊豕，沈奠于江。惟神裁之，无忝祀典！尚饗！

[北宋]苏轼《祷雨社稷诗》[1]

噫，我侯社，我民所恃，祭于北牖。答阴之义，阳亢不反，自春徂秋，迄冬不雨，嗣岁之忧，吏民嗷嗷，谨以病告，赐之雨雪，民敢无报，尚享社神。

神食于社，盖数千年，更历圣王，讫莫能迁，源深流远，爱民宜厚，雨不时应，亦神之疚，社稷惟神，我神惟人，去我不远，宜轸我民，尚享后土。

农民所病，春夏之际，旧谷告穷，新谷未穟，其间有麦，如暍得凉，如行千里，驰担得浆，今神何心，毖此雨雪，敢求其他，尚悯此麦，尚享稷神。

惟神之生，稼穑是力，瘽身为民，尚莫顾息，矧今在天，与天同功，召呼风云，孰敢不从。岂惟农田，井竭无水，我求于神，亦云亟矣，尚享后稷。

清大雩礼祭制[2]

凡大雩之礼，岁在孟夏常雩之后，如不雨，遣官祗告天神、地祇、太岁；越七日不雨，告社稷；仍不雨，（后更定不告社稷[3]）復告神祇、太岁。三復不雨，乃大雩。先祀一日，皇帝御常服诣斋宫，不作乐，不除道，不设卤簿。祀日，雨冠素服，躬祷於圜丘，设皇天上帝位，四从位，三献礼终，乐阕、列舞童十有六人为皇舞，衣元衣执羽翳，歌御製云汉诗八章，以祈优渥。余儀及乐章均与常雩同。雨则报祀，遣官朝服行礼如常儀。

三、大禹祭祀及其影响

大禹在诸水神中，原并不据有至高的尊崇地位。《淮南子》：“禹劳力天下，死为社。”奉禹为后土即大地之神，与用火始祖炎帝、农作始祖后稷、射日除旱魃的羿同

1 《苏东坡全集·首集》卷三十四，中华书局（影印），1986年，第407页。

2 [清]于敏中等：《钦定日下旧闻考》卷五十七，北京古籍出版社，1983年，第930页。

3 《大清会典》：“凡大雩之礼，岁在孟夏常雩之后，如不雨，遣官祗告天神、地祇、太岁；越七日不雨，告社稷；仍不雨，（后更定不告社稷）复告神祇、太岁。三复不雨，乃大雩。先祀一日，皇帝御常服诣斋宫，不作乐，不除道，不设卤簿。祀日，雨冠素服，躬祷於圜丘，设皇天上帝位、四从位，三献礼终，乐阕，列舞童十有六人为皇舞，衣元衣执羽翳，歌御制云汉诗八章，以祈优渥。余仪及乐章均与常雩同。雨则报祀，遣官朝服行礼如常仪。”

图 6-5-4　北川石纽：相传为大禹出生地（2014 年）

图 6-5-5　绍兴大禹陵

相传禹葬于绍兴会稽山山麓，“大禹陵”为明嘉靖时绍兴府太守南大吉书。

为神而祀之[1]。汉代在蜀郡建江水祠，汶山建渎山祠，先是尊汶山及江水为神[2]，其后祀秦蜀郡守李冰，汉以降奉禹为江神，以至于黄河、淮河皆以为河神，凡江河出山的峡谷，渡口要津皆设立祭祀祠庙，成为分布地域最广的水神。[3]

古代官方大禹的主要祭祀地一在四川成都，一在浙江绍兴。先秦至西汉文献记载“禹生于石纽，西夷人也”（图6-5-4）[4]，在今四川的北川县、茂县的羌族人以禹为先祖，今禹里乡、石纽山地名。而会稽是古越国都城，越王勾践为夏后帝少康之子，封于会稽。又说禹为夏帝后，巡狩越地，崩于会稽（图6-5-5）[5]。这两处祭祀地其实与华夏与蜀、越文明最早融合有关。而禹治水至涂山娶妻涂山氏之类的传说大约亦是淮夷部族归于华夏的历史印记（图6-5-6、图6-5-7）。

西汉在蜀郡治所成都立渎山祠、江水祠，皆是供奉和祭祀大禹之所，汉朝廷多次遣使致祭。隋开皇二年（582年）两祠合一名江渎祠，唐玄宗避难成都时，更名“广

1 《淮南子》卷十三，四部丛刊初编，上海商务印书馆，1936年，第101—102页；又本书鸿烈解注曰：“劳力，谓天下治水之功也，讬祀于后土之神。”

2 《史记·封禅书》卷28，中华书局，1962年，第1372页。

3 西晋常璩《蜀王本纪》：“石纽，古汶山郡也。崇伯得有莘氏女，治水行天下，而生禹于石纽刳儿坪。”关于大禹身世，战国至秦汉的文献中，除了炎黄后裔之说，还有苗裔、羌裔等传说，反映出远古时期多个部落氏族不同文明发祥地的治水活动。

4 汉司马迁《史记·六国年表》，大禹出生地有多种传说，汉扬雄《蜀王本纪》、东汉赵晔《吴越春秋》等汉代文献有禹出生于汶山郡石纽的记载，估计来自羌族传说，明清的《四川通志》及相关地区的地方志均采纳这一说法。

5 司马迁《史记·越王勾践世家》：“越王勾践，其先禹之苗裔，而夏后帝少康之庶子也，封于会稽，以奉守禹之祀。”《吴越春秋》有类似记载，而子名“无余”；《史记·夏本纪第二》：禹称帝年十年，“帝禹东巡狩，至于会稽而崩”。

图 6-5-6　山西夏县禹王城
相传禹于此治水而有天下。

图 6-5-7　黄河龙门大禹庙（1959 年）
黄河两岸分别是陕西潼关和山西河津大禹庙，现均沦于三门峡库区泥沙中。

源祠”。明代在江渎祠旧址建“禹庙”，主殿奉大禹，东西庑分表供奉传说的古蜀开国国君蚕丛、秦蜀郡太守李冰。这处禹庙直到20世纪50年代前，都是四川官民祭禹或求雨的场所。

绍兴会稽山的大禹祭祀建筑始于南朝梁大同十一年（545年）禹庙。汉代文献称夏王启时已经在越立宗庙，岁时行祭禹之礼，少康时封其庶子无余于越，令无余春秋两祀禹于会稽[1]。南宋绍熙三年（1192年）、明嘉靖二十九年（1550年）、清嘉

1　绍兴会稽山大禹陵由来最早见于《吴越春秋·越王无余外传》：“禹崩……。启遂即天子之位，治国于夏。遵禹贡之美，悉九州之土以种五谷，累岁不绝。启使使以岁时春秋而祭禹于越，立宗庙于南山之上。”“禹以下六世而得帝少康。少康恐禹祭之绝祀，乃封其庶子于越，号曰无余。”“无余质朴，不设宫室之饰，从民所居。春秋祠禹墓于会稽。”

庆五年（1800年）、1933年有过四次规模较大的重修或扩建。大禹陵祭祀建筑由禹陵、禹庙、禹祠三部分组成。绍兴大禹祭祀至迟始于唐代，规定三年一祭，自宋至清行春秋两祀制度，祀官为本州（府）长官。明、清两朝行遣使致祭制度，皇帝派出礼部官员代皇帝主祭。历史上绍兴大禹陵有过三次著名的祭祀：秦始皇三十七年（公元前210年）始皇帝过长江，渡钱塘江，“上会稽，祭大禹，望于南海，而立石刻颂秦德”[1]。清康熙二十八年（1689年）康熙第二次南巡，乾隆十六年（1751年）乾隆第一次南巡过钱塘江至绍兴会稽山祭大禹。这是清代礼制规格最高的两次大禹祭祀，通过颂扬禹治水业绩，向天下宣示清廷的道统传承[2]。

现存的绍兴会稽山大禹祭祀建筑为清代和1933年的建筑，1933年大修禹陵、禹庙之后，次年中央政府举行祭祀仪式，时任中国水利工程学会会长李仪祉先生受命撰写《会稽大禹庙碑记》[3]。李仪祉碑记是具有现代文化视角，对大禹文化价值空前绝后的经典阐释。在水旱灾害频仍，更有日寇侵华，全面抗战即将爆发之际，他更有“以禹为宗，则千万人者一人也，四千年者旦暮也”的呼吁，将民族精神中的责任、道义通达于世人，以唤起民众共赴国难、共御外敌。

附录：李仪祉《会稽大禹庙碑记》

禹何人？斯崇之者以为神，否其为神者则并否有其人。研经者之不以科学之道，而好奇之士喜为诙诡之说以求立异，均非可以为训也。夫禹之德行，孔氏、墨氏言之至矣；禹之功业，孟轲、史迁述之详矣，后起之人虽欲赞一辞而不得。至禹崩何所，禹穴何在，论者纷然，窃皆以为无关宏旨。盖九州之中，禹之迹无弗在也，禹之庙亦无弗有也。而论山川之灵秀，殿宇之宏壮，则当以会稽为最。且禹大合诸侯于斯，其一生事功，至是可谓大成，则即以斯地为禹穴所在，又何不可？同人等来瞻庙貌，缅想前勋，空怀饥渴，鲜裨拯救。思天下大业非一二人所可为力，必众擎乃易举。而此所谓众者，必有一致之目的，一贯之精神，群策群力，申于一涂，乃可有济。唯目的趋于一致尚易，而精神统于一贯实难。必有一极高尚之人格，其德业可以为全国万世之所共同崇仰，而不渝者以为师表，始可以合千万人而一之。吾华民族每一行业，必有其所祀之神，尚在乎斯。矧天下大业容有逾于成者乎！亘古人格容有过于大禹者乎？方今水政废弛，旱潦频仍，民困财竭，国将不国。拯民救国，厥惟继禹而兴者有其人，禹功非一二人所可即，则在吾众众俱以禹为宗，则千万人者一人也，四千年者旦暮也。朝夕而尸祝，为奉其旨，师其意，本其精神以治事，为旱潦容有不息者乎？同人其勉旃。

中华民国二十三年时当苏浙大旱，黄河大水，中国水利工程学会会长李协率同人敬泐。

四、13世纪以来河工的水神崇拜

秦汉以来上自皇帝下至一县的地方长官，都是水神崇拜的主祭，水祭成为水管

1 《史记·秦始皇本纪》卷六，中华书局，1959年，第260页。

2 康熙帝《谒大禹陵》：“古庙青山下，登临晓霭中。梅梁存旧迹，金简纪神功。九载随刊力，千年统绪崇。兹来荐蘩藻，瞻对率群工。”乾隆帝《谒大禹庙恭依皇祖元韵》：“展谒来巡际，凭依对越中。传心真贯道，底绩莫衡功。勤俭鸿称永，仪型圣度崇。深惟作民牧，益凛亮天工。”

3 李仪祉（1882—1938年），字协，陕西省蒲城县人，中国现代水利的奠基人，是现代水利立法、规划、建设、科研、教育领导者和实施者，尤其是他主持的关中八惠引水工程，为现代大型灌溉工程的先声。

理中最具社会性的仪式，正是这样的社会性活动将国家水管理的威权渗入千家万户。及至明清以来，随着大江大河中下游平原逐渐开发，人口向这些区域集中，水旱灾害的危害相应增加。在江河防洪工程兴建和维护中，凡是江河险工段，有修守制度的重要堤防段，相随兴建起来的是皇帝敕建的专庙，既祭牛、龙等神，又祀人神。而灌溉工程的渠首或干支渠分水枢纽，大都有堰祠或庙。水神崇拜祭祀活动，或年节的定期祭祀，或是岁修启动或完成后的规定仪式，在水利工程维护中发挥着凝聚人心、强化管理的功能。

汉代以来供奉水神的宗教建筑，越来越多地修建在江河两岸河工重点河段，或水利工程渠首枢纽关键位置。无论是专祀水神的庙寺，还是在道观、佛堂内特辟的神位，同样被供奉的还有历代记录兴建始末、捐资者名录、水事纠纷之类的碑刻或水利文书（或是水册、水簿或管理者名录）。特定施工管理文书或用水制度的契约被保存被供奉，形成了神灵与百姓、官与民的神圣或威权关联。水神祭祀活动其实代表着公权——政府主导下的管理者权力，或是基层水组织共同遵守乡规民约的权威。尤其是灌溉工程，祭祀活动是例行的水权归属公告，每次祭祀便是一次确认。共同信奉的水神崇拜，形成了以“水”为中心的社会共同体的结盟，产生认同的乡规民约和自治水管理组织，实现了基层水利纠纷调节，以及官与民、村与村乃至县与县之间的水分配与工程维修的协同。

而商周以来的奉大禹、河伯为河神的人神崇拜，到元明清时期发生了较大变化。禹始终是河工的专祀之神，而河伯则逐渐淡出，衍生的河神是有所本且距当下不久远的特定人物，多是某处堤防决溢、江河改道或治河工程兴举有功的人，经过数十年或上百年的积淀并经由当下中央政府封谥成为河工专祀的河神。

13世纪以来随着大江大河中下游防洪工程逐渐完善，河工管理更趋于制度化，奉人为河神及其相关祭祀和建筑逐渐增多。自汉代开始，无论河神是自然神还是人神，以帝、王、公、侯爵分出谥号的等级，大禹地位最尊，为帝。如隋建江渎祠，奉禹为王，供于主殿，配殿供奉古蜀国王蚕丛和汉郡守李冰。北宋时确立国家祭祀封号制度，初封公，次封侯，再封王，并规定首次受封谥二字，再次为四字。如黄河河神唐玄宗时封号灵源公，宋仁宗为显圣灵源王。

明清时期黄河、长江中下游沿江城市已经有堤防。有防洪工程保护的地方吸引更多人聚居，城镇防洪压力也随之增加。明清时凡江河堤防险工重大决溢之后的堵口处附近，或关键防洪闸坝修守地段，河工建筑中的祭祀建筑或镇水石兽已经成为有标准的附属建筑，不仅为河神祭祀之用，也是险工段的标识，常常兼作了河工值守的场所。

（一）黄河河神

南宋初黄河下游改道南行，辽金两朝与宋以淮河为界，大规模治河至元朝开南北运河后才被关注。12世纪以来黄河决溢频繁，黄河下游两岸人民饱受河患之灾。元明清维系南北大运河通畅，始终有赖大举河工为其保障。大规模的持续数百年的黄淮运水利工程建设和河工管理，在文化层面必然会创造出河神，成为治河与河工管理者的信仰。

元明清的黄河河神享有封号且在国家祀典者凡三，原都是事迹可稽的人。按照其产生的顺序，第一位是金龙四大王谢绪；排在其后的是朱大王，即清顺治康熙朝河道总督朱之锡；排在第三位的是黄大王，名守才，河南偃师人，被称为生而为河神的人。

谢绪（1250—1276年），南宋钱塘县（今浙江杭州）人，是南宋王朝的外戚，其先祖为东晋宰相谢安，广应侯谢达之孙，堂姑母是南宋末年理宗皇后谢太皇太后。传说谢绪生性聪慧，读书而不求入仕，隐居钱塘金龙山。南宋德祐二年（1276年），宋亡，谢太皇太后和五岁恭帝及皇室宗亲、宫女、太监被押解北上时，谢绪以国家兴亡匹夫有责的担当，四方奔走，联络抗元，然因大势已去，国破君辱，绝望之至，整衣北拜，在下溪湾投苕溪自尽。慷慨赴水呼：生不能报国恩，死当诉之上帝。传说谢因壮志未酬，尸体竟逆流而上终为神。人们崇敬他的气节和情操，在苕溪塑像立庙祭祀他。明隆庆间，朝廷敕谢绪谥号“金龙四大王”，在河南封丘立大王庙[1]。因谢绪生时读书金龙山，及家中行四而得其号。清顺治二年（1645年）诏封河神加四字：“显佑通济金龙四大王”，命河臣致祭[2]。此后至光绪五年（1879年）的235年间，清皇帝代有封号，最后是“显佑通济昭灵效顺广利安民惠孚普运护国孚泽绥疆敷仁保康赞翊宣诚灵感辅化襄猷溥靖德庇锡佑国济”共44字的封号。“金龙四大王”地位居黄河河神之首位。谢绪还被奉为运河水神，被普遍地供奉在京杭运河沿岸的会馆中（图6-5-8）。

图 6-5-8　会通河山陕会馆大殿供奉的谢绪像

朱之锡（1623—1666年），浙江义乌人，清顺治朝进士，官至兵部尚书兼都察院右副都御史，顺治十四年（1657年）授河道总督，康熙四年（1665年）卒于任上，年仅44岁。明末清初黄淮运河工多年失修，朱之锡出任康熙朝两朝总督河道治河八年，多次遭遇黄河决溢泛滥，任上鞠躬尽瘁，不辞劳苦奔波于黄淮运堵口现场，他任上重建黄河修守制度，在黄淮运交汇的清口地区的水利建设贡献尤其重大。朱之锡生前著有《河防疏略》一书，共20卷。朱之锡死后，康熙帝下诏赐祭及厚葬沿河立庙。乾隆四十五年（1780年），乾隆皇帝南巡河工时，追封为助顺永宁侯，享春秋祀祭。河神地位自此确立，后人称“朱大王”。

黄守才（1603—1663年），其祖上为山西洪洞人，元末红巾军之乱时移民河南。传说他生而为河神，7岁骑野鹤上缑山，12岁时便有救漕船之举。万历四十三年（1615年）200多艘粮船搁浅虞城黄河中。押运官束手无策之际，请大王画符一道，遂在河边烧符，火起之时风起沙退，粮船驶离原来搁浅的沙洲。从此黄大王名声远

1　封丘大王庙是黄河下游北岸著名的险工段，清顺治时屡屡决口改道北行。顺治十三年（1657年）大王庙堵口费银八十万，是清初规模最大的堵口工程。

2　《清史稿·河渠志》，二十五史河渠志注释本，中国书店，1990年，第496页。

播。清顺治二年（1645年）河决荆隆口，工部侍郎耗万金巨款而堤工不成。遂问计黄大王。大王于决口处下捲埽，一埽成功。顺治七年（1650年）沁水泛涨，石堤将要崩塌之际，大王烧神符洪水消退大堤得保。杞县大旱，大王焚香祝天，立时天降大雨。康熙二年（1663年）大王死，葬于嵩山万安岭。乾隆三年（1738年）河道高斌奏请封号，敕封灵佑享济黄大王，于开封相国寺东街路建黄大王庙。配享三位将军，一是下埽堵口的党（挡）将军，一是在岷江及湘江斩龙镇水杨泗将军，一是九龙陈将军。陈将军即嘉兴龙湫山所在——陈山，遇旱祷于山顶龙穴，必现异物，取水祀之即刻有滂沛大雨[1]。

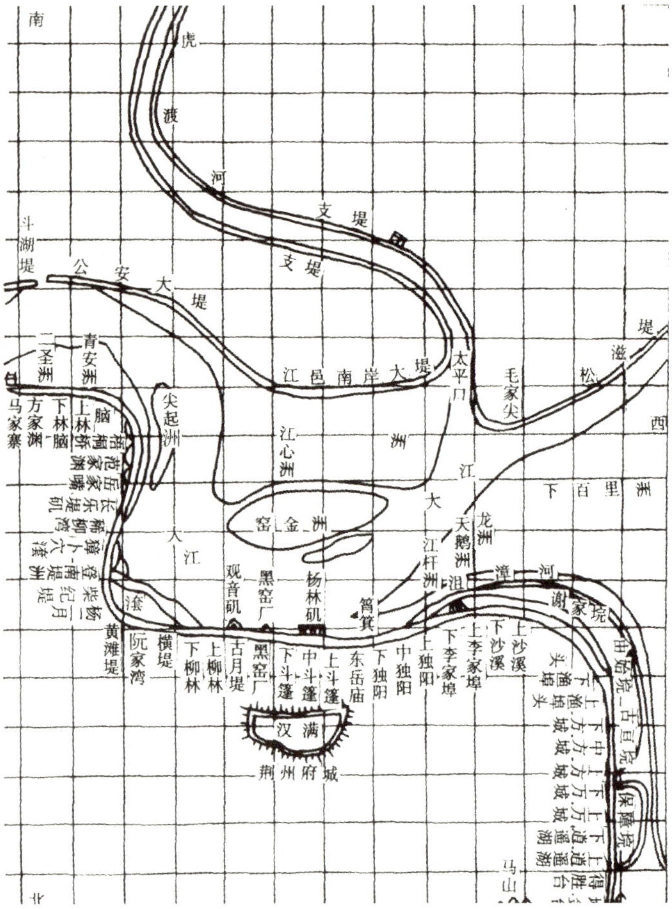

图6-5-9　19世纪长江荆江大堤险工段全图

与明清以前镇水的河神不同，黄河河神大多从南宋以来的历史事件、黄河决溢泛滥及重大河工工程兴建中发现由人而为神的清晰演化进程。祈求黄河安澜与河工管理的需要，被塑造的河神更接近现实的需要，并有更明显的教化功能。

（二）长江荆江险工及水神崇拜建筑

长江荆州（治江陵）万城堤是长江大堤的险工段，荆州城的江防工程。万城堤始建于公元5世纪。宋元以来随着长江中游流域的开发，江防工程体系形成，在明清两代的万城堤修守中，水神建筑建设和祭祀活动贯穿其中。江防工程体系一般由临江大堤、月堤、挑水护岸石矶组成。至明代万城堤已经是长一百多公里的江防工程体系。清代，万城堤纳入国家拨款重要水利工程中，荆州知府负有万城堤岁修督工和汛期修守职责，湖北省总督每岁仲夏巡查工程[2]（图6-5-9）。但是，万城堤依然是江防工程体系中频繁出险的地段。乾隆四十四年（1779年）、四十六年（1781年）及五十三年（1788年）万城堤三次破堤决口，荆州城遭遇三次淹城之灾。以五十三年为例，万城决堤后，水深过6米，城厢内外淹死1700多人，房屋倒塌4万多间。大水以后，朝廷拨银280万两，重修大堤挑流石矶，完工之后，乾隆帝命铸铁牛九具，置放在各险工处，与各处的镇堤庙、江寺构成了长江中游壮观的水神崇拜建筑群。在最为要

1 黄芝岗：《中国的水神》，生活书店，1933年，第124—125页。
2 谭徐明：《清史·水利志》防洪篇（待出版）。

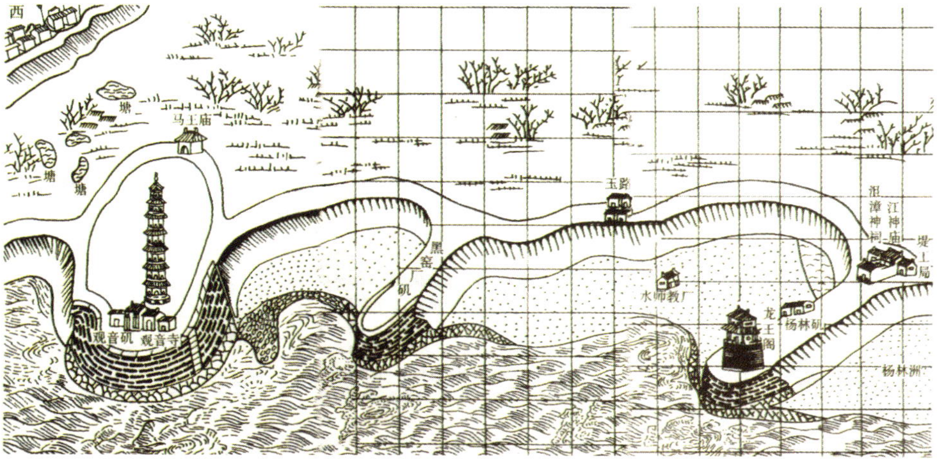

图 6-5-10　观音矶至杨林矶段堤防工程及水神崇拜建筑分布（19 世纪）[1]

害的杨林矶有江神庙、龙王阁、沮漳神祠和铁牛等水神崇拜建筑（图6-5-10）。这些在关键工程处所的祠庙，不仅是河工崇拜的官祭场所，更是汛期驻守险工河官和抢护官兵工驻守公所，在这里设置神祠、铁牛也有警示功能。

（三）从钱塘江水神到浙海之神的嬗变

钱塘江口杭州湾是世界大涌潮之一，每日两潮及朔望大潮冲突激涌潮于岸滩，如遇有风暴潮或与天文大潮同期，则潮水浩荡登岸，直泄沿江平原，咸潮之后农田数年寸草不生。秦汉时钱塘江口已有海塘修筑，而两岸海塘的大规模修筑始于10世纪。梁开平四年（910年）吴越王钱镠在杭州修竹笼塘，塘外下木桩十余行，即“滉柱”用以消能护塘。此后至北宋，杭州湾两岸已陆续修筑了竹笼塘、柴塘、土石塘等各类塘工。北宋景祐四年（1037年）两浙路转运使张夏修复杭州石塘十二里，并建立了海塘工程维护制度。明代，嘉靖时黄光升于浙江海盐创筑五纵五横石塘，为浙东鱼鳞石塘即重力海塘工程的开端。18世纪以来由于大潮主溜北趋，海宁尖山北线海塘成为险工，康熙、雍正朝屡屡遭遇溃塘，海宁府城决溢之灾。乾隆四年（1739年），停海宁草塘、柴塘岁修工程，全部改建鱼鳞石塘，历经四十多年，乾隆四十九年（1784年）最后一段险工段海宁老盐仓鱼鳞大石塘建成（图6－5—11）。

钱塘江水神崇拜源于自然神，随着工程完善和常规管理的需要，水神衍生出无偶像的自然神和有偶像的人神。钱塘江的江神祭祀至迟始于唐。长庆四年（824年）杭州刺史白居易《祭浙江文》反映出其时江神祭祀依旧遵循秦汉“醴币羊豕，沈奠于江”的传统，彼时官方祭祀的是无庙祠也无偶像的钱塘江神。五代起将沉于钱塘的吴国大夫伍子胥和越国大夫文种视为江神，有专祠祭祀，且与工程修筑有了勾连[2]。《宋史·河渠志》记：吴越王钱镠筑杭州海塘，因版筑不就，命发强弩数百

1　舒惠：《（光绪）荆州万城堤续志》卷一，毛振培等点校，湖北地方古籍文献丛书，2002年。

2　伍子胥（公元前559年—前484年），吴王阖闾的重臣，死于吴王夫差，后吴人立祠于江上。文种（？—公元前472年）越王勾践时与范蠡同为越谋士，越灭吴后伏剑山阴，葬于重山。《吴越春秋》记伍子胥死后，“子胥随流扬波，依潮来往，荡激崩岸”；又记子胥葬后一年，从海上负文种而去，游乎江海，“故潮水潘候（即扬波）者伍子胥也，后重水者大夫种也”，是伍子胥、文种为钱塘江神最早说法。《吴越春秋》卷三，丛书集成初编，上海商务印书馆，1939年，第106页；卷五，第231页。

图 6-5-11 浙江海宁段海塘

射潮头，并致祷胥山祠，潮平而工就。钱塘江水神的人神祭祀因此而开先河[1]。北宋景祐（1034—1038年）中杭州砌石海塘屡屡溃塘，时任工部郎中张夏设置捍江兵五指挥，统领两千人，采石修塘，随损随治，府城杭州“众赖以安”[2]。庆历二年（1042年）杭州人为张夏建生祠，死后朝廷敕封“宁江侯”，在州城候潮门建昭贶庙，纳入官祀。张夏是第一位于海塘修筑有功而奉为神的官员。历经宋元明清，钱塘江两岸的钱唐（治今杭州）、余杭、盐官（治今海宁盐官镇）、绍兴、上虞等处兴建起了伍子胥、文种、张夏庙，成为官祀的水神。

钱塘江再次造神是清康熙和雍正朝，形成了一庙自然神为主而人神为配的水神祭祀制度。康熙六十一年（1722年）巡抚朱轼大修海塘完工后，奉敕在海宁小尖山建海潮庙，敕封钱塘江“德运海潮之神”，配神以英卫公武员、上大夫文种、武肃王钱镠[3]。奉钱江潮为神灵，祈求潮平浪减，而以人神护佑海塘。雍正二年（1724年）海潮冲决海宁塔山险工，海宁府城遭遇淹城之灾，杭嘉湖平原数十县粮田淹渍而成斥卤之地。次年，雍正帝拨款筑海塘，并遣大臣驻海宁督工。五年后大功告成，雍正九年（1731年）不惜耗白银十万两在海宁府城内建海神庙，雍正帝敕封号：“宁民显祐浙海之神”。海神庙规模宏大，正殿五楹，正殿供奉“浙海之神”牌位，配神以唐诚应武肃王钱镠、吴英卫公武员配享左右；主殿两侧的配殿各三楹，配享祀仪的从春秋至明代或战神，或治水有功的官员，或捐资修筑塘的士绅共15人[4]。雍正帝称“小民居恒，罔知敬畏，慢神亵天，召灾有自爰，切谕以修省感应之道，令所司家喻户晓，

---

1 《宋史·河渠志》，二十五史河渠志注释本，中国书店，1990年，第187—188页。

2 《宋史·河渠志》，二十五史河渠志注释本，中国书店，1990年，第188页。

3 （民国）海宁州志稿，卷7，中国地方志集成影印本，上海书店，1993年，第205页。

4 《海塘录》卷十一：海神庙配殿从祀的人神“越上大夫文种，汉忠烈公霍光；晋横山公周凯；唐潮王石瑰、升平将军胡暹；宋宣灵王周雄，平浪侯卷簾使大将军曹春、护国宏佑公朱彝，广陵侯陆圭，静安公张夏，转运判官黄恕；元平浪侯晏戍仔，国祐永固土地彭文骥；乌守忠明宁江汤绍恩（绍兴三江闸建造者），茶槽土地陈旭（捐土地修塘工）从祀”，四库全书，上海古籍出版社影印本，2003年，第534—535页。

警觉众庶”。这就是雍正帝令官民上下“迁善服教，畏神则神明之日监在”，祈愿海塘完固的建庙初衷[1]。乾隆十六年（1751年）乾隆帝第一次南巡至杭州，登观潮楼及六和塔，6年后令在观潮楼建海神祠，敕封号：“平潮利涉浙海之神”，为浙江省城官祭江神的又一场所。乾隆帝六下江南巡视河工，后四次都到海宁巡视塘工，海宁的海神庙因此得到重视，后来屡屡扩建（图6-5-12、图6-5-13）。乾隆四十九年（1784年）险工段老盐仓鱼鳞石塘建成后，乾隆帝至海神庙谢贶。彼时的海塘与雍正帝建庙时大不一样。乾隆称帝后40多年来，在流沙的滩涂上不惜耗费大量人力财力修筑高标准的鱼鳞石塘，老盐仓一段险工也屡遭失败，最后凭借老河工梅花桩桩基施工技术，解决了重力石塘基础稳定的技术难题，使海宁海塘全部改为重力石塘，完全取代了埽工。乾隆帝以自得的心境写诗纪事，刻石立碑存于海宁海神庙中，期望他的功绩得以传之永久。乾隆朝以来海宁海神庙逐渐衍生出河工管理的功能，有清一代海塘工费及劳力的征集制度、工号设置及管

图 6-5-12　海神庙正殿外景

现海神庙只存中路及正殿。正殿“浙海之神”牌位，及配神均毁于“文革”时期。

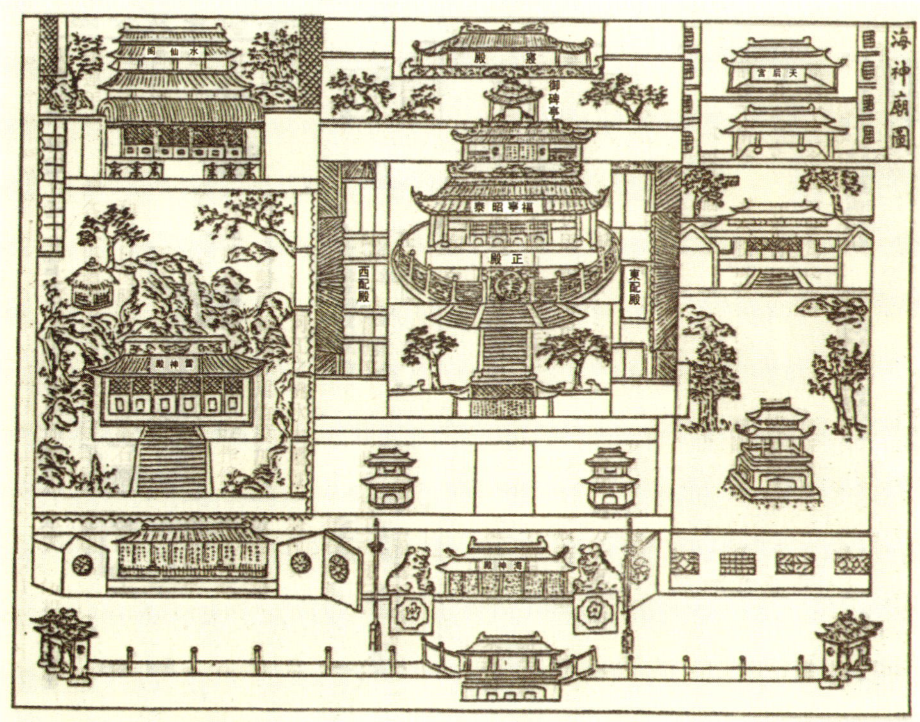

图 6-5-13　18 世纪海神庙平面图

引自《（民国）海宁州志稿》舆图，局部漫漶处有增补。

1 《海塘录》卷首，四库全书，上海古籍出版社影印本，2003年，第319—320页。

理权责一一刻石勒碑，作为管理威权和责任制的宣告。咸丰十年（1861年）海神庙为太平军焚毁，光绪十一年（1885年）重建。1966年“文革”时庙内神像、碑刻再次遭到破坏。10年后重修，但是浙海之神的牌位、配神已经不知所终了。

五、堰祠及其水神崇拜

宋元以来随着区域性的水利工程增加，出现了具有地域性特点的多类型的水与工程的管理模式，水神及水神崇拜在水管理中成为管理的支撑。水神崇拜在维持用水秩序、工程维护中发挥重要作用。在水神崇拜活动中往往地方官员、士绅各自有自己的定位，既强化基层公共事务处置的权威性，且有上下沟通的管道。

图 6-5-14 二王庙李冰神像（摄于20世纪60年代，1968年塑像被毁）

自汉代形成的水神祭祀建筑、祭祀制度基本世代相承，不断弱化的是自然神中的鬼怪崇拜，尤其是水利工程的专祠，及至明清几乎每一处灌溉工程的渠首都有堰祠或专庙，供奉本土水利工程的创建者，或解决关键技术的能工巧匠，或在水事纠纷中对本灌区有功之臣。东汉时在都江堰渠首为西汉蜀守李冰建祠（图6-5-14），10世纪后蜀时因青城山道教势力的扩张，李冰祠改为二郎庙，李冰被神化为和二郎神一样降龙的神灵。彼时还在内江进水口离堆建伏龙观，是专用于祈雨的道场，由此形成了灌区人神与自然神崇拜的体系。北宋开宝七年（974年）皇帝下诏封李冰为“广济王”，将二郎庙改为崇德庙，规定祭祀规格与五岳同。自此李冰作为水神列入国家祀典，代有敕封。元至顺元年（1330年）李冰敕封圣德广裕英惠王，清雍正五年（1727年）封敷泽兴济通佑王。二郎庙也供奉李冰以后都江堰治水有功的官员。最后进入二郎庙的水神是道光七年（1827年）大修都江堰的成都水利同知强望泰，以及光绪四年（1878年）四川总督丁宝桢。驻守二郎庙的道士也有热衷水利且通文字者。18世纪时二郎庙的主持道士王来通刊刻《灌江备考》，记载了竹笼工鱼嘴的结构材料、施工程序工艺要点。现在庙内留下的水利题刻尤为珍贵，诸如“深淘滩，低作堰”之类的治水法则，传统水工技术因此而传承下来。二郎庙自唐代以来就是官方祭祀李冰的场所，也是灌区范围内省、府、县各方协商用水、岁修等公共事务的场所。这些活动赋予了二郎庙在灌区管理特有的文化地位。

都江堰水神崇拜活动行春秋两祭，祭祀的费用在成都平原灌区征收的水费中列支。秋祭是封堰停水岁修之际，道士设坛，卜吉日动工和祈求工程顺利完工。春祭是岁修后开堰通水的时候，清代称“开水节”，在清明节举行。开水节有祭祀和开堰两个活动。祭祀在二郎庙举行，在道长主持下，来自成都的省、府、道的官员们在李冰像前行祭拜礼。然后来到江边岁修现场举行开堰仪式。礼炮之后，青年堰工跃上截流堤，砍去杩杈后，岷江春水由内江进入宝瓶口，流向成都平原。清代有竹枝词记录开堰情况：“都江堰水沃西川，人到开时拥岸边。看到杩杈频拆处，欢声雷动说耕田。”开水节是成都平原特有的灌溉节日，流向田间的春水，与庙会内外民众的迎春和祈福烘托出浓浓的节日气象。在都江堰渠首和二郎庙，道教的活动与水神崇拜使得灌区官民之间的互动相得益彰。

图 6-5-15（1） 木兰陂工程实景（2014 年）

图 6-5-15（2） 木兰陂泄水口及其结构

图 6-5-15（3） 木兰陂南洋引水干渠进水口

福建莆田木兰陂是东南沿海最具代表性的拒咸蓄淡工程（图6-5-15），在木兰溪海口以上26公里处，渠首工程由拦河闸坝、坝上游两岸南洋和北洋进水口组成。木兰溪河口上溯的咸潮被挡在陂下，而木兰溪的淡水在坝前分别引入北洋和南洋干渠（图6-5-16）。木兰陂建成后，莆田濒海咸潮往返的斥卤之地得到灌溉之利。钱四娘是木兰陂的创建者。北宋治平元年（1064年）四娘倾家产修陂，陂毁于洪水而投木兰溪。其后长乐人林从世捐家资十万缗重修，在工程落成不久即被海潮冲毁。熙宁八年（1075年），时任丞相

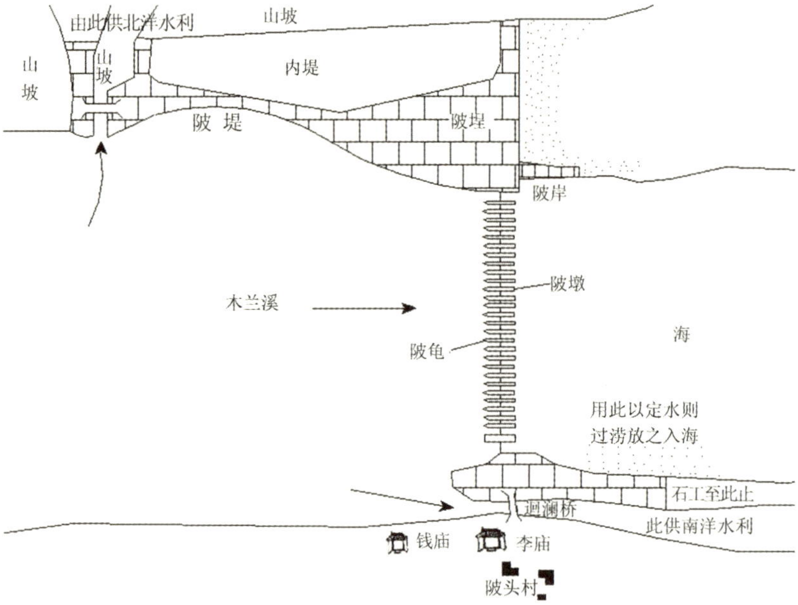

图 6-5-16　木兰陂渠首枢纽工程及水神庙位置图

拦河闸坝为砌石结构，采用筏形地基解决了沿海滩涂上修建重力结构的技术难题，坝两侧为引水干渠南洋和北洋的进水口，灌区现有灌溉面积十万亩。

图 6-5-17　工程体系及水域沿革（18 世纪）

据《（光绪）寿州志》绘制，图中阴影部分是 10—16 世纪被围垦的水域。

王安石推行农田水利法，宋神宗准蔡京奏，下诏征集协修莆阳水利人。侯官人李宏应诏再建木兰陂，在本地僧人冯日智指画下，选定了既可拦蓄清水入渠又可阻挡咸潮的位置建陂。木兰陂成而莆田迅速得到开发。元丰六年（1083年）李去世后，被尊为李长者，立庙陂上，与林从世、冯日智共为祭祀。李庙附近有钱四娘庙，两处专祀的水神庙分别是官方和民间祭祀场所，钱庙是百姓求神护佑参拜四娘的地方。李庙

图 6-5-18　塘堤（2015 年）

堤顶高出堤脚后耕地 3—6 米，这是芍陂围垦过程中塘堤不断加高的结果。

为官庙，是干旱时节官方祀神祈雨和召集灌区用水户会商的场所。钱四娘到李宏兴建木兰陂的过程，反映了区域水利从举家族之力到官方参与的转折，至此木兰陂成为区域重要的水利工程，政府参与灌区水管理，在协调工程养护、维护灌溉秩序方面发挥作用。

在古代水利工程中，堰祠及水神崇拜活动具有非凡稳固的传承性。以芍陂为例，凡工程管理有度，灌溉水源有保障，芍陂就有祭祀活动；一旦管理废弛，便是堰祠颓败。芍陂是历史最悠久的灌溉工程，在今安徽寿县，以淮河支流淠河为水源，利用洼地筑堤蓄水，春秋楚庄王时（公元前613—前593年）令尹孙叔敖所建。东汉时芍陂环塘堤长百里，灌田万顷。三国曹魏时邓艾在淮南屯田时，在附近又兴建了一些大小陂塘，与芍陂形成了互为调蓄的塘渠连通体系。魏晋南北朝时，淮南成为南北割据争夺要地，陂塘时有多年失修。隋开皇时（581—600年）寿州大总管赵轨重修芍陂，环陂塘立36水门，灌溉面积达到五千顷（图6-5-17）。南宋时芍陂陂周160多公里，灌溉面积上万顷。元明清随着人口增加，芍陂陂周垦殖为田，湖面缩小，到清末只剩30%的水面[1]。但是，这一时期农业生产对灌溉工程的依赖程度更高，通过不断加高陂堤以满足增加库容的需要（图6-5-18）[2]。

作为区域重要灌溉工程，芍陂水神崇拜一直起着维系管理，沟通官民的功能。至迟公元5世纪时，芍陂有专祠——孙公祠（图6-5-19、图6-5-20）。现存的孙公祠是明代成化十九年(1483年)重修，距芍陂北大堤约200米。经过明清两朝的不断

1　周波：《芍陂灌溉工程遗产研究》第二章，博士后出站报告，2014年，第21—27页。

2　据《水经注·肥水》："陂周一百二十里许……陂有五门，吐纳川流。西北为香门。陂水北径孙叔敖祠下，谓之芍陂渎。"芍陂在明代因所在安丰县，又称安丰塘，20世纪50年代时纳入淠史杭灌区，成为其中反调节水库，灌溉面积约70万亩，属于大型灌区，陂塘及其环塘引和出水闸保留明清的数量和形制。

完善，占地3300平方米，建筑面积525平方米。现存有山门3间、还清阁两层6间、大殿3间、东西配殿各3间及回廊。孙公祠有春秋两祭，由寿州知府派礼官主持，正殿奉芍陂创建者楚令尹孙叔敖；东配殿供明代寿州知州黄克缵，他以驱逐占垦豪强而封为芍陂功臣；西配殿则是清代寿州知州颜伯珣，纪念其在任七年对芍陂兢兢业业的修治。东西庑堂还有配祭治陂有功的官员自汉代至清代48人。

图 6-5-19　“文革”之后仅存的孙公祠主殿

图 6-5-20　原孙公祠建筑遗存，现为孙叔敖纪念馆

孙公祠祭祀同样沿袭宋代水神祭祀议程，主祭者在祭祀前一日要“省牲”，即查验祭祀用的牲畜是否合格，祭祀完成后杀死牲畜。祭祀当日，孙公祠内陈设齐整，主祭以下皆穿公服，整个祭祀礼仪由通赞和引赞主持。司祭的工作人员各司其事，考钟伐鼓，主祭官就位，瘗毛血，迎神。之后行初献礼。初献礼主祭盥洗，举酒樽行跪礼；亚献礼和终献要完成上香、献帛、献爵、诵读祝文、行礼等程序。

孙公祠春秋祭祀物品都有严格的要求及摆放位置，正殿陈设的物品最丰富，除了羹、牲馔之外，还有粮食如菽、稻、麦、高粱，蔬菜如菱角、藕、芡、荠、水芹、金针菜等，大多是当地水生蔬菜，肉类如鸡、鸭、鹅、鱼、虾，此外还要陈设猪和羊、香案、帛、爵、烛、祝文等。东西配二席较正殿稍微简单，蔬菜、粮食、鱼肉相对减少，也没有祝文和香案，多了香一束和纸锞一束，体现出不同祭祀规格。祭祀仪式表达了对芍陂修治先辈的敬仰，更重要的功能还是体现政府在管理中的威权地位。

孙公祠还是灌区管理的公所。每年春秋两祭同时例行召开灌区董事会议，产生于用水户的董事代表出自乡村士绅阶层，代表了不同区域用水户的利益。董事会议是用水户之间或是官民之间调解用水纠纷、维护灌溉秩序的场所，行政官员的威权加上共同崇拜的神灵或先贤，构成了相互沟通的纽带，营造了有利于协调的空间。

总而言之，在中国治水历史中向来有尊崇自然或不得不与自然抗衡的文化表达。由此而产生出古代水神的两大谱系：自然神和人神。自然神由敬畏自然，而敬天地，凡名山大川皆为神，司江河安澜的龙、牛，主风调雨顺的风伯、雨师，雷神都是自然现象中演化的神，上至朝廷下至村落，无不有建庙或坛而祀。人神是治水先贤身后被神化的水神。以大禹为代表，其后是各地各水利工程创建者或守成者，甚至是对工程成败有重要贡献的河工，这是一个道德优秀的群体，多数得到各朝皇帝的敕封。

水神被世代封号，往往演化为一处水利工程受益区范围内民众的共同供奉。在江河防洪工程兴建和维护中，凡是江河险工段，有修守制度的重要堤防段，相随兴建起来的是皇帝敕建的专庙，既祭牛、龙等神且祀人神，不仅是祭祀的场所，对防汛和民众的避险亦具有警示功能。

与民众直接相关的灌溉工程中，水神崇拜与工程延续相随。每一处灌区无论大小都有自己的堰祠或庙。水神崇拜祭祀活动，或是年节的定期祭祀，或是岁修启动或完成后的规定仪式，在工程维护和灌溉秩序的维护中具有组织和协调功能。无论是专祀水神庙寺，还是在道观、佛堂内特辟的神位，同样被供奉的还有历代记录兴建始末、捐资者名录、水事纠纷之类的碑刻或水利文书（或是水册、水簿或管理者名录）。特定施工管理文书或用水制度的契约被保存被供奉，形成了神灵与百姓、官与民的神圣或威权关联。水神祭祀活动其实代表着公权——政府主导下的管理者权力，或是基层水组织共同遵守乡规民约的权威。尤其是灌溉工程，祭祀活动是例行的水权归属公告，每次祭祀便是一次确认。共同信奉的水神崇拜，形成了以“水”为中心的社会共同体的结盟，产生被认同的乡规民约和自治水管理组织，实现了基层水利纠纷调节以及官与民、村与村乃至县与县之间的水分配与工程维修的协同。

结　语

1977—2010年，无疑是中国水利史研究成果斐然的时期。通史类的著作先后出版，释放了此前数十年的研究积累。《中国水利史稿》（周魁一等，1978年）、《中国水利科学技术史概论》（郭涛，1989年）、《中国水利史纲要》（姚汉源，1996年）、《中国京杭运河史》（姚汉源，2000年）、《中国科技史·水利卷》（周魁一，2006年），这些学术专著奠定了水利史的学科基础，构筑了完整的知识体系。这期间还有长江、黄河、淮河、太湖等江河和区域水利史专著相继出版，对特定工程或案例的研究论文亦在这期间陆续发表，不断地丰厚着中国水利史研究成果，并逐渐进入公众视野。

本书是《中国古代物质文化史》水利史分卷，基于物质实体来揭示水利的历史——系统、完整、客观且生动的水利史。物质文化与非物质文化是舶来的学术概念，有不同的学术界定。但是就水利而言，两者应是相互依存的。基于文化的水利史与科学技术的水利史、经济学或社会学的水利史有共性亦有差异，但是缕析出清楚的边界可能是困难的，因为文化的理论与内涵本身就是多元的，作者的知识背景只能担当在水利的架构下，履行这部专著的任务，当然也努力在工程技术以外尽可能延伸到水的人文层面。本书既是与读者分享心得，也诚挚地接受批评和指正。

我要对自己学习和从事专业工作的中国水利水电科学研究院水利史研究所致敬。1976年结束了“文化大革命”的浩劫，使我有机会重新选择职业，走近曾经仰望的学者。水利史研究所是我汲取学术养分、感悟智者思想的地方。感谢水利史研究所的前辈，他们学术的奠基和对史料的积累，使这里拥有最好的科研条件。我的导师姚汉源、周魁一教授在水利史研究领域作出了重要贡献，并在我从事学术研究的路上予以了悉心的指导，拓展了我的研究视野。

近三十年水利史研究深受市场经济冲击，仍然一点一滴汇集起了多方面的研究成果。自2000年以来的都江堰、大运河世界文化遗产申遗，以及自2014年开始的世界灌溉工程遗产申遗，既往的研究为之提供了有力的支撑，也为新的探索与发现开拓了更为广阔的天地。在2014年和2015年的世界灌溉遗产考察中，我们在浙江诸暨的田野中发现了井灌工程。这个中国百强县之一的经济发达地区，村民们依然保留着上百口灌溉水井和提水的桔槔，他们特殊的纪念先人的方式，不仅完好保存了古代灌溉工程的化石，也为今人和后人留下了中原灌溉文明传播的历史印迹。另一处兴建于康熙元年（1662年）的灌溉工程遗产——四川夹江东风堰，它的创始人是陕西三原籍的夹江县令。这位工程的创建者在千佛岩的石壁留下了“泾口”的题刻，以此表达他对故土郑国渠的时空相望。随着青衣江河道的下切，东风堰引水口同样逐渐上移。今天的干渠穿行于千佛岩的摩崖造像下，或潜行隧洞，或奔腾而出。水利造福一方，也与千佛岩、青衣江共为一方名胜。东风堰的后继者在山石上留下了“河润九乡”的题刻，不仅是前赴后继的表达，也是水利工程与江河演变互为适应的见证。这些古代灌溉工程的新发现与研究，是对水利史研究丰厚的回报。

水利史包容着科学研究的无限空间。即使在基础性研究层面，水利史仍然有很多空白点。期待着今后多视角、多元的研究方法出现在水利史研究中，并有更多成果不断丰厚研究领域。未来水资源的利用只能愈来愈注重工程效益与社会经济、生态、景观等效益的共有。现代水利的科学、技术发展中，对文化的认知决定着水利的未来，从历史的视角研究水问题亦将是更多领域的问学之路。

图书在版编目（CIP）数据

中国古代物质文化史．水利／谭徐明著．-- 北京：开明出版社，2016.10

ISBN 978-7-5131-2799-8

Ⅰ．①中… Ⅱ．①谭… Ⅲ．①物质文化—文化史—中国—古代②水利史—中国—古代 Ⅳ．① K220.3

中国版本图书馆 CIP 数据核字（2016）第 253059 号

责任编辑：魏红岩　程　锦　支　颖　董晓君

美术编辑：周怡君　郑雯月

装帧设计：羽人·高伟

出　版：开明出版社（北京市海淀区西三环北路 25 号青政大厦 6 层）

印　制：保定市中画美凯印刷有限公司

开　本：889×1194　1/16

印　张：18.75

字　数：300 千

版　次：2017 年 8 月 北京第 1 版

印　次：2017 年 8 月 北京第 1 次印刷

定　价：150.00 元

ISBN 978-7-5131-2799-8

9 787513 127998 >